yh 3510

Strasbourg
1858

SCHILLER

Trois tragédies

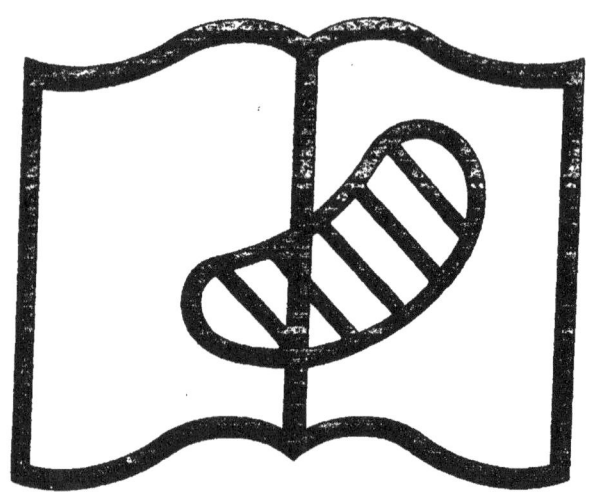

Symbole applicable
pour tout, ou partie
des documents microfilmés

Original illisible

NF Z 43-120-10

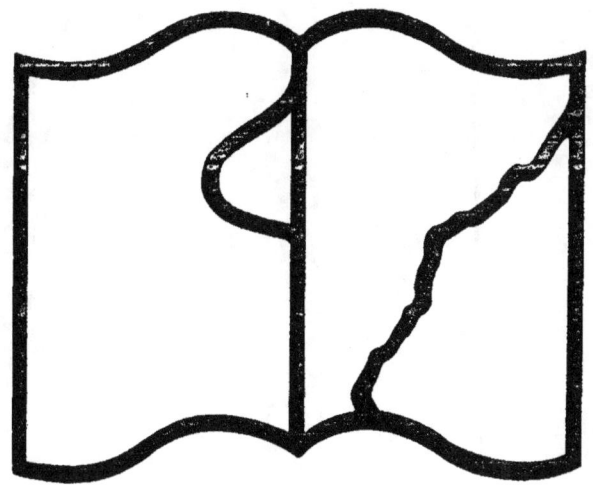

**Symbole applicable
pour tout, ou partie
des documents microfilmés**

Texte détérioré — reliure défectueuse

NF Z 43-120-11

M . ARDOUIN 1973

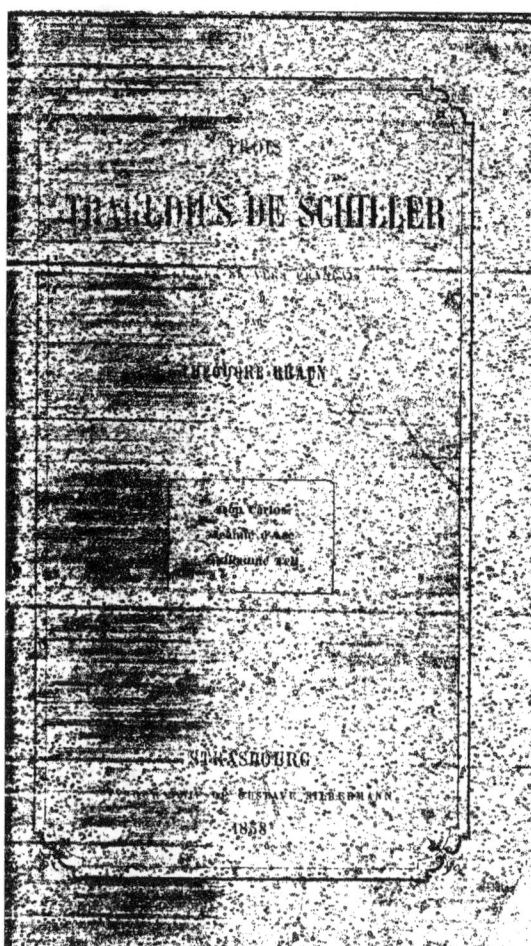

TROIS

TRAGÉDIES DE SCHILLER

TROIS

TRAGÉDIES DE SCHILLER

TRADUITES EN VERS FRANÇAIS

PAR

THÉODORE BRAUN

STRASBOURG

TYPOGRAPHIE DE GUSTAVE SILBERMANN

1858

Voici ce que j'avais achevé d'une traduction des tragédies de Schiller, entreprise dans mes loisirs légaux de magistrat, et interrompue depuis passé sept ans que je n'ai plus de vacances.

Au désir d'être fidèle, j'ai dû souvent sacrifier la perfection du vers.

Si, malgré les défauts de mon travail, je n'ai pas eu le courage de le condamner à l'obscurité du manuscrit, du moins n'est-ce pas au public que je livre ce volume.

Je me borne à le glisser dans quelques mains amies.

Strasbourg, 6 février 1858.

	Pages
DON CARLOS	1
JEANNE D'ARC	307
GUILLAUME TELL	499

DON CARLOS.

PERSONNAGES.

PHILIPPE II, roi d'Espagne.
ÉLISABETH DE VALOIS, sa femme.
DON CARLOS, prince royal.
ALEXANDRE FARNÈSE, prince de Parme, neveu du roi.
L'INFANTE CLAIRE-EUGÉNIE, enfant de trois ans.
LA DUCHESSE D'OLIVAREZ, première dame d'honneur.
LA MARQUISE DE MONDÉJAR, }
LA PRINCESSE D'ÉBOLI, } dames de la reine.
LA COMTESSE FUENTÈS, }
LE MARQUIS DE POSA, chevalier de Malte, }
LE DUC D'ALBE, }
LE COMTE DE LERME, commandant des gardes, } grands d'Espagne.
LE DUC DE FÉRIA, chevalier de la Toison-d'Or, }
LE DUC DE MÉDINA-SIDONIA, amiral, }
DON RAYMOND DE TAXIS, grand-maître des postes, }
DOMINGO, confesseur du roi.
Le grand-inquisiteur du royaume.
Le prieur d'une chartreuse.
Un page de la reine.
DON LOUIS MERCADO, médecin de la reine.

Dames, grands d'Espagne, pages, officiers, gardes et autres personnages muets.

DON CARLOS.

ACTE PREMIER.

(Le jardin royal à Aranjuez.)

SCÈNE PREMIÈRE.

DON CARLOS, DOMINGO.

DOMINGO.

Les beaux jours d'Aranjuez vont finir. Votre altesse
Veut donc quitter ces lieux sans vaincre sa tristesse,
Et nous aurons ici vainement séjourné.
Prince, rompez enfin un silence obstiné,
Dont nul encor n'a su pénétrer le mystère;
Confiez vos chagrins au cœur de votre père;
Quoi que vous lui disiez, jamais à trop haut prix
Il ne rendra la paix à son fils.... son seul fils!
(Don Carlos garde le silence et reste les yeux fixés vers la terre.)
Le ciel, dont la faveur vous était si fidèle,
À l'un de vos désirs se montre-t-il rebelle?
J'étais là, dans Tolède, alors qu'au fils du roi ¹

¹ En 1560, Philippe II fit reconnaître solennellement don Carlos héritier de la couronne, par les États assemblés à Tolède.

Des princes, à l'envi, juraient hommage et foi :
Six royaumes, aux pieds de l'héritier du trône,
Déposaient à la fois leur antique couronne ;
Son jeune front brillait d'une noble rougeur ;
Les plus vastes projets faisaient battre son cœur,
Et ses yeux, rayonnant sur toute l'assemblée,
Disaient que de bonheur son âme était comblée...
(Don Carlos se détourne.)
Prince ! ce grand chagrin, toujours mystérieux,
Que tous, depuis sept mois[1], nous lisons dans vos yeux,
Dont s'étonne la Cour, dont l'État s'inquiète,
Trouble les nuits du roi. Cette douleur secrète
Fait pleurer votre mère.....

DON CARLOS, se retournant vivement :

Oh !... ma mère ! mon Dieu !...
Puissé-je — que le ciel daigne exaucer ce vœu ! —
Pardonner à celui qui d'elle fit ma mère !

DOMINGO.

Prince !

DON CARLOS, se remettant et après avoir passé la main sur son front :

Je ne saurais vous le cacher, mon père ;
Deux mères m'ont rendu malheureux tour à tour :
L'une, je l'ai tuée en recevant le jour ;
Je fus un parricide au début de ma vie....

DOMINGO.

D'un étrange remords votre âme est poursuivie.

DON CARLOS.

L'autre !... L'autre !... Elle a fait que dans le cœur du roi

---

[1] Le texte porte : huit mois. Il a fallu prendre un autre nombre pour éviter les dissonnances et les hiatus.

S'éteignit ce qu'un père avait d'amour pour moi.
Mon père m'aimait peu. J'avais, dans ma disgrâce,
Ce mérite, du moins, d'être seul de sa race ;
La reine me l'enlève en lui donnant ma sœur....
Oh ! l'avenir !... qui sait ce qu'il cache.

DOMINGO.
Seigneur,
Vous vous trompez : l'Espagne idolâtre sa reine,
Et vous seul la verriez avec des yeux de haine ?
Vous seul, vous seul encore, à son auguste aspect,
Pourriez ne témoigner qu'un défiant respect ?
Et cette femme est reine ! Et vous voyez en elle,
Prince, de la beauté le plus parfait modèle !
Et vous-même avez dû devenir son époux !...
Ah ! personne, jamais, ne le croira de vous.
Carlos ne peut haïr celle que chacun aime ;
Carlos ne peut ainsi se démentir lui-même ;
Non, non ; et gardez bien que la reine, Seigneur,
N'apprenne que son fils lui ferme ainsi son cœur ;
Elle en souffrirait trop.

DON CARLOS.
Vous croyez ?

DOMINGO.
Votre altesse
De sa mère ne peut suspecter la tendresse :
Vous avez souvenir de ce dernier tournoi,
Où d'un éclat de lance on vit atteint le roi....
C'était à Saragosse... Assise sur l'estrade
Qui du château royal décorait la façade,
La reine regardait la joûte.... Tout à coup,
Ce cri : le roi blessé ! se répète partout.

Chacun se précipite ; une rumeur soudaine
Apprend confusément la nouvelle à la reine :
« Qui ? le prince ! blessé ! » dit-elle...; en son effroi,
Elle veut s'élancer du balcon... « C'est le roi, »
Dit quelqu'un. Aussitôt, plus libre elle respire,
Et d'une voix tranquille elle se met à dire :
« Mandez les médecins !... »
(Après un moment de silence :)
Votre altesse paraît
Livrée à des pensers....

DON CARLOS.
Mon altesse admirait
Combien, à des récits où l'esprit étincelle,
Le confesseur du roi dans ce moment excelle.
(D'un ton sérieux et sombre.)
Monsieur le confesseur ! un espion qui rend
Jusques au moindre mot, au geste qu'il surprend,
Cause bien plus de mal par ses rapports perfides,
Que ne font le poison et le fer homicides.
Vous prenez une peine inutile avec moi :
Allez en demander la récompense au roi.

DOMINGO.
Des hommes, je l'approuve, il faut qu'on se défie.
Mais distinguez entre eux, mon prince, je vous prie :
Rejetez l'homme faux, mais gardez l'ami vrai.
Croyez que je vous aime.

DON CARLOS.
Alors je vous dirai :
Gardez qu'auprès du roi cet amour ne transpire,
Sinon, plus de Chapeau !

DOMINGO, avec embarras :
Comment ?

DON CARLOS.
                    Pouvez-vous dire
Que, voulant pour l'Espagne un cardinal nouveau,
Mon père à votre front n'ait promis le Chapeau?

DOMINGO.
Prince, vous me raillez.

DON CARLOS.
                    Dieu me rende incapable
D'oser me moquer, moi, de l'homme redoutable
Qui peut sauver mon père ou le damner!

DOMINGO.
                                    Seigneur,
Je n'irai pas plus loin chercher en votre cœur
Le secret d'un chagrin qu'à tous vous voulez taire;
Mais souvenez-vous bien que, dans son sanctuaire,
L'Église offre un refuge aux cœurs les plus troublés.
Pour entrer dans ce lieu, les rois n'ont pas de clés.
L'aveu le plus coupable à jamais y repose
Dans l'éternel oubli que le prêtre s'impose.
Votre altesse m'entend. C'est assez.

DON CARLOS.
                    Je craindrais
D'exposer à trahir de semblables secrets,
Celui qui, par devoir, en est dépositaire.

DOMINGO.
Quoi! prince, vous craignez?... Vous ne connaissez guère
De tous vos serviteurs le plus sûr.

DON CARLOS, lui prenant la main:
                    C'est ainsi?

Eh bien ! prenez de moi beaucoup moins de souci.
Vous êtes, on le sait, un saint homme, mon père,
Mais... — je veux une fois vous parler sans mystère —
Vous vous occupez trop des choses d'ici-bas.
Vous prenez un fardeau qui peut gêner vos pas
Dans le chemin qui mène au trône de saint Pierre :
Le trajet est bien long. Envoyé de mon père,
Reportez-lui cela.

DOMINGO.

Son envoyé ?

DON CARLOS.

J'ai dit.
Ah ! je le sais trop bien qu'ici l'on me trahit.
Je sais qu'en cette cour, bien des regards, sans cesse,
Sont occupés du soin d'épier ma jeunesse :
Je sais bien que Philippe, à son dernier valet
Ne craint pas de livrer son fils, le seul qu'il ait ;
Et que le moindre mot que je laisse surprendre,
Richement il le paie à qui vient le lui rendre,
Plus qu'il ne fit jamais d'une bonne action.
Je sais.... N'en parlons plus : à son émotion
Mon âme s'est déjà par trop abandonnée,
Elle déborderait.

DOMINGO.

Le roi dans la journée
Veut rentrer à Madrid et tout est préparé.
Prince, permettrez-vous ?...

DON CARLOS.

Il suffit, je suivrai.
<small>(Domingo sort. Don Carlos seul après un moment de silence :)</small>
D'un fils trop malheureux, ô toi, malheureux père !

ACTE I, SCÈNE II.

Philippe! le soupçon, comme fait la vipère,
A déchiré ton cœur d'un dard empoisonné.
Tu hâtes le moment, monarque infortuné,
Où tu la connaîtras la nouvelle fatale.
Mais alors, que sera ta colère royale?

SCÈNE DEUXIÈME.

DON CARLOS, LE MARQUIS DE POSA.

DON CARLOS.

Que vois-je?... Anges du ciel!... qui porte ici ses pas?
Rodrigue!

LE MARQUIS.

Cher Carlos!

DON CARLOS.

Ne me trompé-je pas?
Est-ce bien toi, Rodrigue? oui, c'est toi! c'est toi-même!
Oui, je puis sur mon cœur te presser, toi que j'aime!
Je puis contre mon cœur sentir battre le tien!
Oh! je ne me plains plus! te voilà! tout est bien!
Rodrigue! maintenant mon cœur n'est plus malade :
Il a tout oublié, tout! dans cette embrassade.

LE MARQUIS.

Votre cœur est malade?... Il cesse de souffrir?
Tout est bien?... De quel mal aviez-vous à guérir?...
Prince, de tels discours m'étonnent.

DON CARLOS.

De Bruxelle
Quelle heureuse fortune aussi tôt te rappelle?
Bonheur inespéré! Qui faut-il en bénir?...
Je puis le demander!... Ne va pas me punir

De ce blasphème, ô Dieu! pardonne à mon ivresse!...
Oui, c'est toi : tu permis, en voyant ma détresse,
Que cet ange gardien jusqu'à moi pût venir,
Et je demande encor qui je dois en bénir!

LE MARQUIS.

Cher prince, pardonnez si, devant cette joie,
Si, devant les transports où votre âme est en proie,
Je ne vous laisse voir que mon étonnement.
Dans le fils de Philippe, ô ciel! quel changement!
D'une étrange rougeur votre joue est brûlante;
Votre extrême pâleur en paraît plus frappante;
La fièvre fait trembler vos lèvres... Dites-moi,
Cher prince, que penser de tout ce que je vois?
Où donc est le jeune homme au généreux courage,
Qu'un peuple de héros courbé sous l'esclavage,
Pour voir briser ses fers m'avait dit d'appeler?
Comme Rodrigue, ici, je ne viens point parler,
Ni comme compagnon des jeux de votre enfance :
En vous l'humanité place son espérance :
Et moi son envoyé, Carlos, je viens à vous.
Les provinces de Flandre, embrassant vos genoux,
Vous demandent de mettre un terme à leur misère.
Vous les aimiez... Eh bien! cette Flandre si chère,
C'en est fait à jamais si l'on voit, un moment,
D'Albe, du fanatisme implacable instrument,
Sous nos terribles lois faire trembler Bruxelle.
Un seul espoir soutient ce peuple qui chancelle :
Cet espoir est en vous; en vous, de Charles-Quint
Le digne petit-fils. Mais cet espoir s'éteint,
Si, parlant par ma voix, l'humanité souffrante
Ne doit trouver en vous qu'une âme indifférente.

DON CARLOS.

Qu'il s'éteigne!

LE MARQUIS.

Quels mots avez-vous prononcés!

DON CARLOS.

Tu me parles, ami, de jours qui sont passés.
Ah! mes rêves aussi m'ont présenté l'image
D'un Carlos dont le cœur s'enflammait de courage,
Dont bouillonnait le sang au mot de liberté.
Ce Carlos, il n'est plus... Un Carlos est resté...
Le voici.... Ce n'est plus l'ami de ton enfance,
Que tu vis d'Alcala partir plein d'espérance,
Et qui, s'abandonnant à des rêves encor,
Préparait à l'Espagne un nouvel âge d'or....
Projets d'un jeune cœur! Délicieux mensonges!
Vous êtes maintenant évanouis.

LE MARQUIS.

Des songes?
Ces projets que Carlos me forçait d'admirer,
Étaient des songes, prince?

DON CARLOS.

Ah! laisse-moi pleurer!
Laisse-moi, seul ami que je possède encore,
Répandre sur ton sein des pleurs que je dévore!
Dans l'immense univers, personne, excepté toi,
Personne ne voudrait s'intéresser à moi.
Aussi loin que s'étend le sceptre de mon père,
Que son pavillon règne, oui, partout, ma misère
Ne trouve que ton cœur, rien que ton cœur, toujours,
Où je puisse à mes pleurs donner un libre cours....
Par tout ce qu'a le ciel de saintes espérances
Pour ton âme et la mienne, ah! laisse à mes souffrances,

Laisse à ton pauvre ami l'abri que j'ai trouvé!...
(Le marquis se penche sur don Carlos dans une muette émotion.)
Imagine qu'en moi ta main a relevé
Un orphelin couché sur les marches d'un trône.
Sais-je ce qu'est un père? à Philippe je donne
Ce beau nom, mais mon cœur se demande pourquoi.
Je suis, et voilà tout, je suis un fils de roi....
Oh! si la voix dit vrai que mon cœur fait entendre;
Si toi seul entre tous es né pour me comprendre;
S'il est vrai que le ciel voulût, dans son amour,
Faire un autre Rodrigue en me donnant le jour;
Si, comme font deux luths dont les chants se répondent,
Dès nos plus jeunes ans nos deux cœurs se confondent;
Rodrigue! s'il est vrai qu'une larme de moi,
Parce qu'elle adoucit mes tourments, a pour toi
Plus de prix que n'aurait la faveur de mon père....

LE MARQUIS.

Plus que tout l'univers cette larme m'est chère.

DON CARLOS.

Eh bien! Je suis tombé, Rodrigue, de si haut,
Je suis si misérable aujourd'hui, qu'il me faut
Rendre à ton souvenir les jours de notre enfance,
Pour rappeler enfin à ta reconnaissance
Un service par moi bien longtemps oublié,
Mais dont j'ai maintenant besoin d'être payé.
Alors qu'enfants tous deux, à la cour de mon père
Nous étions élevés comme un frère et son frère,
Un grand chagrin pour moi c'était de voir combien
Mon esprit se trouvait éclipsé par le tien.
Après de longs efforts, j'eus pourtant ce courage,
Quoique vaincu par toi, de t'aimer sans partage:
J'avais désespéré de jamais t'égaler.

De tendresses, alors, tu me vis t'accabler;
Je portai l'amitié jusques à la faiblesse;
Mais ton cœur orgueilleux me repoussait sans cesse.
Souvent, sans que jamais tu visses mes douleurs,
J'étais là, devant toi, les yeux gonflés de pleurs,
Lorsqu'aux derniers d'entre eux donnant la préférence,
Tu prenais dans tes bras nos compagnons d'enfance.
Pourquoi donc pour eux seuls ces caresses? Pourquoi?
Disais-je tristement; mais je t'aime aussi, moi!
Toi, cruel! pour répondre à cette douce plainte,
T'imposant aussitôt une froide contrainte,
Tu me disais, tombant à genoux devant moi :
« Voilà tout ce que doit Rodrigue au fils du roi. »

LE MARQUIS.

Ah! j'en rougis encor... D'un généreux silence,
Prince, daignez couvrir ces torts de mon enfance.

DON CARLOS.

Pourtant, je n'avais pas mérité ta froideur.
Tes mépris pouvaient bien faire saigner mon cœur,
Mais te le fermer! non, non, c'était impossible!
Trois fois, tu repoussas l'ami le plus sensible,
Dont le malheur voulait qu'il fût prince; trois fois
Encor, tu méconnus sa suppliante voix,
Lorsqu'en ton cœur, pour lui si longtemps tout de glace,
Il voulait à tout prix conquérir une place...
Ce que n'eût jamais fait ton ami malheureux,
Un hasard vint le faire : au milieu de nos jeux,
Il arriva qu'un jour, d'une main imprudente,
Tu lanças ton volant dans les yeux de ma tante,
La reine de Bohème; aussitôt elle crut
Qu'un de nous, à dessein, l'avait prise pour but.
Elle en fit, en pleurant, au roi sa plainte amère.

Nous comparûmes tous devant lui. Sa colère
Demanda le coupable ; il fit l'affreux serment
D'infliger à la faute un cruel châtiment,
La rigueur en dût-elle atteindre son fils même.
Alors je t'aperçus, Rodrigue, tremblant, blême ;
Tu restais à l'écart... Soudain, aux pieds du roi
Je tombai, m'écriant : « Le coupable, c'est moi ;
« Que tout votre courroux tombe sur moi, mon père. »

LE MARQUIS.

Prince ! quel souvenir !

DON CARLOS.

Et que fut sa colère ?
Objet de la pitié des valets de la cour,
Dans un cercle nombreux dont ils formaient le tour,
Ton Carlos fut soumis à l'infamant supplice
De l'esclave !... Il fallut au roi cette justice !...
Mais je ne pleurai point : je te voyais. Apprends,
Qu'en ma douleur j'allais jusqu'à grincer des dents.
Mais je ne pleurai point... Les verges inhumaines
Faisaient jaillir le sang de mes royales veines !..
Mais je ne pleurai point : je te voyais !... Et toi,
Mon supplice fini, tu t'avanças vers moi,
Et dis en sanglotant : « A tes pieds je me jette ;
« Mon orgueil est vaincu ; j'acquitterai ma dette
« Lorsque tu seras roi. »

LE MARQUIS, lui présentant la main :

Carlos ! je le ferai.
Homme, je jure encor ce qu'enfant je jurai.
De tenir mon serment, l'heure viendra, j'espère.

DON CARLOS.

Cette heure est arrivée : il me faut mon salaire.

Ne mets plus de retard, Rodrigue, à t'acquitter!
J'ai besoin que l'on m'aime et tu vas m'écouter:
Un horrible secret me brûle, me torture.
Je veux qu'il sorte enfin... Sur ta pâle figure,
Sans doute je lirai l'arrêt de mon trépas.
Frémis en m'écoutant, mais ne réplique pas ;
J'aime ma mère !...

LE MARQUIS.

O Dieu!

DON CARLOS.

Non! dis que sur la terre...
Je ne te retiens plus... dis qu'aucune misère
De la mienne n'approche... Oh! parle! je sais bien
Tout ce que tu diras... tu ne m'apprendras rien :
Le fils aime sa mère !... A l'amour de cet homme,
Tout à la fois le monde, et la nature, et Rome
Jettent leur anathème.... Il est, je le comprend,
Contre les droits d'un père un attentat bien grand ;
Et pourtant, j'aime encor !... Je vais, par cette route,
A la folie, ou bien à l'échafaud... Sans doute
J'aime sans espérance, et d'un coupable amour ;
J'aime en tremblant: ma vie est en jeu chaque jour ;
Je le sais trop, te dis-je, et pourtant j'aime encore !

LE MARQUIS.

Et cette passion... la reine?...

DON CARLOS.

Elle l'ignore.
Ai-je pu jusqu'ici me découvrir, dis-moi?
En Espagne! à la reine! à la femme du roi!
Moi, le constant objet de ses jalouses craintes?
Moi, pour qui l'étiquette a ses mille contraintes?

Ai-je pu sans témoins voir la reine un moment?
Depuis sept mois, sept mois d'un infernal tourment,
Que je fus d'Alcala rappelé par mon père,
Il me faut tous les jours et la voir et me taire!
Voici sept mois mortels, Rodrigue, que mon cœur
Du feu qui le dévore éprouve la fureur.
Sept mois qu'à chaque instant, de ma lèvre tremblante,
Je veux faire échapper l'aveu qui m'épouvante,
Et qu'à me découvrir lorsque je me crois prêt,
Je refoule en mon cœur le terrible secret....
O Rodrigue! un moment sans témoins avec elle!
Un seul moment! un seul!

LE MARQUIS.

Prince! je vous rappelle
Votre père.

DON CARLOS.

Eh! pourquoi le fais-tu, malheureux?
Parle-moi des terreurs du remords, si tu veux,
Mais ne me parle pas de lui!

LE MARQUIS.

Se peut-il faire
Que vous le haïssiez?

DON CARLOS.

Je ne hais pas mon père,
Rodrigue, mais ce nom me cause un froid mortel,
Et je tremble, à l'entendre, ainsi qu'un criminel.
Dès mes plus jeunes ans élevé dans sa crainte,
Si toute affection dans mon cœur s'est éteinte,
La faute est-elle à moi? J'avais six ans déjà
Quand, la première fois, à moi se présenta
Cet homme qui m'effraie et qu'on me dit mon père.

ACTE I, SCÈNE II.

Il venait de signer, comme chose ordinaire,
Et coup sur coup, la mort de quatre malheureux.
Et depuis, chaque fois qu'il parut à mes yeux,
Ce fut pour me punir, pour me punir sans cesse,
Avec rigueur, de torts d'enfance ou de jeunesse....
Oh ! loin ! ces souvenirs, mon Dieu ! qui font couler
Tant de fiel en mon cœur !

LE MARQUIS.

Non, non, il faut parler :
A dire ses chagrins, prince, un cœur se soulage.

DON CARLOS.

J'ai lutté bien souvent ; souvent, devant l'image
De la mère de Dieu, je tombai tout en pleurs,
Là, nuit, quand mes gardiens oubliaient leurs rigueurs,
Pour qu'elle m'accordât enfin d'aimer mon père ;
La Vierge n'a jamais exaucé ma prière....
Rodrigue, explique-moi cette énigme : pourquoi
Le ciel m'a-t-il voulu donner ce père ? à moi !
Pourquoi lui justement ?.... Par quel fatal caprice
A-t-il voulu que moi, moi ! de lui je naquisse ?
Mais le monde n'a pas de contrastes plus grands.
D'un odieux lien nous nous sentons souffrants.
Comment ! pour les unir par la plus sainte chaîne,
Choisir Philippe et moi ! de la famille humaine
Les membres les moins faits pour s'entendre ! Pourquoi
Nous avoir imposé cette terrible loi ?
Quand deux hommes en tout si contraires se montrent,
Dans un désir, un seul, faut-il qu'ils se rencontrent !....
Tu vois en nous, Rodrigue, accomplissant leur cours,
Deux astres ennemis, qui, poursuivant toujours
Des chemins opposés, de leur première orbite

Déviant une fois par une loi subite,
Pour ne plus se revoir se heurtent un moment.

LE MARQUIS.

De terribles malheurs j'ai le pressentiment.

DON CARLOS.

Ah ! j'en prévois de même, et je tremble, Rodrigue.
Si, parfois, je sommeille accablé de fatigue,
Voici, comme feraient des esprits infernaux,
Que des songes affreux tourmentent mon repos.
Contre de noirs projets où mon esprit s'égare
Je lutte encor; de moi le sophisme s'empare,
Et, sans doute, vaincu par lui, j'accomplirai
Quelque horrible dessein par l'enfer inspiré.
Si j'oublie une fois que Philippe est mon père ?....
Je vois que tu m'entends.... ton visage s'altère ;
Tu frémis.... Si je viens à l'oublier ? dis-moi,
Rodrigue, crois-tu bien que je m'arrête au roi ?

LE MARQUIS.

Accordez une grâce à votre ami fidèle :
Quel que soit le projet que votre cœur recèle,
Sans m'avoir consulté ne l'accomplissez pas.
Me le promettez-vous ?

DON CARLOS.

     Tout ce que tu voudras ;
A ta pure amitié je promets tout. Ordonne !
Rodrigue, tout entier à toi je m'abandonne.

LE MARQUIS.

Le roi rentre à Madrid, dit-on. De peu de temps
Vous pouvez disposer. Si, pour quelques instants,

Vous voulez sans témoins entretenir la reine,
Jamais l'occasion n'en sembla plus certaine :
Ici de l'étiquette on sent moins la rigueur.
Aranjuez donne un peu de liberté.

DON CARLOS.

       Mon cœur
Autrefois espéra cette heure fortunée.

LE MARQUIS.

Pourquoi cette espérance est-elle abandonnée ?....
A la reine à l'instant je cours me présenter,
Et si, reine d'Espagne, elle a daigné rester
Telle que je la vis à la cour de son père,
Je suis sûr de trouver une franchise entière.
Si pour vous dans ses yeux je lisais quelque espoir ;
Si je la rencontrais disposée à vous voir ;
Si je puis un moment faire éloigner sa suite....

DON CARLOS.

Elle est en ma faveur presque toute séduite.
Mon page Mondéjar m'a surtout assuré
De l'appui de sa mère, et....

LE MARQUIS.

      Je réussirai !
A mon premier signal soyez prêt à paraître.

DON CARLOS.

J'obéirai.... Va !.... Cours ! d'un seul moment, peut-être,
Tout dépend.

LE MARQUIS.

  Oui.... Bientôt nous allons nous revoir.
   (Ils sortent par des côtés différents.)

SCÈNE TROISIÈME.

(La résidence de la reine à Aranjuez. — Une contrée champêtre traversée par une allée. Au fond, le château de la reine.)

LA REINE, LA DUCHESSE D'OLIVAREZ, LA PRINCESSE D'ÉBOLI et LA MARQUISE DE MONDÉJAR.

(Elles arrivent par l'allée.)

LA REINE, à la marquise :

Je veux à mes côtés, marquise, vous avoir.
Cette folle gaîté que fait voir la princesse,
Depuis notre lever m'importune et me blesse.
Elle prend peu de soin de cacher à mes yeux
Tout le plaisir qu'elle a d'abandonner ces lieux.

LA PRINCESSE D'ÉBOLI.

Reine, je ne saurais vous en faire un mystère :
De rentrer à Madrid, oui, ma joie est entière.

LA MARQUISE DE MONDÉJAR.

N'en est-il pas ainsi de votre majesté,
Et par elle Aranjuez sera-t-il regretté ?

LA REINE.

Oui, je quitte à regret cette belle contrée.
Comme en un monde à moi je m'y sens retirée,
Et j'ai fait d'Aranjuez mon séjour favori.
Il m'a su rappeler la France, et m'a souri
Comme elle souriait à mon heureuse enfance.
J'y retrouve les jeux, l'air de ma chère France.
Ah ! ne m'en veuillez pas, le cœur ne peut bannir
Pour la patrie absente un tendre souvenir.

ACTE I, SCÈNE III.

LA PRINCESSE D'ÉBOLI.

Mais ces lieux retirés sont si mornes, si tristes !
On croirait habiter un couvent de trappistes.

LA REINE.

Sur mon cher Aranjuez nous sommes peu d'accord.
C'est Madrid qui me semble être un séjour de mort.
Qu'en dit notre duchesse ?

LA DUCHESSE D'OLIVAREZ.

    Une coutume ancienne,
Reine, veut que la Cour un mois ici se tienne,
Habite le Pardo pendant un autre mois,
Madrid l'hiver. Depuis que l'Espagne a des rois[1]
Cet usage est suivi... Voilà ce que je pense.

LA REINE.

Vous avez là-dessus entière expérience,
Duchesse, et sur ce point je vous le cède encor.

LA MARQUISE DE MONDÉJAR.

Quelle vie à Madrid ! Dans la place Mayor
Un combat de taureaux en ce moment s'apprête,
Et d'un auto-da-fé l'on nous promet la fête.

LA REINE.

On nous promet la fête ! Est-ce bien vous qu'ici,
Ma douce Mondéjar, j'entends parler ainsi ?

LA MARQUISE DE MONDÉJAR.

Sans doute ; l'on va voir brûler des hérétiques.

---

[1] C'est en 1560 seulement que Philippe II transféra sa résidence de Tolède à Madrid, qui devint alors la capitale de l'Espagne.

LA REINE.

Vous jugez autrement ces sanglantes pratiques ?
Je l'espère, Éboli.

LA PRINCESSE D'ÉBOLI.

Moi ! reine ? en vérité,
Je demande instamment à votre majesté
De croire que je suis aussi bonne chrétienne
Que la marquise.

LA REINE.

Allons ! Je veux qu'on s'entretienne
D'autres sujets.... Hélas ! j'oubliais où je suis....
Nous étions à parler, je crois, de ce pays ?
Notre mois de séjour s'est écoulé bien vite.
Je m'en étais promis un bonheur sans limite ;
Mais ce que j'espérais, je ne l'ai pas trouvé.
De même chaque espoir doit-il m'être enlevé ?....
Cependant, ce qu'ici j'attendais, je l'ignore.

LA DUCHESSE D'OLIVAREZ.

Vous ne nous avez pas, princesse, dit encore
Si don Gomez espère, et si d'un tel époux
Nous saluerons bientôt la fiancée en vous ?

LA REINE.

Vous me le rappelez fort à propos, duchesse.
(A la princesse :)
On veut qu'auprès de vous à lui je m'intéresse.
Mais le puis-je ? Il me faut pour ma chère Éboli,
Un époux digne d'elle, un époux accompli.

LA DUCHESSE D'OLIVAREZ.

A votre majesté je me permets de dire

ACTE I, SCÈNE III.

Que don Gomez sera tout ce qu'elle désire.
Apprécié du roi dont il a la faveur.....

LA REINE.

C'est là pour don Gomez un insigne bonheur.
Nous n'en voulons pas moins savoir comment il aime ;
Si d'être aimé, surtout, il est digne lui-même.
Chère Eboli, parlez.

LA PRINCESSE D'ÉBOLI, *d'abord troublée et muette, les yeux fixés vers la terre, puis se jetant aux pieds de la reine :*

Ayez pitié de moi !
Au nom du ciel ! Pitié ! vous voyez mon effroi.
Reine, c'est à genoux que je vous en supplie :
Défendez, défendez que l'on me sacrifie !

LA REINE.

Que l'on vous sacrifie ? assez ! relevez-vous.
Contre son gré se voir imposer un époux
Est un sort bien cruel. Je crois ce que vous dites....
Gomez depuis longtemps sait-il que ses poursuites
Vous déplaisent ?

LA PRINCESSE D'ÉBOLI, *se relevant :*

Voici plus de sept mois déjà.
Le prince n'était point revenu d'Alcala.

LA REINE, *surprise et fixant sur la princesse un regard pénétrant :*

Du motif qui vous guide êtes-vous bien certaine ?

LA PRINCESSE D'ÉBOLI, *avec résolution :*

Épouser don Gomez m'est impossible, reine.
J'en ai mille raisons.

LA REINE, très-sérieusement :

Une seule suffit :
Vous ne pouvez l'aimer, princesse, tout est dit.
Finissons.
(Aux autres dames :)
D'aujourd'hui je n'ai pas vu l'infante ;
Qu'à sa mère à l'instant, marquise, on la présente.

LA DUCHESSE D'OLIVAREZ, regardant à sa montre :

Ce n'est pas l'heure encor.

LA REINE.

D'être mère ? Ah ! vraiment
C'est cruel. J'attendrai qu'en vienne le moment.
Vous voudrez bien, du moins, m'en donner connaissance.
(Un page vient parler à voix basse à la première dame d'honneur qui, aussitôt, se tourne vers la reine.)

LA DUCHESSE D'OLIVAREZ.

Le marquis de Posa....

LA REINE.

Lui ?

LA DUCHESSE D'OLIVAREZ.

Demande audience ;
Il vient des Pays-Bas, s'est en France arrêté,
Et désire remettre à votre majesté
Des lettres de sa mère.

LA REINE.

Et que dit l'étiquette ?

LA DUCHESSE D'OLIVAREZ, réfléchissant :

Rien ; mon instruction sur ce point est muette,
Madame ; vainement je l'interrogerais.

Elle n'a pas réglé le cas où je verrais
Quelque grand de Castille apporter une lettre
D'une cour étrangère, et venir la remettre
A la reine d'Espagne, en un jardin du roi.

LA REINE.

Dès qu'il en est ainsi, je prendrai tout sur moi.

LA DUCHESSE D'OLIVAREZ.

La reine voudra bien souffrir que je la laisse
Durant cet entretien?

LA REINE.

A votre aise, duchesse.
(Sa première dame d'honneur sort. La reine fait un signe au page, qui s'éloigne aussitôt.)

SCÈNE QUATRIÈME.

LA REINE, LA PRINCESSE D'ÉBOLI, LA MARQUISE DE MONDÉJAR, LE MARQUIS DE POSA.

LA REINE.

En Espagne, marquis, soyez le bienvenu.

LE MARQUIS.

Avec plus juste orgueil jamais on ne m'a vu
L'appeler mon pays, reine.

LA REINE, à ses deux dames :

Je vous présente
Le marquis de Posa... D'une façon brillante
Il rompit une lance à Reims, dans un tournoi,
Avec le roi mon père, et, combattant pour moi,
Trois fois à mes couleurs assura la victoire.
De tous les Espagnols, je le dis à sa gloire,

Le marquis, le premier, a su faire à mon cœur
D'être reine d'Espagne apprécier l'honneur.
(Se tournant vers le marquis :)
Quand nous nous sommes vus à la cour de mon père
Pour la dernière fois, vous n'imaginiez guère,
N'est-ce pas, chevalier? qu'en Castille, à sa cour,
Élisabeth pourrait vous recevoir un jour?

LE MARQUIS.

Non, grande reine. Aussi ne pouvais-je m'attendre
A voir la France un jour par nous se laisser prendre
Le seul bien dont encore elle nous vit jaloux.

LA REINE.

Orgueilleux Espagnol!... Le seul bien!... songez-vous
Que c'est une Valois, ici, qui vous écoute?

LE MARQUIS.

Jadis je n'eusse point ainsi parlé, sans doute :
Je le puis maintenant que vous êtes à nous.

LA REINE.

Vous vous êtes en France arrêté; qu'avez-vous
A m'en dire, marquis? ma mère vénérée
Et mes frères chéris?...

LE MARQUIS.

Souffrante et retirée,
Loin de tous les plaisirs, la reine, dans son cœur,
Ne nourrit qu'un espoir, ne rêve qu'un bonheur :
Sur le trône espagnol voir heureuse sa fille.

LA REINE.

Puis-je ne l'être pas quand j'ai de ma famille
Tant de chers souvenirs, tant de marques d'amour ?

Vous avez, chevalier, visité mainte cour,
Vu beaucoup de pays, appris bien des usages,
Et l'on dit qu'à présent, renonçant aux voyages,
Vous venez vous fixer en Espagne à jamais;
Vivre seul dans les murs d'un tranquille palais,
Libre, philosophant, plus roi que le roi même...
Je doute que Madrid vous offre un charme extrême,
Le calme en est... profond.

LE MARQUIS.

                D'une semblable paix
Le reste de l'Europe ignore les bienfaits.

LA REINE.

On le dit, chevalier : aux choses de la terre
Je suis entièrement devenue étrangère.
           (A la princesse d'Éboli :)
Princesse d'Éboli, donnez-moi cette fleur
Que là-bas j'aperçois.
      (La princesse va au lieu indiqué. La reine plus bas au marquis :)
               Ou je suis dans l'erreur,
Ou bien, dans cette cour, un autre que la reine
Se trouve heureux encor du jour qui vous ramène.

LE MARQUIS.

En lui je n'ai trouvé qu'un malheureux. — Son cœur
Ne peut plus désormais comprendre qu'un bonheur....
        (La princesse revient avec la fleur.)

LA PRINCESSE D'ÉBOLI.

Puisque le chevalier a parcouru le monde,
En faits intéressants sa mémoire est féconde,
Sans doute, et nous serions prêtes à l'écouter.

LE MARQUIS.

En effet, j'ai beaucoup, Madame, à raconter.
On sait qu'un chevalier cherche les aventures.
Mais il doit aspirer à des gloires plus pures :
Des dames son devoir le fait le défenseur.

LA MARQUISE DE MONDÉJAR.

Il n'est plus de géants.

LE MARQUIS.

                    Madame, l'oppresseur
Remplace le géant pour le faible.

LA REINE.

                            Sans doute.
On trouve des géants encor, mais sur leur route,
Où sont les chevaliers ?

LE MARQUIS.

                    J'appris tout récemment,
A mon retour de Naple un triste événement ;
Il me fut confié par un ami fidèle,
Héros de cette histoire et malheureux par elle...
De son funeste sort je souffre autant que lui...
Si je ne craignais pas de causer trop d'ennui
A votre majesté....

LA REINE.

                    Du choix suis-je maîtresse?
La curiosité que montre la princesse
Ne vous ferait pas grâce. Écoutons !... après tout,
Les récits, chevalier, sont assez de mon goût.

LE MARQUIS.

A Mirandole étaient deux familles anciennes,
Qui, lasses de nourrir de séculaires haines,
Triste legs des partis et Guelphe et Gibelin,
A leurs discords un jour voulurent mettre fin,
Et, par une union saintement consacrée,
S'assurer une paix d'éternelle durée.
L'hymen devait unir Mathilde et Fernando :
Celui-ci, le neveu de l'illustre Piétro ;
Elle, de Colonna la ravissante fille.
A ce couple charmant l'une et l'autre famille
Confiaient le doux soin de sceller cette paix.
Nobles cœurs que le ciel l'un pour l'autre avait faits !
Union qui devait être en bonheur féconde !
A laquelle avec joie applaudissait le monde !...
Jusque-là le seul art d'un habile pinceau
Avait fait admirer Mathilde à Fernando.
Ah ! combien il craignait, en la voyant si belle,
De n'avoir sous les yeux qu'une image infidèle
D'une réalité que son plus cher espoir,
Que ses rêves de feu n'osaient pas entrevoir !...
Mais il ne peut encor voler à Mirandole :
Enchaîné sur les bancs d'une célèbre école,
A Padoue il attend que vienne l'heureux jour,
Où, libre, libre enfin, de son premier amour,
Il pourra, palpitant d'émotion, d'ivresse,
Balbutier l'hommage aux pieds de sa maîtresse....

(La reine devient plus attentive. Le marquis, après un moment de silence, continue son récit, qu'il adresse, autant que le permet la présence de la reine, à la princesse d'Éboli.)

Mais avant que ce jour eût lui pour Fernando,
L'épouse de Piétro descendait au tombeau.
Tout à coup, le vieillard d'un jeune feu s'enflamme

Pour celle dont partout l'éloge se proclame.
Il voit Mathilde... il l'aime!... A sa nouvelle ardeur
La voix de la nature a cédé dans son cœur.
L'oncle, de son neveu ravit la fiancée,
Et la parole sainte à l'autel prononcée
Légitime le vol!

LA REINE.

Et Fernando, seigneur,
Que fit-il?

LE MARQUIS.

Lui! Madame? ivre de son bonheur,
Il venait... il volait, car l'amour a des ailes...
Les étoiles déjà jetaient leurs étincelles,
Quand son coursier rapide et qu'il trouve trop lent,
Aux murs de Mirandole arrive haletant.
En ce moment les sons d'une bruyante veille
De Fernando surpris viennent frapper l'oreille.
Il s'avance.. il entend sortir des chants joyeux
Du palais de son oncle où brillent mille feux;
Il monte les degrés... sa marche est inquiète...
Il entre... tout annonce une brillante fête :
Dans une salle immense un splendide festin;
Des convives nombreux animés par le vin;
Au milieu d'eux Piétro; près du vieillard assise
Une femme... il n'est pas dans l'erreur... ô surprise!
Fernando la connaît!... dans ses rêves d'amour,
Il ne la vit jamais plus belle qu'en ce jour!
Un coup d'œil a suffi pour lui faire comprendre
Quel était le trésor que rien ne peut lui rendre.

LA PRINCESSE D'ÉBOLI.

Malheureux Fernando!

ACTE I, SCÈNE IV.

LA REINE.

Chevalier, ce récit
Est terminé sans doute ?... oui, vous avez tout dit,
Il le faut.

LE MARQUIS.

Pas encore.

LA REINE.

Ai-je bien su comprendre ?
Fernando fut-il pas votre ami ?

LE MARQUIS.

Le plus tendre.

LA PRINCESSE D'ÉBOLI.

Ce récit, chevalier, veuillez donc le finir.

LE MARQUIS.

Bien triste en est la fin. A ce seul souvenir,
Ma cuisante douleur se ravive en mon âme.
D'aller jusques au bout, dispensez-moi, Madame.
(Silence général.)

LA REINE, se tournant vers la princesse d'Éboli :

J'espère qu'à présent l'heure me permettra
De voir ma fille, enfin. Princesse, amenez-la !
(La princesse s'éloigne ; le marquis fait signe à un page qui se montre dans le fond et qui disparaît aussitôt. La reine ouvre les lettres que lui a données le marquis et paraît surprise. Pendant ce temps, le marquis parle bas et d'une manière pressante à la marquise de Mondéjar. La reine, qui a lu les lettres, se tourne vers le marquis, auquel elle jette un regard pénétrant.)

Vous n'avez point parlé de Mathilde ; sait-elle
Combien de Fernando la douleur est cruelle ?

LE MARQUIS.

Nul n'a pu jusqu'ici lire au fond de son cœur ;
Mais un cœur noble et fort sait cacher sa douleur.

LA REINE.

Qui cherchez-vous des yeux ?

LE MARQUIS.

En ce moment je pense
A quelqu'un... Sur son nom je garde le silence...
Qui mettrait un haut prix à se voir en ce lieu !

LA REINE.

S'il n'a pas ce bonheur, à qui la faute ?

LE MARQUIS, avec vivacité :

Dieu !
Ces mots... selon mes vœux, osé-je les entendre ?
Il pourrait, à l'instant, Madame, ici se rendre ?

LA REINE, avec effroi :

A l'instant, dites-vous ?... Marquis, expliquez-moi...

LE MARQUIS.

Il pourrait espérer ? Le peut-il ?

LA REINE, avec une frayeur toujours croissante :

Quel effroi !
Mais il n'osera pas !

LE MARQUIS.

Le voici.

SCÈNE CINQUIÈME.

LA REINE, DON CARLOS.

(Le marquis de Posa et la marquise de Mondéjar se retirent au fond du théâtre.)

DON CARLOS, tombant aux pieds de la reine :

Jour d'ivresse !
Cette main adorée, enfin Carlos la presse !

LA REINE.

Prince, qu'osez-vous faire ? Oh ! mon Dieu ! levez-vous !
Vous vous rendez coupable... On a les yeux sur nous...
Ma suite est là.

DON CARLOS.

Non ! non ! à vos genoux je reste.
J'y demeure, enchaîné par un charme céleste.
Il faudra m'arracher de ces lieux.

LA REINE.

Insensé !
Où ma bonté pour vous vous a-t-elle poussé ?
Savez-vous bien qu'ici ce discours téméraire
S'adresse à votre reine et jusqu'à votre mère ?
Savez-vous bien qu'au roi je pourrais découvrir
Cette étrange surprise ?...

DON CARLOS.

Et qu'il faudra mourir ?...
Qu'on m'arrache d'ici pour aller au supplice !
Pour payer ce moment d'ineffable délice,
La mort même, la mort n'est pas un prix trop haut.

LA REINE.

Et votre reine ?

DON CARLOS, se relevant :

O Dieu !... mon Dieu !... puisqu'il le faut,
Je pars... je vais partir... La reine !... à sa prière
Pourrais-je résister ?... O ma mère, ma mère !
Quel terrible pouvoir sur moi vous exercez !
Un signe, un seul regard, un mot, et c'est assez.
C'est la vie ou la mort pour moi... Dites, de grâce !
Quel sacrifice encor faut-il que je vous fasse ?
Quand vous exigerez...

LA REINE.

Fuyez !

DON CARLOS.

O ciel !

LA REINE.

Fuyez !
Je vous prie en pleurant, Carlos, vous le voyez.
Grâce ! fuyez avant que ma suite ne vienne ;
Avant que ma geôlière ici ne vous surprenne ;
Avant qu'on n'aille dire à votre père, au roi,
Que l'on nous a trouvés ensemble, vous et moi !

DON CARLOS.

Je subirai mon sort que je vive ou je meure !...
Eh ! quoi ? tout mon espoir s'est porté sur cette heure,
Sur cet unique instant auquel, enfin, je dois
De vous entretenir sans témoins, une fois,
Et quand je touche au but, sur quelque crainte vaine,
C'est une illusion que j'y verrais ! Non, reine :

La terre mille fois accomplirait son tour,
Qu'elle ne pourrait plus me rendre un pareil jour.

LA REINE.

Toute l'éternité ne saurait vous le rendre...
Mais, malheureux ! de moi que pouvez-vous attendre ?

DON CARLOS.

Reine, j'ai combattu comme jamais mortel
Ne combattit ; j'en puis prendre à témoin le ciel.
J'ai lutté vainement : j'ai perdu tout courage.

LA REINE.

Au nom de mon repos, finissez ce langage !

DON CARLOS.

Mais vous m'apparteniez ! Deux trônes saintement
Vous promirent à moi ; Dieu reçut leur serment.
La loi de la nature au moins était suivie ;
Et Philippe, Philippe ! à moi vous a ravie !

LA REINE.

C'est votre père.

DON CARLOS.

   Il est votre époux !

LA REINE.

       Son amour,
Des plus vastes États vous fera maître un jour.

DON CARLOS.

Il fit de vous ma mère !

LA REINE.

   O comble de démence !

DON CARLOS.

Et le sait-il combien son trésor est immense ?
Sait-il aimer ? sait-il le prix de votre cœur ?
Ah ! tout ce qu'avec vous j'aurai eu de bonheur,
Je l'oublirai ; la plainte en moi saura se taire.
Encor, si je croyais à celui de mon père ;
Mon père, heureux ? non, non !... O désespoir affreux !...
Il n'est pas et jamais il ne doit être heureux...
Va ! tu ne m'as ravi mon paradis sur terre
Que pour l'anéantir dans les bras de mon père !

LA REINE.

Pensée abominable !

DON CARLOS.

Ah ! je connais assez
Celui qui conseilla cet hymen. Ah ! je sais
Quel amant fut Philippe et quel amour il donne !...
Dans l'Empire puissant soumis à sa couronne,
Qu'êtes-vous ? dites-moi ; qu'est donc votre pouvoir ?
Rien ! Ah ! s'Il vous était accordé d'en avoir,
D'un Albe verrait-on la sanglante puissance ?
Les Flamands égorgés martyrs de leur croyance ?
Je le demande encor : qu'êtes-vous, dites-moi ?
Comment pourrai-je en vous voir la femme du roi ?
Vous, femme de Philippe ? Oh ! non, certes, non, reine :
Du cœur de son époux l'épouse est souveraine ;
Mais, Philippe !... à quelqu'un peut-il donner son cœur ?
Si, dans quelques accès d'une fiévreuse ardeur,
Il éprouve, parfois, un moment de tendresse,
Ne le voyons-nous pas honteux de sa faiblesse,
Comme si, tout à coup, il avait outragé
Et le sceptre et les ans dont il se sent chargé ?

LA REINE.

Mon sort serait à plaindre auprès de votre père?
Qui vous le dit?

DON CARLOS.

Mon cœur, dont l'amour eût su faire,
Je le sens, que ce sort, objet de sa pitié,
Fût devenu pour vous digne d'être envié.

LA REINE.

Quel orgueil!... Si mon cœur m'assurait du contraire?
Si les tendres égards qu'a pour moi votre père,
Si l'amour de Philippe... amour silencieux,
Que savent m'exprimer son visage et ses yeux,
Me touchent beaucoup plus que ne peut y prétendre
L'audacieux discours que vous faites entendre?
Si les soins d'un vieillard?...

DON CARLOS.

Dès qu'il en est ainsi,
Madame... pardonnez... Ce que j'apprends ici,
Je l'ignorais... Oh! oui, je n'ai pas dû m'attendre
A vous voir pour Philippe un amour aussi tendre.

LA REINE.

L'honorer fait ma joie et mon ambition.

DON CARLOS.

N'aimâtes-vous jamais?

LA REINE.

Étrange question!

DON CARLOS.

Jamais?

LA REINE.

Je n'aime plus.

DON CARLOS.

Qui le veut, je vous prie,
De votre cœur ou bien du serment qui vous lie?

LA REINE.

Quittez-moi, partez, prince, et que, dans l'avenir,
Un semblable entretien ne puisse revenir!

DON CARLOS.

Qui le veut? votre cœur?... le serment qui vous lie?

LA REINE.

Mon devoir... Malheureux! quelle est votre folie!
Pourquoi si tristement vouloir approfondir
Le sort que, tous les deux, il faut subir?

DON CARLOS.

Subir?
Le sort qu'il faut subir?

LA REINE.

Sans doute. Pourquoi prendre
Cet air si solennel? que voulez-vous m'apprendre?

DON CARLOS.

Ceci : que don Carlos, alors qu'il peut vouloir,
N'ira pas se courber sous un autre pouvoir.
Que don Carlos encor, quand il peut lui suffire
De fouler à ses pieds les lois de cet empire,
Pour s'y voir tout à coup le plus heureux mortel,
N'en voudra pas rester le plus à plaindre.

ACTE I, SCÈNE V.

LA REINE.   Ciel !
Vous ai-je bien compris? l'espoir encor vous reste?
Espérer! vous avez ce courage funeste?
Lorsque tout est perdu, vous conservez l'espoir!

DON CARLOS.
C'est aux morts seulement à ne plus en avoir.

LA REINE.
Vous osez le fonder sur moi?... sur votre mère?...
(Elle le regarde longtemps et fixement, puis reprend avec dignité et d'un air sérieux :)
Eh! pourquoi pas? Pourquoi n'y voir qu'une chimère?
Il pourra plus encor le monarque nouveau :
Du monarque qui vient de descendre au tombeau,
Il peut livrer les lois aux flammes; son image,
L'effacer, la briser... Il peut bien davantage...
Qui le retient?... Il peut, au sombre Escurial,
De la tombe arracher le cadavre royal,
Le traîner au grand jour, dépouille profanée,
Et dissiper sa cendre aux vents abandonnée.
Pour ne pas s'arrêter en si noble chemin,
Il peut....

DON CARLOS.
   Au nom du ciel! n'achevez pas!

LA REINE.   Enfin,
A le suivre à l'autel il peut forcer sa mère!

DON CARLOS.
Fils maudit!
(Il demeure un instant immobile et muet :)
   C'en est fait!... oui... Fatale lumière!

*Quel mystère à mes yeux elle fait éclater!
Oh! dans l'ombre, pour moi, que n'a-t-il pu rester!
Maintenant, j'ai compris que vous m'êtes ravie.
Je vous perds!... je vous perds!... je vous perds pour la vie!
Sous cet affreux penser, sous cette loi de fer,
Je me sens torturé des tourments de l'enfer.
L'enfer? c'est encor lui, c'est lui qui dans mon âme,
Excita les désirs de ma coupable flamme;
Pour moi l'enfer toujours! Partout, partout l'enfer!
Je succombe!*

LA REINE.

Carlos! vous qui m'êtes si cher;
Malheureux, que je plains! je sais, je sais comprendre
L'indicible douleur que vous faites entendre,
Et dont la violence a brisé votre cœur.
Oui, comme son amour, immense est sa douleur;
Mais immense à son tour sera pour vous la gloire
D'avoir su remporter une entière victoire.
Sachez donc l'obtenir. Le prix en est, Carlos,
Digne du combattant, digne, jeune héros,
Du cœur qui sait nourrir la vertu, le courage,
Des rois dont vous sortez héroïque héritage;
Ranimez, noble prince, en ce cœur abattu,
Et le même courage et la même vertu!
Le petit-fils de Charle à triompher s'apprête
Où, d'avance, tout autre avouerait sa défaite.

DON CARLOS.

Il est trop tard.

LA REINE.

D'être homme? O Carlos! dites-vous
Combien de la vertu la force est grande en nous,
Quand, même au prix du cœur, que brise sa contrainte,

ACTE I, SCÈNE V.

On veut toujours rester fidèle à sa loi sainte.
Le ciel vous a fait naître en un rang élevé,
Qu'à bien peu de mortels nous voyons réservé.
Le ciel vous a comblé de faveurs singulières,
En prenant sur la part de beaucoup de vos frères.
Ils peuvent demander si vous, son favori,
Si, déjà dans le sein où vous fûtes nourri,
Vous aviez mérité tant de faveurs extrêmes;
Si donc aux yeux de Dieu vous valez plus qu'eux-mêmes?
Eh bien! justifiez cette faveur du ciel;
Sachez être plus grand qu'aucun autre mortel;
Prince! j'attends de vous un noble sacrifice :
Ce que nul ne ferait, que Carlos l'accomplisse!

DON CARLOS.

S'il faut vous conquérir, je le puis; je puis tout;
S'il faut vous perdre, rien! Mon courage est à bout.

LA REINE.

Avouez-le, Carlos, cette ardeur téméraire,
Qui porte vos désirs jusques à votre mère,
N'est qu'orgueil, que dépit, que fol entêtement.
Votre cœur, votre amour, que, si légèrement,
Vous dissipez pour moi, songez qu'ils doivent être
Le bien des nations dont vous serez le maître.
De ces trésors perdus vous rendrez compte un jour.
Parmi tous vos devoirs on peut compter l'amour,
Mais non pour que vers moi, votre mère, il s'égare.
Prince, dès maintenant sachez en être avare,
Pour qu'un jour, tout entier vous puissiez le donner
Aux peuples que le ciel vous laisse à gouverner.
Du remords à votre âme épargnez le supplice.
Ainsi qu'on bénit Dieu, faites qu'on vous bénisse.
Élisabeth obtint votre premier amour :

L'Espagne vous attend ; l'Espagne veut son tour.
Aimez-la d'un amour qu'aucun amour n'égale ;
Je cède avec bonheur à ma noble rivale.

DON CARLOS, subjugué par son émotion, se jette aux pieds de la reine :

O céleste langage ! O magnanimité !
Oui, je consens à tout... Le sort en est jeté !
(Il se lève.)
Me voici devant Dieu : je jure en sa présence....
O ciel !... non !... non !... Je jure un éternel silence,
Mais je ne puis jurer un éternel oubli.

LA REINE.

Ce qui par elle, hélas ! ne peut être accompli,
De Carlos, croyez-vous qu'Élisabeth l'exige ?

LE MARQUIS, accourant par l'allée :

Le roi !

LA REINE.

Grand Dieu !

LE MARQUIS.

Fuyez ! prince... fuyez ! vous dis-je.

LA REINE.

Terrible est son soupçon. Craignez que ses regards...

DON CARLOS.

Je reste.

LA REINE.

Et qui sera la victime ?

DON CARLOS, tirant le marquis par le bras :

Je pars,

ACTE 1, SCÈNE VI.

Je pars... Rodrigue! viens! viens!
(Il s'en va et revient encore une fois.)
Pour faveur dernière,
Qu'emporter de ces lieux?

LA REINE.

L'amitié d'une mère.

DON CARLOS.

Son amitié!... ma mère!

LA REINE.

Et ces lettres aussi
Où les Flandres m'ont dit leurs douleurs.
(Elle lui donne quelques lettres. Don Carlos et le marquis sortent. La reine cherche ses dames d'un air inquiet et n'en aperçoit aucune. Au moment où elle se retire vers le fond du théâtre, le roi paraît.)

SCÈNE SIXIÈME.

LE ROI, LA REINE, LE DUC D'ALBE, LE COMTE DE LERME, DOMINGO, quelques dames et quelques grands, qui restent dans l'éloignement.

LE ROI.

(Il regarde autour de lui avec surprise et reste un moment silencieux.)
Seule ici,
Madame! avec la reine en ce jardin personne?
De votre isolement souffrez que je m'étonne.

LA REINE.

Mon noble époux....

LE ROI.

Parlez! Pourquoi seule en ces lieux?
(À sa suite:)
Des plus sacrés devoirs oubli prodigieux!

Je saurai le punir ainsi qu'il le mérite.
De la reine aujourd'hui qui composait la suite?
A qui de la servir appartenait l'honneur?

LA REINE.

Ne vous irritez pas, ô mon noble seigneur!
La faute n'est qu'à moi : par mes ordres pressée,
La princesse Éboli seule ici m'a laissée.

LE ROI.

Par vos ordres?

LA REINE.

Pour faire à l'infante savoir
Que sa mère en ce lieu demandait à la voir.

LE ROI.

Et l'ordre a fait partir la suite tout entière?
De vos dames il peut excuser la première...
La seconde?

LA MARQUISE DE MONDÉJAR, *qui, pendant ce temps, est revenue et s'est mêlée aux autres dames, s'avance :*

Je suis coupable, je le sens.
Sire, pardonnez-moi!

LE ROI.

Loin de Madrid, dix ans,
Sur la faute qu'ici vous vous êtes permise,
Vous irez méditer.

(*La marquise se retire en pleurant. Silence général. Chacun jette un regard d'étonnement sur la reine.*)

LA REINE.

Pour qui ces pleurs, marquise?
(*Au roi :*)
Sire, j'aurais des torts, que, d'un semblable affront,
La couronne par vous attachée à mon front,

Et que, vous le savez, je n'ai point recherchée,
Eût dû me préserver. De quelle loi cachée
Faites-vous résulter que la fille d'un roi
Puisse se voir jugée ainsi que je me vois?
Pour qu'une femme soit à son devoir fidèle,
Lui faut-il, en Espagne, une garde éternelle?
Mieux que tous les témoins sa vertu la défend...
Que mon époux pardonne aux discours qu'il entend :
C'est que l'on ne m'a point, jadis, accoutumée
A voir les serviteurs de qui je suis aimée,
Me quitter en pleurant... Mondéjar!
(La reine détache sa ceinture et la donne à la marquise :)
C'est le roi
Que vous avez blessé; c'est lui; ce n'est pas moi.
Prenez ce souvenir; prenez! qu'il vous rappelle,
Avec mon amitié, cette heure solennelle.
L'Espagne seulement vous dit coupable. Ailleurs,
Dans ma France, avec joie on essuiera vos pleurs...
Faut-il donc que toujours je regrette la France !
(Elle s'appuie sur sa première dame d'honneur et se cache le visage.)
Avec mon cher pays, oh! quelle différence!

LE ROI, avec quelque émotion :

A mon amour pour vous un reproche échappé,
La parole d'un cœur de vous tout occupé,
Et que seule dicta ma craintive tendresse,
A ce point, se peut-il, vous afflige et vous blesse?
(Se tournant vers les grands :)
J'en puis prendre à témoins tous ces grands de ma cour :
Ai-je à mes yeux permis le sommeil un seul jour,
Avant d'avoir sondé les secrètes pensées
Du cœur des nations sous mon sceptre placées?
Eh bien! quand on me voit leur donner tant de soins,
Au cœur de mon épouse en donnerai-je moins?

3.

De mes peuples, messieurs, croyez-le,
(Il montre son épée.)
                              Cette lame
Me répond... et le duc... mais du cœur de ma femme,
Mes yeux sont les gardiens.

LA REINE.
                    À votre majesté,
Si j'ai pu la blesser....

LE ROI.
                    Toute la chrétienté
Ne connaît pas un homme, un seul qui puisse dire
Ses trésors aussi grands que ceux de mon empire.
Dans son immense cours le soleil ne peut pas
Marcher sans luire au moins sur l'un de mes États.
Tous ces biens qu'aujourd'hui je tiens de ma couronne,
Suis-je donc le premier à qui le sort les donne?
Ils furent ceux d'un autre; ils seront ceux encor
De tous mes successeurs. Mais il est un trésor
Que je n'ai pas reçu de royal héritage.
Ce bien n'est qu'à moi seul; je le veux sans partage.
Pour lui je deviens l'homme et ne suis plus le roi.
Ce bien, c'est mon épouse, Élisabeth.

LA REINE.
                              Eh! quoi,
Sire, vous craindriez?

LE ROI.
                    N'est-ce rien que mon âge?
Si jamais l'on osait me donner quelque ombrage...
J'aurais bientôt cessé de craindre, assurément....
(Aux grands:)
Je compte de ma cour les grands en ce moment;

ACTE I, SCÈNE VI.

Du premier entre tous je remarque l'absence.
Où s'arrête l'infant don Carlos?
(Personne ne répond.)
Je commence
A redouter mon fils. Il évite mes yeux
Depuis que je l'ai fait revenir en ces lieux.
Avec un sang de feu, pourquoi des yeux de glace?
Quelle contrainte encor devant moi l'embarrasse?...
Qu'on surveille mon fils !

LE DUC D'ALBE.

Reposez-vous sur moi,
Sire; j'ai prévenu cet ordre de mon roi.
Aussi longtemps qu'un cœur battra sous cette armure,
Philippe peut dormir en repos, je le jure!
Albe est devant le trône à sa garde commis,
Comme les chérubins gardant le paradis

LE COMTE DE LERME.

Le plus sage des rois me permettra, peut-être,
De combattre humblement l'ordre qu'il vient d'émettre ?
Je vénère mon roi beaucoup trop pour oser
Juger si promptement son fils et l'accuser;
Je crains chez don Carlos la fougue du jeune âge;
Je ne crains pas son cœur.

LE ROI.

Comte, votre langage
Peut sur le cœur du père avoir quelque crédit ;
Mais le roi se confie au duc... que tout soit dit.
(Se tournant vers sa suite :)
Je retourne à Madrid où mon devoir m'appelle.
L'hérésie en tous lieux se propage. Avec elle
La révolte grandit au sein des Pays-Bas.

De la contagion préservons nos États;
Il est temps d'en finir. Ma justice prépare
Un exemple terrible à quiconque s'égare.
On pourra voir demain comment j'accomplirai
Ce que les rois chrétiens ont ensemble juré.
Dieu n'aura jamais eu de plus sanglante fête.
Qu'à m'y suivre ma cour tout entière s'apprête!
(Il emmène la reine. Les autres personnages les suivent.)

SCÈNE SEPTIÈME.

DON CARLOS, des lettres à la main, LE MARQUIS DE POSA.

(Ils entrent par des côtés opposés.)

DON CARLOS.

Le sort en est jeté : je sauve les Flamands!
Elle le veut; pour moi c'est assez.

LE MARQUIS.

      Les moments
Sont précieux : le bruit commence à se répandre,
Qu'on va nommer le duc gouverneur de la Flandre.

DON CARLOS.

Non! ce gouvernement il me le faut à moi;
Demain je le demande en audience au roi.
Jusqu'ici je n'ai rien réclamé de mon père;
Pourra-t-il rejeter mon unique prière?
Il ne voit qu'à regret son fils auprès de lui :
De l'éloigner enfin, quel prétexte aujourd'hui!
Et puis, je te l'avoue, un autre espoir m'enflamme :
Cet entretien secret où j'ouvrirai mon âme,
De mon père, je crois, me rendra la faveur.
La voix de la nature est muette en son cœur :

Permets-moi d'essayer ce que son éloquence
Dans la bouche d'un fils peut avoir de puissance.

LE MARQUIS.

Ah! de mon cher Carlos je reconnais la voix,
Et je retrouve en vous le Carlos d'autrefois.

SCÈNE HUITIÈME.

LES PRÉCÉDENTS, LE COMTE DE LERME.

LE COMTE DE LERME.

Le roi vient de partir; un ordre qu'il me laisse....

DON CARLOS.

Comte, je vous rejoins. Il suffit.

LE MARQUIS, faisant semblant de s'éloigner et d'un ton cérémonieux :

Votre altesse
Ne m'ordonne plus rien?

DON CARLOS.

Plus rien dans ce moment.
Puissiez-vous à Madrid rentrer heureusement.
Vous me reparlerez, chevalier, de la Flandre.
(Au comte de Lerme, qui attend encore :)
A l'instant.... Je vous suis.
(Le comte sort.)

SCÈNE NEUVIÈME.

DON CARLOS, LE MARQUIS DE POSA.

DON CARLOS.

Ah! j'ai su te comprendre.

Et je te remercie... Un tiers, à notre cœur
Pouvait seul imposer cette grande froideur,
Car, n'est-ce pas, Rodrigue? oh! oui, nous sommes frères?
Bannissons désormais ces formes mensongères,
Que dressa l'étiquette entre notre amitié;
La naissance, le rang, que tout soit oublié!
Imagine qu'un soir, dans ces bals où l'usage
Autorise chacun à masquer son visage,
Le hasard tous les deux nous ait amenés, toi
Portant l'habit d'esclave et moi celui de roi;
Tant que dure la nuit donnée à la folie,
Le rôle qu'il a pris, nul de nous ne l'oublie,
Et, de nos compagnons respectant le plaisir,
Nous nous étudions à ne pas nous trahir.
Mais que de ton Carlos un seul signe te vienne,
L'ami s'est révélé, ta main presse la sienne,
Nous nous sommes compris.

LE MARQUIS.

Ah! votre rêve est doux,
Divin! mais bien longtemps durerait-il pour nous?
Carlos est-il assez le maître de lui-même,
Pour dire qu'au milieu de la grandeur suprême,
De son charme funeste il restera vainqueur?
Un grand jour va venir qui de son noble cœur
Saura bien rudement éprouver le courage :
Que don Philippe meure : à vous son héritage,
Des royaumes chrétiens le plus vaste. A l'instant
Entre la terre et vous un espace s'étend;
L'homme d'hier devient un dieu sous la couronne;
Toute humaine faiblesse aussitôt l'abandonne;
Des devoirs éternels la voix se tait en lui;
L'humanité, si noble à ses yeux aujourd'hui,

Il la verra demain, honteusement vénale,
Venir ramper aux pieds de l'idole royale.
De peines affranchi dans son suprême rang,
Aux maux qu'on souffre ailleurs il reste indifférent.
On voit dans les plaisirs sa vertu se détruire ;
Il arrache au Pérou tout l'or qu'il peut produire :
A sa folie il faut cet or; et dans sa cour,
Autour de l'insensé s'élèvent chaque jour
Des démons empressés d'encourager ses vices.
Ses esclaves lui font tout un ciel de délices.
En un rêve trompeur il est par eux jeté;
Mais, le rêve fini, plus de divinité.
Aussi, malheur alors à la voix qui s'élève
Pour faire, par pitié, s'évanouir ce rêve !
Que ferait donc Rodrigue ? un véritable ami
N'est jamais courageux ni sincère à demi.
Le roi dégénéré n'aurait pas le courage
D'entendre de l'ami le sévère langage.
Vous ne souffririez pas l'audace du sujet,
Ni moi, l'orgueil du prince.

DON CARLOS.

O fidèle portrait !
Combien, en même temps, il est épouvantable,
Rodrigue ! C'est bien là le monarque coupable...
Mais le roi que tu peins doit à la volupté
Les vices dont, bientôt, son cœur est infecté.
Et moi, je ne sens pas ce poison qui dévore.
J'ai vingt-trois ans à peine, et je suis pur encore.
Avant moi, méprisant les devoirs les plus saints,
Dans de honteux plaisirs, si tant de souverains
Ont énervé leur corps et leur intelligence,
Moi, j'ai su ménager ces biens avec prudence,

Instruit que j'en aurais à faire un autre emploi,
Rodrigue, quand un jour aussi je serais roi.
Si de lâches amours, de cette âme qui t'aime
Ne te bannissent pas, qui le ferait?

LE MARQUIS.

Moi-même.
Croyez-vous, si je dois, Carlos, vous craindre un jour,
Que je conserve encor pour vous le même amour?

DON CARLOS.

Toi! me craindre? Et pourquoi? Te suis-je nécessaire?
As-tu des passions qu'il faille satisfaire?
Pour qui tu mendierais les faveurs de ton roi?
L'or te séduirait-il? de l'or, Rodrigue, à toi,
Dans ta condition, plus riche qu'en la mienne
Jamais je ne serai? Se peut-il que te vienne
Quelque soif des honneurs? Tu les a repoussés
Quand sur ta jeune tête ils s'étaient amassés....
Qui sera de nous deux, si tu fais la balance,
Créancier? débiteur?... Tu gardes le silence...
Redoutes-tu l'épreuve? Es-tu si peu certain
D'en sortir à ta gloire?

LE MARQUIS.

Eh bien! voici ma main :
Je cède.

DON CARLOS.

Il est à moi!

LE MARQUIS.

Pour toujours. Je me donne
Tout entier à Carlos.

ACTE I, SCÈNE IX.   53

DON CARLOS.

                Le roi, sous la couronne,
Te trouvera fidèle et dévoué pour lui,
Comme tu le fais voir à l'infant aujourd'hui?

LE MARQUIS.

Je vous le jure!

DON CARLOS.

                    Et si, ne sachant se défendre,
Aux pièges des flatteurs mon cœur se laissait prendre;
Si j'oubliais les pleurs qu'ont répandus ces yeux;
Si je fermais l'oreille aux cris des malheureux,
Alors, gardien sans peur de ma vertu tremblante,
Voudras-tu raffermir mon âme chancelante,
Et, par le nom si grand dont je suis l'héritier,
A mes sacrés devoirs me rendre tout entier?

LE MARQUIS.

Je le promets.

DON CARLOS.

                Eh bien! encore une prière :
Dis-moi TOI! c'est ainsi que me dirait un frère.
Ce mot, à tes égaux toujours je l'enviai;
Mot d'abandon, par toi pour eux seuls employé.
Quand ce TOI fraternel à mon âme résonne,
Je comprends le bonheur que l'égalité donne...
Ne me réplique pas... va! je t'ai bien compris :
Ce que je te demande a pour toi peu de prix;
Mais pour moi, fils d'un roi, c'est beaucoup au contraire.
Mon Rodrigue, dis-moi : Je veux être ton frère !

LE MARQUIS.

Je suis ton frère.

DON CARLOS.

Eh bien ! maintenant, chez le roi !
Je puis braver mon siècle en m'appuyant sur toi.
(Ils sortent.)

ACTE DEUXIÈME.

(Le palais du roi à Madrid.)

SCÈNE PREMIÈRE.

LE ROI, assis sur son trône, LE DUC D'ALBE, à quelque distance du roi et la tête couverte, DON CARLOS.

DON CARLOS.

Avant mon intérêt, l'intérêt de l'empire :
Le ministre du roi parle, je me retire.
Volontiers je lui cède. Un peu plus tard aussi
J'aurai mon tour... Carlos est chez son père ici.
(Il se retire en s'inclinant.)

LE ROI.

Le duc reste, et je suis tout prêt à vous entendre.

DON CARLOS, se tournant vers le duc :

De votre grandeur d'âme il me faut donc attendre
La faveur de parler au roi seul. Vous savez
Que, souvent, pour son père, un fils tient réservés
Des secrets dont son cœur à d'autres fait mystère.
A vous seul le roi, duc ! je ne veux que le père,
Et pour quelques instants.

ACTE II, SCÈNE I.

LE ROI.

Vous ne voyez ici
Que l'ami de ce père.

DON CARLOS.

Est-il le mien aussi ?
A l'amitié du duc oserais-je prétendre ?

LE ROI.

Fîtes-vous jamais rien d'où vous puissiez l'attendre ?
Je n'aime pas les fils dont le cœur orgueilleux
S'imagine qu'un père est moins habile qu'eux
A choisir ses amis.

DON CARLOS.

De cette scène étrange,
Duc d'Albe, votre orgueil de chevalier s'arrange ?
Par ma vie et le ciel ! on ne me verrait pas
Descendre, au prix d'un trône, à ce rôle si bas
De l'importun qui vient sans qu'on l'appelle, jette
Entre un père et son fils sa présence indiscrète,
L'impose sans rougir ; qui confesse, en restant,
Sa nullité profonde et qui reste pourtant !

LE ROI, *se levant et jetant sur son fils un regard de colère :*)

Duc d'Albe, éloignez-vous !
(Le duc va vers la grande porte par laquelle don Carlos est entré ; le roi lui en indique une autre :)

Non, vous allez vous rendre
Là, dans mon cabinet... Vous y pourrez attendre
L'ordre de revenir.

SCÈNE DEUXIÈME.

LE ROI, DON CARLOS.

DON CARLOS, *dès que le duc a quitté la chambre, s'avance vers le roi et se précipite à ses pieds avec la plus grande émotion :*)

     O mon père, merci !
Merci !... C'est vous, enfin, que je retrouve ici !...
Mon père ! votre main !... que ma bouche la presse !...
Heureux jour !... La douceur d'une telle caresse
Fut longtemps refusée à votre enfant !... Pourquoi
M'avoir de votre cœur repoussé ? Dites-moi,
Qu'ai-je fait ?

LE ROI.

     Ces détours à ton cœur ne vont guère,
Infant ; épargne-les, ils ne sauraient me plaire.

DON CARLOS.

Il est donc vrai !... Je puis connaître à ce discours,
Ceux que vos courtisans vous tiennent tous les jours...
Mon père, par le ciel ! non ! tout ne saurait être
Infailliblement bon de la bouche d'un prêtre,
Ni de la bouche encor de ces gens que je vois,
Créatures du prêtre et l'écho de sa voix...
Je ne suis pas méchant, mon père ; mon seul crime
C'est ma jeunesse, c'est cette ardeur qui m'anime.
Je ne suis pas méchant, oh ! non. Si l'on peut voir
D'impétueux transports trop souvent m'émouvoir,
Mon cœur est bon.

LE ROI.

     Je sais que, comme ta prière,
Ton cœur est pur.

DON CARLOS.

Voici l'occasion dernière :
Voyez, nous sommes seuls. Pour la première fois
L'étiquette entre nous a fait taire ses lois.
Maintenant ou jamais !... De sa divine flamme
L'espérance m'éclaire et m'anime... Mon âme,
Tout entière, s'émeut d'un doux pressentiment...
Le ciel s'ouvre et sur moi s'abaisse en ce moment ;
Je vois les anges saints nous sourire... Dieu même
Vient nous bénir tous deux en ce moment suprême...
Mon père ! Oubli ! Pardon ! Réconcilions-nous !

(Il tombe aux pieds du roi.)

LE ROI.

Laisse-moi !... Lève-toi !

DON CARLOS.

Mon père ! Entendez-vous ?
Oubli ! Pardon encore !

LE ROI, se dégageant de lui :

Impudent artifice !

DON CARLOS.

A l'amour de ton fils tu rends cette justice !

LE ROI.

Des pleurs ?... Il ose !... Va ! retire-toi d'ici !

DON CARLOS.

Maintenant ou jamais ! Pardon, mon père, oubli !

LE ROI.

Retire-toi d'ici !... Vaincu dans les batailles,
Reviens couvert de honte, et pour toi mes entrailles

Me parleront encor ; je t'ouvrirai mes bras ;
Mais tel que je te vois, non ! je ne te veux pas !
Cette feinte douleur, un coupable l'exprime ;
Quelques pleurs, pense-t-il, pourront laver son crime.
Qui soutient un remords d'un impassible front,
S'inquiète fort peu des remords qui suivront.

DON CARLOS.

A qui l'allusion ? Quel est-il ce barbare,
Et dans l'humanité d'où vient donc qu'il s'égare ?
Est-ce que par les pleurs ne sont pas révélés
Des sentiments humains ? L'homme dont vous parlez
A l'œil sec ; d'une femme il n'a pas reçu l'être.
Les pleurs ! forcez aussi vos yeux à les connaître,
Ou des moments viendront que d'amères douleurs
Vous feront regretter de n'avoir pas de pleurs.

LE ROI.

Crois-tu que ce discours, où l'art seul se déploie,
Puisse ébranler le doute auquel je suis en proie ?

DON CARLOS.

Le doute ? mais je veux l'anéantir ! Je veux
Au fond de votre cœur saisir ce doute affreux !
L'arracher de ce cœur qu'il ose m'interdire !
Je veux... ah ! mes efforts y sauront bien suffire...
Briser le mur d'airain dont ce doute cruel
A su fermer pour moi votre cœur paternel !
Eh ! que sont tous ces gens dont la coupable audace
Dans la faveur du roi me refuse une place ?
En échange d'un fils à son père enlevé
Que vous offre ce moine ? Albe, qu'a-t-il trouvé
Qui puisse consoler cette existence amère
D'un vieillard qui regrette un enfant ?... O mon père !

Vous voulez qu'on vous aime ? eh bien, soyez-en sûr,
Mon cœur nourrit pour vous un amour vif et pur,
Que vous cherchez en vain dans ces âmes vénales,
Sensibles seulement aux largesses royales.

LE ROI.

Téméraire ! Tous ceux qu'outragent tes mépris,
Serviteurs éprouvés, par moi-même choisis,
Honore-les !

DON CARLOS.

Jamais !... Ce qu'un Albe peut faire,
Je le puis... Je puis plus... Qu'importe au mercenaire
Un trône auquel jamais il ne sera porté ?
De voir vieillir Philippe est-il inquiété ?...
Votre Carlos du moins vous eût aimé, mon père...
Je ne puis supporter cette pensée amère :
Être seul, toujours seul, en proie à ses ennuis,
Isolé sur un trône !

LE ROI, frappé de ces paroles, demeure pensif, faisant un retour sur lui-même ;
puis, après un moment de silence :

Être seul ?... Je le suis !...

DON CARLOS, s'approchant de lui avec vivacité et avec chaleur :

Vous l'étiez ; mais pour moi que votre haine cesse,
Et je vous aimerai d'une vive tendresse,
De cet amour si pur dont l'enfant sait aimer !
Ne me haïssez plus ! Laissez-vous désarmer !...
Oh ! combien il est doux, quelle ivresse suprême,
De voir qu'un noble cœur nous honore et nous aime,
Est heureux avec nous, souffre de nos douleurs,
Et, lorsque nous pleurons, répand aussi des pleurs !
Oh ! combien il est beau, glorieux, pour un père,
D'aller, plaçant sa main dans une main bien chère,

Et par elle guidé, d'aller, avec son fils,
Du jeune âge revoir tous les sentiers fleuris;
De pouvoir, dans l'ivresse où cet enfant le plonge,
De la vie avec lui recommencer le songe!
Qu'il est beau de pouvoir revivre tout entier,
Dans ce fils, des vertus de son père héritier!
De songer que le fils restera, sur la terre,
Pour les siècles futurs, comme un bienfait du père!
Qu'il est beau de vouloir que ce fils bien-aimé
Puisse un jour recueillir ce qu'on aura semé!
D'amasser le trésor qu'une active sagesse
Entre ses mains fera fructifier sans cesse,
Et de prévoir, enfin, ce que, pour tant d'amour,
Ce fils saura montrer de gratitude un jour!...
Mais sur ce paradis que vous offre la terre,
Vos moines, prudemment, ont eu soin de se taire.

LE ROI, avec quelque émotion:

Mon fils, tu t'es ici toi-même condamné:
A ton père pourquoi n'avoir jamais donné
Ce bonheur que tu peins en paroles de flamme?

DON CARLOS.

Que celui qui sait tout soit juge de mon âme:
De votre cœur c'est vous qui m'avez écarté;
Je n'ai reçu de vous aucune autorité;
Jusqu'à présent je suis, moi, prince héréditaire,
En Espagne étranger, prisonnier sur la terre
Qui, pourtant, doit un jour obéir à mes lois.
Est-ce juste? Est-ce bien?... Mon père, que de fois,
De honte rougissant, j'ai baissé la paupière,
Quand quelque ambassadeur d'une cour étrangère,
Ou quelque gazetier m'apprenait chaque jour
Ce qu'Aranjuez voyait se passer à la cour!

LE ROI.

Un sang trop chaud, mon fils, dans tes veines bouillonne.
Tu ne peux que détruire.

DON CARLOS.

    Eh ! que mon père ordonne,
Je détruirai. Mon sang est, dit-on, trop ardent ?
J'ai vécu vingt-trois ans, mon père, et cependant,
Pour l'immortalité je n'ai rien fait encore.
Je me sens ; je vois luire une nouvelle aurore.
Cette voix qui me crie : un jour tu seras roi !
Comme un dur créancier me réveille. Pour moi
Les instants précieux qu'a perdus ma jeunesse,
Sont des dettes d'honneur qui me pèsent sans cesse.
Le voici ce grand jour, ce moment désiré
Où, de ce que je dois, comme d'un bien sacré
On va me demander le compte avec usure.
Tout m'appelle aux devoirs de ma grandeur future :
L'histoire ; mes aïeux aux illustres exploits ;
La gloire, dont j'entends la belliqueuse voix...
Il est temps ! de l'honneur ouvrez-moi la barrière !...
O mon roi ! Devant vous m'amène une prière,
Daignerez-vous l'entendre ?

LE ROI.

    Une prière encor ?
Dis !

DON CARLOS.

  La révolte prend un effrayant essor
Dans la Flandre. A ce peuple obstinément rebelle,
Il faut que l'on oppose une digue nouvelle ;
Au duc est réservé de lui donner un frein :
Investi par son roi d'un pouvoir souverain,

4

Chef d'une armée, il va la conduire à Bruxelle.
Que cette mission, mon père, est noble et belle!
Eh bien! à la remplir votre fils est tout prêt;
Au temple de la gloire elle le conduirait.
A votre fils, mon roi, confiez cette armée :
De vos peuples flamands ma jeunesse est aimée.
De leur fidélité je réponds sur mes jours.
Je l'ose.

LE ROI.

D'un rêveur ce sont là les discours.
C'est un homme qu'il faut, mon fils, pour cette guerre,
Et non pas un enfant.

DON CARLOS.

Un homme? mais, mon père,
Ce beau nom, votre duc ne l'a pas mérité.

LE ROI.

La terreur contient seule un peuple révolté,
Et la compassion serait de la démence.
Faible est ton cœur. Le duc aura plus de puissance :
On le redoutera. — Cesse de me prier.

DON CARLOS.

Donnez-moi cette armée, osez vous confier
A cette âme si faible, et, j'ose le prédire,
Où d'Albe et ses bourreaux ne feraient que détruire,
Devançant vos drapeaux, le nom de votre fils,
Avant qu'on ne m'ait vu, seul aura tout conquis.
Je vous fais à genoux cette ardente prière ;
Pour la première fois je vous prie : ô mon père,
Confiez-moi la Flandre!...

LE ROI, jetant sur l'infant un regard pénétrant :

Et livrez, n'est-ce pas?

A mon ambition vos plus braves soldats,
Le fer du meurtrier à ma main parricide ?

DON CARLOS.

O ciel ! en suis-je là ?... voilà ce que décide
Ce moment solennel qu'appela tant mon cœur !...
(Après un instant de réflexion, d'un ton solennel, mais plus doux :)
Répondez-moi, mon père, avec plus de douceur ;
Ne me renvoyez pas ainsi... non, je l'espère,
Vous n'exigerez point que je parte, mon père,
Avec ces mots cruels, avec leur poids affreux.
Soyez, pour votre fils, soyez moins rigoureux...
Oh ! cédez ! il le faut ; cédez ! cette prière
Est de mon désespoir l'espérance dernière.
C'en est trop ! Je ne puis supporter jusqu'au bout
Que vous me refusiez tout, absolument tout...
Vous me laissez partir ?... Vous souffrez que je sorte,
Sans m'avoir exaucé, sans que d'ici j'emporte
Un seul, pas même un seul de ces pensers si doux
Dont se berçait mon cœur en s'approchant de vous ?...
Votre Albe et Domingo vont régner sans alarmes.
Ils triomphent du fils dont vous voyez les larmes...
Le flot de courtisans dont s'inonde la cour,
Ces grands, qui devant vous sont tremblants chaque jour ;
Et vos moines aussi, dont les pâles figures
Disent la sainteté bien moins que les souillures.
Tous ces gens étaient là, tous savent que le roi
Me donne en ce moment une audience, à moi !
Ne m'humiliez pas ! Dans cette âme brisée,
D'une insolente cour me faisant la risée,
Ne portez pas la mort !... Mon père, gardez-vous
D'exposer votre fils à ces ignobles coups !
Quand de chaque étranger vos faveurs sont la proie,
De grâce, gardez-vous de faire que l'on voie

Qu'en vain votre Carlos a pu vous implorer ;
Et pour montrer combien vous voulez l'honorer,
Confiez-lui, mon père, et l'armée et la Flandre!

LE ROI.

Une troisième fois ne laisse pas entendre
Ces mots que mon courroux te ferait expier!

DON CARLOS.

Dussé-je l'encourir, j'ose vous supplier
Une dernière fois. J'ose vous faire entendre
Ces mêmes mots encor : confiez-moi la Flandre !...
Je veux quitter l'Espagne... il le faut... il le faut !
J'y vis comme l'on vit au pied de l'échafaud.
Du ciel lourd de Madrid la pesanteur m'accable,
Comme si d'un forfait je me sentais coupable.
Il me faut d'autres cieux si je ne veux mourir.
Ce n'est qu'un prompt départ qui pourra me guérir.
Voulez-vous me sauver? Accueillez ma prière :
Sans retard dans la Flandre envoyez-moi, mon père !

LE ROI, avec un calme contraint :

Sous l'œil du médecin il faut rester, mon fils.
Des maux comme les tiens veulent des soins suivis.
Ne quitte point l'Espagne... Albe ira dans la Flandre.

DON CARLOS, hors de lui :

Maintenant de moi-même, oh! venez me défendre,
Mes bons anges !

LE ROI, reculant d'un pas :

Arrête ! A quelle extrémité
Voudrais-tu recourir? Parle !

DON CARLOS, d'une voix tremblante :
A sa volonté,
Mon père absolument veut-il que j'obéisse ?

LE ROI.

C'est le roi qui le veut.

DON CARLOS.

Que mon sort s'accomplisse !
(Il sort dans une violente agitation.)

SCÈNE TROISIÈME.

LE ROI (Il reste pendant quelques instants plongé dans de sombres réflexions, puis se promène dans la salle), LE DUC D'ALBE.
(Il s'approche avec embarras.)

LE ROI.

A partir pour Bruxelle, allez ! tenez-vous prêt !

LE DUC D'ALBE.

Je le suis.

LE ROI.

Vos pouvoirs sont dans mon cabinet ;
Ils sont complets. Déjà mon sceau royal les scelle.
Vous irez voir la reine et prendre congé d'elle.
Présentez-vous aussi chez l'infant.

LE DUC D'ALBE.

De ces lieux
A l'instant je l'ai vu qui sortait furieux...
Mais votre majesté, ce me semble, elle-même
Est plongée à son tour en un désordre extrême.
Peut-être le sujet de ce long entretien....

4.

LE ROI, *après s'être promené pendant quelques instants :*

Ce sujet, c'était vous, duc d'Albe!
(*Fixant sur le duc un regard sombre :*)
        Je veux bien
Que pour mes conseillers Carlos ait de la haine,
Mais du mépris! Je l'ai découvert avec peine...
(*Le duc d'Albe pâlit et va répondre avec colère.*)
Pas de réponse... Allez, avant que de partir,
Vous réconcilier. J'y veux bien consentir.

LE DUC D'ALBE.

Sire!...

LE ROI.

Qui, le premier, veuillez bien me le dire,
Des projets de mon fils a pris soin de m'instruire?
J'y crus sans examen. J'aurai soin de peser
Les motifs qu'on pourrait avoir de l'accuser.
Désormais don Carlos sera plus près du trône.
Allez!
(*Le roi rentre dans son cabinet. Le duc sort par une autre porte.*)

SCÈNE QUATRIÈME.

(*Une antichambre de l'appartement de la reine.*)

DON CARLOS, *s'entretenant avec* UN PAGE, *entre par la porte du milieu. A son approche, les gens de la cour qui se trouvent dans l'antichambre se dispersent dans la salle voisine.*

DON CARLOS.

A mon adresse un billet?... On me donne
Cette clé?... L'on agit avec mystère!... Viens!...
Approche!... Ces objets, dis de qui tu les tiens!

ACTE II, SCÈNE IV.

LE PAGE, très-mystérieusement :

La dame, si j'en juge à son air de mystère,
Veut être devinée, et son nom doit se taire.

DON CARLOS, reculant :

La dame ?...
(Il regarde plus attentivement le page :)
Quoi ?... Comment ?... Qui donc es-tu, dis-moi ?

LE PAGE.

Un page de la reine.

DON CARLOS, effrayé, va à lui et lui place la main sur la bouche :

Oh ! par la mort, tais-toi !
Je sais tout.
(Il rompt vivement le cachet et se retire à l'extrémité de la salle pour lire la lettre. Pendant ce temps, le duc d'Albe passe sans que le prince l'aperçoive et entre dans l'appartement de la reine. Don Carlos tremble fortement, pâlit et rougit tour à tour.)
Elle t'a confié cette lettre ?

LE PAGE.

De sa main.

DON CARLOS.

Elle-même a pu te la remettre ?...
Oh ! ne me trompe pas ! Elle n'a pas tracé
D'écrit qui jusqu'ici sous mes yeux ait passé :
Je te crois, il le faut, si ta bouche m'assure
Que tu dis vrai... Mens-tu ? conviens de l'imposture,
Mais ne me trompe pas ! non ! non !

LE PAGE.

Vous tromper ? moi !

DON CARLOS *regarde de nouveau la lettre, puis le page, d'un air soupçonneux.*
Après avoir fait un tour dans la salle :

Sans doute tes parents vivent encor? du roi
Ton père est serviteur? l'Espagne est sa patrie?

LE PAGE.

Colonel dans l'armée, il a perdu la vie
A Saint-Quentin. Ce père, objet de mes regrets,
S'appelait Alonzo, comte de Hénarez.

DON CARLOS, *lui prenant la main et fixant sur lui un regard expressif :*

C'est du roi, n'est-ce pas, que tu tiens ce message?

LE PAGE, *avec émotion :*

Ah! prince, je n'ai pas mérité cet outrage...

DON CARLOS.

Tu peux pleurer! Alors, pardonne mon soupçon [1].
(Il lit la lettre :)
« Cette clé, de la reine ouvre le pavillon.
« Par la petite porte elle en donne l'entrée.
   « La chambre la plus retirée
« Est près d'un cabinet où l'œil de l'espion
« Ne pénétra jamais. L'amant discret et tendre,
« Aux signes jusqu'ici condamné, mais compris,
« En toute liberté pourra s'y faire entendre.
   « Timide, il sut longtemps attendre :
« De sa souffrance il recevra le prix. »
(Il semble sortir d'un assoupissement :)
Non, je ne rêve pas... Je n'ai pas le délire...

---

[1] Ce vers n'existe dans aucune des cinq éditions de Schiller que j'ai pu consulter. M. X. Marmier me l'a indiqué comme se trouvant dans celle qu'il a suivie pour sa traduction en prose. Vienne 1816, 18 vol. in-12.

Je me touche... c'est moi... Ce que je viens de lire
Est écrit là... C'est vrai... Tout est donc confirmé :
On m'aime... Oh! oui, l'on m'aime! Oh! oui, je suis aimé!
(Il parcourt hors lui l'appartement, en levant les mains au ciel.)

LE PAGE.

Venez, prince, venez! Je saurai vous conduire...

DON CARLOS.

Attends, attends encore!... Il faut que je respire;
De ce bonheur je suis tremblant, tu peux le voir...
Ai-je conçu jamais ce téméraire espoir?
Je ne l'ai point osé, non, non, pas même en rêve.
Quand, pour en faire un dieu, de la terre on l'enlève,
Est-ce donc qu'un mortel pourrait, indifférent,
S'accoutumer sur l'heure à ce bonheur si grand?..
Je songe qui j'étais! qui bientôt je vais être!
À mes yeux un soleil nouveau vient d'apparaître!
Le ciel, sombre pour moi naguère, est radieux!
Elle m'aime!!...

LE PAGE veut l'entraîner :

Venez! ce n'est pas en ces lieux
Qu'il faut... vous oubliez, prince...

DON CARLOS, saisi d'une terreur soudaine :

Le roi? mon père?
(Il laisse tomber les bras, regarde avec effroi autour de lui et commence à se remettre :)
C'est affreux!... Ta raison, mon jeune ami, m'éclaire.
Merci, je m'égarais... Mon Dieu! tant de bonheur,
Et ne pouvoir parler! Le refouler au cœur!
C'est affreux!... c'est affreux!
(Il prend le page par la main et le mène à l'écart :)

Ce que tu pus entendre,
Ce que tes yeux ont vu, ce que j'ai fait comprendre,

Tout cela, que ton cœur en un profond oubli,
Comme dans un tombeau, le garde enseveli !...
Et maintenant, va-t'en ! Seul je saurai m'y rendre.
Il ne faut pas qu'ici l'on nous puisse surprendre.
Va ! pars !...

(Le page veut s'en aller.)

Attends ! il faut encore m'écouter :
C'est un secret affreux que tu vas emporter ;
Il est comme un poison de force violente,
Qui corrode le vase où captif il fermente,
Et s'échappe à la fin. Jeune homme, sache bien
Maîtriser ton visage, observer ton maintien !
Ce que cache ton cœur, que ta tête l'ignore.
Sois semblable, il le faut, au porte-voix sonore
Qui, tour à tour, reçoit le son et qui le rend
Sans avoir entendu ce qu'on lui dit... Enfant !
(Tu l'es encore)... Enfant, garde ton innocence,
Livre-toi tout entier aux plaisirs de l'enfance.
Celle qui d'un écrit d'amour sut te charger,
A bien habilement choisi son messager.
C'est ailleurs que le roi va chercher ses vipères.

LE PAGE.

Ah ! prince, j'ai reçu le plus beau des salaires :
Je suis fier de penser que je possède, moi,
Un secret qui me rend plus riche que le roi.

DON CARLOS.

Jeune présomptueux ! mais, au contraire, tremble
En portant ce secret ! S'il arrive qu'ensemble,
En public nous puissions nous trouver, je le veux,
Sois devant moi timide et sois respectueux !
Garde bien que jamais trop d'orgueil ne t'entraîne
A montrer que pour toi ma faveur est certaine.

Songes-y : vouloir être agréable à l'infant,
Serait, dans cette cour, un crime, mon enfant.
Quand, plus tard, tu voudras me dire quelque chose,
Point de mot ! entends-tu ? Reste la bouche close.
Ne va pas employer, pour donner tes avis,
D'ordinaires moyens ; je te les interdis.
Des signes, un regard me feront tout comprendre.
C'est des yeux seulement que je saurai t'entendre.
L'air que nous respirons, la lumière, vois-tu,
Les murs, tout, ici, tout, à Philippe est vendu.
On vient.

(La chambre de la reine s'ouvre, le duc d'Albe en sort.)

Pars ! au revoir.

LE PAGE.

Surtout, que votre altesse
N'aille pas se tromper de chambre !... Je vous laisse.

(Il sort.)

DON CARLOS.

C'est le duc... Me tromper d'appartement ? non, non !
Je saurai m'y trouver.

SCÈNE CINQUIÈME.

DON CARLOS, LE DUC D'ALBE.

LE DUC D'ALBE, se plaçant devant le prince :

Prince ! deux mots.

DON CARLOS.

C'est bon.
Une autre fois.

LE DUC D'ALBE.

　　　　　　Le lieu, je dois le reconnaître,
N'est pas des mieux choisis. Votre altesse, peut-être,
Dans son appartement, un instant, voudra bien
M'accorder la faveur d'un secret entretien?

DON CARLOS.

Pourquoi? Je puis ici vous donner audience.
Parlez, mais soyez bref.

LE DUC D'ALBE.

　　　　　　　　C'est la reconnaissance
Qui me conduit vers vous. Prince, permettez-moi
De vous remercier de ce que je vous doi :
Vous ne l'ignorez pas.

DON CARLOS.

　　　　　　　De la reconnaissance?
A moi? Qu'ai-je donc fait pour y donner naissance?
Un pareil sentiment chez le duc? Et pour moi?

LE DUC D'ALBE.

A peine quittiez-vous l'appartement du roi,
Prince, qu'au même instant il a daigné m'apprendre
Que comme gouverneur il m'envoyait en Flandre.

DON CARLOS.

Ah! vraiment?

LE DUC D'ALBE.

　　　　　　A qui dois-je une telle faveur
Si ce n'est pas à vous?

DON CARLOS.

　　　　　　　A moi? c'est une erreur.

Non, vous ne devez rien, rien à mon entremise,
Je le jure. Partez, et que Dieu vous conduise !

LE DUC D'ALBE.

Rien de plus ?... Ce silence a de quoi m'étonner.
Votre altesse n'a pas d'ordres à me donner
Qui concernent la Flandre ?

DON CARLOS.

      Eh ! de moi, pour la Flandre,
Quels ordres, s'il vous plaît, pouviez-vous donc attendre ?

LE DUC D'ALBE.

Naguères, cependant, si j'ai bien su juger,
L'intérêt du pays paraissait exiger
De don Carlos lui-même et le bras et la tête ?

DON CARLOS.

Comment ?.. Ah ! oui ; la chose ainsi dut être faite...
Autrefois... Maintenant, c'est très-bien... et, vraiment,
C'est beaucoup mieux.

LE DUC D'ALBE.

    J'écoute avec étonnement.

DON CARLOS, sans ironie :

Vous êtes, on le sait, un grand homme de guerre ;
A cet éloge, duc, même l'envie adhère.
Moi, je suis un jeune homme; ainsi s'est dit le roi.
Il a raison, raison tout à fait, je le vois ;
Je suis content... Assez là-dessus !.. Bon voyage !
Je ne puis, vous voyez, m'arrêter davantage ;
Justement un travail m'appelle... Je veux bien,
Ou demain, ou plus tard, reprendre l'entretien,
Ou lorsque vous serez revenu de Bruxelle.

5.

LE DUC D'ALBE.

Comment?

DON CARLOS, après un moment de silence et voyant que le duc n'est pas
encore parti :

Pour le départ la saison est fort belle :
Le pays de Milan, celui des Bourguignons,
La Lorraine, vont voir passer vos bataillons...
Puis, l'Allemagne... Eh! oui, c'était en Allemagne :
On vous y connaît fort par certaine campagne [1].
Comptons : avril, mai, juin, juillet ; c'est bien cela,
Aux premiers jours d'août, peut-être, on vous verra
Arriver à Bruxelles... Oh! je ne doute guère
Qu'on n'entende bientôt parler de cette guerre ;
Et vos triomphes, duc, sauront nous faire voir
Qu'en vain nous n'avions pas mis sur vous notre espoir.

LE DUC D'ALBE, d'un air significatif :

Est-ce, si vous voyez, prince, que j'y réponde,
Pour avoir confessé ma nullité profonde [2] ?

DON CARLOS, après un moment de silence, avec dignité et fierté :

Duc d'Albe, avec raison vous vous sentez piqué.
Je l'avouerai : j'eus tort, quand je vous attaquai,
D'employer contre vous des armes dont l'usage
Ne vous est point permis.

LE DUC D'ALBE.

Pourquoi pas?

DON CARLOS, lui prenant la main en souriant :

C'est dommage

[1] Sous Charles-Quint ; la campagne de 1547 contre les Protestants.
[2] Le duc fait ici allusion aux paroles de don Carlos qui l'ont blessé
dans la première scène de l'acte, et les reproduit.

ACTE II, SCÈNE V.

Que je ne puisse pas, faute de temps, ici,
Du duc d'Albe accepter le glorieux défi ;
Ce sera pour plus tard.

LE DUC D'ALBE.

Nous sommes loin de compte :
Vous vous faites trop vieux de vingt ans ; je remonte,
Au contraire, à vingt ans, moi, prince...

DON CARLOS.

Et puis ?

LE DUC D'ALBE.

Et puis,
Je songe, en même temps, combien de douces nuits,
De ces nuits qu'il passait auprès de votre mère,
Sa belle Portugaise[1], on eût vu votre père
Donner pour acquérir un bras comme ce bras.
C'est qu'il est plus facile, il ne l'ignorait pas,
D'avoir des rejetons d'une royale race,
Que de faire qu'au trône elle garde sa place.
C'est qu'encore, on aurait plus tôt fait, croyez-moi,
Si le monde en manquait, de lui fournir un roi,
Que de pourvoir d'un trône un roi qui le désire...

DON CARLOS.

C'est très-vrai, cependant, duc d'Albe, je puis dire...

LE DUC D'ALBE.

Et combien n'a-t-il pas fallu verser de sang,
Et, ce sang, c'est celui de votre peuple, avant
Que deux gouttes du sang d'un monarque aient pu faire

[1] Dona Maria de Portugal, la première des trois femmes de Philippe II.

Qu'au trône de l'Espagne où s'assied votre père,
Vous soyez, après lui, certain de vous asseoir !

DON CARLOS.

C'est très-vrai, par le ciel ! vous me faites bien voir
Ce que peut opposer, duc, l'orgueil du mérite,
A l'orgueil du bonheur... Et vous concluez?... Vite !
Concluez donc !

LE DUC D'ALBE.

Malheur, prince, à la majesté
Qui naissante, encor faible, a la témérité
D'insulter, du berceau, sa fidèle nourrice !
Je conçois qu'elle trouve un extrême délice
A dormir en repos sur les coussins moelleux
Qu'ont su lui préparer nos bras victorieux.
On voit bien les joyaux dont brille la couronne,
Mais le sang qu'a coûté sa conquête, personne
Ne daignera jamais l'y chercher... A nos lois,
Cette épée a soumis bien des peuples. La croix
L'a vue étinceler précédant sa bannière ;
Elle a creusé, dans plus d'une sanglante terre,
Les sillons où devait fructifier la foi :
Dieu jugeait dans le ciel ; sur terre, c'était moi !

DON CARLOS.

Que le ciel ou l'enfer ait ordonné, n'importe !
Je sais très-bien comment vous lui prêtiez main-forte.
Mais ne m'en parlez plus, je dois le demander :
De certains souvenirs je voudrais me garder...
J'honore, croyez-moi, le choix qu'a fait mon père ;
Pour Philippe, un duc d'Albe est l'homme nécessaire.
Ce n'est pas là, pourtant, ce qu'au roi j'envierai.
On vous dit un grand homme, eh bien ! soit ! on dit vrai ;

Vous me voyez tout prêt d'y croire ; mais, peut-être,
Des milliers d'ans trop tôt vous vit-on apparaître.
Un duc d'Albe ! à la fin du monde seulement,
Dieu devrait susciter un pareil instrument.
Quand l'audace du crime, en sa rage insensée,
Aura fait que du ciel la bonté soit lassée ;
Quand Dieu décidera la moisson du pécheur ;
Quand il aura besoin d'un habile faucheur,
De qui jamais le bras de couper ne se lasse,
Ah ! vous pourrez, alors, vous dire à votre place...
Mon Dieu ! mon paradis ! ma Flandre !... mais, assez !
Il faut que de mon cœur on vous croie effacés,
Doux rêves ! et sur vous je m'impose silence...
Vous avez, on le dit, fait signer à l'avance,
De sentences de mort une provision ?
Je ne puis que louer cette précaution :
Vous n'aurez pas, ainsi, quoi que vous puissiez faire,
A craindre de chicane... Oh ! pardonne, mon père !
Quand tu ne voulais pas à ton fils confier
Un emploi dans lequel ton Albe doit briller,
Je te l'ai reproché ! j'ai pu te méconnaître !
C'est que tu commençais à me faire paraître
Ton estime pour moi.

LE DUC D'ALBE.

      Prince, de tels discours
Mériteraient...

DON CARLOS, s'emportant :

    Quoi donc ?

LE DUC D'ALBE.

        Mais, j'épargne vos jours,
Fils du roi !

DON CARLOS, *tirant son épée :*

C'est du sang qu'un pareil mot exige !
En garde !

LE DUC D'ALBE, *froidement :*

Contre qui ?

DON CARLOS, *se précipitant sur lui :*

Duc ! En garde, vous dis-je,
Ou je vous tue.

LE DUC D'ALBE, *tirant son épée :*

Eh bien ! s'il le faut...
(Ils se battent.)

SCÈNE SIXIÈME.

DON CARLOS, LE DUC D'ALBE, LA REINE.

LA REINE, *sortant effrayée de son appartement :*

En ce lieu,
Le fer tiré !
(Au prince, avec mécontentement et d'un ton impérieux :)
Carlos !

DON CARLOS, *que l'aspect de la reine met hors de lui, laisse retomber le bras, reste immobile et anéanti, puis court vers le duc et l'embrasse :*

Duc, pardonnez !
(Il tombe aux pieds de la reine, puis se relève subitement et sort dans la plus grande agitation.)

LE DUC D'ALBE, *immobile de surprise et qui ne les a pas quittés des yeux :*

Par Dieu !
C'est étrange !

LA REINE, après un instant de trouble et d'inquiétude, s'avance lentement vers son appartement. Arrivée près de la porte, elle se retourne :

    Duc d'Albe !
     (Le duc la suit.)

SCÈNE SEPTIÈME.

(Un cabinet de la princesse d'Éboli.)

LA PRINCESSE D'ÉBOLI, vêtue avec un goût simple mais parfait, joue du luth et chante. Ensuite, LE PAGE de la reine.

    LA PRINCESSE, se levant avec vivacité :
     Il vient !

    LE PAGE, accourant :
       Encor personne ?
De ne pas le trouver avec vous, je m'étonne.
Mais vous allez le voir.

    LA PRINCESSE.
    Il viendra ? L'a-t-il dit ?
Il consent ? c'est certain ?

    LE PAGE.
     Oui, madame, il me suit....
Mais, quelle passion pour vous, noble princesse !
On n'imagine pas de plus vive tendresse ;
Jamais de plus d'amour un cœur n'aura brûlé.
Quelle scène j'ai vue !

    LA PRINCESSE, l'attirant à elle avec impatience :
    Eh bien ? il t'a parlé ?
Vite ! que t'a-t-il dit ? qu'annonçait son visage ?

Quel était son maintien? redis-moi son langage.
A-t-il paru surpris? a-t-il paru troublé?
A-t-il bien deviné d'où lui venait la clé?
Ne le savait-il pas? parle donc!.. ou, peut-être,
S'est-il trompé de nom, en disant le connaître?
Eh bien? tu restes là sans me répondre, dis?
Va! c'est bien mal à toi; jamais je ne te vis
Plus gauche, ni plus lent, ni plus insupportable.

LE PAGE.

Mais, de vos questions le grand nombre m'accable,
Princesse; dites-moi, quand aurais-je parlé?
Au prince j'ai remis le billet et la clé,
Dans la chambre qui touche à celle de la reine;
Sa surprise fut grande; il m'en croyait à peine;
Ses yeux m'interrogeaient, et, quand je me suis dit
Envoyé d'une dame, il parut interdit.

LA PRINCESSE.

C'est très-bien... à merveille... achève ton message;
Je t'écoute.

LE PAGE.

J'allais m'expliquer davantage,
Quand soudain il pâlit, m'arrache au même instant
Votre lettre, me jette un regard menaçant,
En disant: Je sais tout!.. Il se met à la lire,
Sa stupeur est visible, il tremble...

LA PRINCESSE.

Il a pu dire
Qu'il savait tout? Comment le croire?

LE PAGE.

Il veut savoir

S'il est vrai que de vous il puisse recevoir
La lettre ; si vraiment vous me l'avez remise.
Il me l'a demandé quatre fois.

LA PRINCESSE.

Ma surprise
Est extrême... Tu dis qu'il m'a nommée ?

LE PAGE.

Oh ! non,
Non, madame, il n'a pas prononcé votre nom :
Des espions pourraient, a-t-il dit, nous entendre,
Et, ce qu'ils entendraient, aller au roi le rendre...

LA PRINCESSE, étonnée :

Il l'a dit ? Es-tu sûr ?

LE PAGE.

Et que, s'il arrivait
Qu'au roi l'on dénonçât un semblable billet,
Le roi mettrait un prix immense à la nouvelle.

LA PRINCESSE.

Au roi ? mais ta mémoire est-elle bien fidèle ?
As-tu bien entendu ?.. Le roi !.. Répète-moi :
A-t-il bien dit ce mot ?

LE PAGE.

Il a bien dit : le roi...
Et puis, il a parlé d'un dangereux mystère ;
Il m'a soigneusement commandé de me taire,
De m'observer, afin qu'aucun signe de moi
Jamais ne fasse naître un soupçon chez le roi.

LA PRINCESSE, après un instant de réflexion et dans le plus grand étonnement :

Tout s'accorde... pour moi le doute est impossible ;

Il faut qu'il sache tout... C'est incompréhensible...
Mais qui de cette intrigue a pu l'instruire?.. Qui?
Je le demande encore !.. Eh ! quel autre que lui
Aurait eu cette vue et perçante et profonde,
Que sait donner l'amour, quand au cœur il abonde?...
Maintenant, continue !.. Il a lu le billet?..

LE PAGE.

Dans ce même billet, a-t-il dit, il voyait
Un bonheur qui devait à ce point le surprendre,
Qu'il n'eût jamais osé, même en rêve, y prétendre.
Devant un tel bonheur il avait à trembler...
Le duc, dans ce moment, est venu nous troubler :
Il entrait dans la salle et nous dûmes nous taire.

LA PRINCESSE, avec dépit :

Dans cet appartement qu'avait le duc à faire !...
Mais où s'arrête-t-il ? Pourquoi tarder ainsi ?
Comment ne pas, enfin, se présenter ici ?
Vois, comme on t'a bercé d'une fausse promesse :
Dans le temps que tu perds à me dire sans cesse
Qu'il veut de son bonheur, cent fois il l'eût goûté !

LE PAGE.

Le duc d'Albe, je crains...

LA PRINCESSE.

     Le duc ! En vérité,
Encor le duc ? Ici que veut-il ? qu'on me dise !
A la félicité que je me suis promise,
Ce brave général, qu'a-t-il à voir ? Comment !
Fallait-il avec lui tant de ménagement ?
On pouvait le laisser, le renvoyer, qu'importe !
Ne voit-on pas agir tous les jours de la sorte ?

Mais, l'amour ! va ! ton prince aussi peu l'a compris
Que le cœur d'une femme ; il ignore le prix
Qu'une seule minute a souvent... Mais, silence !
Silence !... Il m'a semblé... va-t'en !.. quelqu'un s'avance...
C'est le prince.. Va ! pars !

(Le page se retire précipitamment.)

      Mon luth ! En arrivant,
Je veux qu'il me surprenne au milieu de mon chant :
Ce sera le signal d'amour...

SCÈNE HUITIÈME.

LA PRINCESSE D'ÉBOLI et, un peu après, DON CARLOS.

(La princesse s'est jetée sur une ottomane et joue du luth. Don Carlos entre précipitamment, reconnaît la princesse et reste comme frappé de la foudre.

DON CARLOS.

    O ciel ! où suis-je ?

LA PRINCESSE.

C'est vous, prince Carlos ? oui, vraiment !

DON CARLOS.

       O vertige !
Ai-je pu me tromper ainsi d'appartement !

LA PRINCESSE.

Je vois combien Carlos découvre habilement
Les chambres où l'on peut, loin de toute surprise,
Trouver seule une femme.

DON CARLOS.

     Excusez ma méprise,
Princesse... j'ai trouvé... du salon précédent
La porte était ouverte...

LA PRINCESSE.

Est-il vrai ? Cependant,
J'avais tourné, je crois, la clé dans la serrure.

DON CARLOS.

Vous croyez seulement... vous n'en êtes pas sûre...
Ce n'était qu'une erreur... vous vouliez, en effet,
La tourner... je le crois... mais l'avez-vous bien fait ?
Vous n'aviez pas fermé, non, j'en ai l'assurance...
J'entends jouer du luth... c'était un luth, je pense ?
(Il regarde autour de lui avec hésitation.)
Eh ! oui, je l'aperçois... et, Dieu le sait, le luth...
Oui, toujours, à l'excès cet instrument me plut...
Je m'arrête, prêtant une oreille attentive ;
Je ne me connais plus et brusquement j'arrive
Jusqu'en ce cabinet ; impatient de voir
Celle dont les accents venaient de m'émouvoir,
Jetant sur tout mon être un charme inexprimable.

LA PRINCESSE.

Sans doute, ce désir est tout à fait aimable,
Mais il s'est refroidi promptement, il paraît.
(Après un moment de silence et d'un air significatif :)
Oh ! je dois estimer, prince, l'homme discret
Qui, pour mieux ménager la pudeur d'une femme,
Dans de pareils détours s'embarrasse.

DON CARLOS, avec abandon :

Madame,
Le mal qu'en ce moment je cherche à réparer,
Mes efforts, je le sens, ne font que l'empirer.
Pour ce rôle, en effet, trop grande est ma faiblesse ;
Souffrez que, ne pouvant le remplir, je le laisse.
Vous vouliez loin du monde ici vous retirer ;

Loin d'importuns regards, vous vouliez vous livrer
Aux rêves de bonheur que renferme votre âme ;
Et moi, fils du malheur, je me montre, madame ;
Et ces rêves si beaux et si délicieux,
Je les détruis !.. aussi, je vais quitter ces lieux.
(Il veut partir.)

LA PRINCESSE, surprise et déconcertée, mais se remettant aussitôt :

Ah ! c'est bien mal à vous, prince !

DON CARLOS.

Je sais comprendre
Ce qu'un pareil regard ici veut faire entendre ;
Je sais de la vertu respecter l'embarras.
Malheur ! oh ! oui, malheur à qui ne craindrait pas
De s'enhardir alors que rougit une femme !
Une femme qui tremble en me voyant, Madame,
M'enlève tout courage.

LA PRINCESSE.

En est-il bien ainsi ?
Je ne m'attendais pas à découvrir ici
Ce scrupule, je crois, sans exemple à votre âge
Et dans un fils de roi... Mais, trêve à ce langage !
Ne me résistez plus !.. demeurez avec moi !
Votre grande vertu dissipe tout effroi....
Restez, je vous en prie... Il faut que je vous dise :
Savez-vous qu'au moment où vous m'avez surprise,
Justement je chantais — je n'ai pu le finir —
L'air que j'aime le mieux ?
(Elle le conduit au sopha et reprend son luth :)

Eh bien ! pour vous punir,
Je vais recommencer.

DON CARLOS *s'assied avec quelque contrainte à côté de la princesse :*
            Châtiment désirable,
Madame, comme l'est la faute du coupable.
Et puis, en vérité, je l'avouerai, ce chant
M'a semblé si divin, le sujet m'en plaît tant,
Qu'une troisième fois vous m'y verriez sensible.

LA PRINCESSE.

Vous l'aviez entendu?.. tout entier? c'est horrible...
C'était un chant d'amour, n'est-ce pas?

DON CARLOS.

                              Et, je crois,
C'était l'amour heureux qu'exprimait votre voix.
Texte digne, en effet, d'une bouche si belle,
Mais plus beau qu'il n'est vrai.

LA PRINCESSE.

                              Quelle injure cruelle!
Prince, vous doutez donc que mon chant ait dit vrai?

DON CARLOS, *sérieusement :*

Ce dont plus sûrement encor je douterai,
C'est que l'on puisse voir Carlos et la princesse
D'Éboli se comprendre alors que de tendresse
Il s'agirait entre eux.
(*La princesse est interdite, il s'en aperçoit et continue avec une légère galanterie :*)
                              Qui croirait, en voyant
Ce visage si frais, si rose, si riant,
Que par la passion votre âme est tourmentée?
La princesse Éboli, sans se voir écoutée,
Ne soupirera point... Celui qui sans espoir
Sait aimer, celui-là seulement peut savoir
Ce qu'est l'amour.

ACTE II, SCÈNE VIII.

LA PRINCESSE, avec toute sa gaîté précédente :

Allons ! voulez-vous bien vous taire !
De semblables discours ont droit de me déplaire;
Il semble, en vérité, que le sort rigoureux,
Prince, poursuive en vous un amant malheureux,
Et qu'aujourd'hui surtout, sa terrible injustice
Sur vous seul tout entière, ici, s'appesantisse...
(Elle lui prend la main avec tendresse :)
Mais vous n'êtes pas gai... vous souffrez, je le vois,
Cher prince... oh ! oui, beaucoup... se peut-il ? Et pourquoi ?
Vous, qu'appellent partout les plaisirs de la terre !
Vous, sur qui la nature, en si prodigue mère,
A répandu ses dons ! vous, qui pouvez, seigneur,
Prétendre dans la vie au plus complet bonheur !
Vous, le fils d'un grand roi ! que dis-je ? vous encore,
Bien plus grand par vous-même, et qui, dès votre aurore,
Avez déjà brillé d'un mérite si grand,
Qu'il effaçait en vous l'éclat de votre rang !
Vous, prince, qui, parmi les femmes, quand nous sommes
Les juges souverains du mérite des hommes,
Et quand nous les jugeons si rigoureusement,
N'auriez pas contre vous une voix seulement !
Vous, qui d'un seul regard tombé sur une femme,
Savez la conquérir ; vous, pour qui l'on s'enflamme
Quand vous demeurez froid ; qui, si vous le voulez,
Si de ces feux par vous allumés, vous brûlez,
Donnez des voluptés qu'ici-bas l'on ignore,
Une félicité céleste ; vous encore
Qui vous vîtes parer et des dons qu'un mortel
Pour le bonheur de tous peut recevoir du ciel,
Et de ces dons aussi dont il faut que l'on voie
Quelques rares élus avoir toute la joie !
Vous seriez malheureux, vous aussi, prince ?... O toi,

Quand tu lui donnas tout, oui, tout, mon Dieu! pourquoi
Lui refuser des yeux pour qu'au moins il connaisse
Ses triomphes?

DON CARLOS, qui pendant tout ce temps est resté plongé dans une profonde distraction, est rappelé tout à coup à lui-même par le silence de la princesse :

Parfait! admirable! princesse;
Redites-moi ce chant.

LA PRINCESSE, le regardant avec étonnement :

Où donc était Carlos?

DON CARLOS, se levant vivement :

Par le ciel! vous venez m'avertir à propos :
Il faut, je m'en souviens, il faut que je vous quitte;
Il faut que de ce lieu je m'éloigne au plus vite.

LA PRINCESSE, le retenant :

Où voulez-vous aller, prince?

DON CARLOS, dans une violente anxiété :

Je veux sortir!
Il me faut le grand air... oui... laissez-moi partir,
Princesse!.. L'on dirait que la terre enflammée
M'entoure tout à coup de feux et de fumée!

LA PRINCESSE, le retenant avec force :

Qu'avez-vous? D'où peut naître un tel égarement?
(Don Carlos s'arrête et réfléchit. Elle saisit ce moment pour l'attirer à elle sur le sopha :)
Il faut vous reposer, cher Carlos, un moment :
Maintenant, votre sang dans vos veines bouillonne.
Ces noires visions que la fièvre vous donne,
Bannissez-les!... Venez près de moi vous asseoir...

Interrogez-vous bien, et cherchez à savoir
Ce qui donne à votre âme un tourment qui l'accable :
Et puis, de ce tourment la cause véritable,
Si vous la connaissez, voyez, pour vous guérir...
Pour vous comprendre... alors que l'on vous voit souffrir,
S'il n'est en cette cour pas un ami fidèle,
Pas une amie enfin, que votre cœur appelle...

DON CARLOS, d'un air distrait :

La princesse Éboli peut-être...

LA PRINCESSE, avec joie et vivement :

En vérité ?

DON CARLOS.

Donnez-moi pour mon père, ayez cette bonté,
Un écrit qui lui parle en ma faveur, Madame ;
Vous avez, on le dit, tout pouvoir sur son âme.

LA PRINCESSE.

Eh ! qui donc peut le dire ?
(A part :)
Ah ! je tiens ton secret :
C'est un soupçon jaloux qui te rendait muet.

DON CARLOS.

Tout à coup, et déjà la cour a dû l'apprendre,
Je m'étais résolu de partir pour la Flandre :
Gagner mes éperons, je ne voulais pas plus...
Mon père à mes désirs oppose ses refus ;
Il faut rester ici !... Le bon père ! sans doute,
A me voir commander une armée, il redoute
Que ma voix ne se gâte.

LA PRINCESSE.

En vérité, Carlos,
Est-ce moi qui croirai de semblables propos ?
Vous voulez me tromper, avouez-le bien vite.
Allons, regardez-moi face à face, hypocrite !
A de vaillants exploits quand on est à penser,
Va-t-on réellement jusque-là s'abaisser,
Qu'avec avidité, dites-moi, l'on dérobe
Quelque bout de ruban détaché d'une robe,
Et... pardon !...
(Elle écarte légèrement du doigt la fraise de don Carlos et saisit un ruban qui y était caché :)
Qu'on le cache avec autant de soin ?...

DON CARLOS, reculant avec surprise :

Princesse ! vous allez, il me semble, trop loin...
Me voilà découvert. Ce n'est pas vous, Madame,
Que l'on pourrait tromper... Vous êtes, sur mon âme !
Avec tous les esprits, tous les démons, d'accord.

LA PRINCESSE.

Pouvez-vous là-dessus vous étonner si fort ?
Je vous rappellerais, prince, je le parie,
Des faits... oh ! oui, des faits !... Essayez, je vous prie :
Veuillez m'interroger. Lorsque de vous j'ai pu
Deviner un caprice, un mot interrompu,
Un souris, qu'effaçait soudain un air sévère,
Et même une attitude, un geste involontaire,
Jugez si je devais vous comprendre aisément,
Alors que vous vouliez être compris.

DON CARLOS.

Vraiment,
C'est hasarder beaucoup... La gageure, princesse,

Je l'accepte. De vous j'ai donc cette promesse,
Que, lisant dans mon cœur, vous y découvrirez
Ce que j'ignore, moi.

LA PRINCESSE, un peu piquée et d'un ton sérieux :

Ce que vous ignorez ?
Prince, vous n'avez pas la mémoire fidèle ;
Ce cabinet n'est point à la reine ; chez elle
La feinte était permise et l'on pouvait louer
Le rôle que le lieu vous forçait à jouer...
Vous êtes interdit, prince, de ce langage ?
La rougeur tout à coup vous couvre le visage ?...
Sans doute, qui pourrait être assez pénétrant,
Assez hardi, jouir d'un loisir assez grand,
Pour épier Carlos, alors que Carlos pense
S'être mis à l'abri de toute surveillance ?
Qui put voir, en effet, comment, au bal dernier,
Carlos, qui de la reine était le cavalier,
Désertant tout à coup sa danseuse royale,
Et se précipitant d'une ardeur sans égale,
Vers la place où dansait la princesse Éboli,
Lui présenta la main ? Ce singulier oubli,
Prince, fut remarqué même de votre père,
Qui venait d'arriver.

DON CARLOS, avec un sourire ironique :

De lui ?... Si j'ai pu faire
Ce dont vous m'accusez, je vous donne ma foi
Que je ne l'ai point fait pour être vu du roi,
Madame.

LA PRINCESSE.

Oh ! sur ce point, je vous croirai sans peine.
C'était tout aussi peu pour lui qu'une autre scène,

Celle de la chapelle, et votre souvenir,
De même, n'aura pas voulu la retenir :
Vous étiez à l'autel, prosterné sur la pierre,
Adressant à la Vierge une ardente prière ;
D'une certaine dame en ce même moment,
Derrière vous, soudain, frôla le vêtement...
— Était-ce par hasard ? — Alors, fils héroïque
De don Philippe, alors, comme fait l'hérétique
Que le saint tribunal ordonne de brûler,
On vous voit à la fois et pâlir et trembler ;
La prière à la Vierge est loin de vos pensées ;
Elle n'arrive plus sur vos lèvres glacées ;
Puis, votre passion reprenant son ardeur,
— Ce spectacle était fait pour émouvoir le cœur, —
Vous saisissez la main de la Vierge immortelle,
Et vos baisers de feu, prince, tombent sur elle,
Sur une main de marbre !

DON CARLOS.

Ah ! vous me faites tort ;
Princesse, c'était là quelque pieux transport.

LA PRINCESSE.

S'il en fut ainsi, prince, ah ! c'est une autre affaire...
La crainte de trouver la fortune contraire,
Aura sans doute fait qu'une autre fois, jouant
Avec la reine et moi, vous m'ayez pris ce gant ?
Vous y mites vraiment une adresse admirable ;
(Don Carlos fait un mouvement de surprise.)
Mais, un instant plus tard, il est vrai, sur la table,
De même qu'une carte appartenant au jeu,
Vous l'avez rejeté poliment.

DON CARLOS.

Oh! mon Dieu!
Mon Dieu! qu'ai-je fait?

LA PRINCESSE.

Rien dont il soit nécessaire,
Prince, de témoigner vos regrets, je l'espère...
Quelle surprise, alors, quel bonheur j'éprouvai,
Quand, au fond de ce gant, sous ma main je trouvai
Le billet que la vôtre, avec tant de prudence,
Y venait de cacher! La plus tendre romance
Qui jamais!...

DON CARLOS, l'interrompant tout à coup :

Quelques vers, et rien de plus. Souvent
Mon esprit vagabond aime à jeter au vent
De cette poésie étrange, sans mérite,
Qui, comme elle naquit, doit aussi mourir vite...
Voilà tout ce qu'étaient ces vers; n'en parlons plus.

LA PRINCESSE, s'éloignant de lui avec surprise et le considérant un instant :

Je suis à bout. J'ai fait des efforts superflus.
Homme bizarre! En vain je cherche à le comprendre.
De même qu'un serpent, alors qu'on veut le prendre,
Il m'échappe.

(Elle se tait un moment.)

Mais quoi! si par orgueil, pourtant,
Si pour rendre plus doux le bonheur qui l'attend,
Cette timidité seulement empruntée?...
Oh! oui.

(Elle s'approche de nouveau du prince, qu'elle regarde d'un air de doute.)

Comme devant une porte enchantée,
Me voilà devant vous, prince; mes clés, en vain,

Ont tenté de l'ouvrir... Daignerez-vous enfin
M'apprendre ?....

DON CARLOS.

Devant vous, cette même impuissance,
Je l'éprouve.

LA PRINCESSE le quitte brusquement, fait quelques pas en silence dans le cabinet et semble préoccupée d'une pensée sérieuse. Enfin, après une longue pause, d'un air grave et solennel :

Eh bien ! soit ! je romprai le silence ;
Soyez mon juge ; en vous je sais apprécier
Un noble cœur, un homme, un prince, un chevalier ;
Désormais, c'est en vous seulement que j'espère ;
Peut-être mettrez-vous un terme à ma misère,
Et s'il faut que je sois perdue, au moins, pour moi,
Vous aurez quelques pleurs.
(Le prince se rapproche d'elle avec intérêt et surprise.)
Un favori du roi,
L'audacieux Sylva don Ruy Gomez, m'assiége ;
Il prétend à ma main, Philippe le protége,
Le roi veut cet hymen, tous deux se sont compris,
Et déjà de ma honte ils ont réglé le prix.

DON CARLOS, avec violence :

Le prix de votre honte ? on vous vend ? vous, princesse ?
Vendue ! et par celui qui vend, qui vend sans cesse ?
L'Espagne le connaît ; il vend toujours, et tout !

LA PRINCESSE.

Non, attendez ! veuillez m'écouter jusqu'au bout :
Quand on m'immole ainsi, prince, la politique
Du sacrifice affreux n'est pas la cause unique :
Mon honneur est en jeu... Cette lettre pourra

Démasquer ce saint homme.
(Don Carlos prend le papier, mais, tout entier au récit de la princesse, ne se donne
pas le temps de lire.)
                    Et qui me sauvera ?
A garder ma vertu mon orgueil put suffire
Jusqu'ici, mais enfin...

            DON CARLOS.

                    Enfin ? qu'allez-vous dire ?
Vous avez succombé ? Vous pûtes succomber ?
Pour Dieu ! dites que non !

        LA PRINCESSE, avec noblesse et fierté :

                    Qui donc m'eût fait tomber ?...
Misérables calculs ! étonnante faiblesse
D'esprits forts qui se croient l'infaillible sagesse !
Mettre à prix des faveurs, et, l'amour, le coter
Comme une marchandise, et vouloir l'acheter !
Lui, qui seul, ici-bas, ne permet à personne
D'oser à prix d'argent demander ce qu'il donne !
Qui s'acquiert par lui-même et se rend tour à tour.
L'amour, enfin, qui seul est le prix de l'amour !...
L'amour est à mes yeux l'inestimable pierre
Qu'aucun or ne saurait payer au lapidaire;
Je veux ou la donner ou bien n'en pas jouir.
On me verrait alors pour jamais l'enfouir,
Semblable à ce marchand — ce fait l'immortalise —
Qui, résistant à l'or que lui tendait Venise,
Plus grand que n'est un roi, plus généreux, plus fier,
Rendit sa perle rare aux trésors de la mer,
Plutôt qu'en accepter un prix indigne d'elle.

            DON CARLOS, à part :

Par le Dieu tout-puissant, que cette femme est belle !

LA PRINCESSE.

Qu'on appelle cela caprice ou vanité,
Qu'importe ! je n'admets nulle communauté
Au bonheur dont je puis être dispensatrice.
Qu'il se présente un homme, un seul que je choisisse,
Et tout sera pour lui, tout ! Je donne une fois,
Mais aussi, pour toujours. Le mortel de mon choix
Sera le seul au monde heureux par ma tendresse,
Le seul : je lui prépare une divine ivresse.
Le ravissant accord de deux cœurs, un baiser,
Ces moments où l'amour ne sait plus refuser,
Ce trouble tout divin où la beauté vous jette,
Ne sont que les couleurs qu'un seul prisme reflète,
Les pétales qui font une fleur seulement ;
Et j'irais, insensée ! oui, j'irais follement,
Prodigue d'un trésor dont je dois être avare,
Arracher une feuille à cette fleur si rare ?
Et j'irais, dégradant le chef-d'œuvre de Dieu,
La femme, moi ! servir à ranimer un peu
Les jours d'un débauché qui s'éteint ?

DON CARLOS, à part :

Admirable !
Hé quoi ! Madrid cachait une femme semblable,
Et j'ai pu l'ignorer ! je l'apprends en ce jour !

LA PRINCESSE.

J'aurais depuis longtemps abandonné la cour ;
J'aurais depuis longtemps fait mes adieux au monde,
Et d'un cloître gagné la retraite profonde,
S'il n'était un lien... — je n'y résiste pas... —
Qui me rattache encore au monde... mais, hélas !
Peut-être est-ce un fantôme, une vaine fumée.
N'importe, il m'est si cher ! J'aime... sans être aimée.

DON CARLOS, s'approchant d'elle avec feu :

Vous l'êtes ! aussi vrai qu'au ciel il est un Dieu !
Vous l'êtes, je le jure, et d'un amour de feu !

LA PRINCESSE.

Vous me le jurez ! vous ?... ô divine parole !
C'est mon bon ange, oh ! oui, qui parle et me console.
Carlos ! je suis aimée ! Il le faut maintenant,
Puisque vous le jurez, je le crois.

DON CARLOS, la pressant dans ses bras avec tendresse :

Douce enfant !
Fille au cœur généreux ! créature adorable !
A t'entendre, à te voir, un charme inexprimable
S'empare de mes sens. Je t'admire. Dis-moi,
Qui donc a pu te voir, sous ce ciel de feu, toi !
Sans qu'à son cœur l'amour ne se soit fait connaître ?
Aussi, dans cette cour dont Philippe est le maître,
Mais où, plus forts que lui, ses moines ont, partout,
Semé leurs passions et fait peser leur joug,
Dans ces lieux empestés, ange ! que viens-tu faire ?
Va ! jeune fleur, pour toi ce ciel n'est pas prospère.
Voudraient-ils te briser ? Ils le feraient, je crois.
Mais non, j'en puis jurer par le jour que je vois,
Ils ne le pourront pas ! De mes bras, je t'enlace :
Ils sauraient t'enlever, ces bras, te faire place,
Vois-tu, même à travers les esprits infernaux !
Je veux être ton ange, accepte-moi !

LA PRINCESSE, avec un regard plein d'amour :

Carlos !
Je vous connaissais mal. Ah ! c'est d'un prix immense

Qu'aujourd'hui votre cœur généreux récompense
Le mal que j'ai souffert avant d'y lire bien.

(Elle lui prend la main et veut la baiser.)

DON CARLOS, la retirant :

Princesse, où pensez-vous que vous soyez ?

LA PRINCESSE, avec finesse et grâce, et regardant fixement la main du prince :

Combien

Cette main, à la fois, Carlos, est riche et belle !
Deux dons si précieux dépendent encor d'elle :
Un trône et votre cœur. Peut-être, tous les deux
D'une seule mortelle iront combler les vœux?
D'une seule ! un présent si grand, divin, pour elle !
Un don presque au-dessus d'une simple mortelle !...
Si vous le partagiez?... Sous le bandeau royal,
En voulant être reine, une femme aime mal,
Et celle dont le cœur à l'amour s'abandonne,
Remplit mal les devoirs qu'impose la couronne.
Prince, n'allez donc pas faire une seule part ;
Il vaut mieux partager. Partagez sans retard...
Avez-vous fait déjà le partage, peut-être ?
En vérité ? Tant mieux !... Et... pourrai-je connaître...
Celle... que... son bonheur ?...

DON CARLOS.

Je te la nommerai.

Oui, jeune fille, à toi je me découvrirai ;
A toi, cœur sans détours, innocence si pure,
Dont rien n'a pu ternir la céleste nature,
Je me découvrirai !... Personne, en cette cour,
Dans mon âme n'a pu lire jusqu'à ce jour.
Tu l'as comprise, toi ; toi seule, et la première,

ACTE II, SCÈNE VIII.

Et la plus digne aussi de la voir tout entière :
Eh bien ! oui, je t'en fais l'aveu... j'aime.

LA PRINCESSE.

Méchant !
Qu'avait donc cet aveu qui dût te coûter tant ?
Ne m'aimer qu'au moment où tu me sais à plaindre !

DON CARLOS, interdit ;

Comment ?... que signifie ?...

LA PRINCESSE.

Avec moi pourquoi feindre ?
Ah ! prince, c'est bien mal. Et n'avoir point parlé,
N'avoir pas dit un mot de la clé.

DON CARLOS.

De la clé ?
(Après avoir cherché dans sa mémoire, et après un instant de réflexion :)
Oui... c'est cela... je vois... O mon Dieu !
(Ses genoux fléchissent ; il s'appuie contre un fauteuil et se cache le visage. Après un long silence des deux parts, la princesse jette un cri et tombe.)

LA PRINCESSE.

Malheureuse !
Qu'ai-je fait !

DON CARLOS, se redressant, et avec l'accent de la plus vive douleur :

Oh ! malheur ! Oh ! quelle chute affreuse !
Du ciel où je vivais être tombé si bas !

LA PRINCESSE, se cachant le visage dans les coussins du sopha :

Dieu ! qu'ai-je découvert !

DON CARLOS, à genoux devant elle :

Non ! non ! je ne suis pas...

DON CARLOS.

Princesse, croyez-le, je ne suis point coupable.
L'ardeur de mon amour... une erreur déplorable...
Oh! je suis innocent, j'en jure par le ciel!

LA PRINCESSE, le repoussant:

Fuyez, je vous en prie!

DON CARLOS.

En ce trouble cruel,
Moi, vous abandonner? Jamais!

LA PRINCESSE, le repoussant avec force:

Je vous implore;
Au nom de la pitié, je vous conjure encore:
Éloignez-vous d'ici!... Soyez donc généreux!
Pour moi votre présence est un supplice affreux...
(Don Carlos veut sortir.)
Mon billet et ma clé? Il faut me les remettre...
La lettre, où l'avez-vous? L'autre?

DON CARLOS.

Quelle autre lettre?

LA PRINCESSE.

Celle du roi.

DON CARLOS, effrayé:

De qui?

LA PRINCESSE.

Tout à l'heure, par moi
Elle vous fut remise.

DON CARLOS.

Une lettre du roi?
Pour qui?... Pour vous?

ACTE II, SCÈNE VIII.

LA PRINCESSE.
> O ciel ! quel embarras j'éprouve !

C'est horrible !... La lettre... il faut qu'on la retrouve ;
Je veux l'avoir.

DON CARLOS.
> A vous, une lettre du roi ?

LA PRINCESSE.

Au nom de tous les saints, rendez, rendez-la moi !

DON CARLOS.

La même qui devait démasquer ?... Cette lettre ?...

LA PRINCESSE.

Je succombe !... donnez ! oh ! donnez !

DON CARLOS.
> Pourrait être ?...

LA PRINCESSE, se tordant les mains avec désespoir :

Insensée ! oh ! mon Dieu ! qu'ai-je fait ! quel danger !

DON CARLOS.

Cette lettre est du roi ?... Dès lors, tout va changer,
Princesse, et promptement.
(Montrant la lettre avec joie.)
> Une lettre semblable

A beaucoup de valeur, est même inestimable ;
Elle peut entraîner d'immenses résultats ;
Les royaumes du roi ne me la paieraient pas ;
Non, non, à trop bas prix elle serait vendue !
Je garde cette lettre.
(Il sort.)

LA PRINCESSE, s'élançant sur ses pas :
> O Dieu ! je suis perdue !

6.

SCÈNE NEUVIÈME.

LA PRINCESSE D'ÉBOLI, seule.

(Elle demeure un instant interdite, hors d'elle-même, puis, lorsque le prince est sorti, elle court après lui et veut le rappeler :)

Prince, encore un mot... Prince, écoutez!... C'est en vain !
Il part!... Jusqu'à ce point il pousse le dédain!...
Dans quel isolement suis-je par lui laissée !
Être ainsi rejetée!... être ainsi repoussée!...
(Elle tombe sur un fauteuil. Après une pause :)
Sur moi quelque rivale aura su l'emporter.
Il aime ; maintenant je n'en puis plus douter.
L'aveu de cet amour, il me l'a fait lui-même.
Cependant, quelle est donc cette femme qu'il aime ?
Cette mortelle heureuse ? Il aime d'un amour
Qu'il craint, si j'ai bien vu, d'avouer au grand jour ;
D'un amour que, sans doute, il devrait s'interdire,
Et dont, devant le roi, jamais rien ne transpire...
D'où vient qu'il prend ce soin de se cacher du roi,
Qui voudrait à son fils voir un amour?... mais quoi !
Quand il se cache ainsi, pourrait-il bien se faire
Qu'il craignît dans le père un autre que le père ?
Quand il a su du roi les desseins amoureux,
Tout à coup son visage a pris un air heureux ;
Sa joie, à la nouvelle, a paru tout entière.
D'où peut venir encor que sa vertu sévère,
Qui de pareils desseins devait se révolter,
N'ait eu pas un seul mot de blâme à leur jeter?
Qu'aurait-il à gagner, si Philippe, infidèle,
Préparait à la reine?... À la reine?... c'est elle!

(Elle s'arrête tout à coup comme saisie d'une pensée subite, en même temps elle arrache de son sein le ruban que don Carlos lui a donné, le regarde rapidement et le reconnaît aussitôt.)

Insensée!... Oh! enfin!... où donc étaient mes sens?...
Enfin! voilà mes yeux qui s'ouvrent, je le sens.
Avant que par le père au trône elle fût mise,
Élisabeth au fils avait été promise.
Ils s'aimaient! ils s'aimaient depuis longtemps déjà.
Jamais il ne me vit sans qu'elle ne fût là...
Ainsi, tout son amour s'adressait à la reine,
Quand d'en être l'objet je me croyais certaine,
Quand si profondément il semblait m'adorer!...
Affreuse perfidie!... Et moi, qui vais livrer
Le secret de mon cœur à la reine elle-même! [1]

(Silence.)

Ce n'est pas sans espoir, non sans doute, qu'il aime.
Un amour sans espoir ne saurait résister
A des coups comme ceux que je viens de porter.
Je l'appelle à goûter un bonheur sans limite;
Le plus grand roi du monde en vain le sollicite,
Lui, le refuse! Eh bien! d'un amour sans espoir
Un si grand sacrifice aurait-il pu se voir?
Son baiser annonçait une brûlante ivresse;
Quand ses bras m'entouraient, c'était avec tendresse;
Quand nos cœurs l'un sur l'autre étaient pressés, le sien,
Avec ivresse encor, battait contre le mien.
Oh! la fidélité, quand l'épreuve est si rude,
Doit de sa récompense avoir la certitude,
Pour ne pas succomber!... La clé, il la reçoit
Comme si de la reine elle venait; il croit
Que ce pas de géant, elle a pu le faire, elle!
Et puis il vient! il est au rendez-vous fidèle!
La femme de Philippe, il n'en saurait douter,

[1] Elle croit l'avoir livré par ce qu'elle a dit acte I, scène III; mais, dans sa passion, elle s'exagère l'importance de l'aveu, qui n'est réel que acte IV, scène XIX.

A cet acte insensé voudra donc se porter?
S'il le croit, d'où lui vient une telle assurance?
C'est que des faits certains l'autorisaient d'avance.
Tout est clair; on l'écoute, elle aime!... En vérité,
La sainte s'humanise!... Et quelle habileté!
Devant cette vertu si sévère et si pure,
Moi-même je tremblais; cette noble figure,
Comme un être divin devant moi se plaçait,
Et devant sa splendeur mon éclat s'effaçait.
Sa beauté respirait cette paix si profonde
D'un cœur tout étranger aux passions du monde,
Et, lorsque j'enviais cette tranquillité,
Elle n'était qu'un masque insolemment porté!
Ma rivale eût voulu ce double bénéfice :
Savourer en secret les voluptés du vice,
Et conserver un front sans cesse revêtu
De l'éclat tout divin que donne la vertu.
Voilà ce qu'elle osa tenter! et, sans vengeance,
On laisserait passer une telle impudence?
Quoi? faute d'un vengeur qui se présenterait,
Elle! la comédienne! elle triompherait?
Non, par Dieu!... Je l'aimais jusqu'à l'idolâtrie....
Vengeance! Que le roi sache la fourberie!
Le roi?

(Après un moment de réflexion :)

  C'est bien cela. Pour lui tout révéler,
Par un plus sûr chemin je ne saurais aller.

(Elle sort.)

SCÈNE DIXIÈME.

(Un salon dans le palais du roi.)

LE DUC D'ALBE, DOMINGO.

DOMINGO.

Que voulez-vous me dire ?

LE DUC D'ALBE.

Une importante chose ;
Un fait dont je voudrais qu'on m'expliquât la cause,
Et qui s'est à mes yeux aujourd'hui même offert.

DOMINGO.

De quoi me parlez-vous ? Qu'avez-vous découvert ?

LE DUC D'ALBE.

Tout à l'heure, en quittant la chambre de la reine,
Je rencontre le prince en la salle prochaine ;
Il m'outrage ; à l'affront je réponds vivement,
Et nous tirons le fer. En ce même moment,
Au bruit que nous faisons, sur sa porte s'avance
La reine, elle nous voit, entre nous deux s'élance,
Jette au prince un regard, un regard seulement ;
Regard de confiance et de commandement ;
Il s'arrête, en mes bras bientôt se précipite,
M'embrasse avec ardeur et disparaît bien vite.

DOMINGO, après un instant de silence :

Ce que vous m'apprenez est suspect ; ce récit,
Duc d'Albe, à d'autres faits reporte mon esprit.
Voici longtemps déjà qu'en moi j'ai senti naître

Les soupçons que je vois en vous ici paraître ;
Mais, comme l'on ferait de rêves insensés,
Sans en avoir rien dit, je les ai repoussés ;
Il est, et je les crains, de ces armes peu sûres
Dont le double tranchant sait faire deux blessures,
L'une à qui frappe et l'autre à qui l'on veut frapper.
Il est certains amis qui peuvent nous tromper.
Pour bien juger un homme il faut qu'on soit habile.
Lire au fond de son cœur est encor moins facile.
Qui parle à demi mot blesse son confident.
Aussi, j'ai su garder le silence, attendant,
Pour dire mon secret, des moments plus propices :
Il n'est pas bon de rendre aux rois certains offices ;
C'est hasarder un trait qui, s'il ne porte droit,
Blesse, en rebondissant, le tireur maladroit.
Ce que je sais est vrai, je vous le certifie,
Duc, et j'en jurerai, s'il le faut, sur l'hostie.
Mais un témoin, un mot que l'on aurait surpris,
Quelques lignes surtout, auraient bien plus de prix,
Seraient d'un poids plus sûr, plus grand dans la balance,
Que ne sera jamais mon intime croyance.
Nous sommes, par malheur, en Espagne, et je croi
Qu'il faut y renoncer à ces preuves.

LE DUC D'ALBE.

Pourquoi ?

DOMINGO.

Ailleurs, la passion peut s'oublier sans crainte ;
Mais, à la cour d'Espagne, elle sent la contrainte
Qu'impose incessamment la rigueur de nos lois.
Faillir n'est pas facile à nos reines, je crois.
Cependant — c'est un mal qu'entre nous je déplore —
Cette difficulté, grâce à nos lois encore,

Consiste seulement à ne pouvoir oser
Une démarche, un mot qui pourrait accuser.

LE DUC D'ALBE.

Ecoutez, je n'ai pas fini ma confidence :
Carlos a vu le roi ce matin ; l'audience
A duré toute une heure, et le prince y parlait
Avec beaucoup d'ardeur, à voix haute. Il voulait,
Il priait qu'on le fît gouverneur de la Flandre.
Du cabinet du roi je pouvais tout entendre.
Quand le prince, plus tard, fut par moi rencontré,
Ses yeux étaient en feu, tant il avait pleuré.
Quelques heures après, et contre mon attente,
Il paraît devant moi, la mine triomphante :
Il est ravi, dit-il, que l'on m'ait préféré,
Pour ce commandement qu'il avait désiré ;
Il en rend grâce au roi ; les choses sont changées ;
Les voilà, selon lui, beaucoup mieux arrangées....
L'art de dissimuler, il l'ignora toujours.
Comment donc expliquer ces étranges retours ?
Le prince, quand il faut devant moi qu'il s'efface,
Est joyeux, et le roi, m'accordant une grâce,
Me fait voir son courroux ! que croire ? En vérité,
Il semble, en me donnant cette autre dignité,
Bien loin de m'honorer, que Philippe m'exile.

DOMINGO.

Eh quoi ! nous aurions pris une peine inutile ?
Nous en serions venus à ce point qu'un moment
Détruirait tout à coup, ce que, si lentement,
Depuis des ans entiers nous avions su construire ?
Et vous demeurez froid ? vous n'avez rien à dire ?
Connaissez-vous Carlos, et savez-vous prévoir

Tout ce qui nous attend, s'il arrive au pouvoir ?
Ce jeune homme — pour lui je ne sens nulle haine ;
De bien d'autres soucis, hélas ! mon âme est pleine,
Pour le trône, pour Dieu, pour l'Église, — l'infant,
Je le connais, j'ai lu dans son cœur très-avant,
Cache un affreux projet : il vise à la puissance ;
Il veut abandonner notre sainte croyance ;
D'une vertu nouvelle il a le cœur épris.
Orgueilleuse vertu, qui jette son mépris
A toute autre croyance, et prétend se suffire.
Il pense ! Il est brûlant d'un étrange délire :
Il ose honorer l'homme !... Est-ce là, dites-moi,
Celui qu'il conviendrait de nous donner pour roi ?

LE DUC D'ALBE.

Vous êtes effrayé, Domingo, d'un fantôme.
Moi, j'y verrais, peut-être, un orgueil de jeune homme
Qui veut jouer un rôle : *il le lui faut.* Croyez
Que ces rêves bientôt seront tous oubliés,
Lorsque son tour viendra de commander.

DOMINGO.

J'en doute.
Sa liberté ne veut nul obstacle en sa route.
Il est fier d'être libre ; il ignore, surtout,
Qu'avant de l'imposer il faut porter le joug.
Souffrirons-nous qu'au trône il aille prendre place ?
Ce gigantesque esprit, cette bouillante audace,
De notre politique aussitôt franchirait
Le cercle trop étroit et nous emporterait.
Pour dompter de Carlos l'indocile courage,
Aux voluptés, en vain, j'exposai son jeune âge ;
Il a su résister à l'épreuve. J'ai peur,

Lorsqu'en ce corps de fer je vois un pareil cœur.
Philippe aura bientôt soixante ans. Quand j'y songe...

LE DUC D'ALBE.

Il est loin l'avenir où votre regard plonge.

DOMINGO.

La reine et don Carlos ne font qu'un. Dans leurs cœurs
A filtré le poison d'insensés novateurs.
Il se cache, il est vrai, mais il poursuit sa voie,
Et du trône lui-même il va faire sa proie.
Cette Valois ! je sais tout ce qu'elle pourra :
Sa vengeance sur vous, sur moi s'épuisera,
Si Philippe ose avoir un instant de faiblesse.
Il faut tout craindre d'elle ; il faut veiller sans cesse :
Vous savez qu'en secret elle nous hait tous deux.
La fortune est encor favorable à nos vœux ;
Mais sachons prévenir la reine et son complice
Avant que contre nous l'un ou l'autre n'agisse.
Dans un même réseau prenons-les, elle et lui.
Nous aurons beaucoup fait si Philippe aujourd'hui,
Écoutant quelqu'avis sur son fils, sur sa femme,
A de jaloux soupçons pouvait ouvrir son âme :
Que nous ayons ou non des preuves, avançons !
Duc d'Albe, nul de nous n'en est plus aux soupçons :
Qui se sent convaincu, peut convaincre sans peine.
Nous saurons découvrir, la chose est bien certaine,
Plus que nous ne savons, si nous sommes tous deux
Sûrs que notre succès ne peut être douteux.

LE DUC D'ALBE.

Reste une question, la plus grave, je pense :
Qui se charge de faire au roi la confidence ?

7

DOMINGO.

Ni vous, ni moi. Tout plein de mon vaste projet,
Pour arriver au but, voici ce que j'ai fait,
Travaillant dès longtemps dans l'ombre et le silence :
Duc, pour que notre ligue ait toute sa puissance,
Elle a besoin d'un tiers et j'attends tout de lui.
Philippe aime d'amour la princesse Éboli ;
Je nourris cet amour à mes vœux si propice ;
J'en suis le confident, il sera mon complice.
Si le succès venait couronner mon espoir,
Dans cette jeune femme, où nous aurons pu voir
Notre alliée, un jour nous verrions notre reine.
Je l'attends en ces lieux où son ordre m'amène.
J'espère tout : peut-être en une seule nuit,
Une fille d'Espagne aura-t-elle détruit
Cette fleur des Valois sur notre trône assise.

LE DUC D'ALBE.

Qu'entends-je ! il serait vrai ? grand Dieu ! quelle surprise !
O chef-d'œuvre ! Je rends hommage, en vérité,
Fils de Saint-Dominique, à tant d'habileté.
Nous triomphons !

DOMINGO.

On vient. C'est elle.

LE DUC D'ALBE.

Je vous laisse.
Je serai là... s'il faut...

DOMINGO.

J'appellerai.
(Le duc sort.)

SCÈNE ONZIÈME.

LA PRINCESSE D'ÉBOLI, DOMINGO.

DOMINGO.

Princesse,
Je me rends à votre ordre.

LA PRINCESSE, suivant le duc d'Albe d'un regard curieux :

En cet appartement
Ne sommes-nous pas seuls ? J'y vois un tiers.

DOMINGO.

Comment ?

LA PRINCESSE.

Qui vous parlait, et qui dans cet instant vous quitte ?

DOMINGO.

Princesse, c'est le duc, qui de vous sollicite
L'honneur d'être après moi reçu.

LA PRINCESSE.

Le duc ? Eh bien !
Que peut-il me vouloir ? Pourquoi cet entretien ?
Sauriez-vous me le dire ?

DOMINGO.

Il est juste, peut-être,
Avant de m'expliquer, que je puisse connaître
Sur quel grave motif on m'accorde aujourd'hui,
Le bonheur de revoir la princesse Éboli.
Longtemps de le goûter j'eus la vaine espérance.

(Après une pause, pendant laquelle il a attendu la réponse de la princesse :)

Notre roi devra-t-il à quelque circonstance,

De vous trouver enfin favorable à ses vœux ?
Puis-je espérer pour lui que, réfléchissant mieux,
Vous jugez maintenant avec moins d'injustice
Des propositions que l'humeur, le caprice
Vous ont fait repousser ? J'ose vous faire voir
L'impatient désir que j'ai de le savoir.

LA PRINCESSE.

Avez-vous dit au roi ma dernière réponse ?

DOMINGO.

De vos refus encor j'ai différé l'annonce,
Princesse ; ils blesseraient le roi mortellement.
Mais il dépend de vous de répondre autrement ;
Il en est temps encore.

LA PRINCESSE.

Au roi faites connaître
Que je le recevrai.

DOMINGO.

Cet ordre peut-il être
Pour moi, belle princesse, une réalité ?

LA PRINCESSE.

Vous semble-t-il que j'aie en parlant plaisanté ?...
Mais quoi ? vous m'effrayez... qu'ai-je pu dire ou faire,
Pour que vous pâlissiez ? Vous, pâlir ! vous, mon père ?

DOMINGO.

Je puis comprendre à peine, et si je suis surpris...

LA PRINCESSE.

Aussi ne faut-il pas que vous ayez compris.
Non, je ne voudrais pas, pour tout l'or de la terre,

Voir que vous ayez su me comprendre, mon père.
Exécutez mon ordre et n'allez pas plus loin ;
Cela vous doit suffire. Épargnez-vous le soin,
Quand ainsi j'ai parlé, de chercher à connaître
Pourquoi ce changement que je vous fais paraître.
Mais, pour vous rassurer tout à fait, je veux bien
Vous déclarer encor que vous n'êtes pour rien
Dans ma faute ; c'est moi, moi qui l'aurai commise,
Je ne veux pas non plus en accuser l'Église ;
Et vos raisonnements, cependant, m'ont prouvé
Qu'elle peut employer pour un but élevé,
Quand ses pieux desseins le rendent nécessaire,
Ce qu'une jeune fille a d'attraits. Non, mon père,
Je ne l'accuse point, quoi que vous m'ayez dit :
Vos saints raisonnements dépassent mon esprit.

DOMINGO.

Je consens volontiers à n'en plus faire usage,
Dès qu'ils sont superflus.

LA PRINCESSE.

     Lorsqu'ainsi je m'engage,
Que le roi n'aille pas juger légèrement
Du motif qui me porte à ce grand changement ;
J'exprime ce désir, faites-le lui connaître.
Ce que je fus, mon père, encore je veux l'être.
Les choses seulement ont changé. Quand je crus,
Aux vœux du roi devoir opposer mes refus,
Je le croyais heureux : la reine était si belle !
A cette femme, alors, que je croyais fidèle,
Je devais, mais alors, montrer ce dévouement.
Aujourd'hui, j'ai le droit de penser autrement.

DOMINGO.

Daignez continuer; continuez, princesse ;
Nous nous sommes compris, je vois.

LA PRINCESSE.

Le charme cesse !
Je la dévoile enfin. Plus de ménagements !
Je dévoile la fourbe. Elle a su, trop longtemps,
Tromper le roi, l'Espagne, et me tromper moi-même.
Elle aime, oh ! je le sais maintenant, moi, qu'elle aime.
Je suis prête à fournir les preuves ; devant moi
Il faudra qu'elle tremble. Elle a trompé le roi,
Mais aussi, par le ciel ! la vengeance est certaine.
Son masque de vertu sublime, surhumaine,
Elle verra comment je l'arrache. A son front
Et le crime et la honte au grand jour paraîtront.
Sans doute, c'est au prix d'un sacrifice immense
Qu'il faudra, je le sais, acheter ma vengeance,
Mais — j'en jouis d'avance, et mon triomphe est là —
Beaucoup plus cher encore, elle, elle ! la paiera.

DOMINGO.

Maintenant tout est mûr. Permettez que j'appelle
Le duc.

(Il sort.)

LA PRINCESSE, étonnée :

Que faites-vous ?

SCÈNE DOUZIÈME.

LES PRÉCÉDENTS, LE DUC D'ALBE.

DOMINGO, introduisant le duc :

Duc d'Albe, la nouvelle

ACTE II, SCÈNE XII.

Que nous comptions donner arrive ici trop tard :
La princesse Éboli vient de me faire part
Du secret que de nous elle devait apprendre.

LE DUC D'ALBE.

Ma visite, dès lors, ne doit pas la surprendre.
Pour de semblables faits je n'en crois pas mes yeux :
Les regards d'une femme en jugent beaucoup mieux.

LA PRINCESSE.

De quels faits parlez-vous ?

DOMINGO.

     Pour en parler, peut-être,
Consentez-vous, princesse, à nous faire connaître
Le lieu, l'heure ?...

LA PRINCESSE.

    Où je puis vous recevoir ? Eh bien !
A demain à midi je fixe l'entretien,
Dans mon appartement. J'ai des raisons pour faire
Éclater sans délai ce coupable mystère,
Et vouloir que du roi bientôt il soit connu.

LE DUC D'ALBE.

Pour les mêmes raisons ici je suis venu.
Point de retard. Il faut que le roi le connaisse.
Il faut qu'il soit instruit par vous, par vous, princesse.
A qui donc plus qu'à vous ajoutera-t-il foi ?
A vous qu'on vit toujours, de l'épouse du roi,
Compagne vigilante et sévère... ?

DOMINGO.

     A vous-même

Qui sur le roi prendrez un empire suprême,
Dès que vous le voudrez ?

LE DUC D'ALBE.

On sait trop que je suis
Ennemi déclaré du prince, et je ne puis....

DOMINGO.

Pour lui l'on m'attribue une aussi forte haine.
La princesse Éboli n'a rien qui la retienne.
S'il faut que nous soyons muets, nous, son emploi,
Au contraire, lui fait, de parler, une loi.
A nos coups combinés, allons! que le roi cède!
Quand vous croirez devoir nous appeler en aide,
Nous achèverons l'œuvre.

LE DUC D'ALBE.

Et songez bien qu'il faut
Attaquer sans retard, triompher au plus tôt.
Le temps est précieux. Gardons-nous bien d'attendre
Que l'ordre de partir soit venu me surprendre.

DOMINGO, après un moment de réflexion et se tournant vers la princesse Éboli :

Si nous pouvions avoir des lettres de l'infant ?...
Elles seraient pour nous d'un secours important.
Voyons... oui... ce n'est pas une espérance vaine :
Ne partagez-vous pas la chambre de la reine ?

LA PRINCESSE.

Non, mon appartement touche au sien. Mais pourquoi ?
Quel intérêt ceci peut-il avoir pour moi ?

DOMINGO.

Si l'on trouvait quelqu'un qui sût avec adresse
Ouvrir une serrure ?... Avez-vous vu, princesse,

ACTE II, SCÈNE XII.

Où la reine prend soin chaque jour de cacher
La clé de sa cassette ?

LA PRINCESSE, réfléchissant :

Oui, l'on pourrait chercher...
En effet... cette clé se trouvera peut-être.

DOMINGO.

Il faut un messager pour porter une lettre...
La suite de la reine est nombreuse... on pourrait,
Parmi ses serviteurs trouver un indiscret...
L'or peut faire beaucoup.

LE DUC D'ALBE.

N'a-t-on pas connaissance
Que le prince à quelqu'un donne sa confiance ?

DOMINGO.

Il n'a dans tout Madrid pas un seul confident.

LE DUC D'ALBE.

C'est étrange.

DOMINGO.

Croyez ce que je dis. L'infant
N'a qu'un profond mépris pour la cour tout entière ;
Je le sais.

LE DUC D'ALBE.

Attendez ! c'est un trait de lumière :
Lorsque j'ai rencontré don Carlos aujourd'hui,
Un page de la reine était auprès de lui.
Ils se parlaient tous deux avec un grand mystère.

LA PRINCESSE, l'interrompant brusquement :

Non, non, ils s'occupaient de tout une autre affaire.

DOMINGO.

Aurions-nous un moyen de nous en assurer?
Don Carlos et ce page ainsi se rencontrer !...
Cela m'est bien suspect.
(Au duc d'Albe.)
Connaissez-vous ce page?

LA PRINCESSE.

Je vous dis que c'était un pur enfantillage,
Je le sais. Finissons !... C'est convenu : tous trois,
Nous nous réunirons une dernière fois
Avant qu'au roi je parle, et jusque-là, je pense,
De secrets importants nous aurons connaissance.

DOMINGO, prenant la princesse à part :

Et le roi maintenant peut enfin espérer ?
Et vous m'autorisez à le lui déclarer ?
Vrai ?... Pour combler ses vœux, quelle est l'heure charmante
Que vous fixez ?

LA PRINCESSE.

Sous peu, je me dirai souffrante.
Alors, vous le savez, l'étiquette voudra
Que je quitte la reine, et l'on me trouvera
Dans mon appartement.

DOMINGO.

La victoire est certaine !
Tout va bien ! Maintenant je puis braver la reine !

LA PRINCESSE.

On me cherche... écoutez ! La reine veut m'avoir
Auprès d'elle. Je cours la rejoindre. Au revoir.
(Elle sort précipitamment.)

SCÈNE TREIZIÈME.

LE DUC D'ALBE, DOMINGO.

DOMINGO, après un moment de silence, pendant lequel il a suivi des yeux la princesse :

Qu'en dites-vous, duc d'Albe ? avec ce frais visage,
Vos combats....

LE DUC D'ALBE.

Et ton Dieu, je puis braver l'orage
Qui doit fondre sur nous.
(Ils sortent.)

SCÈNE QUATORZIÈME.

(Un couvent de Chartreux.)

DON CARLOS, LE PRIEUR DES CHARTREUX.

DON CARLOS, au prieur, en entrant :

Il est déjà venu ?
Cela me contrarie.

LE PRIEUR.

Et trois fois je l'ai vu
Se présenter ici durant la matinée :
Depuis une heure il est parti.

DON CARLOS.

Dans la journée
Il reviendra pourtant ? Vous l'a-t-il dit ?

LE PRIEUR.

Il doit

Encore avant midi revenir sous ce toit :
C'est ce qu'il a promis.

DON CARLOS, s'approchant d'une fenêtre :

Votre cloître, mon père,
Est loin du grand chemin. De ce lieu solitaire,
On voit encor les tours de Madrid. Ici-près
Coule paisiblement l'eau du Mançanarès.
Bien ! Tout respire ici la paix la plus profonde.

LE PRIEUR.

C'est la paix qui prépare à sortir de ce monde.

DON CARLOS.

A votre loyauté, mon père, je remets
Ce que j'ai de plus cher, de plus saint. Que, jamais,
Aucun mortel ne sache et même ne soupçonne
Mes entretiens secrets en ce lieu. La personne
Qu'avec tant de mystère ici je viens chercher,
Il faut qu'au monde entier je la puisse cacher.
C'est pourquoi j'ai choisi votre cloître, mon père.
Je n'y saurais avoir à craindre, je l'espère,
Surprise ou trahison ? Vous vous souvenez bien
Que vous m'avez juré....

LE PRIEUR.

Seigneur, ne craignez rien,
Non, le soupçon des rois, pour trouver la lumière,
N'ira pas d'une tombe interroger la pierre ;
Il va tendre une oreille attentive partout
Où règne le bonheur, où la passion bout.
Aux murs de ce couvent, prince, le monde expire.

DON CARLOS.

Sous ces précautions que la crainte m'inspire,

Mon père, dites-moi, ne croyez-vous pas voir
Un remords se cacher?

LE PRIEUR.

Je ne veux rien savoir.

DON CARLOS.

Vous me jugeriez mal. Le secret que je porte
Craint l'homme, et non pas Dieu.

LE PRIEUR.

Mon fils, peu nous importe :
Nous ne distinguons pas. L'asile où tu te vois,
Au crime, à l'innocence est ouvert à la fois.
Quel que soit ton dessein, ou mauvais ou louable,
Que ce dessein soit juste ou bien qu'il soit coupable,
A ton âme, toujours, c'est à toi de penser.

DON CARLOS, avec feu :

Ce dessein, votre Dieu ne peut s'en offenser :
Nous travaillons pour lui ; c'est lui qui nous inspire...
Tenez, à vous, mon père, à vous je puis tout dire...

LE PRIEUR.

A quoi bon? Ah! plutôt cachez-moi ce secret,
Prince. Depuis longtemps, au départ je suis prêt ;
Depuis longtemps, au monde, à tout ce qu'il renferme
Mes yeux se sont fermés ; lorsque je touche au terme,
Pour un moment encor ne me les ouvrez plus.
Que faut-il à qui vise au bonheur des élus?
Je vous quitte, la cloche aux prières m'appelle.

(Il sort.)

SCÈNE QUINZIÈME.

DON CARLOS, LE MARQUIS DE POSA.

DON CARLOS.

Enfin, je te revois !

LE MARQUIS.

Quelle épreuve cruelle !
Ah ! que pour ton ami ce moment a tardé !
Depuis que de Carlos le sort est décidé
Sans que j'en sois instruit, le soleil, sur la terre,
A pu deux jours entiers répandre sa lumière !
Dis ! vous êtes enfin réconciliés ?

DON CARLOS.

Moi,
Et qui ?

LE MARQUIS.

Je veux parler de Philippe et de toi.
Il consent, n'est-ce pas, à t'envoyer en Flandre ?

DON CARLOS.

Oui, si bien que le duc dès demain va s'y rendre.

LE MARQUIS.

Cela n'est pas possible ! oh ! non, cela n'est point.
L'on ne peut pas tromper tout Madrid à ce point.
Tu fus admis, dit-on, en secrète audience,
Et le roi....

DON CARLOS.

Je n'ai pu vaincre sa résistance.

Nous voilà séparés plus que nous ne l'étions.
Il n'est plus de remède à nos divisions.

LE MARQUIS.

Tu ne pars point ?

DON CARLOS.

Non, non.

LE MARQUIS.

Je perds toute espérance.

DON CARLOS.

Laissons là ce sujet... Oh! depuis ton absence,
Rodrigue, qu'ai-je appris ! pour moi quel changement !
Il me faut tes conseils dans ce grave moment...
Je veux la voir.

LE MARQUIS.

Ta mère ?... oh ! non... Pourquoi ?

DON CARLOS.

J'espère !...

Tu pâlis ? sois tranquille. Enfin le sort prospère
M'annonce le bonheur et je le goûterai.
De tout cela plus tard je te reparlerai.
Cherche, trouve un moyen qui puisse me conduire
Auprès d'elle.

LE MARQUIS.

Comment ? et que veux-tu me dire ?
De quels rêves nouveaux es-tu donc agité ?
D'où viennent-ils ?

DON CARLOS.

Non, non, c'est la réalité ;

C'est la réalité, par le Dieu des miracles !
Désormais, mon bonheur ne connaît plus d'obstacles.
(Il sort la lettre du roi à la princesse Éboli.)
Ce bonheur, il est là : ce papier précieux
Me l'assure... La reine est libre... libre aux yeux,
Et du monde, et du ciel. Lis ! ta surprise extrême
Va cesser.

LE MARQUIS, ouvrant la lettre :

Un billet de Philippe lui-même !
Se peut-il ?
(Après avoir lu :)
Et qui donc a reçu ce billet ?

DON CARLOS.

La princesse Éboli... Sache donc qu'en secret
Un page de la reine est venu me remettre,
Avant-hier, à la fois, une clé, une lettre,
Dont l'écriture était inconnue à mes yeux ;
D'après ce que disait l'écrit mystérieux,
Dans l'aile du palais réservée à la reine,
Et dans un cabinet que l'on connaît à peine,
Une dame que j'aime, et depuis bien longtemps,
M'attendait. A l'appel aussitôt je me rends....

LE MARQUIS.

Insensé ! Quoi ! tu vas ?...

DON CARLOS.

Je te le dis encore :
Je ne connaissais pas l'écriture ; j'adore
Une femme, une seule ; elle seule à mon cœur
Pouvait prétendre. Eh bien ! ivre de mon bonheur,
Je cours, j'arrive... Un chant divin se fait entendre,
Dans le cabinet même où l'on a dû m'attendre ;

ACTE II, SCÈNE XV.

Ce chant me guide, j'entre... O terreur ! tout à coup,
J'aperçois, qui, Rodrigue ?...

LE MARQUIS.

Oh ! je devine tout.

DON CARLOS.

J'étais perdu, perdu ! si dans les mains d'un ange
Je n'étais pas tombé... Mais, quel hasard étrange,
Quel hasard malheureux ! Le langage imprudent
Que parlent mes regards, abusent cette enfant.
Tout entière à l'erreur qu'en elle je fais naître,
Elle croit m'inspirer l'amour qu'ils font paraître ;
Elle s'émeut des maux dont mon cœur est souffrant,
Et le sien, généreux et trop imprévoyant,
Veut me rendre l'amour qu'au mien elle suppose.
Le silence absolu qu'aussitôt je m'impose,
Lui semble du respect ; elle ose enfin parler,
Et je vois sa belle âme à moi se révéler.

LE MARQUIS.

Et si tranquillement tu peux tout me redire !...
La princesse Eboli dans ton cœur a su lire,
Elle a de ton amour pénétré le secret,
Et tu vas la blesser du plus sensible trait,
Quand sur le cœur du roi sa puissance est si grande !

DON CARLOS, avec assurance :

Elle est vertueuse.

LE MARQUIS.

Oui, son amour le commande...
D'avoir trop bien compris cette vertu j'ai peur.
Ah ! combien elle est loin de l'idéale fleur,
De cette autre vertu qui germe, éclôt dans l'âme,

Comme au sol maternel ! qui, sans qu'elle réclame
D'inutiles secours, s'élance en liberté,
Et brille avec orgueil de sa riche beauté !...
C'est la plante étrangère à son soleil ravie,
A qui, sous un ciel froid, l'art seul donne la vie.
Que l'éducation ait fait cette vertu,
Qu'on l'appelle principe, il n'importe, vois-tu,
Elle sera toujours une innocence acquise,
Disputée avec ruse aux passions ; conquise
Après de longs efforts, et dont on compte bien,
Pour contenter le ciel s'être fait un moyen ;
C'est au ciel à payer la vertu qu'il ordonne.
Crois-tu que la princesse à la reine pardonne
Qu'un homme ait dédaigné cette même vertu,
Pour laquelle on aura si longtemps combattu,
Quand cet homme, bercé d'une espérance vaine,
Follement se consume à brûler pour la reine ?

DON CARLOS.

Dans le cœur d'Éboli sais-tu lire à ce point ?

LE MARQUIS.

Je ne l'ai pas sondé : je ne la connais point ;
A peine si, deux fois, j'ai pu voir la princesse.
Mais souffre encor ces mots que l'amitié t'adresse :
La princesse, il me semble, habilement sait fuir
Les dehors où l'on voit le vice se trahir ;
Elle a de sa vertu l'entière conscience.
J'ai vu la reine aussi, mais, quelle différence !
L'honneur avec la vie est né dans ce grand cœur.
Tranquille dans la paix que donne cet honneur,
Sans dignité factice et sans insouciance,
Sans audace et sans crainte, on la voit qui s'avance

D'un pas sûr, courageux, libre de tout soutien,
Dans le sentier étroit qui doit conduire au bien ;
Et, quand elle conquiert l'universel hommage,
L'ignore et doute encor de son propre suffrage.
Eh bien ! dans ce portrait, pourras-tu, mon ami,
Reconnaître à son tour ta princesse Éboli ?
C'est son amour qui, seul, a fait sa résistance :
Elle n'a pas, de toi, reçu sa récompense,
Sa vertu sans l'amour n'est plus rien qu'un vain nom,
Elle succombera.

DON CARLOS, avec vivacité :

Non, non, te dis-je, non !
(Après s'être promené avec agitation :)
Si Rodrigue savait quelle peine cruelle
Il cause en ce moment à son ami fidèle,
En voulant lui ravir cette félicité,
De croire que l'on peut trouver l'humanité
Parfaite quelquefois !

LE MARQUIS.

O mon Carlos ! mon frère !
Ai-je bien mérité, dis-moi, ta plainte amère ?
Non, je n'ai pas voulu te rendre malheureux.
Cette Éboli pourrait être un ange à mes yeux,
Et devant sa vertu, plein d'un respect sincère,
Je me prosternerais comme je te vois faire,
Si cette femme, ami, n'avait pas ton secret.

DON CARLOS.

Combien ta crainte est vaine ! Éboli ne pourrait
Révéler qu'à sa honte un secret qui l'offense ;
Et le triste plaisir que donne la vengeance,
Au prix du déshonneur l'ira-t-elle goûter ?

LE MARQUIS.

Souvent, pour un instant de honte à racheter,
De son honneur entier on fait le sacrifice.

DON CARLOS, s'emportant :

C'en est trop ! je ne puis souffrir cette injustice.
Noble et fier est ce cœur que tu juges si bas.
Je connais la princesse et je ne la crains pas.
Mon espoir, vainement tu voudrais le détruire :
Oui, je verrai ma mère !

LE MARQUIS.

Et que veux-tu lui dire ?

DON CARLOS.

Je n'ai plus à garder aucun ménagement.
Je veux connaître enfin mon sort. Toi, vois comment
Je pourrai lui parler.

LE MARQUIS.

Et tu veux faire usage
De cette lettre ? Dis, auras-tu ce courage ?

DON CARLOS.

Ne m'interroge pas ! Trouve, trouve un moyen
Pour qu'au plus tôt je puisse avoir cet entretien.

LE MARQUIS, avec intention :

Ne m'avais-tu pas dit que tu l'aimais, ta mère ?
Et tu veux lui montrer cet écrit ?
(Don Carlos, les yeux fixés vers la terre, garde le silence.)
Sois sincère :
Je lis sur ton visage ; il te trahit. J'y voi
Un projet tout nouveau, tout étranger pour moi....

ACTE II, SCÈNE XV.

Tu détournes les yeux? C'est donc vrai? j'ai su lire?...
Fais-moi voir cette lettre.
(Don Carlos lui donne la lettre, le marquis la déchire.)

DON CARLOS.

Es-tu donc en délire?
(Avec une émotion contenue:)
Cet écrit m'importait beaucoup, je l'avouerai.

LE MARQUIS.

C'est pour cette raison que je l'ai déchiré.
(Le marquis s'arrête et fixe un regard pénétrant sur le prince, qui le regarde à son tour avec un air de doute. Long silence.)
Réponds-moi: si le roi manque à la foi donnée,
Si la couche royale est par lui profanée,
Qu'importe à ton... amour? As-tu vu dans le roi,
Pour atteindre ton but, le seul obstacle? En quoi
Les torts que peut avoir un époux infidèle,
Et ta folle espérance, encor plus criminelle,
Se rencontreraient-ils? Cette infidélité
Fait-elle évanouir ta culpabilité?
Va! va! j'apprends enfin à connaître ton âme.
Combien je me trompais quand je jugeais ta flamme!

DON CARLOS.

Comment? Que crois-tu donc, Rodrigue?

LE MARQUIS.

Oh! mon cœur sent
Quelle douce habitude il faut perdre à présent.
Avec les temps passés, différence cruelle!
Que ton âme était riche, oui, riche, ardente, belle!
L'univers eût trouvé place dans ton amour.
Tout cela, maintenant, tout a fui sans retour,
Tout! devant les calculs de ta coupable flamme,

De ton mince égoïsme ! Elle est morte ton âme.
Les provinces de Flandre et leurs affreux malheurs
Ne sauraient de tes yeux faire couler des pleurs.
Non, non, pas une larme à verser pour la Flandre !
A quel abaissement, ciel ! as-tu pu descendre,
Depuis qu'au monde entier tu n'aimes plus que toi !

DON CARLOS *se jette sur un fauteuil. Après un moment de silence et avec des sanglots qu'il étouffe avec peine :*

Tu ne m'estimes plus, Rodrigue, je le voi !

LE MARQUIS.

Ne te plus estimer ? Ah ! j'en suis incapable.
Ta fougue est une erreur d'un sentiment louable :
La reine était à toi ; par le monarque, un jour,
Tu la vois enlever à ton ardent amour ;
La force de tes droits te paraît incertaine :
Peut-être que Philippe est digne de la reine ;
Tu n'oses exprimer ce que ton cœur résout ;
Mais la lettre survient, elle décide tout :
Le plus digne, c'est toi ! Ton âme, enorgueillie,
Voit le sort convaincu de vol, de tyrannie ;
Tu triomphes, heureux d'être sacrifié.
Lorsque sous l'injustice un grand cœur a plié,
C'est avec volupté qu'il souffre son offense.
Mais c'est ici, Carlos, que ton erreur commence :
Ton orgueil satisfait, ton cœur ose espérer !...
Vois-tu que dans ton cœur j'ai bien su pénétrer.
Tu n'as pu, cette fois, te connaître toi-même.

DON CARLOS, *ému :*

Non, non, Rodrigue, non, c'est une erreur extrême ;
Ces nobles sentiments qu'en mon âme tu crois,
Je ne les avais pas, ils étaient loin de moi.

LE MARQUIS.

T'aurais-je méconnu ?... Carlos, quand tu t'égares,
Je vais toujours cherchant dans tes vertus si rares,
A laquelle imputer ta faute. Enfin tous deux,
Nous sommes arrivés à nous comprendre mieux.
Maintenant, il le faut, oui, tu verras la reine.

DON CARLOS, se jetant au cou du marquis :

Ah ! tu me fais rougir.

LE MARQUIS.

Ma parole est certaine.
Mais pour cet entretien, je veux préparer tout.
Je sens dans mon esprit s'élever, tout à coup,
Une pensée hardie, heureuse, des plus grandes.
D'une bouche plus belle il faut que tu l'entendes.
Je me rends chez la reine et, peut-être demain,
Aurai-je déjà fait approuver mon dessein ;
Jusque-là, retiens bien ceci, je t'en conjure :
Un projet enfanté par une raison sûre,
Qui doit de maux affreux sauver l'humanité,
Dans sa marche fût-il mille fois arrêté,
Ne doit jamais mourir. Carlos, tu dois m'entendre.
Je te répète encor : Souviens-toi de la Flandre !

DON CARLOS.

A tout ce que voudront Rodrigue et la vertu
J'obéis, je suis prêt. Parle ! qu'exiges-tu ?

LE MARQUIS, allant à une fenêtre :

Séparons-nous, j'entends ta suite qui s'avance.
(Ils s'embrassent.)
Le rang entre nous deux a repris sa distance.

DON CARLOS.
Pour la ville déjà tu repars ?

LE MARQUIS.
À l'instant.

DON CARLOS.
Arrête ! J'oubliais un avis important :
Le roi lit toute lettre adressée à Bruxelle.
Sois prudent, car je tiens d'une bouche fidèle
Que la poste a reçu des ordres.

LE MARQUIS.
Cet avis
De qui l'as-tu ?

DON CARLOS.
Taxis est l'un de mes amis.

LE MARQUIS, après un moment de silence :
Encore ce danger qu'il faut que je redoute !
Eh bien ! de l'Allemagne elles prendront la route.
(Ils sortent tous deux par des côtés opposés.)

ACTE TROISIÈME.

(La chambre à coucher du roi.)

SCÈNE PREMIÈRE.

(Sur une table de nuit, deux flambeaux allumés. Au fond de l'appartement, quelques pages endormis à genoux. Le roi, à demi déshabillé, est assis devant la table, un bras appuyé sur le fauteuil et dans une attitude pensive. Devant lui sont placés un médaillon et des papiers.)

LE ROI.

Qu'elle ait été, d'ailleurs, trop prompte à s'exalter,
On le nierait en vain. Lui pouvais-je apporter
Tout l'amour dont son cœur avait besoin peut-être?
Et, pourtant, ce besoin l'a-t-elle fait connaître?...
Elle dissimulait.
(Il fait un mouvement qui le rappelle à lui-même, et se lève tout surpris.)
Où donc étais-je? Eh quoi!
Personne dans ces lieux ne veille que le roi?...
Ces flambeaux consumés!... Est-il jour?... Tout entière
La nuit a donc passé sans fermer ma paupière?
De cette nuit, nature, il faut te contenter.
Celles qu'il perd, un roi ne peut les racheter...
Je suis levé : le jour pour chacun doit renaître.
(Il éteint les flambeaux et tire les rideaux d'une fenêtre. En se promenant dans l'appartement, il remarque les pages endormis et s'arrête en silence devant eux. Enfin il sonne.)
Voyons! dans l'antichambre on dort aussi, peut-être.

SCÈNE DEUXIÈME.
LE ROI, LE COMTE DE LERME.

LE COMTE DE LERME, avec surprise, en voyant le roi levé :

Sire, êtes-vous souffrant?

LE ROI.
                    Le feu s'est déclaré
Au pavillon de gauche. Avez-vous ignoré
Cet accident? nul bruit n'a frappé votre oreille?

LE COMTE DE LERME.
Non, sire.

LE ROI.
            Non? comment? et cependant je veille;
Un rêve ou le hasard ne peut m'avoir trompé.
Ce côté n'est-il point par la reine occupé?

LE COMTE DE LERME.
En effet, sire.

LE ROI.
            Alors c'est un rêve... Il me trouble.
Sur ce point désormais que la garde se double.
Vous m'entendez?... Le soir, et dès qu'il fera nuit...
Mais bien secrètement... qu'on agisse sans bruit...
Je voudrais éviter... Vous m'examinez!

LE COMTE DE LERME.
                            Sire,
Dans vos yeux enflammés aisément je puis lire :
Il leur faut du sommeil. Sachez ménager mieux,
J'ose vous en prier, vos jours si précieux.
Songez à vos sujets. Si, sur votre visage,
D'une nuit d'insomnie ils voyaient le passage,
Quelle terreur viendrait les frapper au réveil!.
Deux heures seulement de sommeil!

LE ROI, d'un air égaré :
                    Le sommeil?

J'attendrai qu'à mes yeux l'Escurial le donne.
Un roi qui peut dormir renonce à sa couronne ;
Un époux, à l'amour de sa femme... Non ! non !
C'est une calomnie !... Une femme .. — ce nom,
Ce nom de femme seul veut dire calomnie !... —
Une femme, tout bas, m'a dit cette infamie.
Qu'un homme la confirme, alors je la croirai.
(Aux pages, qui viennent de s'éveiller :)
Le duc d'Albe.
(Les pages sortent.)
Plus près de moi, comte... Est-ce vrai ?
(Il fixe sur le comte un regard perçant.)
Pendant une seconde, une seule, oh ! ne puis-je
Savoir tout ?... Est-ce vrai ?... suis-je trompé ?... le suis-je ?
Est-ce vrai ?... jurez, comte !

LE COMTE DE LERME.

O grand, excellent roi !

LE ROI, reculant :

Le roi ! le roi toujours ! rien que ce mot pour moi !
D'un monotone écho le seul son que j'entende !...
Je frappe ce rocher, ma bouche lui demande,
Pour ma fiévreuse soif, de l'eau, rien que de l'eau,
Et c'est de l'or brûlant que tu verses, bourreau !

LE COMTE DE LERME.

Qu'est-ce qui serait vrai, sire ?

LE ROI.

Rien. Qu'on me laisse !
(Le comte veut s'éloigner ; le roi le rappelle.)
Vous êtes marié, comte ? votre vieillesse
A des fils ?

LE COMTE DE LERME.
Oui, mon roi.

LE ROI.
                    Vous êtes marié,
Et vous avez ici toute une nuit veillé !
Vous croyez sans rougir, vous dont la tête est grise,
A la fidélité qu'une femme a promise ?
Rentrez, et vous verrez la vôtre, je vous dis,
Livrée, incestueuse, aux bras de votre fils,
Croyez-en votre roi, rentrez !... Je vous étonne ?
Et, pour comprendre mieux l'avis que je vous donne,
Vous voulez lire en moi ?... Parce que mes cheveux
Sont blanchis par les ans... Songez-y, malheureux !
La vertu d'une reine est toujours sans souillure.
N'en doutez pas, sinon, la mort !

LE COMTE DE LERME, avec feu :
                    La reine est pure !
Qui pourrait en douter ? Qui se serait permis,
Entre tous les sujets à vos sceptres soumis,
De ternir sa vertu, sa vertu surhumaine,
Par d'odieux soupçons ? Qui ?... La meilleure reine !
A ce point...

LE ROI.
            La meilleure ? aussi, comte, pour vous ?
Elle a des amis chauds, bien chauds, autour de nous.
Il faut, pour qu'ils se soient rangés sous sa bannière,
Qu'elle ait beaucoup donné... plus qu'elle ne peut faire...
Vous êtes libre. Au duc dites que je l'attends.

LE COMTE DE LERME.
Dans le premier salon il est prêt, je l'entends.
(Il veut sortir.)

LE ROI, d'un ton plus doux :

Comte, dans ce qu'ici, tout à l'heure, vous vîtes,
D'une nuit sans sommeil reconnaissez les suites.
Je sens ma tête en feu... Vous aurez oublié
Bientôt, ce que j'ai dit dans mon rêve éveillé.
Vous m'entendez? Il faut en perdre la mémoire.
Comptez sur la faveur du roi.

(Il lui donne sa main à baiser. Le comte de Lerme se retire et ouvre la porte au duc d'Albe.)

SCÈNE TROISIÈME.

LE ROI, puis LE DUC D'ALBE.

LE DUC D'ALBE, s'approchant du roi avec hésitation, à part :

Qu'en dois-je croire ?
Me donner un tel ordre, à pareille heure, à moi !

(Il se trouble en examinant le roi de plus près.)

Et ce regard !

LE ROI.

(Il s'est assis et a pris le médaillon sur la table. Il regarde fixement le duc pendant longtemps et en silence.)

Ainsi, plus de doute! Le roi
Ne saurait pas compter un serviteur fidèle !

LE DUC D'ALBE, stupéfait :

Comment ?

LE ROI.

Oui. Je reçois une offense mortelle ;
Je l'ignore moi seul, et nul ne vient à moi ;
Nul ne vient m'avertir !

LE DUC D'ALBE, considérant le roi avec surprise :

Une offense à mon roi ?
Sans que mes yeux aient vu le crime se commettre ?

8.

LE ROI, *lui montrant les papiers :*

Connaissez-vous la main qui traça cette lettre?

LE DUC D'ALBE.

C'est la main de Carlos.

LE ROI, *après une pause, pendant laquelle il a fixé sur le duc un regard pénétrant :*

Ne soupçonnez-vous rien?
De son ambition, déjà, je m'en souvien,
Vous m'avez prévenu; mais, veuillez me le dire,
N'ai-je à craindre en Carlos que l'ambition?

LE DUC D'ALBE.

Sire,
Ce mot s'étend fort loin, on peut beaucoup y voir.

LE ROI.

Et vous n'avez plus rien à me faire savoir?

LE DUC D'ALBE, *après un moment de silence et d'un air contraint :*

Vous avez confié le royaume à ma garde;
Je dois et donne, sire, à ce qui le regarde,
Mes méditations et mes soins assidus.
En dehors de l'État, je crois ne devoir plus
Compte de mes soupçons, ni de ce que je pense,
Ni de ce que je sais; voilà, dans ma croyance,
D'inviolables biens; l'esclave et le sujet
En peuvent, même aux rois, refuser le secret.
Tout ce qui pour mon âme est d'évidence entière,
Pour mon maître n'a pas acquis même lumière.
S'il exige, pourtant, que je parle, je doi
Le prier de ne pas m'interroger en roi.

LE ROI, *lui donnant les lettres :*

Lisez!

LE DUC D'ALBE, après avoir lu, se tourne avec terreur vers le roi :

    Quel insensé, dans votre main royale,
Sire, a pu déposer cette lettre fatale ?

LE ROI.

Vous savez donc à qui l'écrit fut adressé ?
Il ne l'indique pas.

LE DUC D'ALBE, reculant interdit, à part :

    Je me suis trop pressé.

LE ROI.

Le savez-vous ?

LE DUC D'ALBE, après un moment de réflexion :

    Eh bien ! soit ! mon maître l'ordonne ;
Je ne diffère plus : je connais la personne.

LE ROI, se levant, et dans une extrême agitation :

Impitoyable Dieu de la vengeance ! oh ! oui,
Donne-moi d'inventer un supplice inouï !
Ils étaient à ce point tous deux d'intelligence,
De leurs relations telle était l'évidence,
Que, sans prendre le soin de les examiner,
Le monde, d'un coup d'œil, pouvait tout deviner.
C'en est trop ! Et j'ai pu l'ignorer ! Mon royaume
Tout entier le savait ; j'y restais le seul homme
A m'en apercevoir !

LE DUC D'ALBE, se jetant aux pieds du roi :

    O mon roi ! devant vous
Je confesse ma faute et le fais à genoux.
Vous me voyez rougir d'une lâche prudence,
Qui m'avait conseillé de garder le silence,

Quand il fallait parler, quand l'honneur de mon roi,
Quand la justice encor m'en faisaient une loi,
Lorsque la vérité souffrait de ce mystère.
Mais puisque tout le monde est d'accord pour se taire ;
Puisque de la beauté les charmes séduisants
Paralysent la voix de tous les courtisans,
Eh bien ! je vais parler... Cependant, quelles armes,
Dans les serments d'un fils accusé, dans les charmes,
Dans les pleurs d'une épouse, aura-t-on contre moi !

LE ROI, avec vivacité :

Levez-vous, vous avez ma parole de roi.
Levez-vous ! et parlez sans crainte.

LE DUC D'ALBE, se relevant :

       De la scène
Du jardin d'Aranjuez, vous souvient-il ? La reine,
Loin de ses dames, seule, et le regard troublé,
Fut surprise par vous en un lieu reculé...

LE ROI.

Que vais-je apprendre ? O ciel !... Poursuivez !

LE DUC D'ALBE.

          La marquise
Essaya de sauver la reine ainsi surprise,
Et de ce dévouement un exil fut le prix.
La marquise pourtant — nous l'avons tous appris —
N'avait fait qu'obéir à l'ordre de la reine ;
Le prince l'avait vue et la quittait à peine.

LE ROI, avec emportement :

Il avait été là ! je ne puis plus douter...

ACTE III, SCÈNE III.

LE DUC D'ALBE.

Un homme dans ces lieux avait dû s'arrêter :
Le sable de ses pas avait gardé la trace ;
Elle se prolongeait jusque vers une place,
Où le mouchoir du prince à l'instant ramassé,
Prouvait qu'en cet endroit lui-même avait passé.
C'est ainsi que, d'abord, les soupçons durent naître.
Plus tard, un jardinier fit encore connaître,
Qu'il avait vu l'infant de ce même côté,
Dans la minute même où votre majesté
Arrivait au jardin.

LE ROI, revenant à lui, et après être resté un moment plongé dans de sombres
réflexions :

    Et lorsque la surprise
Que trahissaient mes yeux par elle fut comprise,
Elle a versé des pleurs !... J'ai rougi, moi, le roi !
Devant toute ma cour, et j'ai rougi de moi !
Par le ciel ! j'étais là, devant cette innocence,
Comme le criminel qui reçoit sa sentence !...
  (Long et profond silence. Il s'assied et se cache le visage.)
Vous avez raison, duc... Tout ceci pourrait bien
Me faire recourir à quelque affreux moyen...
Je désire être seul.

LE DUC D'ALBE.

    Pour vous convaincre, sire,
Ce que je vous ai dit ne peut encor suffire.

LE ROI, saisissant les papiers :

Et cela ? ces papiers ? ces témoins écrasants,
Les pourrez-vous trouver de même insuffisants ?
C'est plus clair que le jour... Je le savais d'avance :
Ce n'est pas d'aujourd'hui que le crime commence.
Il remonte à ce jour, où la reine, par vous,

Dans Madrid fut remise à son royal époux.
Ah ! je la vois encor fixant, pâle et tremblante,
Sur mes cheveux blanchis son regard d'épouvante
Leur comédie, alors, alors a commencé !

LE DUC D'ALBE.

Le prince ne pouvait oublier le passé,
Car, dans sa jeune mère, il perdait pour la vie,
Sa belle fiancée à son amour ravie.
Des rêves les plus doux déjà bercés tous deux,
Ils sentaient que leurs cœurs brûlaient des mêmes feux.
De cette ardeur, la veille encore légitime,
Le sort, le lendemain, venait leur faire un crime.
Mais ils n'en étaient plus, alors, à ressentir
La crainte qui retient l'aveu prêt à sortir,
Et la séduction dut agir plus puissante
Sur des cœurs absorbés par l'image riante
D'un passé dont était permis le souvenir.
L'âge, les sentiments, tout devait les unir ;
Tous deux du même joug souffraient l'impatience :
Dès lors, leur passion prit plus de violence,
Et, tout entière, enfin, osa se faire jour.
Quand la raison d'État domina leur amour,
A l'arrêt du conseil, pouvez-vous croire, sire,
Qu'Élisabeth ait dû facilement souscrire ?
Qu'elle ait pu résister à ce plaisir secret
D'examiner quel choix lui dictait cet arrêt ?
Elle attendait l'amour... elle eut un diadème.

LE ROI, blessé et avec amertume :

J'admire à disserter votre talent extrême ;
Vous jugez à merveille et vous parlez fort bien ;
Duc, je vous remercie.

(Il se lève et continue avec calme et fierté :)

ACTE III, SCÈNE IV.

                        Avec vous, j'en conviens,
La reine fut coupable en gardant le silence
Sur ce que renfermait cette correspondance ;
La reine fut coupable encore en me cachant
Qu'au jardin d'Aranjuez elle avait vu l'infant.
Sa générosité, fausse et mal entendue,
Seule a pu l'égarer alors qu'elle s'est tue.
Je saurai l'en punir.
                      (Il sonne.)
                        Sachons qui, près de nous,
S'est rendu ce matin... Duc d'Albe, éloignez-vous !
Je ne vous retiens plus.

            LE DUC D'ALBE.

                        Par mon zèle, peut-être,
Aurais-je de nouveau mécontenté mon maître ?

            LE ROI, à un page, qui entre :

Appelez Domingo.
                  (Le page sort.)
                        Je veux bien oublier
Que pendant un instant vous pûtes m'effrayer,
Quand vos rapports devaient me faire craindre un crime
Dont vous pouviez vous voir la première victime.
                  (Le duc d'Albe sort.)

SCÈNE QUATRIÈME.

LE ROI, DOMINGO.

(Le roi va et vient pendant quelques instants pour se remettre.)

DOMINGO entre quelques moments après que le duc est sorti, et s'approche du roi,
          qu'il considère en silence d'un air solennel :

Sire, quelle est ma joie et mon étonnement
De vous trouver si calme et résigné !

LE ROI.

Comment ?
Vous étonner ?...

DOMINGO.

Du ciel la bonté souveraine
A donc daigné vouloir que ma crainte fût vaine !
Le ciel en soit béni ! Je reprends tout espoir.

LE ROI.

De la crainte ! sur quoi pouviez-vous en avoir ?

DOMINGO.

A votre majesté je ne saurais le taire :
Déjà je suis instruit du terrible mystère.

LE ROI, d'un air sombre :

Et vous ai-je déjà montré qu'il me plairait
De nous rendre commun ce terrible secret ?
Qui donc ose venir, sans que je le demande,
Me devancer ainsi ? Par Dieu ! l'audace est grande.

DOMINGO.

Du reproche qui m'est adressé par mon roi,
Le lieu, l'occasion où l'on vint à ma foi
Livrer tout récemment cet important mystère,
Et le sceau sous lequel j'en suis dépositaire,
Doivent me disculper : c'est au saint tribunal
Que l'on m'a confié ce secret si fatal.
Il pesait comme un crime à sa révélatrice,
Qui venait implorer la divine justice.
La princesse Eboli, trop tard, a le regret
D'avoir pu révéler un semblable secret,
Et voit à quels dangers il expose la reine.

ACTE III, SCÈNE IV.

LE ROI.

Vraiment? oh! le bon cœur!... Vous devinez sans peine
Pourquoi je vous ai fait appeler près de moi :
Un zèle trop aveugle a jeté votre roi
Dans un dédale obscur. Rendez-moi la lumière !
J'attends la vérité ; dites-la tout entière.
Que croire? que résoudre? allons ! je veux savoir
La vérité ; la dire est pour vous un devoir.

DOMINGO.

Quand la charité, sire, et la mansuétude,
Dont le prêtre s'est fait une douce habitude,
Ne m'imposeraient pas la *modération*,
Je vous conjurerais, en cette occasion,
De ne pas plus avant pousser la découverte.
D'un repos précieux épargnez-vous la perte.
Couvrez, sire, couvrez d'un éternel oubli
Tout ce qu'a révélé la princesse Éboli.
Craignez d'un examen le résultat pénible.
Aujourd'hui le pardon est encore possible.
A la reine, d'un mot, le roi rendra l'honneur.
Le roi fait la vertu comme il fait le bonheur,
Et sa sérénité seule pourra détruire
Les bruits calomnieux que l'on ose produire.

LE ROI.

Des bruits? sur moi? parmi mon peuple?

DOMINGO.

                                        Bruits menteurs,
J'en jure, et qu'ont semés d'infâmes imposteurs.
Mais, de la vérité, le peuple, en sa croyance,
Quelquefois à l'erreur assure l'importance.

9

LE ROI.

Par le ciel! Et le peuple à ces bruits odieux...

DOMINGO.

La bonne renommée est un bien précieux,
Le seul pour qui la reine avec toute autre femme
Doive rivaliser.

LE ROI.

Pour ce bien, sur mon âme!
Je n'ai pas jusqu'ici, je l'espère, à trembler?
(Il jette un regard de doute sur Domingo, puis, après un instant de silence.)
Chapelain, d'un malheur vous voulez me parler;
Ne vous contraignez plus. Oui, sur votre visage,
Je lis, depuis longtemps, un sinistre présage.
Quel que soit ce malheur, dites-le franchement;
Je suis à la torture, abrégez ce moment;
Le peuple, que croit-il?

DOMINGO.

Sire, je le répète,
Il peut errer; ici son erreur est complète;
De ce qu'on dit le roi ne peut être troublé...
Mais que jusqu'à ce point le peuple soit allé!...

LE ROI.

Eh quoi! me faudra-t-il longtemps attendre encore
La goutte de poison qu'en ce moment j'implore?

DOMINGO.

Le peuple se reporte à l'époque de deuil,
Où son roi fut si près de descendre au cercueil...
Sept mois plus tard il sut l'heureuse délivrance...
(Le roi se lève et sonne. Le duc d'Albe entre. Domingo, interdit:)
Sire!

LE ROI, allant au-devant du duc d'Albe :

Duc, sauvez-moi de ce prêtre !

DOMINGO, changeant avec le duc d'Albe des regards d'embarras, puis, après un moment de silence :

D'avance
Si nous avions connu que cet avis pourrait
Devenir si fatal à qui le donnerait...

LE ROI.

Un bâtard ! dites-vous ? Vous me dites qu'à peine
A la mort j'échappais, au moment où la reine
A senti qu'elle allait devenir mère ? Eh quoi !
Alors, pour le miracle opéré sur le roi,
Vous rendiez tous les deux, dans chaque basilique,
Si j'ai bon souvenir, grâce à saint Dominique ?
Le miracle d'alors n'est donc plus rien ici ?
Alors ou maintenant vous avez donc menti ?
Expliquez-vous : à quoi voulez-vous que je croie ?
Mais j'ai lu dans vos cœurs, je suis sur votre voie :
Si le complot dès lors eût été mûr, vraiment,
L'honneur de votre saint eût souffert rudement !

LE DUC D'ALBE.

Le complot ?

LE ROI.

Sans avoir été d'intelligence,
Vous penseriez ainsi, l'un ce que l'autre pense ?
Et vous voulez, à moi ! me le persuader ?
Je n'aurais donc pas vu, pour vous le concéder,
Combien d'avidité, quelle féroce joie
Vous mettiez tous les deux à saisir votre proie ?
Je n'aurais donc pas vu, moi, quelle volupté,

Vous goûtiez tous les deux à me voir tourmenté,
A suivre, en leurs progrès, ma douleur, ma colère ?
Pour ravir à mon fils la faveur de son père,
Le duc d'un zèle ardent se montrait dévoré,
Et je ne l'ai pas vu, n'est-ce pas ? J'ignorai
Que ce saint homme aurait trouvé fort agréable
D'armer de mon courroux sa haine misérable ?
Sans doute, j'aurais dû, pour votre bon plaisir,
Être l'arc que l'on bande ou détend à loisir ?...
Mais à vos volontés j'opposerai la mienne ;
Et s'il faut, après tout, que le doute me vienne,
Qu'il commence par vous, ne soyez pas surpris.

LE DUC D'ALBE.

Notre fidélité n'attendait pas ce prix.

LE ROI.

Vous, fidèles ? allez ! qui de ce nom se pare,
Vient avertir à temps du crime qu'on prépare ;
Quand il est consommé, la vengeance en instruit.
De votre empressement, quel est pour moi le fruit ?
Que me restera-t-il s'il faut que je vous croie ?
La douleur d'un divorce, ou bien la triste joie
Qu'on trouve à se venger... Mais, non ! le peuple ment.
Vous en êtes encore à craindre seulement.
A de vagues soupçons livrant votre victime,
Vous m'avez amené sur le bord d'un abîme,
Et vous m'abandonnez.

DOMINGO.

    Pourrait-on prouver mieux
Des faits qui n'ont pas eu de témoins ?

LE ROI, après un long silence, se tournant vers Domingo, d'un air sérieux et solennel :

        Soit ! je veux

Rassembler tous mes grands en tribunal suprême ;
Au sein de ce conseil, je m'asseoirai moi-même ;
Présentez-vous alors ; venez, si vous l'osez,
Proclamer l'adultère ; à voix haute accusez.
Je serai sans pitié pour la reine infidèle :
Il faudra qu'elle meure et l'infant avec elle.
Mais aussi, prenez garde ! oui, si la reine sort
Pure de ce combat, à vous, à vous la mort !
Voulez-vous à ce prix, — aurez-vous ce courage ? —
A la vérité rendre un éclatant hommage ?
Parlez ! le voulez-vous ?... Il faut prendre un parti...
Il se tait ! Il refuse !... Ah ! vous avez menti !...
Tant de zèle à vouloir que triomphe un mensonge !

LE DUC D'ALBE, qui est resté silencieux à l'écart, d'un air calme :

J'accepte.

LE ROI se retourne avec surprise vers le duc, qu'il considère avec attention pendant quelques instants :

Quelle audace !... Et, cependant, je songe,
Que pour bien moins encor, dans de rudes combats,
On vous a vu, duc d'Albe, affronter le trépas,
Jouant, pour un vain nom, vos jours à la légère,
Comme jette son or le joueur téméraire.
Que sont pour vous ces jours exposés tant de fois ?
Je n'irai point livrer le noble sang des rois
A la merci d'un fou, qui n'a qu'une espérance :
Finir avec éclat sa chétive existence ;
Le sacrifice offert est par moi rejeté.
Je vous ferai, tantôt, savoir ma volonté.
Au salon d'audience, allez ! que l'on m'attende.

(Le duc d'Albe et Domingo se retirent.)

SCÈNE CINQUIÈME.

LE ROI, seul :

O Providence ! ô toi, dont la bonté si grande
M'a déjà donné tant, daigne, enfin, m'envoyer
Un homme, un seul, à qui je puisse me fier !
Toi seule tu n'as pas besoin que l'on t'éclaire,
Parce que ton regard pénètre tout mystère.
Mais moi, qui ne peux pas tout savoir comme toi,
Il me faut un ami, donne, donne-le moi !
Ces gens qu'à mes côtés pour m'aider tu fis naître,
Ils ont été pour moi tout ce qu'ils pouvaient être :
Leurs vices contenus, dirigés par mes mains,
Dociles instruments, secondent mes desseins.
Ces vices m'ont servi comme à toi le tonnerre,
Quand tu veux, quelquefois, purifier la terre.
J'ai besoin de voir luire enfin la vérité.
Au milieu du chaos par l'erreur enfanté,
Sous les sombres débris que sa main amoncèle,
Un roi trouvera-t-il la source qui recèle
Cette vérité ? non !... Prête-moi ton secours ;
Donne-moi l'homme rare, au cœur pur, sans détours,
Qui juge sans erreur, sans passion décide,
Et m'aide à découvrir cette source limpide !
Je me livre au hasard. Oh ! permets qu'à mes yeux
Vienne s'offrir, enfin, cet homme précieux,
Parmi tous ces mortels dont le flot tourbillonne
Sous l'éclat des rayons que jette ma couronne !

(Il ouvre une cassette dont il tire un registre. Après l'avoir feuilleté pendant quelque temps :)

Des noms... rien que des noms sur ce livre d'honneur !
Quels services leur ont conquis cette faveur ?

Ces pages, là-dessus, ont gardé le silence ;
Rien ne dure si peu que la reconnaissance.

(Il montre un autre registre que contenait aussi la cassette :)

Mais, sur cet autre livre, un soin minutieux
Conserve chaque faute et la met sous mes yeux.
Comment ! ces souvenirs, faut-il qu'on les rappelle ?
De qui veut se venger la mémoire est fidèle.

(Il continue de lire sur le premier registre :)

Quoi ! le comte d'Egmont ! que veut dire ceci ?
Pourquoi son nom encor se trouve-t-il ici ?
S'il a de Saint-Quentin remporté la victoire,
Il m'a forcé depuis d'en perdre la mémoire.
Qu'il soit au rang des morts !

(Il efface ce nom et l'inscrit sur le second registre. Après avoir lu plus avant :)

       Le marquis de Posa ?...
Posa ?... je m'en souviens à peine. Et ce nom-là
Est marqué de deux croix ! Cette marque me prouve
Que j'avais réservé l'homme que je retrouve,
Pour de vastes projets... Eh quoi ! jusqu'aujourd'hui,
Cet homme, il se pourrait, cet homme m'aurait fui !
D'un royal débiteur il craindrait la présence ?
Par le ciel ! il est donc, dans mon royaume immense,
Le seul homme qui n'ait aucun besoin de moi ?
Il eût depuis longtemps paru devant le roi,
S'il avait désiré les honneurs, la richesse.
A cet homme bizarre il faut que je m'adresse.
Qui de moi n'attend rien dira la vérité.

    (Il sort.)

SCÈNE SIXIÈME.

(La salle d'audience.)

DON CARLOS qui s'entretient avec LE PRINCE DE PARME ; LES DUCS D'ALBE, DE FÉRIA et DE MÉDINA-SIDONIA, LE COMTE DE LERME et d'autres grands, avec des papiers à la main. Tous attendent le roi.

LE DUC DE MÉDINA-SIDONIA, que tout le monde évite avec affectation, se tourne vers le duc d'Albe qui va et vient seul à l'écart :

Duc, vous qui ce matin vîtes sa majesté,
Quel accueil, croyez-vous, vais-je recevoir d'elle ?

LE DUC D'ALBE.

Elle recevra mal vous et votre nouvelle.

LE DUC DE MÉDINA-SIDONIA.

J'étais, en vérité, plus à l'aise qu'ici
Sous les canons anglais.
(Don Carlos, qui l'a observé en silence et avec intérêt, va à lui et lui serre la main :)
Merci, prince, oh ! merci
De ces pleurs généreux. Chacun fuit à ma vue,
Vous voyez... Maintenant, ma perte est résolue.

DON CARLOS.

Mon ami, conservez tout espoir ; ayez foi,
Comme en votre innocence, en la bonté du roi.

LE DUC DE MÉDINA-SIDONIA.

La mer ne vit jamais une flotte si belle...
Je l'ai perdue !... Eh bien ! cette tête, qu'est-elle
Au prix de mes vaisseaux ?... Songez ! soixante-dix,
Et tous abîmés, tous !... Hélas ! et mes cinq fils,
Prince ; cinq fils ! donnant la plus belle espérance...
Comme vous... Ah ! mon cœur se brise à sa souffrance !

SCÈNE SEPTIÈME.

LE ROI, en costume royal, LES PRÉCÉDENTS.

(Tous se découvrent et se rangent des deux côtés du théâtre, de manière à former autour du roi un demi-cercle. Silence.)

LE ROI, jetant un regard rapide sur ceux qui l'entourent :

Couvrez-vous !
(Don Carlos et le prince de Parme s'avancent les premiers et baisent la main du roi. Il se tourne vers ce dernier d'un air affectueux, sans vouloir remarquer son fils :)
            Mon neveu, votre mère voudrait
Savoir si de son fils nous sommes satisfait.

LE PRINCE DE PARME.

Jusqu'ici sa demande est encore inutile :
Je n'ai point combattu, sire.

LE ROI.

                    Soyez tranquille :
Vous aurez votre tour alors que je perdrai
Tous ces vaillants soutiens dont je suis entouré.
                (Au duc de Féria :)
Que m'apportez-vous là ?

LE DUC DE FÉRIA, mettant un genou en terre :

                    De Dieu l'ordre suprême
A de Calatrava, sire, ce matin même,
Rappelé le grand-maître, et je vous rends sa croix.

LE ROI la prend et regarde autour de lui :

Pour cette dignité de qui ferai-je choix ?
(Il fait signe au duc d'Albe d'approcher; le duc fléchit un genou et le roi lui met au cou le collier.)
Je reconnais en vous mon premier capitaine,

9.

Duc ! pour que ma faveur vous demeure certaine,
Ne soyez rien de plus.
            (Il aperçoit le duc de Médina-Sidonia :)
            Amiral, vous voilà ?

LE DUC DE MÉDINA-SIDONIA s'approche en tremblant, se met à genoux
devant le roi et courbe la tête :

Oui, sire, et seul débris de toute l'Armada :
Elle n'est plus.

            LE ROI, après un long silence :
            De Dieu la volonté soit faite !
Je ne vous ai pas dit de vaincre la tempête,
Mais des hommes... soyez ici le bienvenu.
            (Il lui donne sa main à baiser :)
Pour un bon serviteur vous êtes reconnu...
Que ma cour s'en souvienne !... et je vous remercie
D'avoir à votre roi conservé votre vie.
(Il lui fait signe de se relever et de se couvrir, puis, se tournant vers les autres grands :)
Messieurs, quelqu'un encor veut-il parler au roi ?
            (À don Carlos et au prince de Parme :)
Princes, j'ai pris plaisir à vous voir près de moi.
            (Ils se retirent tous les deux.)
(Les autres grands s'approchent, mettent un genou en terre et présentent au roi
des papiers ; il y jette un coup d'œil et les remet au duc d'Albe :)
Duc, dans mon cabinet ces placets qu'on m'adresse...
Est-ce fini ?
            (Personne ne répond.)
            D'où vient que, parmi ma noblesse,
Le marquis de Posa ne se montre jamais ?
Cet homme avec honneur m'a servi, je le sais.
Est-il mort ? ou fuit-il peut-être ma présence ?

            LE COMTE DE LERME.

Il n'attend que le jour de publique audience,
Pour offrir son hommage à votre majesté

ACTE III, SCÈNE VII.

Il fut absent longtemps, sire ; il a visité
L'Europe entière.

LE DUC D'ALBE.

C'est ce chevalier de Malte
Que pour un fait hardi la renommée exalte :
Lorsque les chevaliers de l'ordre de Saint-Jean,
Sire, dans leurs remparts qu'assiégeait Soliman,
Durent se rendre tous à l'ordre du grand-maître,
Celui-ci, tout à coup, devant lui voit paraître
Un jeune homme — il avait à peine dix-huit ans —
Qu'il n'avait point compté parmi les combattants.
Il s'était échappé d'Alcala : « Ma famille
« M'acheta cette croix dont ma poitrine brille,
« Et pour la mériter, dit-il, je suis venu. »
Il fut bientôt après, ce jeune homme inconnu,
L'un de ces chevaliers dont l'audace étonnante
Soutint au fort Saint-Elme — ils n'étaient que quarante —
En plein jour, trois assauts, et, trois fois, repoussa
Uluccioli, Hassem, Piali, Mustapha ;
Et quand ces chevaliers à la fin succombèrent,
Quand du fort ébranlé les murailles tombèrent,
Il se jette à la mer, et, traversant les flots,
Au grand-maître revient, seul de tous ces héros...
Lorsque, désespérant d'en faire la conquête,
De Malte Soliman opérait sa retraite,
Le marquis reprenait le chemin d'Alcala.

LE DUC DE FÉRIA.

C'est ce jeune homme encor, le marquis de Posa,
Qui découvrit, plus tard, les trames criminelles
Qu'ourdissaient contre vous les Catalans rebelles,
Sire, et qui conserva, par son activité,
Leur important pays à votre majesté.

LE ROI.

Ma surprise, messieurs, est grande. Que doit être
L'homme qui par ces faits sut se faire connaître,
Et, sur trois courtisans que j'interroge ici,
N'a pas un envieux qui parle contre lui?
Cet homme doit avoir le plus grand caractère,
Ou n'en a point... Je veux éclaircir ce mystère;
Ce mortel étonnant, je veux l'entretenir.
(Au duc d'Albe :)
Duc, dans mon cabinet vous le ferez venir,
Au sortir de la messe.
(Le duc d'Albe sort. Le roi appelle le duc de Féria :)
Et vous, prenez ma place
Dans le conseil privé, Féria.
(Le roi sort.)

LE DUC DE FÉRIA.

Quelle grâce,
Que de bonté, messieurs, montre aujourd'hui le roi!

LE DUC DE MÉDINA-SIDONIA.

Dites qu'il est un dieu, duc; il le fut pour moi.

LE DUC DE FÉRIA.

Que vous méritez bien cette faveur extrême,
Amiral! J'y prends part chaudement.

UN DES GRANDS.

Moi de même.

UN SECOND.

Elle me touche aussi.

UN TROISIÈME.

Moi, le cœur me battait :
Un si grand général!

ACTE III, SCÈNE VIII.

LE PREMIER.
Le roi ne vous a fait
Que justice.

LE COMTE DE LERME, en s'en allant, au duc de Médina-Sidonia :
Combien, avec deux mots du maître,
Vous voilà riche !   (Ils sortent tous.)

SCÈNE HUITIÈME.

(Le cabinet du roi.)

LE MARQUIS DE POSA, LE DUC D'ALBE.

LE MARQUIS, en entrant :
Moi ? mais cela ne peut être.
Vous vous trompez de nom... Vous dites que le roi
Désire me parler ? Eh ! que veut-il de moi ?

LE DUC D'ALBE.
Le roi veut vous connaître.

LE MARQUIS.
Un caprice !... La vie
Veut un emploi meilleur ; elle est sitôt finie !
C'est dommage d'en perdre un instant précieux.

LE DUC D'ALBE.
La fortune vous rit. Je vous laisse en ces lieux.
Entre vos mains le roi tout entier s'abandonne ;
Sachez mettre à profit les moments qu'il vous donne,
Et, si vous les perdez, n'en accusez que vous.
(Il sort.)

SCÈNE NEUVIÈME.

LE MARQUIS DE POSA, seul :

Duc, vous avez bien dit : quand le hasard, pour nous,
A fait naître un moment à nos desseins propice,
Il ne reviendra plus, il faut qu'on le saisisse....
Ce courtisan me donne une utile leçon ;
Pour mes projets, du moins, le conseil est fort bon.

(Après s'être promené pendant quelques instants :)

Pourquoi suis-je en ces lieux ?... Si je vois ma figure
Reflétée au cristal de cette glace pure,
Dois-je l'attribuer au hasard seulement ?
Parmi tant de mortels, c'est moi, précisément,
Qu'au souvenir du roi rappelle son caprice !
Du hasard, de lui seul, est-ce bien là l'indice ?
C'est encor plus peut-être... Eh ! qu'est donc le hasard ?
Le bloc qu'un statuaire anime par son art.
Le hasard ! c'est toujours le ciel qui nous l'envoie,
Pour que l'homme, à son tour, à ses desseins l'emploie.
Quels que soient les projets de Philippe aujourd'hui,
Je saurai bien comment me conduire avec lui.
Dans l'âme du tyran que seulement je puisse
Faire qu'une lueur de vérité se glisse,
Et l'œuvre que je vais, tout à l'heure, essayer,
Entre les mains de Dieu saura fructifier ;
Et ce même projet que mon rêve caresse,
Loin d'être extravagant, serait plein de sagesse ;
Et j'atteindrais le but que mon rêve poursuit !
Que je me trompe ou non, cet espoir me conduit.

(Il fait quelques pas dans l'appartement et s'arrête en silence devant un tableau. Le roi paraît dans la salle voisine et y donne quelques ordres ; puis il s'avance, s'arrête à la porte et considère pendant quelque temps le marquis, sans être remarqué par lui.)

SCÈNE DIXIÈME.

LE ROI, LE MARQUIS DE POSA.

(Dès que le marquis aperçoit le roi, il s'avance vers lui, met un genou en terre, se relève et se tient devant lui sans aucun signe d'embarras.)

LE ROI le regarde d'un air étonné :

Vous m'avez donc parlé dans quelque autre audience ?

LE MARQUIS.

Non.

LE ROI.

Je vous dois beaucoup. A ma reconnaissance
Pourquoi vous dérober ? Ma mémoire a besoin
Qu'on l'aide quelquefois : tant de gens prennent soin
Que sans cesse leurs noms l'occupent tout entière !
Dieu seul peut tout savoir. C'était à vous de faire
Que le roi se souvînt de ce qu'il vous devait.
Pourquoi jusqu'à présent ne l'avez-vous pas fait ?

LE MARQUIS.

Sire, depuis deux jours, après un long voyage,
Je revois mon pays.

LE ROI.

Ce n'est pas mon usage
De rester débiteur de ceux à qui je dois :
Quelle faveur ?....

LE MARQUIS.

Je suis protégé par les lois.

LE ROI.

C'est un droit qu'avec vous le meurtrier partage.

LE MARQUIS.

Le bon citoyen, sire, en jouit davantage.
Je suis content.

LE ROI, à part.

Par Dieu! quel langage hardi!
De soi quel sentiment!... Il en doit être ainsi :
Je veux dans l'Espagnol cet orgueil légitime ;
Je souffre volontiers que cet orgueil s'exprime,
Dût-il aller trop loin.
(Au marquis :)
Vous avez renoncé
A me servir, dit-on ?

LE MARQUIS.

Je me suis effacé,
Laissant ma place à qui mieux que moi la mérite.

LE ROI.

Vous m'affligez, vraiment. Quand un esprit d'élite,
Comme vous, se décide à l'inactivité,
L'État y perd beaucoup... Auriez-vous redouté
De ne pas être admis à parcourir la route
Qui seule vous convînt, dites-moi ?

LE MARQUIS.

Non, sans doute.
Je suis bien assuré que le profond expert
Qui lit, sans se tromper, aux cœurs dont il se sert,
Eût, d'un coup d'œil, jugé ce que je pouvais faire
Pour ses desseins ; en quoi je leur serais contraire.
Avec reconnaissance, avec humilité
Je reçois la faveur que votre majesté
M'accorde en ce moment, quand elle fait paraître
La haute opinion qu'elle a de moi... Peut-être...
(Il s'interrompt.)

ACTE III, SCÈNE X.

LE ROI.

Pourquoi vous recueillir ?

LE MARQUIS.

Je ne puis le céler :
En citoyen du monde au moment de parler,
J'ai peine à revêtir tout à coup mon langage
Des formes dont il faut qu'un sujet fasse usage ;
Car, du trône à jamais quand je me séparai,
A la fois envers lui je me crus délivré
De l'obligation d'expliquer ma conduite.

LE ROI.

De frivoles raisons l'auraient-elles produite ?
Craignez-vous de les dire ?

LE MARQUIS.

A vous les expliquer,
Si j'en avais le temps, que pourrais-je risquer ?
Ma vie au plus... Eh bien ! y consentez-vous, sire ?
La vérité ? je puis, je saurai vous la dire.
S'il faut que maintenant je choisisse soudain,
Ou de votre disgrâce ou de votre dédain,
Je suis prêt : à vos yeux j'aime bien mieux paraître
Criminel qu'insensé.

LE ROI, avec curiosité :

Parlez !

LE MARQUIS.

Je ne puis être
Le serviteur des rois.
   (Le roi le regarde avec surprise.)
Moi ! tromper l'acheteur ?

Non, non! Si je devais, sire, à votre faveur,
Un emploi, pour répondre à votre confiance,
Mes actes devraient tous être pesés d'avance :
De moi vous voudriez, aux conseils mes avis,
Mon courage et mon bras contre vos ennemis,
Rien de plus. Il faudrait, pour régler ma conduite,
Voir ce qu'aux yeux du trône elle aurait de mérite,
Et non point la grandeur ou bien l'utilité,
D'un acte que j'aurais, moi libre, exécuté.
Le prix de la vertu, c'est elle qui le donne.
Le bonheur que par moi répandrait la couronne,
Sans qu'elle me l'eût dit, je le dispenserais ;
De moi-même, avec joie et par goût, je ferais
Ce que m'eût imposé sa volonté suprême.
Mais vous ne pouvez pas, sire, penser de même.
A votre œuvre jamais vous verrait-on souffrir
Que d'étrangères mains osassent concourir ?
Et moi, quand je pourrais être le statuaire,
Au rôle du ciseau pourrais-je bien me faire ?
J'aime l'humanité, mais, où commande un roi,
Sire, mon cœur se ferme et n'aime plus que moi.

LE ROI.

J'applaudis le premier au feu qui vous anime ;
Vous montrez pour le bien un zèle légitime ;
Mais, quand on veut le faire, au sage, au citoyen,
Pour atteindre le but qu'importe le moyen ?
Cherchez dans mes États le poste où satisfaire
Ces nobles penchants.

LE MARQUIS.

Tout leur y serait contraire.

LE ROI.

Comment !

LE MARQUIS.

    Serait-ce bien le bonheur des humains
Que votre majesté confierait à mes mains?
Serait-ce le bonheur que pour l'homme réclame
L'amour pur dont pour lui je sens brûler mon âme?
Du bonheur que je veux un monarque aurait peur.
La politique a fait un tout autre bonheur ;
Pour le donner, le trône est assez riche encore ;
Au cœur de ses sujets il a su faire éclore
D'autres penchants aussi, qui les rendent heureux
De la félicité que l'on créa pour eux.
Puis, comme une monnaie, il fit, à son empreinte,
La seule vérité dont il souffre l'atteinte,
Et toute vérité qui porte un autre coin,
Il la traite d'erreur et la rejette loin.
Mais l'intérêt du trône, à moi peut-il suffire ?
Et l'amour fraternel que tout homme m'inspire,
Pourrait-il se prêter au rapetissement
Que l'on a fait subir à mes frères ? Comment !
Puis-je les croire heureux avant qu'à leur pensée
L'entière liberté soit de nouveau laissée ?
Ne me choisissez pas, alors que vous voudrez
Répandre ce bonheur que vous nous préparez :
Cette monnaie est fausse, et moi je me refuse
A la transmettre à ceux que par elle on abuse.
Sire, je ne puis être au service d'un roi.

    LE ROI, avec quelque vivacité :

Vous êtes protestant.

    LE MARQUIS, après un instant de réflexion :

    Nous avons même foi.
    (Après une pause :)

Vous m'avez mal compris, et c'était là ma crainte.
Vous voyez que mes yeux ont pénétré l'enceinte
Où de la royauté se cachent les secrets.
Qui vous répond, dès lors, que je respecterais
Ce que je ne crains plus ? Sur la nature humaine
Pour avoir médité, je fais peur ! Crainte vaine !
Car tous mes vœux ici savent se renfermer.

(Il met la main sur son cœur.)

Je ne sentirai point dans mon sang s'allumer
La ridicule ardeur d'innover. — Impuissante
Contre le poids des fers, c'est elle qui l'augmente.
Non, pour mon idéal, le siècle n'est pas mûr :
Je suis le citoyen, moi, d'un siècle futur.
Ne vous effrayez pas du tableau que je trace,
Vous n'aurez qu'à souffler, sire, pour qu'il s'efface.

LE ROI.

Sous cet aspect, quelqu'un avant moi, chevalier,
Vous a-t-il déjà vu ?

LE MARQUIS.

Vous êtes le premier.

LE ROI se lève, fait quelques pas et s'arrête devant le marquis. A part :

D'être neuf ce langage a du moins le mérite.
La louange s'épuise, et, sitôt qu'il imite,
L'homme supérieur s'abaisse. Que fait-on ?
L'on essaie autre chose... Eh bien ! l'on a raison :
L'inattendu toujours a fait fortune, on l'aime.

(Au marquis :)

Si sur l'humanité c'est là votre système,
Pour vous, dans mes États, je vais créer un rang,
Où de votre esprit-fort...

LE MARQUIS.

Ah ! sire, je comprend...
La dignité de l'homme, eh, quoi ! dans votre idée,
Vous l'avez à ce point réduite, dégradée ?
Un homme libre parle, et, dans tous ses discours,
D'un habile flatteur vous voyez les détours !
Pourquoi juger ainsi ? Je crois pouvoir le dire :
Vous y fûtes contraint, et par les hommes, sire.
A leur noblesse ils ont renoncé librement ;
Ils ont voulu descendre à cet abaissement ;
S'ils comprennent parfois la dignité de l'homme,
Ils en sont effrayés : c'est pour eux un fantôme.
De leur abjection ils se montrent heureux ;
Ils se parent des fers qu'on fait peser sur eux ;
Ils appellent vertu les porter avec grâce.
O lâcheté ! du monde, hélas ! voilà la face.
Vous l'avez reçu tel, et tel, avant son fils,
L'illustre Charles-Quint l'avait reçu jadis.
L'homme, ainsi mutilé, pourrait-il bien prétendre,
Qu'à l'honorer encor vous voulussiez descendre ?

LE ROI.

Ce discours a du vrai.

LE MARQUIS.

Mais, le tort, le voici :
C'est d'avoir changé l'homme, et d'avoir rétréci
L'œuvre du Créateur, en la faisant la vôtre ;
A côté du seul Dieu, d'en avoir mis un autre :
Vous-même ; car, pour tel vous vous êtes donné
A cet homme nouveau par vos mains façonné.
Votre prévision, ici, s'est égarée :
Vous êtes resté l'homme, et tel que Dieu le crée.

Sous sa divinité, l'homme en vous, cependant,
A l'extrême douleur et le désir ardent.
Vous voudriez des cœurs pour vous aimer, vous plaindre :
Que faire pour un dieu ? le prier et le craindre,
Et lui sacrifier... Changement insensé !
Dans la nature, tout est par lui renversé.
De l'immense clavier que votre main manie,
Avec vous qui pourra partager l'harmonie,
Quand tout homme est réduit à n'être seulement
Qu'une touche, qu'un son du fatal instrument ?

LE ROI, à part :

Par le ciel ! qu'à ce point cet homme me saisisse.

LE MARQUIS.

Vous n'êtes pas ému de ce grand sacrifice :
Il fait de vous un être à part ; de vous aussi
Il fait un dieu !... Malheur ! s'il n'en était ainsi,
Si, brisant le bonheur de tant d'hommes, vos frères,
Vous n'aviez gagné rien à toutes leurs misères ;
Si, lorsque vous avez tué la liberté,
Sa mort est le seul but que vous ayez tenté !...
Mais veuillez, maintenant, souffrir que je vous quitte ;
Je me sens emporté loin de toute limite.
Sire, mon cœur est plein ; il ne peut résister
Au charme qu'il éprouve à se faire écouter
Du seul mortel à qui, dans l'ardeur qui l'inspire,
Il ait voulu s'ouvrir.

(Le comte de Lerme entre et dit quelques mots au roi à voix basse. Le roi lui fait
signe de s'éloigner et reprend son attitude.)

LE ROI, au marquis, après le départ du comte :

Eh bien ! achevez !

ACTE III, SCÈNE X.

LE MARQUIS, après un moment de silence :
            Sire,
Je comprends tout le prix que doit avoir...

LE ROI.
                    Parlez !
Vous ne m'avez pas dit tout ce que vous voulez.

LE MARQUIS.

Sire, tout récemment j'arrivai de Bruxelles.
La Flandre et le Brabant, ces provinces si belles,
Si riches, je les vis, et, dans leurs habitants,
Un peuple grand et fort, et bon en même temps.
Régner sur lui, disais-je, et s'en montrer le père,
C'est un bonheur divin à goûter sur la terre...
Eh bien ! mon pied heurtait, au sol de ce pays,
Des ossements humains par la flamme blanchis !

(Il se tait. Ses yeux se reposent sur le roi, qui essaie de répondre à son regard, mais qui, saisi et troublé, baisse les yeux.)

Je comprends : à vos yeux, ce mal fut nécessaire ;
Mais qu'en le jugeant tel, vous ayez pu le faire,
Voilà ce qui, pour vous, sire, a dû me donner
Une admiration qui me fait frissonner.
Oh ! lorsque tout son sang sous le couteau s'écoule,
Dans les convulsions alors qu'elle se roule,
Pourquoi donc la victime, au sacrificateur,
Ne peut-elle entonner un hymne admirateur ?
Oh ! pourquoi l'homme seul est-il chargé d'écrire
L'histoire de la terre, alors que, pour bien lire
Dans le cœur des mortels, dans leurs intentions,
Il faudrait les esprits des hautes régions ?...
Mais l'avenir prépare une ère plus heureuse :
La sagesse des rois sera moins rigoureuse ;

Le bonheur des sujets et la grandeur des rois,
Sans se contrarier, fleuriront à la fois ;
L'État se montrera de ses enfants avare,
Et la nécessité ne sera plus barbare.

LE ROI.

Quand viendraient-ils ces temps dont vous voulez parler,
Si, moi, devant mon siècle on m'avait vu trembler ?
Croyez-vous qu'en effet sa haine m'accompagne ?
Promenez vos regards à travers mon Espagne ;
Vous y verrez mon peuple au milieu d'une paix,
Dont le paisible éclat ne se trouble jamais.
C'est la paix que je veux assurer à la Flandre.

LE MARQUIS, vivement :

La paix d'un cimetière !... Et vous osez prétendre
Achever ce qu'ainsi vous avez commencé ?
L'immense mouvement dans lequel est poussé
Tout le monde chrétien ; cette aurore nouvelle,
Ce printemps, que la terre a vu briller pour elle,
Vous les empêcheriez ? Et dans l'Europe, encor,
Vous voulez arrêter, seul, arrêter l'essor
De ce char qui, portant les destins de la terre,
Poursuit incessamment sa rapide carrière ?
Un bras mortel pourrait suffire à l'enrayer ?
Non, il ne faudrait pas seulement essayer.
Vous avez déjà vu, sire, des milliers d'hommes,
Dépouillés, mais heureux, déserter vos royaumes ;
Ces sujets, pour leur foi persécutés par vous,
Étaient, songez-y bien, les plus nobles de tous.
Élisabeth leur a tendu des bras de mère ;
Tous nos arts exilés font fleurir l'Angleterre ;
Grenade est un désert depuis qu'elle a perdu
De ces nouveaux chrétiens le travail assidu,

ACTE III, SCÈNE X.

Et l'Europe témoigne assez sa joie extrême,
En voyant, sous les coups qu'il s'est portés lui-même,
Faiblir son ennemi.
(Le roi est ému ; le marquis s'en aperçoit et fait quelques pas vers lui.)
     Vous croyez bien à tort,
Semer pour l'avenir, car vous semez la mort.
Cette œuvre de contrainte où votre esprit se livre,
Après son créateur, seule ne pourra vivre ;
Vous aurez travaillé pour faire des ingrats ;
En vain vous soutiendrez les plus rudes combats,
Pour qu'à vos volontés la nature se plie ;
En vain vous donnerez votre royale vie,
Pour faire réussir un projet destructeur :
L'homme est plus qu'à vos yeux ne l'a fait votre erreur.
Il saura du sommeil secouer la contrainte,
Réclamera ses droits, qui lui sont chose sainte,
Et mettra votre nom au livre où sont inscrits
— En vous jugeant comme eux — Néron et Busiris.
Je souffre à ce penser, car vous étiez bon, sire.

LE ROI.

Qui donc de l'avenir si bien sut vous instruire ?

LE MARQUIS, avec feu :

Par le Dieu tout-puissant ! je le répète ; oh ! oui,
Restituez un bien que vous avez ravi !
Ayez la grandeur d'âme ainsi que la puissance !
Laissez sur vos sujets couler en abondance
Le bonheur dont vos mains retiennent le trésor !
A la pensée, ô roi ! rendez son libre essor !
Restituez ce bien, et — glorieux empire ! —
De millions de rois sachez être roi, sire !
(Il s'approche du roi avec hardiesse et fixe sur lui un regard ferme et ardent.)
Oh ! de tant de mortels, dont va fixer le sort

Ce suprême moment, pour un dernier effort,
Que ne puis-je en moi seul réunir l'éloquence!
Ce rayon de vos yeux, que n'ai-je la puissance
De le changer en flamme! Il semble m'annoncer
Qu'enfin vous consentez, sire, à nous exaucer.
Abdiquez, abdiquez, oh! je vous en conjure,
Votre divinité qui blesse la nature,
Qui nous anéantit! et, plus que tout mortel,
Reconnaissez du vrai le principe éternel!
A qui plus de pouvoir échut-il en partage?
Pour un but plus divin, qui peut en faire usage?
Le beau nom Espagnol, de splendeur entouré,
Est par les rois d'Europe hautement honoré.
Sire, devancez-les! vous en êtes le maître:
Un mot de cette main, le monde va renaître!
A la pensée, enfin, rendez la liberté!
(Il se jette aux pieds du roi.)

LE ROI, *surpris, détourne un moment la vue, puis la reporte sur le marquis*:

Dans quelles visions vous êtes-vous jeté?
Cependant... levez-vous!... Je ne puis...

LE MARQUIS.

Voyez, sire,
La grande œuvre de Dieu, la nature, vous dire,
Que son unique base est dans la liberté;
Que tel est le secret de sa fécondité!
L'insecte à qui Dieu donne, en le jetant au monde,
La goutte de rosée, à la matière immonde,
A la corruption, si tel est son désir,
Peut aller demander sa vie et son plaisir;
Dieu le veut. Mais qu'elle est misérable et petite,
L'autre création que vous avez produite!
Il suffit d'un rameau par le vent agité,

Pour effrayer un roi, chef de la chrétienté.
Devant toute vertu ce roi frémit et tremble!...
Plutôt que de toucher à ce magique ensemble,
Fruit de la liberté, Dieu, sur son univers,
Laisse fondre des maux le cortége divers...
On ne voit pas l'auteur de tant d'œuvres si belles ;
Il se cache à nos yeux sous ses lois éternelles.
L'esprit-fort voit ces lois, mais ne veut plus voir Dieu :
Au monde, désormais, il importe fort peu,
Dit-il, l'œuvre est complète et marche d'elle-même ;
Et lorsque l'esprit-fort prononce ce blasphème,
Il honore plus Dieu que ne peut l'honorer
Le chrétien qui s'adresse à lui pour l'adorer.

LE ROI.

Et vous, dans mes États, vous aurez le courage
De former le mortel dont vous tracez l'image,
Cet homme qui serait seul au-dessus de tous ?

LE MARQUIS.

À vous de le former ! Qui le peut mieux que vous ?
Cette puissance, sire, à vos mains confiée,
Qui, depuis si longtemps, hélas ! fût employée
Pour la seule grandeur du trône, à l'avenir,
Au bonheur des mortels, ah ! faites-la servir !
À l'homme redonnez sa noblesse perdue,
Et que la royauté redevienne assidue
A l'œuvre qu'on la vit accomplir autrefois :
Former le citoyen et maintenir ses droits.
Qu'il respecte à son tour tous les droits de son frère ;
C'est là l'unique loi que je voudrais lui faire.
Quand l'homme comprendra toute sa dignité,
Lorsqu'enfin l'on verra fleurir la liberté
Et les hautes vertus que son amour inspire ;

Quand, de tout l'univers, votre royaume, sire,
Sera le plus heureux, et par vous le sera,
Alors, un grand devoir pour vous commencera :
Vous aurez à vos lois à soumettre le monde,
Pour qu'il vous doive aussi cette paix si profonde.

LE ROI, après un long silence :

Vous voyez, je vous ai jusqu'au bout écouté.
Le monde, je conçois, s'est à vous présenté,
Comme à l'esprit de l'homme il ne se montre guère ;
Aussi, vous placerai-je au-dessus du vulgaire.
Je crois, vous l'avez dit, que je suis le premier
A qui vous vous soyez révélé tout entier ;
Et, puisque vous avez su garder le silence,
Puisque vous avez eu la louable prudence
De ne pas divulguer tout ce que votre esprit
De rêves dangereux si chaudement nourrit,
Je veux bien, en faveur de cette retenue,
Oublier que votre âme à présent m'est connue,
Et comment elle s'est ouverte devant moi.
Jeune homme, levez-vous ! Je veux, non pas en roi,
Mais en vieillard, combattre une ardeur insensée,
De se montrer au jour beaucoup trop empressée ;
Je le veux... parce que telle est ma volonté...
Le poison, je le sais, a son utilité.
Il peut perdre, parfois, sa vertu délétère,
Et dans de bons esprits devenir salutaire.
Mais faites, cependant, faites que, sur ses pas,
Mon Inquisition ne vous rencontre pas ;
Il me serait cruel...

LE MARQUIS.

Votre bouche l'atteste ?

LE ROI, regardant le marquis avec beaucoup d'intérêt :

Homme extraordinaire !... Eh bien ! non, je proteste :
Vous me jugez, marquis, trop sévèrement ; non,
Je ne veux pas, surtout pour vous, être un Néron.
Tout bonheur n'aura point péri sous mon empire ;
Vous-même, sous mes yeux, soyez, je le désire,
Soyez toujours un homme...

LE MARQUIS, vivement :

Et mes concitoyens ?
Ce sont leurs intérêts, ce ne sont pas les miens,
Que j'ai voulu défendre ; et tous vos sujets, sire ?

LE ROI.

Et puisque vous savez — vous venez de le dire —
Quel jugement sur moi l'avenir doit porter,
Qu'il sache et dise aussi comment j'ai su traiter
Un homme comme vous, quand je pus le connaître.

LE MARQUIS.

O des rois le plus juste ! ayez peur de paraître
Injuste en ce moment : votre Flandre a, tout prêts,
Des hommes — et beaucoup — qu'avant moi je mettrais.
Seulement, quand ainsi votre bouche m'honore,
— Permettez, ô grand roi ! cette franchise encore —
C'est que la liberté, peut-être, devant vous,
Pour la première fois prend un aspect plus doux.

LE ROI, avec une gravité douce :

C'est assez là-dessus, jeune homme ! Ces pensées
Seront de votre esprit promptement effacées,
Quand vous aurez vu l'homme ainsi que je le vois...
Vous ne me parlez point pour la dernière fois,

10.

N'est-ce pas? j'en serais peiné. Comment pourrais-je
Vous attacher à moi?

LE MARQUIS.

A vos yeux, que serais-je,
Si j'écoutais aussi votre séduction?
Non, sire, laissez-moi dans ma condition.

LE ROI.

Croyez-vous qu'avec moi tant d'orgueil réussisse?
A partir de ce jour, soyez à mon service.
Ne me répliquez pas!... Telle est ma volonté.
(Après une pause, et à part:)
Mais quoi? qu'ai-je voulu? savoir la vérité.
Je trouve plus encore, oui, ce jeune homme m'aime...
Vous m'avez vu, marquis, dans ma grandeur suprême,
Mais non dans ma maison?
(Le marquis semble se recueillir.)
J'entends. Mais, croyez-vous
Qu'il faille perdre aussi le bonheur de l'époux,
Parce que je serais le plus malheureux père?

LE MARQUIS.

Pour la félicité que peut donner la terre,
Si c'est assez d'un fils du plus brillant espoir,
A côté de ce fils, si c'est assez d'avoir
La femme la plus digne, oh! oui, d'être adorée,
Cette félicité vous est bien assurée:
Vous êtes heureux, sire, et par elle, et par lui.

LE ROI, d'un air sombre :

Non, je ne le suis pas! Jamais plus qu'aujourd'hui
Je n'ai de mon malheur pu juger la mesure.
(Il regarde le marquis avec douleur.)

LE MARQUIS.

Le prince votre fils a l'âme noble et pure.
Je n'ai jamais de lui pensé différemment.

LE ROI.

Mais moi, moi! j'ai le droit d'en penser autrement...
Me ravir ce trésor! Il n'est point de couronne
Qui compense le bien qu'il faut que j'abandonne :
Une reine si pure !

LE MARQUIS.

Eh! qui donc oserait
Dire cette infamie? Et qui donc y croirait,
Sire?

LE ROI.

La calomnie, et le monde, et moi-même.
Les preuves, je les ai. L'évidence est extrême.
La reine est condamnée. Et puis, ce n'est pas tout ;
On me réserve encor le plus terrible coup...
Cependant, jusqu'ici, mon esprit se refuse
A croire un seul témoin... Je songe qui l'accuse...
Admettre que la reine ait pu tomber si bas !
Elle en est incapable, et je ne le crois pas.
Combien, combien je dois, avec plus de justice,
Voir dans une Éboli sa calomniatrice.
De Domingo la reine et Carlos sont haïs;
Le duc cherche comment se venger de mon fils...
Avant tous ces gens-là je placerai ma femme.

LE MARQUIS.

Et la femme, d'ailleurs, éprouve, au fond de l'âme,
Quelque chose de pur, un sentiment qu'il faut
Ne jamais oublier, qui doit parler plus haut

Que toute calomnie et que toute apparence :
Sire, c'est sa vertu.

LE ROI.

Comme vous, je le pense.
Oui, pour sacrifier sa pudeur jusqu'au bout,
Comme l'eût fait la reine, il en coûte beaucoup.
De l'honneur le lien jamais ne se déchire
Aussi facilement qu'on veut bien me le dire...
Vous savez ce que vaut l'humanité. J'attends
Un homme tel que vous, marquis, depuis longtemps.
Bien que l'humanité vous soit ainsi connue,
Vous avez le cœur bon, votre âme est ingénue ;
Aussi, pour mes desseins, ai-je fait choix de vous.

LE MARQUIS, surpris et effrayé :

Quoi, sire ?

LE ROI.

Vous avez comparu devant nous
Sans rien nous demander ; du moins, rien pour vous-même ;
Désintéressement nouveau pour moi, que j'aime.
Vous serez juste : en vous on ne pourra point voir
La passion parler plus haut que le devoir.
Chez mon fils, avec soin, sachez vous introduire ;
Dans le cœur de la reine, aussi, tâchez de lire.
Vous aurez tout pouvoir de la voir en secret.
Laissez-moi maintenant.

(Il sonne.)

LE MARQUIS.

Et mon espoir serait
Enfin réalisé ?... Si je pouvais le croire,
Jamais un plus beau jour...

LE ROI, lui donnant sa main à baiser :
J'en garderai mémoire.
(Le marquis se lève et sort. Le comte de Lerme paraît.)
Que sans être annoncé, devant nous, le marquis
À toute heure du jour, désormais, soit admis !

ACTE QUATRIÈME.
(Un salon chez la reine.)

SCÈNE PREMIÈRE.

LA REINE, LA DUCHESSE D'OLIVAREZ, LA PRINCESSE D'ÉBOLI, LA COMTESSE FUENTES et d'autres dames.

LA REINE, se levant, et s'adressant à la duchesse d'Olivarez :
La clé ne peut donc pas se retrouver, duchesse ?
Qu'on brise le coffret, vite !
(Elle aperçoit la princesse d'Éboli, qui s'approche et lui baise la main.)
Chère princesse !
Venez ! ma joie est grande à vous voir, Éboli,
Rendue à la santé... Vous avez bien pâli !

LA COMTESSE FUENTES, avec malignité :
Il faut en accuser cette fièvre maudite ;
Elle attaque les nerfs et fatigue bien vite ;
N'est-il pas vrai, princesse ?

LA REINE.
Il m'eût été bien doux

D'aller passer, ma chère, un moment avec vous.
Je ne l'ai point osé.

LA DUCHESSE D'OLIVAREZ.

Pendant sa maladie,
La princesse n'a pas manqué de compagnie.

LA REINE.

Je le crois aisément... Mais vous n'êtes pas bien...
Vous tremblez...

LA PRINCESSE D'ÉBOLI.

Ce n'est rien, madame ; ce n'est rien...
Permettez que d'ici, pourtant, je me retire.

LA REINE.

Votre mal est plus grand que vous ne voulez dire ;
Aussi, rester debout vous fatigue ; il faudrait
Vous asseoir... aidez-la, comtesse, un tabouret !

LA PRINCESSE D'ÉBOLI.

Le grand air beaucoup mieux me remettra.
(Elle sort.)

LA REINE.

Comtesse,
Suivez-la !... Quel étrange accès a la princesse !
(Un page entre et parle à la duchesse d'Olivarez, qui se tourne ensuite vers la reine.)

LA DUCHESSE D'OLIVAREZ.

Le marquis de Posa, par les ordres du roi,
Madame.

LA REINE.

Je l'attends.
(Le page va ouvrir la porte au marquis.)

SCÈNE DEUXIÈME.

LES PRÉCÉDENTS, LE MARQUIS DE POSA.

(Le marquis met un genou en terre devant la reine, qui lui fait signe de se relever.)

LA REINE.

Qu'exige-t-on de moi ?
Puis-je publiquement... ?

LE MARQUIS.

Du sujet qui m'amène
Il faut que sans témoins j'entretienne la reine.
(Les dames s'éloignent sur un signe de la reine.)

SCÈNE TROISIÈME.

LA REINE, LE MARQUIS DE POSA.

LA REINE, avec étonnement :

En croirai-je mes yeux, marquis ? En vérité ?
De la part du roi ? vous !

LE MARQUIS.

A votre majesté
Cela paraît étrange ? à moi, point.

LA REINE.

Quel mystère !
Le monde est donc sorti de sa route ordinaire ?
Vous et lui !... J'avouerai...

LE MARQUIS.

Que c'est fort surprenant ?

Madame, j'en conviens ; mais on voit, maintenant,
Des miracles plus grands tous les jours se produire.

LA REINE.

J'en doute.

LE MARQUIS.

Supposez qu'on ait pu me séduire.
A la cour de Philippe à quoi bon essayer
Le rôle sans profit d'un homme singulier?
Quand on veut être utile aux hommes, il faut faire
Que, dans leur bienfaiteur, ils voient d'abord un frère.
A quoi bon afficher l'orgueil du sectateur?
Supposez — quel mortel ne sent pas dans son cœur,
Le désir orgueilleux, mais aussi, légitime,
De faire partager une croyance intime ? —
Supposez que j'aie eu moi-même cet espoir,
De faire que la mienne au trône aille s'asseoir.

LA REINE.

Non ; même en badinant, je n'irais pas vous faire
Le reproche d'avoir ce projet téméraire,
Et je laisse aux rêveurs à former un dessein
Que l'on ne pourrait pas mener jusqu'à sa fin.

LE MARQUIS.

Madame, l'on verrait si j'en suis incapable.

LA REINE.

Ce qui me semblerait au plus haut point coupable,
Ce qui de vous, surtout, marquis, m'étonnerait...

LE MARQUIS.

Quelque duplicité, peut-être ?

LA REINE.

                        L'on pourrait
Vous reprocher, du moins, de manquer de franchise.
Je doute que du roi l'ordre vous autorise
A me dire ce que vous direz.

LE MARQUIS.

                        Non.

LA REINE.

                            Eh bien !
La cause ennoblit-elle un coupable moyen ?
Et votre noble orgueil — pardonnez cette crainte —
Pourra-t-il d'un tel rôle accepter la contrainte ?
Je ne le croirais pas sans peine.

LE MARQUIS.

                      A cet emploi,
Si je n'avais pour but que de tromper le roi,
Je ne descendrais pas ; loin de là ! mais je pense
Que je le servirai dans cette circonstance,
Bien plus loyalement qu'il ne me l'a prescrit.

LA REINE.

Ah ! je vous reconnais et ce mot me suffit...
Que fait-il ?

LE MARQUIS.

               Qui ? le roi ?... La question, peut-être,
Me venge des soupçons que vous faisiez paraître :
Si je tarde longtemps à vous dire pourquoi
Ici je suis venu par les ordres du roi,
Madame, à votre tour, vous montrez de l'apprendre
Bien peu d'empressement... Pourtant, il faut m'entendre :

Le roi vous fait prier de ne pas recevoir
L'ambassadeur de France aujourd'hui. Mon devoir
De ce désir du roi se borne à vous instruire.

LA REINE.

Et c'est bien là, marquis, tout ce qu'il me fait dire ?

LE MARQUIS.

Ce message est, du moins, ce qui doit à vos yeux,
Madame, autoriser ma présence en ces lieux.

LA REINE.

Un secret! Je consens à ce qu'on me le cache.
Sans doute, il ne faut pas, marquis, que je le sache ?

LE MARQUIS.

Il faut que je le taise et que vous l'ignoriez.
Si vous n'étiez vous-même, ah ! madame, croyez
Que je m'empresserais de rompre le silence,
De porter certains faits à votre connaissance
Et de vous prémunir contre certaines gens.
Mais, il ne vous faut pas ces avertissements.
Qu'importe que sur vous un orage s'amasse !
Vous pouvez ignorer que c'est vous qu'il menace ;
L'ange en son pur sommeil ne doit pas s'en troubler.
Aussi n'est-ce point là ce dont je veux parler ;
Le prince don Carlos...

LA REINE.

Comment est-il ?

LE MARQUIS.

Madame,
Il est le seul vrai sage aujourd'hui, sur mon âme !
Mais, de la vérité brûlant adorateur,

Il se voit imputer à crime son ardeur.
Pour cet amour, en sage, il est prêt au martyre.
Du reste, de sa part j'ai peu de chose à dire ;
Il parle en cette lettre.
(Il remet une lettre à la reine.)

LA REINE, après avoir lu :

Il veut un entretien ;
Il le faut, me dit-il.

LE MARQUIS.

Cet avis est le mien.

LA REINE.

Sera-t-il plus heureux pour avoir pu m'entendre
Lui dire qu'au bonheur je ne puis plus prétendre ?

LE MARQUIS.

Il en sera plus fort, plus résolu.

LA REINE.

Comment ?

LE MARQUIS.

Albe des Pays-Bas a le gouvernement.

LA REINE.

On le dit.

LE MARQUIS.

Vous savez le monarque inflexible.
Se rétracter ! pour lui l'effort est impossible.
Le prince, cependant, ne peut rester ici.
Il faut absolument qu'il parte ; il faut aussi
Empêcher que la Flandre entière ne périsse.

LA REINE.

Pouvez-vous la sauver de ce grand sacrifice ?

LE MARQUIS.

Oui... peut-être un moyen encore en reste-t-il.
Ce moyen est extrême ainsi que le péril ;
Il est audacieux ; le désespoir l'inspire ;
C'est le seul désormais...

LA REINE.

Vous allez me le dire.

LE MARQUIS.

Madame, c'est à vous que j'en voulais parler ;
C'est à vous seule : au prince il faut le révéler.
De vous seule Carlos sans horreur peut l'apprendre...
Et ce moyen... le mot est dur à faire entendre...

LA REINE.

C'est la rébellion.

LE MARQUIS.

Qu'il n'obéisse pas !
Qu'en secret pour Bruxelle il parte ! Tous les bras
Y sont vers lui tendus ! Il paraît, et la Flandre
Tout entière se lève ! Un fils de roi va rendre
L'espérance et la force au bon droit ! On verra
Que devant ce héros Philippe tremblera ;
Et Carlos dans Bruxelle obtiendra, je l'espère,
Tout ce que dans Madrid lui refusait son père.

LA REINE.

Vous avez, dites-vous, vu le prince aujourd'hui,
Et vous croyez pouvoir assez compter sur lui ?...

LE MARQUIS.

Oui ; parce que j'ai vu le prince aujourd'hui même.

LA REINE, après une pause :

Votre plan m'épouvante, et cependant je l'aime.
Oui, vous avez vu juste en formant ce projet.
L'idée en est hardie, et, par cela, me plaît.
J'y songerai... Carlos connaît-il ?...

LE MARQUIS.

                         Je désire,
Madame, vous laisser le soin de tout lui dire.

LA REINE.

Oui, ce projet est grand !... Mais il exigera...
Si la fougue du prince...

LE MARQUIS.

                Elle nous servira.
Il va trouver, là-bas, ces grandes renommées
Qui de l'empereur Charle ont guidé les armées :
Un Orange, un Egmont, qui sont, en même temps,
De sages conseillers, de rudes combattants.

LA REINE, avec vivacité :

Oui ! le projet est grand et beau. Qu'il s'accomplisse !
Il le faut, je le sens. Oui, que le prince agisse !
De son rôle à Madrid je souffre trop pour lui...
De la France je peux lui promettre l'appui.
Il aura la Savoie... Oui, qu'il parte ! qu'il ose
Être le champion de cette noble cause !
Je suis de votre avis... Cependant, il faudrait
De l'argent, et beaucoup, chevalier.

LE MARQUIS.

Il est prêt.

LA REINE.

D'ailleurs, je sais comment en obtenir.

LE MARQUIS.

Madame,
Lui ferai-je espérer l'entretien qu'il réclame?

LA REINE.

J'y songerai.

LE MARQUIS.

Carlos ne veut point de retard;
J'ai promis la réponse.

(Il présente des tablettes à la reine.)

Un mot de votre part...

LA REINE, après avoir écrit :

Pourrai-je vous revoir?

LE MARQUIS.

Je suis prêt à me rendre
A vos ordres.

LA REINE.

De moi cela pourrait dépendre?
De moi! Vous êtes sûr, marquis? En vérité,
Comment dois-je juger de cette liberté?

LE MARQUIS.

Avec la pureté que dans vous l'on admire...
Madame, on nous la laisse et cela doit suffire;
C'en est assez, du moins, pour votre majesté...

LA REINE, l'interrompant :

Quel serait mon bonheur si, pour la liberté,
Quand de toute l'Europe à présent on l'exile,
On pouvait conserver encore cet asile,
Et si ce grand bienfait, notre espoir aujourd'hui,
Songez donc, chevalier, on le devait, à lui !...
Croyez que tous mes vœux sont pour cette entreprise.

LE MARQUIS, avec feu :

Oh ! ma pensée, ici, devait être comprise !
Je ne me trompais point !
(La duchesse d'Olivarez paraît à la porte.)

LA REINE, froidement au marquis :

Tout ce qui vient du roi,
Chevalier, de mon maître, est un ordre pour moi.
Allez ! assurez-le de mon obéissance.
(Elle fait un signe au marquis. Il sort.)

SCÈNE QUATRIÈME.

(Une galerie.)

DON CARLOS, LE COMTE DE LERME.

DON CARLOS.

Ici, nous n'avons pas à craindre la présence
De témoins importuns. Parlez-moi hardiment.

LE COMTE DE LERME.

Votre altesse, à la cour, eut un ami ?

DON CARLOS, surpris :

Comment ?

Et je ne l'ai pas su ?... mais pourquoi ce mystère !
Parlez ! que voulez-vous ?

LE COMTE DE LERME.

Je crois qu'il faut me taire ;
Je vois que ce secret, j'aurais dû l'ignorer ;
Prince, pardonnez-moi... mais, pour vous rassurer,
Je dirai qu'il me vient d'une source bien pure :
Je l'ai surpris moi-même, à l'instant, je vous jure.

DON CARLOS.

Mais de qui parlez-vous ?

LE COMTE DE LERME.

Du marquis de Posa.

DON CARLOS.

Eh bien ?

LE COMTE DE LERME.

Si votre cœur dans son cœur déposa
— Je le crains — des secrets que nul homme, peut-être,
Tant ils sont dangereux, de vous n'eût dû connaître ?...

DON CARLOS.

Vous le craignez ?

LE COMTE DE LERME.

Oui, prince. Il a vu le roi.

DON CARLOS.

Lui !

LE COMTE DE LERME.

En secret et pendant deux heures aujourd'hui.

DON CARLOS.

Vraiment ?

LE COMTE DE LERME.

Sur des sujets d'une haute importance
Ils se sont expliqués.

DON CARLOS.

Selon toute apparence.

LE COMTE DE LERME.

J'ai souvent entendu votre nom, prince.

DON CARLOS.

Eh bien ?
Est-ce un mauvais présage ?

LE COMTE DE LERME.

Et, dans cet entretien,
A mots couverts, encore, on parlait de la reine.

DON CARLOS, *reculant de surprise*:

Comte !

LE COMTE DE LERME.

Et du cabinet Posa sortait à peine,
Que le roi m'a donné l'ordre de le laisser
Entrer, à l'avenir, sans même l'annoncer.

DON CARLOS.

C'est bien grave.

LE COMTE DE LERME.

Depuis que je sers la couronne,
C'est la première fois qu'un tel ordre se donne.

DON CARLOS.

C'est grave... vraiment grave... Et comment parlait-on
De la reine ? On en a parlé, disiez-vous.

LE COMTE DE LERME.

Non,
Non, prince ; mon devoir m'ordonne de me taire.

DON CARLOS.

Il est fort étonnant que vous fassiez mystère
D'un point de l'entretien, quand, l'autre, je le sais.

LE COMTE DE LERME.

Prince, je vous ai dit le premier ; c'est assez.
C'est vous qu'il concernait, j'ai dû vous en instruire.
Pour le second, je dois au roi de n'en rien dire.

DON CARLOS.

Vous faites bien.

LE COMTE DE LERME.

Toujours le marquis, à mes yeux,
Fut un homme d'honneur.

DON CARLOS.

C'est le juger au mieux.

LE COMTE DE LERME.

Il faut croire toujours la vertu sans souillure,
Jusqu'au jour de l'épreuve.

DON CARLOS.

Allez ! la sienne est pure,
Et l'épreuve n'est pas pour elle à redouter.

LE COMTE DE LERME.

La faveur d'un monarque est faite pour tenter,
Et plus d'une vertu que l'on croyait sauvage,
S'est prise à cet appât.

DON CARLOS.
Oui.

LE COMTE DE LERME.
Souvent il est sage
De révéler à temps un mystère qui doit
Être connu plus tard de tout le monde.

DON CARLOS.
Soit !
Cependant, ce marquis, que j'honore, que j'aime,
Est un homme d'honneur; vous l'avez dit vous-même.

LE COMTE DE LERME.
S'il est vrai qu'il soit digne encore de ce nom,
Sa vertu ne pourra rien perdre à mon soupçon,
Et votre ami, vainqueur d'une épreuve si rude,
De sa fidélité double la certitude,
L'épreuve aura pour vous ce résultat heureux.
(Le comte veut sortir.)

DON CARLOS, ému, le suit et lui serre la main :
Je lui dois plus encor, cœur noble et généreux !
Car d'un nouvel ami je suis riche par elle,
Sans perdre le premier.
(Le comte sort.)

SCÈNE CINQUIÈME.

DON CARLOS, LE MARQUIS DE POSA, arrivant par la galerie.

LE MARQUIS.
Carlos !

DON CARLOS.

Qui donc m'appelle ?
C'est toi, Rodrigue !... bien. Au cloître je me rends ;
Tu vas m'y suivre.
(Il veut sortir.)

LE MARQUIS.

Encore une minute, attends !

DON CARLOS.

Si l'on nous surprenait ici !

LE MARQUIS.

Ta crainte est vaine.
Un instant seulement et j'ai fini... la reine...

DON CARLOS.

As-tu vu mon père ?

LE MARQUIS.

Oui ; mais sur son ordre.

DON CARLOS, avec impatience :

Eh bien ?

LE MARQUIS.

La reine, mon ami, t'accorde un entretien.

DON CARLOS.

Et le roi ? Que veut-il ?

LE MARQUIS.

Le roi ? Fort peu de chose...
Le désir de savoir qui je suis, je suppose...
La curiosité... des amis indiscrets,

Voulant, à mon insu, servir mes intérêts...
Que sais-je?... il a voulu m'employer.

DON CARLOS.

Et, je pense,
Tu refuses?

LE MARQUIS.

Sans doute.

DON CARLOS.

Et comment l'audience
S'est-elle terminée?

LE MARQUIS.

Assez bien.

DON CARLOS.

Et, de moi,
Pas un mot?

LE MARQUIS.

Nous avons aussi parlé de toi...
En général...

(Il tire des tablettes qu'il présente à don Carlos.)

Voici quelques mots de la reine,
Et demain je saurai le lieu, l'heure certaine...

DON CARLOS lit d'un air distrait, serre les tablettes et veut sortir :

Ainsi, chez le prieur.

LE MARQUIS.

Déjà partir? attends!
Personne ne paraît encor.

DON CARLOS, avec un sourire affecté :

Tu me surprends;

DON CARLOS.

Nos rôles sont changés aujourd'hui... Je t'admire :
Tant de calme !

LE MARQUIS.

Aujourd'hui? pourquoi? que veux-tu dire?

DON CARLOS.

Et la reine m'écrit?...

LE MARQUIS.

Ne l'as-tu donc pas lu?

A l'instant?

DON CARLOS.

Moi? c'est vrai.

LE MARQUIS.

Voyons, qu'éprouves-tu?
D'où peut venir ce trouble?

DON CARLOS relit ce que lui écrit la reine, puis, avec chaleur et ravissement :

Oui, je veux, je le jure,
Être digne de toi, céleste créature !
Les grands cœurs par l'amour sont encore grandis.
Eh bien ! qu'ordonnes-tu ? n'importe, j'obéis...
Elle me fait savoir qu'un grand projet m'appelle ;
Il faut résolûment m'y préparer, dit-elle...
Est-il connu de toi ?

LE MARQUIS.

Quand même il le serait,
A l'apprendre, Carlos, maintenant es-tu prêt?

DON CARLOS.

Ai-je pu t'offenser? ah ! Rodrigue, pardonne
Une distraction...

LE MARQUIS.

Qu'est-ce qui te la donne?

DON CARLOS.

Je l'ignore moi-même... Ainsi, je puis garder
Ces tablettes?

LE MARQUIS.

Du tout! Je viens te demander
De remettre en mes mains les tiennes, au contraire...

DON CARLOS.

Les miennes! et pourquoi? dis! qu'en prétends-tu faire?

LE MARQUIS.

Et tout ce que tu peux avoir qu'on ne saurait,
Sans danger, laisser lire à l'œil d'un indiscret :
Ces lettres, ces papiers que sur soi-même on garde;
Ton portefeuille enfin.

DON CARLOS.

Pourquoi?

LE MARQUIS.

Pour être en garde
Contre tout accident : on peut être surpris.
Chez moi, nul ne viendra rechercher ces écrits,
Donne-les!

DON CARLOS, avec inquiétude :

C'est étrange!... une telle prudence,
Tout à coup!

LE MARQUIS.

Je te dis d'être sans défiance.

Ne me suppose pas une autre intention.
C'est, contre le danger, une précaution ;
A ces vaines frayeurs j'étais loin de m'attendre.

DON CARLOS, lui donnant son portefeuille :

Garde bien ce dépôt !

LE MARQUIS.

Le soin que j'en vais prendre...

DON CARLOS, d'un air significatif :

Je te donne beaucoup, Rodrigue !

LE MARQUIS.

Beaucoup moins
Que tu ne m'as donné déjà... Je te rejoins.
Tu sauras, au couvent, ce qui me reste à dire.
(Il veut sortir.)

DON CARLOS, après avoir lutté avec lui-même, le rappelle :

Rends-moi ce portefeuille ! Il faut que j'en retire
Ce qu'elle m'écrivit lorsque, son fiancé,
Je fus, dans Alcala, par la mort menacé.
Sur mon cœur je portais, avec un soin fidèle,
Cette lettre si chère, et, me séparer d'elle
Serait un sacrifice, en vérité, trop grand...
Laisse-moi celle-là... prends les autres ; tiens, prend !
(Il rend au marquis le portefeuille, dont il a retiré la lettre.)

LE MARQUIS.

Je te cède, Carlos, mais avec répugnance.
Justement cette lettre avait une importance...

DON CARLOS.

Adieu !
(Il s'éloigne lentement et en silence, s'arrête un moment à la porte, se retourne et vient rendre la lettre au marquis.)

Tiens ! la voilà.

(Sa main tremble, des larmes s'échappent de ses yeux ; il se jette dans les bras du marquis et appuie la tête sur son sein.)

Non, non ! à ces détours,
Mon père, n'est-ce pas, ne peut avoir recours ?

(Il sort à la hâte.)

SCÈNE SIXIÈME.

LE MARQUIS, étonné, le suit des yeux.

Vraiment ! est-ce possible ? O fatale lumière !
Je n'aurais pas connu son âme tout entière !
Ce repli de son cœur m'aurait donc échappé !
Soupçonner son ami !... Non ! je me suis trompé.
Non ! je le calomnie... Eh ! d'où vient qu'il me blesse ?
Lui reprocher ainsi la dernière faiblesse,
Moi, coupable, à mon tour, de l'avoir soupçonné !...
La surprise ? ah ! qu'il s'est à bon droit étonné !
Eût-il, après des ans d'entière confiance,
Attendu, d'un ami, cet étrange silence ?
La douleur ?... Je ne puis, Carlos, te l'épargner.
Longtemps, ton âme tendre, encore va saigner.
Le roi, de son secret m'a fait dépositaire,
Parce qu'il a compté que je saurais le taire.
La confiance veut qu'on soit reconnaissant.
Quand ce secret, pour toi, n'a rien de menaçant.
Je trahirais le roi si je t'en faisais maître,
Et ma discrétion te servira peut-être.
Quand d'un profond sommeil je te vois endormi,
Pourquoi donc t'en tirer ? te montrer, mon ami,
Le nuage orageux suspendu sur ta tête ?
C'est assez que de toi j'écarte la tempête ;
Et lorsqu'un peu plus tard tu rouvriras les yeux,
Le ciel t'apparaîtra plus pur, plus radieux.

(Il sort.)

SCÈNE SEPTIÈME.

(Le cabinet du roi.)

LE ROI dans un fauteuil, à côté de lui L'INFANTE CLAIRE-EUGÉNIE.

LE ROI, après un profond silence :

Non, non ! elle est ma fille... Éh quoi donc ! la nature
Sous tant de vérité cacherait l'imposture ?
Cet œil bleu, c'est le mien ; dans chacun de ces traits
Me voilà, c'est moi-même. Oui, je me reconnais.
Enfant de mon amour !... oui, tu l'es !... Douce ivresse !
Oh ! viens, viens ! sur son cœur que ton père te presse !
Je retrouve mon sang !...

(Il s'arrête avec un trouble subit.)

Mon sang ? Pour en douter,
Quelle plus forte preuve avais-je à redouter ?
Il est mon sang aussi, lui !...

(Il a pris le médaillon et porte alternativement les yeux sur le portrait et sur une glace qui est en face de lui. Enfin il le jette à terre, se lève précipitamment et repousse l'infante.)

Va-t'en !... Quel martyre !...
Va-t'en !... Mon cœur se perd dans cet abîme...

SCÈNE HUITIÈME.

LE ROI, L'INFANTE, LE COMTE DE LERME.

LE COMTE DE LERME.

Sire,
La reine vient d'entrer dans cet appartement...

LE ROI.

La reine? dites-vous.

LE COMTE DE LERME.

Et demande instamment
La faveur d'être admise auprès de vous.

LE ROI.

La reine ?
Comment ! à pareille heure !... Et quel motif l'amène ?...
Comte, nous ne pouvons l'admettre devant nous.

LE COMTE DE LERME.

Voici sa majesté...
(Il sort.)

SCÈNE NEUVIÈME.

LE ROI, L'INFANTE, LA REINE.

(L'infante court au-devant de la reine et s'attache à elle. La reine se prosterne devant le roi, qui demeure muet et interdit.)

LA REINE.

Mon maître ! mon époux !
Je viens chercher justice au pied de votre trône,
Justice !... on m'y contraint... Que mon roi me la donne !

LE ROI.

Justice ?

LA REINE.

Je me vois traitée indignement.
Oui, sire, on a forcé ma cassette.

LE ROI.

Comment !

LA REINE.

J'ai perdu des objets d'une extrême importance.

LE ROI.

Pour vous? d'une importance extrême?

LA REINE.

Sire, immense,
Selon ce que pourraient, pour des gens mal instruits,
Méchants, signifier les objets qu'on m'a pris.

LE ROI.

Des méchants? mal instruits?... Mais levez-vous, Madame!

LA REINE.

Pas avant d'obtenir tout ce que je réclame :
Je veux que mon époux m'engage ici sa foi,
D'employer jusqu'au bout sa puissance de roi
A me faire justice, à mettre en ma présence
Le détestable auteur d'une telle insolence,
Ou je quitte une cour — je n'hésiterai pas —
Qui pourrait protéger de pareils attentats.

LE ROI.

Mais enfin, levez-vous!... Cette attitude, reine...
Levez-vous!

LA REINE se lève.

De ce vol, l'auteur, j'en suis certaine,
Est d'un rang élevé, car il ne m'a rien pris
De ces nombreux bijoux, de ces pierres de prix
Dont la même cassette était dépositaire ;
Des lettres, des papiers ont pu le satisfaire.

LE ROI.

Vous m'apprendrez, au moins, quels étaient ces papiers,
Madame! n'ai-je pas le droit?...

LA REINE.

Très-volontiers :
Sire, avec son portrait, j'avais dans ma cassette,
Des lettres de l'infant.

LE ROI.

De qui ?

LA REINE.

Je le répète :
Des lettres de l'infant, de votre fils.

LE ROI.

A vous ?

LA REINE.

Oui, sire.

LE ROI.

Et vous osez le dire ?

LA REINE.

A mon époux ?
Sans doute.

LE ROI.

Avec ce front, vous osez me le dire ?

LA REINE.

Eh ! qu'a donc cet aveu qui vous surprenne, sire ?
Ne vous souvient-il plus qu'à Saint-Germain, jadis,
Le prince don Carlos m'adressa ces écrits,
Et que, si j'ai reçu cette correspondance,
C'est du gré des deux cours et d'Espagne et de France ?
Son portrait à sa lettre un jour se trouva joint,
Et je l'ai conservé. Je n'examine point

Si l'envoi fut permis, ou si, trop téméraire,
Le prince, par amour, prit sur lui de le faire.
D'avoir été trop prompt on peut lui pardonner,
Car il ne pouvait pas, alors, imaginer,
Sire, que ce portrait s'adressât à sa mère.
(Elle remarque de l'émotion chez le roi.)
Qu'est-ce donc ?... qu'avez-vous ?

L'INFANTE, *qui, dans l'intervalle, a joué avec le médaillon qu'elle a ramassé, le présente à la reine :*

                    Oh ! maman ! considère
Ce beau portrait.

LA REINE.

          Eh quoi !...
(Elle reconnaît le médaillon et demeure muette de surprise. Elle et le roi se regardent fixement. Après un long silence :)
                    Sire, ce n'est pas bien.
Pour éprouver sa femme, un semblable moyen
N'est pas d'un roi, n'est pas d'une âme vraiment grande...
Permettez seulement encore une demande.

LE ROI.

Madame, c'est à moi de vous interroger.

LA REINE.

De mes soupçons, du moins, je ne veux point charger
Quiconque est innocent. Si par vos ordres, sire,
Ce larcin fut commis, veuillez bien me le dire.

LE ROI.

Oui, Madame, c'est moi, moi seul qui le voulus.

LA REINE.

Mon accusation tombe, et je ne plains plus

Que vous, sire, d'avoir pensé que votre femme
Pût mériter l'affront de cette épreuve infâme ?

LE ROI.

Madame, croyez-moi, je connais ces discours
Ils seront impuissants à me tromper toujours.
C'est assez d'Aranjuez... Cette angélique reine,
Qui défendait alors sa vertu surhumaine,
Aujourd'hui, mieux qu'alors, je la connais.

LA REINE.

Comment !

LE ROI.

Madame, finissons ! Répondez franchement :
Au jardin d'Aranjuez, pouvez-vous bien le dire,
Personne ne vous a parlé ? personne ?

LA REINE.

Sire,
J'ai vu dans ce jardin l'infant, et lui parlai.

LE ROI.

A l'infant ?... A présent tout est donc dévoilé !...
Qui douterait encor ? Tant d'audace m'étonne.
Mépriser à ce point l'honneur de ma couronne !

LA REINE.

Sire, si l'on osa se jouer d'un honneur,
C'est d'un honneur tout autre et plus grand, j'en ai peur,
Que celui que pour dot m'a donné la Castille.

LE ROI.

Pourquoi dire que, pour appeler votre fille ?...

LA REINE.

Parce que je n'ai pas coutume de me voir
Traitée en criminelle, et contrainte d'avoir
A répondre devant une cour tout entière.
Il faudra me parler, sire, d'autre manière,
Quand on voudra de moi savoir la vérité.
Je puis faire un appel à votre majesté :
M'a-t-elle avec égards, alors, interrogée ?
Fallait-il, par vos grands, que je fusse jugée ?
C'est à ce tribunal qu'une reine rendrait
Compte des actions qu'elle fait en secret ?
Oh! non, non! En secret si le prince m'a vue,
C'est qu'il sollicita de moi cette entrevue ;
C'est que je l'ai voulu ; c'est que, lorsque je crois
Qu'un acte est innocent, ce ne sera pas moi
Qui me demanderai si l'usage est contraire ;
Et si de l'entretien je vous ai fait mystère,
C'est que, devant mes gens, sire, il ne m'a point plu
D'entamer le débat que vous auriez voulu.

LE ROI.

Madame, vous tenez un bien hardi langage.

LA REINE.

Sire, je puis encor vous dire davantage :
J'ai vu le prince et j'ai voulu l'entretenir,
Parce que de son père il ne peut obtenir
La justice à laquelle il a droit de prétendre.

LE ROI.

A laquelle il a droit ?

LA REINE.

Eh ! pourquoi m'en défendre ?

Je l'estime, je l'aime ; il est, dans cette cour,
Mon parent le plus proche ; on le crut digne, un jour,
D'un nom qui m'eût été plus précieux encore.
Sire, je l'avouerai, jusqu'à présent j'ignore
Pourquoi, plus qu'en tout autre, il faudrait, aujourd'hui,
Ne voir précisément qu'un étranger en lui,
Par la seule raison qu'on m'avait fait connaître,
Dans le prince, autrefois, l'homme qui devait être
Le plus cher à mon cœur. Si, quand elle veut bien,
Votre raison d'État peut former un lien,
Plus tard, moins aisément elle peut le défaire.
Je ne veux point haïr, quand j'ai droit, au contraire. .
En un mot, puisqu'il faut m'expliquer, je prétends
N'être pas dans mes goûts contrainte plus longtemps ;
Non ! non !

LE ROI.

Élisabeth, de mes jours de faiblesse,
Des heures où, pour vous, éclata ma tendresse,
Vous avez souvenir, et, de là, naît en vous
L'audace qu'aujourd'hui vous montrez devant nous.
Vous essayez encor l'influence puissante
Qui, de ma fermeté, fut souvent triomphante ;
Mais craignez d'autant plus ! Ce qui porta mon cœur
A la faiblesse, peut allumer sa fureur.

LA REINE.

Qu'ai-je fait ?

LE ROI, lui saisissant la main :

S'il est vrai !... — Je n'en suis plus à craindre,
Peut-être, et jusque-là vous a-t-on vue atteindre... —
S'il est vrai !... Si déjà le crime est accompli !
De vos fautes, enfin, si le vase est rempli !
Pour le voir déborder s'il suffit d'une goutte !

S'il est vrai qu'on me trompe !...
(Il quitte sa main.)
— Oh! je vaincrai, sans doute,
Ma faiblesse pour vous... je le puis... je le veux... —
Alors, malheur sur vous, sur moi, sur tous les deux,
Élisabeth !

LA REINE.

Enfin, sire, je le demande :
Qu'ai-je donc fait ?

LE ROI.

Alors, que le sang se répande !

LA REINE.

C'est à ce point ! O ciel !

LE ROI.

Je ne me connais plus !
Arrière les égards et les soins superflus !
Je méprise les droits, le cri de la nature,
Les traités, et dût-on m'accuser de parjure....

LA REINE.

Sire, que je vous plains !

LE ROI, hors de lui :

Oser me plaindre, moi ?
Me donner sa pitié ! l'impudique !

L'INFANTE, effrayée, se suspend à sa mère :

Le roi
Qui se fâche, et ma mère en larmes !
(Le roi arrache l'infante à la reine.)

LA REINE, avec douceur et dignité, mais d'une voix tremblante :

Une mère

De semblables fureurs la sauvera, j'espère...
Viens avec moi, ma fille, oh ! viens !
(Elle prend l'infante dans ses bras.)
Et si le roi
Refuse, désormais, de voir sa fille en toi,
Va ! va ! je saurai bien demander à la France
Des soutiens qu'on verra prendre notre défense.
(Elle veut sortir.)

LE ROI, troublé :

Reine !...

LA REINE.

Non, c'en est trop ! mon cœur est impuissant
A souffrir...
(Elle veut atteindre la porte et tombe sur le seuil avec l'infante.)

LE ROI, se précipitant vers elle avec effroi :

Qu'est-ce donc ?.. O ciel !

L'INFANTE, jetant des cris de frayeur :

Ma mère en sang !
(Elle s'enfuit.)

LE ROI, très-inquiet et lui donnant des soins :

Ah ! quel affreux malheur !... Du sang ! Est-ce possible ?
Ai-je donc mérité ce châtiment terrible ?...
Levez-vous !... Levez-vous !... Reprenez vos esprits !...
On vient ; il ne faut pas que nous soyons surpris...
Levez-vous ! Ce spectacle à ma cour tout entière !...
Levez-vous !... Me faut-il descendre à la prière ?...
(La reine se relève, soutenue par le roi.)

SCÈNE DIXIÈME.

LES PRÉCÉDENTS, LE DUC D'ALBE, DOMINGO, entrant effrayés. Plusieurs dames les suivent.

LE ROI.

Reconduisez la reine en son appartement ;
Elle vient d'éprouver un mal subit.
(La reine sort accompagnée de ses dames ; le duc d'Albe et Domingo s'approchent.)

LE DUC D'ALBE.

Comment !
La reine toute en pleurs ! Du sang sur son visage !

LE ROI.

Cela peut étonner les démons dont la rage
Aussi loin m'a conduit ?...

LE DUC D'ALBE et DOMINGO.

Nous !

LE ROI.

Les accusateurs
Qui m'en ont dit assez pour causer mes fureurs,
Et rien pour me convaincre, absolument rien ?

LE DUC D'ALBE.

Sire,
A votre majesté nous ne pouvions pas dire
Plus que nous ne savions.

LE ROI.

De vos soins empressés
Puissiez-vous par l'enfer être récompensés !...

Oh ! de ce que j'ai fait le repentir m'accable !
Ce langage était-il celui d'une coupable !

LE MARQUIS, derrière le théâtre :

Au roi peut-on parler ?

SCÈNE ONZIÈME.

LES PRÉCÉDENTS, LE MARQUIS DE POSA.

LE ROI, se ranimant à cette voix et s'avançant au-devant du marquis :

Ah ! le voici !... C'est vous !
Soyez le bienvenu, marquis... Duc ! laissez-nous !
Vous êtes inutile.
(Le duc d'Albe et Domingo se regardent avec un muet étonnement et sortent.)

SCÈNE DOUZIÈME.

LE ROI, LE MARQUIS DE POSA.

LE MARQUIS.

Il est pénible, sire,
Pour le vieux serviteur qui d'ici se retire,
Lorsque dans vingt combats, pour votre majesté
Il a bravé la mort, d'être ainsi rejeté.

LE ROI.

Il nous convient, à vous, de voir d'une manière,
A moi, d'agir d'une autre. Ah ! dans sa vie entière,
Cet homme, de beaucoup, n'a point fait pour son roi
Ce que vous avez fait depuis que je vous voi.
Mais ma faveur pour vous ne sera pas secrète ;
Je veux que votre front en tous lieux la reflète,
Et je veux, par chacun aussi, voir envié
L'homme qu'honorera ma royale amitié.

12.

LE MARQUIS.

Bien que cette faveur si haute, inattendue,
A mon obscurité seule puisse être due?

LE ROI.

Chevalier, qu'avez-vous à me dire?

LE MARQUIS.

                      A l'instant,
Sire, je traversais le salon précédent;
J'y saisis par hasard quelques mots qu'on échange;
J'entends qu'on s'entretient d'un bruit affreux, étrange:
Un débat animé qu'on aurait entendu...
On parlait de la reine et de sang répandu...

LE ROI.

Vous venez du salon?

LE MARQUIS.

               La nouvelle m'effraie.
Je serais désolé d'apprendre qu'elle est vraie,
Qu'entre la reine, sire, et votre majesté,
Une discussion réelle ait éclaté;
Car les choses vont prendre une face nouvelle,
Devant la découverte importante...

LE ROI.

                      Qu'est-elle?

LE MARQUIS.

Ce portefeuille, sire, à l'infant appartient.
J'ai trouvé le moyen de l'avoir... il contient
Des papiers qui pourront répandre, je l'espère,
Quelque jour....

           (Il donne au roi le portefeuille de don Carlos.)

LE ROI, le parcourant avec rapidité :

Un écrit de l'empereur mon père !
Voilà qui me surprend, car d'un semblable écrit
Je ne me souviens pas qu'on m'ait jamais rien dit...

(Il le lit, le met de côté et passe rapidement à d'autres papiers.)

Voici le plan d'un fort... Des extraits de Tacite...
Une lettre... comment ! par une femme écrite ?
Il me semble connaître... Une lettre sans nom...

(Il lit attentivement tantôt à voix haute et tantôt à voix basse.)

« Cette clé... de la reine ouvre le pavillon...
« Par la petite porte... » Oh ciel ! que vais-je apprendre ?...
« En toute liberté, l'amant discret et tendre...
« On saura l'exaucer... Il recevra le prix... »
Trahison qu'inspira l'enfer !... J'ai tout appris.
C'est elle ! c'est sa main !

LE MARQUIS.

Cette main serait celle
De la reine ! Oh ! non, non !

LE ROI.

D'Éboli... d'elle, oui, d'elle !

LE MARQUIS.

Au page Hénarez récemment j'ai parlé :
Il a remis lui-même et la lettre et la clé.
Les rapports qu'il m'a faits étaient donc véritables ?

LE ROI, prenant la main du marquis et dans une violente agitation :

Marquis, je suis tombé dans des mains exécrables.
Cette femme a forcé la cassette, marquis,
Et mes premiers soupçons viennent de ses avis.
Qui sait quelle est la part du moine à cette trame.
Oh ! je me vois trompé par un complot infâme !

LE MARQUIS.

Il est heureux, du moins...

LE ROI.

Marquis! marquis! j'ai peur
D'avoir poussé trop loin ma jalouse fureur.

LE MARQUIS.

Si la reine et Carlos furent d'intelligence,
Croyez que, de beaucoup, leur secrète alliance
N'est pas ce qu'on la dit; non, non, cela n'est pas ;
Et si le prince, aussi, d'aller aux Pays-Bas
Eut le projet, je sais d'une source certaine
Que ce projet est né dans l'esprit de la reine.

LE ROI.

Je l'ai pensé toujours.

LE MARQUIS.

La reine donne essor
A son ambition. Dirai-je plus encor?
Elle souffre à regret, avec impatience,
Qu'on trompe de son cœur l'orgueilleuse espérance ;
Qu'on l'écarte du trône, et que, dans le pouvoir,
On ne lui donne pas ce qu'elle crut avoir.
La jeunesse du prince, ardente, impétueuse,
Aux projets de la reine a semblé précieuse...
Je doute que l'amour soit possible à son cœur.

LE ROI.

De son habileté, marquis, je n'ai pas peur.

LE MARQUIS.

Mais serait-elle aimée ? Et faut-il qu'on redoute

ACTE IV, SCÈNE XII.

Moins d'elle que de lui ? Ces questions, sans doute,
Sont dignes d'examen, et je serais d'avis
De faire avec rigueur surveiller votre fils.

LE ROI.

Vous répondez de lui.

LE MARQUIS, après un moment d'hésitation :

Pour cette surveillance,
Si j'avais quelques droits à votre confiance,
Je vous demanderais un absolu pouvoir.

LE ROI.

Vous l'aurez.

LE MARQUIS.

Je voudrais, surtout, ne jamais voir,
Lorsque j'aurais jugé tout à fait nécessaire
D'agir d'une façon, sire, un auxiliaire,
Quelque nom qu'il portât, vouloir faire autrement.

LE ROI.

Vous n'en verrez aucun, je vous en fais serment...
Vous êtes mon sauveur. Combien je dois vous rendre
Grâces de ce qu'ici vous venez de m'apprendre !
(Au comte de Lerme, qui est entré pendant ces derniers mots :)
Que fait sa majesté ?

LE COMTE DE LERME.

Sire, son accident
L'a beaucoup affaiblie.
(Il jette au marquis un regard de défiance et sort.)

LE MARQUIS, après une pause :

Il me semble prudent
De prendre une mesure encore : il peut se faire

Qu'on prévienne Carlos des soupçons de son père,
Car de nombreux amis au prince sont restés;
S'il correspond à Gand avec les révoltés,
La terreur que chez lui cet avis doit produire,
A quelque extrémité pourrait bien le conduire.
Il faudrait, selon moi, sur-le-champ aviser
A des moyens certains et prompts de s'opposer
A cet événement, s'il faut qu'il se présente.

LE ROI.

Vous avez bien raison. Mais, si le prince tente...

LE MARQUIS.

On s'empare de lui, sire... un ordre secret,
Que votre majesté dans mes mains remettrait,
Qu'au moment du danger j'aurais droit de produire;
Que...
(Le roi semble réfléchir.)
    Ce serait d'abord un secret d'État, sire,
Et plus tard...

LE ROI va à sa table et écrit l'ordre d'arrestation.

        Quand je vois l'État près de périr,
A d'extrêmes moyens je peux bien recourir...
Tenez! marquis... Il est inutile, je pense,
De vous recommander d'agir avec prudence.

LE MARQUIS, prenant l'ordre d'arrestation :

C'est un dernier remède.

LE ROI, lui mettant la main sur l'épaule :

        Allez, mon cher marquis,
Rendre à mon cœur la paix, le sommeil à mes nuits!
(Ils sortent par des côtés opposés.)

SCÈNE TREIZIÈME.

(Une galerie.)

DON CARLOS, arrivant dans la plus vive inquiétude, LE COMTE DE LERME, allant au devant de lui.

DON CARLOS.

C'est vous ? Je vous cherchais.

LE COMTE DE LERME.

Moi, votre altesse.

DON CARLOS.

Comte,
Est-ce vrai ? répondez !... Est-ce vrai ?... L'on raconte...

LE COMTE DE LERME.

Quoi donc ?

DON CARLOS.

Qu'il a tiré sur elle le poignard ;
Qu'on l'emporta sanglante... Ah ! c'est trop de retard !
Au nom de tous les saints, comte, je vous supplie,
Que croirai-je ? Est-ce vrai ?

LE COMTE DE LERME.

La reine, évanouie,
S'est blessée en tombant ; voilà tout.

DON CARLOS.

Vous jurez,
Que contre tout danger ses jours sont assurés,
Comte ?

LE COMTE DE LERME.

Oui, de tout danger la reine est préservée ;
Mais craignez d'autant plus pour vous.

DON CARLOS.

       Elle est sauvée !
Ma mère !... grâce au ciel !... Sachez qu'un bruit affreux
M'avait dit que le roi, devenu furieux,
Avait osé frapper et l'infante et sa mère ;
Qu'on avait découvert un important mystère.

LE COMTE DE LERME.

Ceci peut être vrai.

DON CARLOS.

     Peut être vrai ? Comment ?

LE COMTE DE LERME.

Vous ne fîtes nul cas de l'avertissement
Qu'aujourd'hui je vous ai donné ! Je vous conseille,
A ce nouvel avis de mieux prêter l'oreille.

DON CARLOS.

Parlez !

LE COMTE DE LERME.

    Entre vos mains j'ai vu, ces derniers jours,
Un portefeuille bleu... brodé d'or... en velours...
N'est-ce pas ?

DON CARLOS, déconcerté :

    En effet, j'en possède un semblable...
Et puis ?

LE COMTE DE LERME.

   Ce portefeuille est encor remarquable
En ce que l'on y voit, d'un côté seulement,
Un médaillon garni de perles...

DON CARLOS.

     Justement.

ACTE IV, SCÈNE XIII.

LE COMTE DE LERME.

Au cabinet du roi, qui ne pouvait m'attendre,
Tout à l'heure j'entrais, lorsque j'ai cru surprendre
Ce même portefeuille entre ses mains. Posa
Était auprès de lui.

DON CARLOS, vivement, après un instant de silence et de stupéfaction :

Ce que vous dites là,
Est faux !

LE COMTE DE LERME, blessé :

Je pourrais donc mentir ?

DON CARLOS, le regardant fixement :

Faux ! je le jure.

LE COMTE DE LERME.

Je dois vous pardonner cette mortelle injure.

DON CARLOS se promène dans une vive agitation et s'arrête enfin devant le comte.

Que t'a-t-il fait ? en quoi peuvent donc t'avoir nui
Les innocents liens qui m'attachent à lui,
Pour qu'avec une ardeur que l'enfer seul inspire,
Tu puisses mettre ainsi tes soins à les détruire ?
Dis-moi !

LE COMTE DE LERME.

Prince, je sais respecter la douleur
Qui vous rend à ce point injuste.

DON CARLOS.

De mon cœur
Écarte le soupçon, mon Dieu !

LE COMTE DE LERME.

Je me rappelle

13

Ce que sa majesté, lorsque j'entrai chez elle,
Disait au chevalier : «Oh ! combien je vous rend
«Grâces de ce qu'ici votre bouche m'apprend !»

DON CARLOS.

Oh !... silence ! silence !

LE COMTE DE LERME.

Un bruit encore passe
De bouche en bouche : on dit le duc d'Albe en disgrâce,
Le prince Ruy Gomez du conseil renvoyé,
Et le sceau du royaume au marquis confié.

DON CARLOS, absorbé dans ses réflexions :

Et ne m'avoir rien dit !... Pourquoi donc ce mystère ?

LE COMTE DE LERME.

Déjà toute la cour en Posa considère
Le ministre absolu, le puissant favori.

DON CARLOS.

Il m'a beaucoup aimé, beaucoup ! il m'a chéri
D'un amour qu'il n'eut pas, j'en suis sûr, pour lui-même.
Il m'a prouvé cent fois cette tendresse extrême.
Il en devait venir à préférer, un jour,
Ses frères, son pays à cet unique amour.
Une seule amitié dans cette âme si grande !
Ce n'était pas assez pour ce qu'elle demande.
Le bonheur de Carlos ! c'était encor trop peu
Que ce seul but offert à cette âme de feu.
A sa vertu je sens qu'il m'offre en sacrifice.
Je ne puis l'en blâmer, je crois, sans injustice.
Ah ! je n'en doute plus, il est perdu pour moi !
Mon malheur est certain !

(Il se détourne et se cache le visage.)

ACTE IV, SCÈNE XIII.   219

    LE COMTE DE LERME.
        Dites, cher prince, en quoi
Pourrais-je vous servir en ce moment suprême?

    DON CARLOS, sans le regarder :
Allez trouver le roi! trahissez-moi de même!
Je n'ai rien à donner.

    LE COMTE DE LERME.
      Ce qui peut arriver
De dangereux pour vous, vous voulez le braver?

  DON CARLOS, s'appuyant sur la balustrade de la galerie et le regard fixe :
Je le perds à jamais, et chacun m'abandonne!

  LE COMTE DE LERME, s'approchant de lui avec émotion et intérêt :
Songez que le péril, prince, vous environne.

    DON CARLOS.
C'est vous qui prenez soin de me le rappeler?
Cher ami!

    LE COMTE DE LERME.
   N'avez-vous pour personne à trembler?

    DON CARLOS, subitement éclairé :
Grand Dieu!... quel souvenir!... ma mère!... cette lettre,
Que j'avais refusé, d'abord, de lui remettre,
Que pourtant je livrai!...
      (Il se promène en se tordant les mains.)
      Fatal acharnement!
Pour elle aussi, n'avoir aucun ménagement...
N'est-ce pas, qu'il devait l'épargner, le barbare?
     (Avec une résolution subite.)
Il faut la prévenir... il faut qu'on la prépare...

Je cours... Comte ! cher comte ! Oh ! qui donc envoyer ?...
Je n'ai donc plus personne à qui me confier !...
Dieu soit béni ! j'y songe... un ami qui me reste !...
Oui, je puis tout risquer dans ce moment funeste !
(Il sort précipitamment.)

LE COMTE DE LERME le suit en le rappelant:

Prince, où courez-vous donc ?...
(Il sort.)

SCÈNE QUATORZIÈME.

LA REINE, LE DUC D'ALBE, DOMINGO.

LE DUC D'ALBE.

Grande reine, à vos yeux
Si nous nous présentons...

LA REINE.

Que voulez-vous tous deux ?

DOMINGO.

A votre majesté, pleins d'un zèle sincère,
Qui ne nous permet pas plus longtemps de nous taire,
Nous venons révéler un grave événement,
Dont votre sûreté peut souffrir grandement.

LE DUC D'ALBE.

Tandis qu'il en est temps, par cet avis, Madame,
Nous voulons déjouer une odieuse trame,
Un complot qu'on avait dirigé contre vous.

DOMINGO.

Nous venons déposer ensemble à vos genoux
L'offre d'un dévouement et d'un zèle...

LA REINE, avec étonnement :

        Mon père,
Et vous, mon noble duc, vous permettrez, j'espère,
Que je vous fasse voir tout mon étonnement.
Et de l'un, et de l'autre, un si beau dévouement ?
Vous, Domingo ? vous, duc ?... Je sais, je vous assure,
Apprécier ce zèle à sa juste mesure.
Vous parlez d'un complot dirigé contre nous ;
M'en direz-vous l'auteur ?

    LE DUC D'ALBE.

      Madame, gardez-vous
D'un marquis de Posa, dont la faveur commence,
Qui possède du roi toute la confiance.

    LA REINE.

J'apprends cette nouvelle avec un vrai plaisir.
A mon avis, le roi ne pouvait mieux choisir.
Du marquis de Posa la valeur m'est connue,
Messieurs ; l'on m'a de lui souvent entretenue.
Grand est son caractère et généreux son cœur,
Et, je vous l'avoûrai, plus insigne faveur
Ne peut, à mon avis, se trouver mieux placée.

    DOMINGO.

Madame, nous avons tout une autre pensée.

    LE DUC D'ALBE.

Ce n'est plus un secret ; on sait parfaitement
Quel office cet homme ose remplir.

    LA REINE.

      Vraiment ?
Eh ! vite ! faites-moi confidence complète.

DOMINGO.

Quand votre majesté vit-elle sa cassette
Pour la dernière fois ?

LA REINE.

Comment ?

DOMINGO.

On vous a pris
Des objets qui pour vous avaient beaucoup de prix,
Madame, n'est-ce pas ?

LA REINE.

Demande singulière !
Le fait est bien connu de ma cour tout entière.
Mais comment, au larcin dont vous avez parlé,
Le marquis de Posa se trouve-t-il mêlé ?

LE DUC D'ALBE.

Il l'est très-fort. Le prince — et j'en ai l'assurance —
A son tour, a perdu des papiers d'importance,
Et le roi les tenait, le fait est bien certain,
Lorsque le chevalier fut reçu, ce matin,
En secrète audience.

LA REINE, après un moment de réflexion :

En vérité, j'éprouve
Un grand étonnement. Quoi ! soudain je me trouve
Un ennemi — jamais à lui je ne pensai —
Et puis, tout aussitôt le mal est compensé :
J'ai deux amis de plus, sans que je me rappelle
Avoir reçu jamais des preuves de leur zèle !
(Elle fixe sur tous deux un regard pénétrant.)
Loin de là ; quand j'ai su qu'on m'avait, méchamment,

ACTE IV, SCÈNE XIV.

Noircie auprès du roi, je me vis au moment
De vous le... pardonner ; à vous.

LE DUC D'ALBE.

A nous, Madame?

LA REINE.

A vous-mêmes.

DOMINGO.

A nous, duc d'Albe !

LA REINE, toujours les yeux fixés sur eux :

Sur mon âme,
Je me réjouis fort d'avoir su me garder
De trop d'empressement, car j'allais demander,
Aujourd'hui même, au roi, de faire en ma présence
Paraître les auteurs d'une telle impudence.
Maintenant me voilà plus forte assurément :
J'ai pour garant le duc.

LE DUC D'ALBE.

Moi ! sérieusement ?

LA REINE.

Pourquoi pas ?

DOMINGO.

Renoncer à tous les bons offices
Qu'en secret nous pourrions !...

LA REINE.

En secret ? vos services ?
(D'un ton sérieux et fier.)
Je voudrais bien savoir, duc d'Albe, ce que vous,
Ou ce prêtre, croiriez pouvoir nous dire, à nous,

Que le roi, notre époux, ne doive pas connaître ?
Suis-je coupable ou non ?

DOMINGO.

Madame...

LE DUC D'ALBE.

Si, peut-être,
Le roi n'était pas juste ? Et si, précisément,
Sa justice faisait défaut en ce moment ?

LA REINE.

J'attendrai qu'en son cœur elle reprenne place.
Heureux qui peut gagner à ce qu'elle se fasse !
(Elle leur fait un salut et se retire. Ils sortent tous deux par un autre côté.)

SCÈNE QUINZIÈME.

(L'appartement de la princesse d'Éboli.)

LA PRINCESSE D'ÉBOLI, puis DON CARLOS.

LA PRINCESSE.

La nouvelle est donc vraie ? Elle fait l'entretien
De tous les courtisans.

DON CARLOS, entrant :

Restez ! ne craignez rien,
Princesse ; je n'ai point de mauvaise pensée.

LA PRINCESSE.

Prince !... cette surprise.

DON CARLOS.

Êtes-vous offensée ?
M'en voulez-vous encor ?

ACTE IV, SCÈNE XV.

LA PRINCESSE.

Prince !

DON CARLOS, d'un ton plus pressant :

Votre courroux,
De grâce, est-il toujours ?...

LA PRINCESSE.

Prince, que voulez-vous ?
Vous oubliez, je crois... Quel sujet vous amène ?

DON CARLOS, prenant avec vivacité la main de la princesse :

Jeune fille, ton cœur gardera-t-il sa haine ?
L'amour qu'on offensa ne peut donc pardonner ?

LA PRINCESSE, voulant se dégager :

Prince, quel souvenir osez-vous ramener !

DON CARLOS.

Celui de ta bonté, de mon ingratitude.
Je sais combien, pour toi, le coup dut être rude,
Jeune fille ; j'ai fait saigner ton tendre cœur ;
J'arrachai de tes yeux des larmes de douleur,
De tes yeux d'ange. Oh ! va ! le remords me déchire...
Pourtant, je ne suis pas venu pour te le dire.

LA PRINCESSE.

Prince, laissez-moi... je...

DON CARLOS.

Tu ne sais pas pourquoi
Je parais en ce lieu ; c'est que j'ai vu dans toi
La douce jeune fille, à l'âme grande et bonne ;
C'est qu'à toi, tout entier, vois-tu, je m'abandonne ;
Que tu me restes seule et que Carlos n'a plus

13.

Un seul ami sur terre. Une fois, tu te plus
À montrer ta bonté pour celui qui t'implore.
Et maintenant, dis-moi, veux-tu haïr encore ?
Laisse-toi désarmer !

LA PRINCESSE, détournant le visage :

Ne parlez pas ainsi !
Pour Dieu, prince, silence !

DON CARLOS.

Ah ! souffre encor qu'ici
Je rappelle un moment de volupté suprême,
Et ton amour, enfant ! hélas ! cet amour même,
Que j'ai si lâchement outragé ! Laisse-moi
Faire à tes yeux valoir ce que je fus pour toi,
Ce que tu m'accordais dans tes rêves de flamme !
Qu'une dernière fois, une seule, ton âme
Consente à voir Carlos encore, tel qu'un jour
Tu le vis à travers le prisme de l'amour ;
Et fais encore, ah ! fais, pour cette image chère,
Ce que Carlos pour lui ne peut plus te voir faire !

LA PRINCESSE.

Oh ! que vous vous jouez cruellement de moi,
Carlos !

DON CARLOS.

En pardonnant l'offense, élève-toi
Au-dessus de ton sexe ! Oui, de toi je réclame,
Ce que, jusqu'à présent, n'a fait aucune femme,
Et ce que d'une femme on ne verra jamais :
Une abnégation inouïe ; oh ! permets...
Vois-tu, c'est à genoux que je fais ma prière...
Permets qu'un seul instant je puisse voir ma mère !

(Il se jette à ses pieds.)

SCÈNE SEIZIÈME.

LES PRÉCÉDENTS, LE MARQUIS DE POSA, se précipitant dans l'appartement; derrière lui, deux officiers de la garde du roi.

LE MARQUIS, hors d'haleine, se jette entre don Carlos et la princesse.

Ah ! ne le croyez pas !... Que disait-il ?

DON CARLOS, encore à genoux et d'une voix plus forte :

Au nom
De ce que vous avez de plus sacré !...

LE MARQUIS, l'interrompant avec feu ;

Non, non !
Vous ne l'entendrez pas ! Sa raison est perdue.

DON CARLOS, avec plus d'instances et d'une voix plus forte encore :

Conduisez-moi ! ma vie en dépend.

LE MARQUIS, éloignant la princesse avec violence :

Je vous tue
Si vous l'écoutez, vous !

(A l'un des officiers :)

Comte ! de par le roi,

(Il exhibe l'ordre d'arrestation.)

Le prince est prisonnier.

(Don Carlos demeure immobile et comme frappé de la foudre. La princesse pousse un cri d'effroi et veut fuir. Les officiers sont interdits. Long et profond silence. Le marquis tremble fortement et à peine à se contenir.)

(Au prince :)

Votre épée !

(A la princesse :)

Avec moi,
Princesse, demeurez !

(A l'officier :)

Que le prince à personne

Ne parle! même à vous; l'ordre que je vous donne
Est absolu. Songez qu'il y va de vos jours,
Monsieur.
<small>(Il dit encore quelques mots à voix basse à l'officier et se tourne vers l'autre.)</small>
    Et maintenant aux pieds du roi je cours,
Lui dire...
(A don Carlos :)
   Votre altesse aussi pourra m'entendre.
Dans une heure je vais auprès d'elle me rendre.
<small>(Don Carlos se laisse emmener sans donner signe d'aucun sentiment; seulement, en passant devant le marquis, il laisse tomber sur lui un regard éteint. Le marquis se cache le visage. La princesse cherche une fois encore à fuir; le marquis la retient par le bras.)</small>

SCÈNE DIX-SEPTIÈME.

LA PRINCESSE D'ÉBOLI, LE MARQUIS DE POSA.

LA PRINCESSE.

Au nom du ciel! souffrez que je quitte ces lieux!

LE MARQUIS, la ramenant sur le devant du théâtre et d'un air terrible :

Malheureuse! dis-moi, que sais-tu?... Je le veux.

LA PRINCESSE.

Rien... laissez-moi!

LE MARQUIS, la retenant avec force et d'un ton plus terrible encore :

     Dis tout ce que tu viens d'apprendre!...
Parle donc!... Vainement tu voudrais te défendre;
Tu ne peux m'échapper... Je serai le premier
A qui tu l'auras dit, mais aussi le dernier.

LA PRINCESSE, le regardant avec effroi :

Ciel! que voulez-vous dire? Oh! je vous en supplie,
N'allez pas me donner la mort!

LE MARQUIS, tirant son poignard :

　　　　　　J'en ai l'envie...

Hâte-toi !...

　　　　　　LA PRINCESSE.

　　　Me tuer !... me tuer !... vous ?... ici ?...
Qu'ai-je donc fait, mon Dieu ?

LE MARQUIS, regardant le ciel et plaçant le poignard sur la poitrine de la princesse :

　　　　　　Je sauve tout ainsi !
En te donnant la mort, misérable ! j'arrête
Le poison que ta bouche à distiller s'apprête ;
Je brise en toi le vase impur qui le contient.
Tu préparais l'orage, et le calme revient...
D'un côté, le destin de l'Espagne, et la tête
D'une femme, de l'autre...
　　　　(Il reste dans la même attitude et semble hésiter.)

　　　LA PRINCESSE, qui est tombée à ses pieds, le regarde fixement :

　　　　　Eh bien ! qui vous arrête ?
Point de ménagements ! je subirai mon sort.
Frappez ! j'ai mérité, je demande la mort.

LE MARQUIS laisse lentement retomber le bras, puis, après un moment de réflexion :

Ce serait lâcheté, ce serait barbarie.
Non, non !... Oh ! que du ciel la bonté soit bénie !
Il m'inspire un moyen... Non, tout n'est pas perdu !
　　(Il laisse tomber le poignard et sort rapidement. La princesse se précipite par une
　　　　　　　autre porte.)

SCÈNE DIX-HUITIÈME.

(Un appartement de la reine.)

LA REINE, LA COMTESSE FUENTÈS.

LA REINE.

Quel tumulte au palais, comtesse, ai-je entendu ?
Chaque bruit vient jeter la terreur dans mon âme.
Allez voir ce que c'est.

(La comtesse sort. La princesse d'Éboli se précipite dans l'appartement.)

SCÈNE DIX-NEUVIÈME.

LA REINE, LA PRINCESSE D'ÉBOLI.

LA PRINCESSE, respirant à peine, pâle et défaite, tombe aux pieds de la reine :

Ah ! du secours, Madame !
Le voilà prisonnier !

LA REINE.

Eh ! qui donc ?

LA PRINCESSE.

Devant moi,
Le marquis de Posa, sur un ordre du roi,
L'a saisi !...

LA REINE.

Qui ?

LA PRINCESSE.

Le prince...

LA REINE.

Où s'égare ta tête ?

ACTE IV, SCÈNE XIX.

LA PRINCESSE.

Et l'a fait emmener !

LA REINE.

Qui l'arrêta ? répète !

LA PRINCESSE.

Le marquis de Posa.

LA REINE.

Tu rassures mon cœur.
C'est Posa !... Grâce au ciel !

LA PRINCESSE.

Avec cette froideur
Et ce calme profond, vous en parlez, Madame ?
Quoi ! nul pressentiment ne vient troubler votre âme ?
Vous ignorez ?...

LA REINE.

Pourquoi le prince est arrêté ?
Je devine aisément : quelque légèreté ;
Une imprudence, assez naturelle à son âge,
A son esprit bouillant.

LA PRINCESSE.

Non... j'en sais davantage...
Non... un acte odieux, que l'enfer inspira...
Plus de salut pour lui, non, Madame, il mourra !

LA REINE.

Il mourra, me dis-tu ?

LA PRINCESSE.

C'est moi qui l'assassine !

LA REINE.

Lui, mourir ? Insensée !

LA PRINCESSE.

O justice divine !
Et pourquoi ? parce que je n'ai pas deviné
Que jusqu'à cet abîme il serait amené !

LA REINE lui prend la main avec bonté.

De votre émotion vous n'êtes pas remise.
Attendez, Éboli, que passe cette crise.
Reprenez vos esprits pour me raconter mieux,
Et sans m'épouvanter de ces tableaux affreux,
Tout ce que vous savez... Que voulez-vous m'apprendre ?

LA PRINCESSE.

Oh ! ne m'accordez pas cet intérêt si tendre,
Cette bonté du ciel !... je ne puis l'endurer.
Elle vient, comme un feu d'enfer, me dévorer.
Je ne puis plus, après une action si noire,
De mes regards impurs profaner votre gloire
Je suis une coupable indigne de pitié.
Je prosterne à vos pieds mon front humilié.
Le remords, le mépris de moi-même m'accable.
Écrasez, écrasez, reine, une misérable !

LA REINE.

Que vas-tu m'avouer ? dis, malheureuse !

LA PRINCESSE.

Hélas !
Ange de pureté ! non, vous ne saviez pas,
Aucun pressentiment ne devait vous le dire,
Que sous la jeune fille à qui votre sourire,

ACTE IV, SCÈNE XIX.

Toujours, toujours allait plus confiant, plus doux,
Se cachait un démon. Il se révèle à vous ;
Dans toute son horreur, vous allez le connaître :
Je... je vous ai... volée !

LA REINE.

O ciel !

LA PRINCESSE.

A votre maître,
Au roi, tous les papiers, je les ai remis, tous !

LA REINE.

Vous !

LA PRINCESSE.

Je vous accusai ; j'eus cette audace.

LA REINE.

Vous !
Vous avez pu ?...

LA PRINCESSE.

L'amour... la rage... la vengeance
Dans ma tête ont produit cet excès de démence.
Vous, vous aviez ma haine, et l'infant... je l'aimais !

LA REINE.

Parce que vous l'aimiez, fallait-il donc ?...

LA PRINCESSE.

J'avais
Avoué mon amour sans qu'on voulût m'entendre.

LA REINE, après un moment de silence :

Oh ! maintenant, il m'est aisé de tout comprendre.

Levez-vous ! vous l'aimiez : vous avez mon pardon.
Oui, j'ai tout oublié. Mais, levez-vous !

(Elle lui tend la main.)

LA PRINCESSE.

Non, non !
Un horrible secret encore me déchire...
C'est toujours à genoux que je veux vous le dire.

LA REINE, attentive :

Que vais-je apprendre encor? Expliquez-vous !

LA PRINCESSE.

Le roi...
Séduite !... Vos regards se détournent de moi...
Vous me rejetez... Oui... du crime abominable
Dont je vous accusai... moi... moi ! je suis coupable !

(Elle presse contre terre son visage brûlant. La reine sort. Long silence. La duchesse d'Olivarez, après quelques minutes, sort du cabinet où la reine est entrée et trouve encore la princesse dans la même attitude. Elle s'approche d'elle en silence. Au bruit de ses pas, la princesse se lève et entre dans un complet délire quand elle n'aperçoit plus la reine.)

SCÈNE VINGTIÈME.

LA PRINCESSE D'ÉBOLI, LA DUCHESSE D'OLIVAREZ.

LA PRINCESSE.

Ciel ! elle m'abandonne ! Ah ! c'en est fait de moi !

LA DUCHESSE, s'approchant d'elle :

Princesse d'Éboli !...

LA PRINCESSE.

Je devine pourquoi,
Duchesse, vous venez ; la reine veut, sans doute,

Que je sache par vous ma sentence. J'écoute.
Hâtez-vous.

LA DUCHESSE.

De la part de la reine, je dois
Reprendre votre clé, princesse, et votre croix.

LA PRINCESSE tire une croix d'or de son sein et la remet à la duchesse :

On permettra du moins encore que je presse,
De mes baisers, la main de ma chère maîtresse ?

LA DUCHESSE.

Au couvent de Marie on vous fera savoir
Votre sort.

LA PRINCESSE, fondant en larmes :

Oh ! mon Dieu, mon Dieu ! ne plus la voir !

LA DUCHESSE l'embrasse en détournant le visage :

Soyez heureuse !

(Elle sort à la hâte. La princesse la suit jusqu'à la porte du cabinet, qui se referme aussitôt sur la duchesse, reste pendant quelques minutes immobile et à genoux devant cette porte et, enfin, se lève et s'éloigne le visage voilé.)

SCÈNE VINGT-UNIÈME.

LA REINE, LE MARQUIS DE POSA.

LA REINE.

Enfin, marquis, votre présence
Vient mettre un heureux terme à mon impatience.

LE MARQUIS, pâle, le visage défait, la voix tremblante et, pendant toute cette scène, dans une émotion profonde et solennelle :

Dans ces lieux suis-je sûr que votre majesté
Est seule ? pourrons-nous parler en liberté ?
De cet appartement ne peut-on nous entendre ?

LA REINE.

Personne. Mais pourquoi ? que venez-vous m'apprendre ?
(Elle le regarde plus attentivement et recule effrayée :)
Mais qu'est-ce donc qui peut à ce point vous troubler,
Chevalier ? qu'avez-vous ? vous me faites trembler.
Quelle pâleur mortelle !

LE MARQUIS.

On vous a dit sans doute...

LA REINE.

Oui, qu'on retient Carlos prisonnier. L'on ajoute
Que vous-même, marquis, l'avez fait arrêter.
Est-ce bien vrai ? Je n'ai voulu m'en rapporter
Qu'à vous seul.

LE MARQUIS.

Oui, c'est vrai.

LA REINE.

Vous ?

LE MARQUIS.

Moi-même.

LA REINE, le regardant pendant quelques instants avec un air de doute :

J'honore
Toutes vos actions, quand même j'en ignore
Les motifs. Cependant, en cette occasion,
Je ne puis vous cacher mon appréhension.
Souffrez ce sentiment, marquis, dans une femme.
Vous jouez, je le crains, un bien gros jeu.

LE MARQUIS.

Madame,
J'ai perdu.

LA REINE.

Dieu du ciel!

LE MARQUIS.

Mais soyez sans effroi :
Tout est sauvé pour lui. Le malheur est pour moi,
Et par moi.

LA REINE.

Quels aveux, ciel! allez-vous me faire?

LE MARQUIS.

Eh! qui donc me forçait, joueur trop téméraire,
Sur un dé hasardeux de tout aventurer,
Et, même avec le ciel, d'aller me mesurer?
Quelle audace, en effet, et quelle imprévoyance!
Qui donc, sans tout savoir, ou sans être en démence,
Assurerait qu'il peut suffire à ce travail :
Diriger du destin le pesant gouvernail?
Non, non! Et, cependant, cette erreur fut la mienne...
Mais à quoi sert, de moi que je vous entretienne?
Un instant est pour moi toute une vie. Il faut
Que j'en profite encore ; et qui sait si, là haut,
Celui qui tient la vie, et la mesure aux hommes
De ses avares mains, au moment où nous sommes,
De ce jour ne fait pas le dernier de mes jours?

LA REINE.

Vous me parlez de Dieu? quels solennels discours!
Je ne sais pas quel sens il faut que je leur donne ;
Mais, à vous écouter, je tremble, je frissonne.

LE MARQUIS.

Oui, qu'importe à quel prix j'ai pu le sauver, lui!

Mais il est seulement sauvé pour aujourd'hui ;
Le danger va, demain, le menacer encore.
Qu'il se presse, il le faut, qu'il parte avant l'aurore !

LA REINE.

Cette nuit ?

LE MARQUIS.

Tout est prêt. Dans ce même couvent,
Qui vit notre amitié s'épancher si souvent,
Des chevaux l'attendront. Voici, pour son voyage,
Ces billets, tout mon bien. S'il fallait davantage,
Vous sauriez le donner. Je renonce au bonheur
De revoir mon Carlos, et cependant, mon cœur
Aurait beaucoup encore, oh ! beaucoup à lui dire.
Je n'en ai plus le temps. Toutefois, je désire,
Il faut qu'il sache tout. Vous le verrez ce soir,
Madame, et c'est en vous que je mets mon espoir.

LA REINE.

Marquis, expliquez-vous ! Je ne puis pas comprendre
Quel effrayant secret vous voulez faire entendre.
Qu'est-il donc arrivé ? dites-le moi, pour Dieu !

LE MARQUIS.

Je dois encore faire un important aveu.
C'est vous qui l'entendrez, Madame : la fortune
Me fit une faveur à peu d'hommes commune :
D'un roi j'aimais le fils. Dans cet ami, mon cœur
Embrassa l'univers, en rêva le bonheur.
L'âme de mon Carlos était pour moi la sphère
Où j'aimais à créer le paradis sur terre,
Pour ses nombreux sujets. Mes rêves étaient beaux !
Mais, ainsi l'a voulu le ciel, à mes travaux,
Dès le commencement de cette noble tâche,

ACTE IV, SCÈNE XXI.

Et bien avant le temps, il faut que je m'arrache.
Bientôt il n'aura plus son Rodrigue, et l'ami
S'en remet à l'amante ; oui, je dépose ici,
Dans ce cœur qui comprend et qui souffre sa peine,
Sur cet autel sacré, dans l'âme de sa reine,
Le dernier de mes legs et le plus précieux.
C'est là, lorsque la mort aura fermé mes yeux,
Qu'il pourra d'un ami recueillir l'héritage.

(Il se détourne, les sanglots étouffent sa voix.)

LA REINE.

Chevalier, d'un mourant vous tenez le langage.
Je veux l'attribuer au trouble de vos sens ;
Ou bien, faut-il, pour moi, qu'il cache un autre sens ?

LE MARQUIS cherche à se remettre et continue d'un ton plus ferme :

Au prince vous direz que jamais il n'oublie
Le serment que, jadis, en partageant l'hostie,
Nous nous fîmes tous deux. Moi, j'ai tenu le mien,
Jusqu'à la mort. Qu'il sache aussi tenir le sien.

LA REINE.

Jusqu'à la mort ?

LE MARQUIS.

Il faut, il faut qu'il réalise,
Oh ! dites-le lui bien, une grande entreprise :
Ces rêves dans lesquels nous préparions tous deux,
Un État qui n'aurait que des peuples heureux.
De ce divin projet l'amitié fut la mère.
Qu'il ouvre, le premier, cette rude carrière ;
Et, qu'il l'achève, ou bien qu'il s'arrête en chemin,
N'importe ! à ce travail il aura mis la main.
Des siècles passeront ; alors, la Providence
D'un prince tel que lui permettra la naissance ;

D'un prince, comme lui sur un trône puissant ;
Et de la noble ardeur que mon Carlos ressent,
Le ciel embrasera, pour cette œuvre féconde,
Le nouveau favori qu'il fera voir au monde...
Que, dans son âge mûr, il respecte toujours
Les rêves qu'il formait au printemps de ses jours !
Il entendra vanter la raison comme un guide
Bien plus sûr que le cœur : la raison est perfide ;
Qu'il lui ferme le sien, ou bien il livrerait
Une divine fleur au ver qui la tûrait.
Si la sagesse humaine ose, à l'enthousiasme,
A cet enfant du ciel, adresser son sarcasme,
Que Carlos, il le faut, n'en soit pas ébranlé.
Du danger qui l'attend déjà je lui parlai...

LA REINE.

Mais où tend ce discours, chevalier, je vous prie ?

LE MARQUIS.

Dites-lui bien encor qu'à ses mains je confie
Le bonheur des humains ; qu'en mourant j'ai voulu
Lui laisser ce mandat comme un ordre absolu ;
Que j'ai droit d'exiger qu'il s'y montre fidèle.
J'ai pu faire à l'Espagne une aurore nouvelle ;
Au royaume assurer le destin le plus beau :
J'avais le cœur du roi ; j'étais son fils; le sceau
Dans mes mains est encor, ma puissance est entière ;
Son Albe ! je l'ai fait rentrer dans la poussière...
(Il s'arrête et regarde la reine en silence pendant quelques instants.)
Vous pleurez ! Je connais ces larmes, noble cœur !
Ces larmes sont encor des larmes de bonheur;
Mais vous perdrez bientôt l'espoir qui vous anime :
Tout est fini. Le sort voulait une victime ;
Entre Carlos et moi je n'ai point hésité :

Au coup qui m'attendait je me suis présenté...
Ne me demandez pas d'en savoir davantage.

LA REINE.

A la fin j'entrevois le sens de ce langage.
Malheureux ! vous avez ?...

LE MARQUIS.

J'ai, Madame, acheté,
Pour deux heures d'un soir, un brillant jour d'été.
Du roi je me sépare. Auprès de lui que faire?
Suis-je l'homme qui peut le servir et lui plaire ?
Sur cet aride sol ne sauraient plus fleurir
Tant de rêves si doux que j'aimais à nourrir.
Mais leur germe puissant ailleurs se développe :
Mon noble ami mûrit le destin de l'Europe.
Je lui lègue l'Espagne. Il faut se résigner
A la voir, sous la main de Philippe, saigner,
Jusqu'au jour où luira cette nouvelle aurore.
Malheur sur lui pourtant, sur moi, malheur encore,
Si je m'étais trompé ! si le choix que je fais
Pour la sainte entreprise, était un choix mauvais !
Mais non, c'est impossible, et ma terreur est vaine ;
Je connais mon Carlos, et c'est vous-même, reine,
Vous qui me répondez de lui.

(Après un moment de silence :)

Fatal amour !
Hélas ! je l'ai suivi depuis le premier jour ;
J'ai vu comme il germait, comme il prenait racine.
J'aurais pu l'étouffer, alors, dans sa poitrine,
Et je ne l'ai point fait, le croyant sans danger ;
Au contraire, j'ai cru devoir l'encourager.
Le monde peut juger que je fus téméraire ;
Mais je n'ai pas regret de ce qu'on m'a vu faire.

Mon cœur est attristé, mais il est sans remord.
Le monde, où je voyais la vie, a vu la mort ;
Cet amour sans espoir, d'espoir comblait mon âme :
J'y voyais le rayon d'une céleste flamme ;
J'ai voulu l'employer à faire de Carlos
Le mortel le plus pur, un grand homme, un héros.
Mon idéal manquait au monde ; le langage
Manquait d'expressions pour en donner l'image ;
Carlos me le devait réaliser un jour.
Il fallait avant tout qu'il comprît son amour.

LA REINE.

A votre ami votre âme à ce point s'est liée,
Chevalier, que pour lui vous m'avez oubliée.
Quand vous avez de moi fait son ange gardien,
De l'austère vertu son arme et son soutien,
Avez-vous pu penser que j'avais, de mon âme,
Banni toute faiblesse, alors que je suis femme ?
Ah ! lorsque notre cœur, par l'amour combattu,
Tente de l'ennoblir en l'appelant vertu,
Ne saviez-vous donc pas quel danger est le nôtre ?

LE MARQUIS.

Madame, ce danger peut menacer toute autre ;
Vous, jamais ! je le jure ; oui, vous le braveriez.
Est-ce que je me trompe, et que vous rougiriez
Du désir le plus noble et le plus légitime,
Du désir de créer une vertu sublime ?
Lorsqu'à l'Escurial quelque peintre nouveau
Du Christ transfiguré contemple le tableau,
Dans l'extase où l'artiste à cet aspect se plonge,
A l'immortalité si pour lui-même il songe,
Qu'importe au roi Philippe ? Et les célestes chants,
Qu'une lyre muette enferme dans ses flancs,

Sont-ils bien à celui qui paya cette lyre,
Et, parce qu'il est sourd, défend qu'on les en tire?
Cet homme de son or acheta seulement
Le droit d'anéantir, de briser l'instrument ;
Il n'a point acquis l'art d'en tirer l'harmonie,
Ni le don d'en goûter la douceur infinie...
Le sage pour sa loi prendra la vérité ;
Sur l'homme au cœur aimant régnera la beauté ;
On peut faire accorder l'une et l'autre puissance.
Sur ce point rien ne peut ébranler ma croyance...
Vous l'aimerez toujours ?... Promettez !... Votre main !...
Quelque faux héroïsme, ou le respect humain,
A cet abaissement ne pourra vous conduire
Que vous n'avoûriez point l'amour qu'il vous inspire ?
Me le promettez-vous, reine ? vous l'aimerez
A jamais, et lui seul, dites ? Vous le jurez ?

LA REINE.

Pour juger mon amour, ma règle la plus sûre
Sera mon cœur ; voilà tout ce que je vous jure.

LE MARQUIS, retirant sa main :

Maintenant, de ce monde en paix je puis sortir ;
Ma tâche est à sa fin.
(Il s'incline devant la reine et veut sortir.)

LA REINE le suit des yeux en silence :

    Quoi ! vous allez partir ?
Et sans me dire un mot, un seul mot qui m'apprenne
Si nous nous reverrons ? Sera-ce bientôt ?

LE MARQUIS, revenant et détournant le visage :

Reine !
Oui, nous nous reverrons, j'en donne ici ma foi.

LA REINE.

Je vous comprends, Posa ; je vous comprends. Pourquoi
Avec moi vous conduire ainsi ?

LE MARQUIS.

Je le répète :
Carlos ou moi, Madame; il fallait une tête.

LA REINE.

Non, non, c'est que le rôle, en agissant ainsi,
Vous a paru sublime et vous l'avez choisi.
Vous tenteriez en vain de me donner le change,
Je vous connais. Longtemps cette action étrange
A fait l'unique but de vos désirs de feu.
Périssent mille cœurs ! il vous importe peu,
Pourvu que votre orgueil trouve à se satisfaire.
Sur ce que vous valez ce dénouement m'éclaire :
Oui, vous n'avez agi que pour être admiré.

LE MARQUIS, étonné, à part :

Mon cœur à cet arrêt n'était point préparé.

LA REINE, après un moment de silence :

N'est-il plus de salut ?

LE MARQUIS.

Non.

LA REINE.

Non ? si je le tente ?
Réfléchissez encor.

LE MARQUIS.

Vous seriez impuissante.

LA REINE.

Mais, ce n'est qu'à demi que vous me connaissez,
Marquis; j'ai du courage et beaucoup.

LE MARQUIS.

Je le sais.

LA REINE.

Plus d'espoir?

LE MARQUIS.

Non.

LA REINE le quitte en se cachant le visage :

Allez! mon estime est ravie,
Désormais, à tout homme.

LE MARQUIS, dans une violente agitation, se précipite à ses pieds :

O reine!... Que la vie
Est belle cependant! Et la quitter déjà!

(Il se lève et sort précipitamment. La reine entre dans son cabinet.)

SCÈNE VINGT-DEUXIÈME.

(L'antichambre du roi.)

LE DUC D'ALBE et DOMINGO vont et viennent en silence, chacun de son côté; LE COMTE DE LERME, sortant du cabinet du roi, puis DON RAYMOND DE TAXIS, grand-maître des postes.

LE COMTE DE LERME.

N'a-t-on pas encor vu le marquis de Posa?

LE DUC D'ALBE.

Non.

(Le comte de Lerme veut rentrer.)

DON RAYMOND DE TAXIS, arrivant :

Veuillez m'annoncer, comte.

LE COMTE DE LERME.

C'est impossible,
Le roi, dans ce moment, monsieur, n'est pas visible.

DON RAYMOND DE TAXIS.

Dites que j'ai besoin de le voir un instant ;
Que pour sa majesté l'objet est important.
Hâtez-vous !
(Le comte de Lerme rentre dans le cabinet.)

LE DUC D'ALBE, s'approchant du grand-maître des postes :

Patience ! Il en faut, cher grand-maître.
Vous allez, comme nous, apprendre à la connaître ;
Vous espérez en vain être reçu du roi.

DON RAYMOND DE TAXIS.

Comment ! je ne pourrais lui parler ? Et pourquoi ?

LE DUC D'ALBE.

Si vous vouliez le voir, il eût fallu, d'avance,
Au marquis de Posa demander l'audience :
Il retient prisonnier et le père et le fils.

DON RAYMOND DE TAXIS.

Posa ? comment ? très-bien ! c'est lui qui m'a remis
Cette lettre...

LE DUC D'ALBE.

Une lettre ! ah ! vraiment ? quelle est-elle ?

DON RAYMOND DE TAXIS.

Qu'il voulait que je fisse arriver à Bruxelle...

ACTE IV, SCÈNE XXII.

LE DUC D'ALBE, attentif :

A Bruxelle ?

DON RAYMOND DE TAXIS.

Et qu'au roi je vais livrer soudain.

LE DUC D'ALBE.

A Bruxelle ! avez-vous entendu, chapelain ?
A Bruxelle !

DOMINGO, s'approchant :

Cela m'est suspect.

DON RAYMOND DE TAXIS.

Son visage,
Quand il recommandait à mes soins ce message,
Trahissait bien du trouble et de l'anxiété.

DOMINGO.

Vraiment ? du trouble ?

LE DUC D'ALBE.

A qui devait être porté
Cet écrit ?

DON RAYMOND DE TAXIS.

Il était pour le prince Guillaume.

LE DUC D'ALBE.

Chapelain ! pour Orange ! On trahit le royaume !

DOMINGO.

Nul doute ; cet écrit est une trahison.
De le livrer au roi vous avez bien raison,
Noble seigneur ; le roi reconnaîtra ce zèle.
Vous vous êtes conduit en serviteur fidèle.

DON RAYMOND DE TAXIS.

Mon père, je n'ai fait que remplir mon devoir.

LE DUC D'ALBE.

Vous fîtes bien.

LE COMTE DE LERME, *sortant du cabinet, au grand-maître des postes :*

Le roi veut bien vous recevoir.
(Don Raymond de Taxis entre.)
Le marquis n'est-il pas encor venu ?

DOMINGO.

Personne
N'a pu le découvrir.

LE DUC D'ALBE.

Cette absence m'étonne.
Le marquis fait du prince un prisonnier d'État,
Et le roi ne sait pas pourquoi cet attentat !

DOMINGO.

Le marquis n'en a pas seulement rendu compte.

LE DUC D'ALBE.

Qu'a dit sa majesté de l'événement, comte ?

LE COMTE DE LERME.

Pas un mot.
(On entend du bruit dans le cabinet.)

LE DUC D'ALBE.

Quel bruit ! Paix !

DON RAYMOND DE TAXIS, *sortant du cabinet :*

Comte de Lerme !
(Ils y entrent tous deux.)

ACTE IV, SCÈNE XXII.

LE DUC D'ALBE, à Domingo :

Eh quoi !
Que se passe-t-il donc ?

DOMINGO.

Et d'où vient tant d'effroi ?
Est-ce que cette lettre aurait, par aventure ?...
Duc, ceci me paraît d'un bien mauvais augure.

LE DUC D'ALBE.

C'est Lerme qu'il appelle, alors qu'évidemment
Il nous sait, vous et moi, dans cet appartement !

DOMINGO.

Notre règne est passé.

LE DUC D'ALBE.

Ne suis-je plus cet homme
Devant qui l'on ouvrait toutes les portes ? Comme
Tout est changé pour moi ! Quelle confusion !

DOMINGO s'est approché doucement de la porte du cabinet et prête l'oreille :

Chût !

LE DUC D'ALBE, après une pause :

Tout se tait. J'entends leur respiration.

DOMINGO.

Le son est amorti par la tapisserie.

LE DUC D'ALBE.

Éloignez-vous ! on vient.

DOMINGO, quittant la porte :

Oh ! j'ai l'âme saisie,
Je tremble, comme si, pour nous, dans ce moment,
Allait se décider un grand événement.

SCÈNE VINGT-TROISIÈME.

LES PRÉCÉDENTS, LE PRINCE DE PARME, LE DUC DE FÉRIA, LE DUC DE MÉDINA-SIDONIA et quelques autres grands.

LE PRINCE DE PARME.

Peut-on voir le roi?

LE DUC D'ALBE.

Non.

LE PRINCE DE PARME.

Donne-t-il audience?
Qui donc est avec lui?

LE DUC DE FÉRIA.

Le chevalier, je pense.

LE DUC D'ALBE.

On l'attend.

LE PRINCE DE PARME.

Nous quittons, ces deux messieurs et moi,
Saragosse : Madrid est dans un grand effroi.
Est-il vrai?...

DOMINGO.

Par malheur.

LE DUC DE FÉRIA.

Ce bruit dont on s'effraie ?
Le prince prisonnier ?

LE DUC D'ALBE.

La nouvelle est bien vraie.

ACTE IV, SCÈNE XXIII.

LE PRINCE DE PARME.

Sur l'ordre du marquis? mais pourquoi? qu'a-t-il fait?

LE DUC D'ALBE.

Vous demandez pourquoi? Personne ne le sait.
Le marquis et le roi pourraient seuls vous instruire.

LE PRINCE DE PARME.

Sans même qu'aux Cortès on ait daigné le dire?

LE DUC DE FÉRIA.

Malheur à qui trempa dans ce crime odieux!

LE DUC D'ALBE.

Oh! oui, malheur sur lui! c'est bien ce que je veux.

LE DUC DE MÉDINA-SIDONIA.

Moi, de même.

LES AUTRES GRANDS.

Et nous tous, aussi.

LE DUC D'ALBE.

Qui veut me suivre
Aux pieds du roi?

LE COMTE DE LERME, *sortant du cabinet avec précipitation* :

Duc d'Albe!

DOMINGO.

Ah! je me sens revivre.
Dieu soit loué!

(Le duc d'Albe entre dans le cabinet.)

LE COMTE DE LERME, *respirant à peine et fort agité* :

Messieurs, si le marquis venait.

Sa majesté n'est pas seule en son cabinet ;
Elle le mandera. Qu'il attende.

DOMINGO, au comte de Lerme, que tous les grands entourent avec une impatiente curiosité :

De grâce,
Comte, veuillez nous dire au moins ce qui se passe !
Votre pâleur...

LE COMTE DE LERME, qui veut sortir :

Ah ! c'est infernal !

LE PRINCE DE PARME et LE DUC DE FÉRIA, ensemble :

Quoi donc ? quoi ?

LE DUC DE MÉDINA-SIDONIA.

Et le roi ? Que fait-il ?

DOMINGO, en même temps :

Infernal ? quoi ?

LE COMTE DE LERME.

Le roi
A pleuré !

DOMINGO.

Le monarque !

TOUS, en même temps et avec une extrême surprise :

Il a versé des larmes ?
(On entend une sonnette dans le cabinet ; le comte de Lerme y entre.)

DOMINGO, le suivant et voulant le retenir :

Comte ! un seul mot... pardon... Il part ! à nos alarmes
Il nous laisse !

SCÈNE VINGT-QUATRIÈME.

LES PRÉCÉDENTS, moins LE DUC D'ALBE et LE COMTE DE LERME, LA PRINCESSE D'ÉBOLI.

LA PRINCESSE, hors d'elle-même, se précipite dans l'appartement :

Le roi? Je veux parler au roi.
(Au duc de Féria :)
Vous, duc, à l'instant même, à lui conduisez-moi !

LE DUC DE FÉRIA.

Personne n'est admis. Un travail d'importance...

LA PRINCESSE.

Signerait-il déjà la terrible sentence?
On le trompe ; je veux que tout soit éclairci.

DOMINGO, lui faisant, de loin, un signe expressif :

Princesse d'Éboli !

LA PRINCESSE, allant à lui :

Vous? prêtre! vous, ici?
C'est bien. Précisément vous m'êtes nécessaire ;
Vous pourrez m'appuyer.
(Elle lui saisit la main et veut l'entraîner dans le cabinet.)

DOMINGO.

Moi? Que voulez-vous faire?
Êtes-vous bien à vous? Je pourrais en douter.

LE DUC DE FÉRIA.

Éloignez-vous ! le roi ne peut vous écouter.

LA PRINCESSE.

Mais il faut qu'il m'écoute, il faut que je l'éclaire !

La vérité ! Je veux qu'il la connaisse entière !
La vérité ! Quand même il serait dix fois Dieu !

DOMINGO.

Vous vous exposez trop ; quittez, quittez ce lieu !

LA PRINCESSE.

Tremble devant celui qu'ici tu divinises ;
Je ne risque rien, moi.

(Au moment où elle veut entrer dans le cabinet, le duc d'Albe en sort précipitamment ses yeux rayonnent, sa démarche est triomphante ; il s'élance vers Domingo et l'embrasse.)

LE DUC D'ALBE.

Dans toutes les églises
Qu'on chante un Te Deum ! A nous victoire !

DOMINGO.

A nous ?

LE DUC D'ALBE, à Domingo et aux autres grands :

Entrez ! un peu plus tard je vous instruirai tous.

ACTE CINQUIÈME.

(Une salle du palais du roi, donnant, par une porte grillée en fer, sur une grande cour, dans laquelle on voit des gardes passer et repasser.)

SCÈNE PREMIÈRE.

DON CARLOS assis à une table, la tête appuyée sur le bras, comme s'il dormait. Au fond de la salle, quelques officiers enfermés avec lui. LE MARQUIS DE POSA entre sans que don Carlos l'aperçoive et parle à voix basse aux officiers, qui s'éloignent aussitôt. Il s'approche de don Carlos et le regarde un moment en silence et avec tristesse ; enfin, il fait un mouvement qui tire le prince de son assoupissement. Don Carlos se lève, aperçoit le marquis et tressaille d'effroi. Il le regarde pendant un moment d'un œil égaré et se passe la main sur le front, comme s'il cherchait à se rappeler quelque chose.

LE MARQUIS.

C'est moi, Carlos.

DON CARLOS, lui donnant la main :

Ainsi tu m'accordes encore
La faveur de te voir ! Ta démarche t'honore.

LE MARQUIS.

Tu peux avoir besoin de ton ami.

DON CARLOS.

Vraiment ?
Cette pensée ici t'amène en ce moment ?
Eh bien ! je suis content... oui, ma joie est extrême.
Oui ! tu devais, pour moi, rester toujours le même,
Je le savais... toujours mon ami.

LE MARQUIS.

Mais aussi,
Carlos, tu n'es que juste en me jugeant ainsi.

DON CARLOS.

N'est-ce pas ?... Nous savons encore nous comprendre.
Oh ! j'en suis bien heureux ! Oui, nous pouvions attendre,
De ton cœur et du mien, ces nobles sentiments :
Et cette bienveillance et ces ménagements.
Si, parmi les désirs que je t'ai fait connaître,
L'un fut ambitieux, même injuste, peut-être,
Tu ne saurais y voir un motif de blâmer
Tous ceux que je pouvais bien justement former ;
Car jamais la vertu n'est cruelle, inhumaine ;
Elle n'est que sévère. Oh ! je connais ta peine :
Ton cœur tendre a saigné, je puis le concevoir,
Quand tu te vis réduit à ce triste devoir,
De parer ta victime avant de la conduire
Au sacrificateur.

LE MARQUIS.

Carlos ! que veux-tu dire ?

DON CARLOS.

C'est toi qui maintenant, sans doute, achèveras
Ce qu'il m'appartenait d'accomplir. Tu feras
Naître pour ton pays cette époque dorée,
Que de moi vainement il avait espérée ;
Car c'est fait de moi... C'en est fait sans retour.
Tu l'avais bien compris : par ce terrible amour
J'ai vu dans son printemps moissonner mon génie.
Pour tes vastes projets mon cœur n'a plus de vie.
Le ciel ou le hasard mit sous ta main le roi...

Au prix de mon secret... le monarque est à toi.
Te voilà son bon ange ; à présent tu peux l'être.
Pour moi, plus de salut... Pour l'Espagne, peut-être...
Non ! à te condamner je me trouve impuissant.
Il n'est de condamnable, oh ! mon âme le sent,
Que cet aveuglement qui pouvait me défendre
De te trouver le cœur aussi noble que tendre.

LE MARQUIS.

Je reste confondu, Carlos, en vérité !
Se peut-il ? d'un ami la générosité
Se montre ingénieuse au point de rendre vaine
Toute l'habileté de ma prudence humaine !
Je vois mon édifice à présent renversé :
A ton cœur, mon ami, je n'avais point pensé.

DON CARLOS.

Certes, de ce destin tu l'aurais préservée,
Si tu l'avais pu faire ; oui, tu l'aurais sauvée,
N'est-ce pas ? Oh ! pour toi mon cœur en aurait eu
Une reconnaissance éternelle, vois-tu.
Ne pouvais-je être seul à tomber dans l'abîme ?
Fallait-il qu'elle fût la seconde victime ?...
Mais de tant de malheurs il ne faut plus parler ;
Nul reproche de moi ne viendra te troubler,
Rassure-toi. D'ailleurs, que t'importe la reine ?
Pour elle éprouves-tu cet amour qui m'entraîne ?
Et des soucis mesquins dont il vient m'agiter,
A ta vertu sévère est-ce à s'inquiéter ?...
Pardon, j'étais injuste.

LE MARQUIS.

     Et tu l'es. Non, sans doute,
Dans le reproche seul qu'en ce moment j'écoute ;

Fondé, tous le seraient. S'il en était ainsi,
Tu ne me verrais pas tel que je viens ici.
(Il tire son portefeuille.)
Je te rends quelques-uns des papiers que, naguère,
Tu m'avais confiés. Tiens! prends-les.

DON CARLOS, regardant avec surprise tantôt les lettres et tantôt le marquis :

Quel mystère!

LE MARQUIS.

Dans ta main, désormais, ce dépôt précieux
Est plus sûr qu'en la mienne.

DON CARLOS.

En croirai-je mes yeux?
Ces lettres! mais le roi ne les a donc pas lues?
Ces lettres! est-il vrai qu'il ne les ait pas vues?

LE MARQUIS.

Ces lettres?

DON CARLOS.

Tu n'as pas tout montré?

LE MARQUIS.

D'où sais-tu
Que même, sous ses yeux, une seule ait paru?

DON CARLOS, dans le plus grand étonnement :

Est-il possible!... Lerme...

LE MARQUIS.

A pris soin de t'instruire?
C'est assez. La lumière à mes yeux vient de luire.
Qui donc pouvait prévoir?... Ainsi le comte?... Non,
Cet homme ne sait pas mentir. Il a raison ;

ACTE V, SCÈNE II.

Oui, ce qui me restait de ta correspondance,
Le roi l'a.

DON CARLOS le regarde longtemps dans un muet étonnement.

Pourquoi donc suis-je ici ?

LE MARQUIS.

Par prudence ;
Pour t'empêcher de faire encor d'une Éboli
Ta confidente.

DON CARLOS, comme sortant d'un rêve :

Enfin, voilà tout éclairci !
Je comprends.

LE MARQUIS, allant vers la porte :

Qui vient là ?

SCÈNE DEUXIÈME.

LES PRÉCÉDENTS, LE DUC D'ALBE.

LE DUC D'ALBE s'approche respectueusement du prince, et pendant toute la scène tourne le dos au marquis :

Le roi vers vous m'envoie,
Prince ; vous êtes libre,
(Don Carlos considère le marquis avec surprise. Silence général.)

Et croyez à ma joie
De pouvoir le premier...

DON CARLOS les regarde tous deux avec la dernière surprise, et, après un moment de silence, s'adresse au duc :

Je me vois arrêté,
Conduit sous ces verroux, remis en liberté,
Et je n'en saurai pas les motifs ?

LE DUC D'ALBE.

　　　　　　　　　Ce doit être
Par suite d'une erreur à laquelle mon maître
Fut par un imposteur entraîné.

DON CARLOS.

　　　　　　　　　Je me voi,
Cependant, prisonnier par les ordres du roi ?

LE DUC D'ALBE.

Oui, toujours par l'effet de la même méprise.

DON CARLOS.

Je la déplore ; mais si le roi l'a commise
C'est à lui de venir aussi la réparer.
(Il cherche des yeux le marquis et conserve à l'égard du duc une attitude hautaine.)
Je suis le fils du roi ; je ne puis ignorer
Que j'ai toujours sur moi l'œil de la calomnie.
La curiosité se fait mon ennemie.
Ce que sa majesté ne fait que par devoir,
Carlos à la faveur ne veut pas le devoir ;
Ou bien, si c'est ainsi que le roi veut l'entendre,
J'en appelle aux Cortès, je saurai m'y défendre...
Non, non ! je ne veux pas qu'une semblable main
Me rende mon épée.

LE DUC D'ALBE.

　　　　　　　A vos désirs, soudain,
Le roi va satisfaire ; ils sont justes. Peut-être,
Prince, à son envoyé voudrez-vous bien permettre
De vous accompagner ?...

DON CARLOS.

　　　　　　　Je prétends demeurer

Jusqu'à ce que le roi vienne me délivrer,
Ou que pour moi Madrid tout entier se soulève.
Allez ! portez au roi ma réponse.
(Le duc d'Albe s'éloigne. On le voit encore pendant quelques instants s'arrêter dans la cour et y donner des ordres.)

SCÈNE TROISIÈME.

DON CARLOS, LE MARQUIS DE POSA,

DON CARLOS, quand le duc est sorti, s'adresse au marquis avec curiosité et surprise :

Est-ce un rêve ?
Parle ! rend la lumière à mes esprits confus :
Est-ce que tu n'es pas ministre ?

LE MARQUIS.

Je le fus,
Tu le vois.   (Allant à lui avec une extrême émotion :)
O Carlos ! voilà mon œuvre faite.
Oui, tout a réussi ; c'est bien, elle est complète.
Je te bénis, ô Dieu qui m'as soutenu !

DON CARLOS.

Toi ?
Je ne te comprends pas... Quelle œuvre ?... Explique-moi...

LE MARQUIS, lui prenant la main :

Te voilà sauvé... libre.., et moi...
(Il s'arrête.)

DON CARLOS.

Parle ! de grâce !

LE MARQUIS.

Et moi... moi, sur mon sein je te presse et t'embrasse,

15.

Pour la première fois, en toute liberté.
Je le puis ; c'est un droit, Carlos, que j'achetai
De tout ce que j'avais de précieux au monde.
O moment solennel ! Que ma joie est profonde !
Je suis content de moi !

DON CARLOS.

Quel changement subit,
Étrange, ton visage en ce moment subit !
Plus fière que jamais s'élève ta poitrine,
Et d'un feu tout nouveau ton regard s'illumine !

LE MARQUIS.

Il faut nous dire adieu, Carlos... Rassure-toi ;
Garde la dignité de l'homme, et jure-moi,
Quels que soient les aveux qu'ici je vais te faire,
De ne me rendre point cette heure plus amère,
Par une affliction indigne d'un grand cœur...
Tu me perds... pour longtemps ; et même, en son erreur,
L'insensé te dirait : pour toujours.

(Don Carlos retire sa main, regarde le marquis fixement et ne répond rien.)

Du courage !
J'ai compté sur ton âme et je lui rends hommage,
En ne redoutant point de passer avec toi
Ces moments solennels que l'homme, avec effroi,
Appelle : les derniers... Et puis, je le confesse,
En y songeant, mon cœur était plein d'allégresse...
Viens, il faut nous asseoir... je me sens abattu...
Mon corps est épuisé.

(Il s'approche de don Carlos qui, toujours dans une stupeur profonde, souffre machinalement que le marquis le fasse asseoir.)

Carlos ! où donc es-tu ?
Tu ne me réponds pas ?... Eh bien ! je vais t'apprendre,
En abrégeant beaucoup, ce que tu dois entendre :

Le lendemain du jour où nous pûmes tous deux,
Pour la dernière fois, au couvent des Chartreux
Nous retrouver encor, ton père en sa présence
Me fit venir ; tu sais ce que fut l'audience ;
Tout Madrid l'a connu ; mais tu n'as point appris
Que déjà ton secret avait été surpris ;
Que l'on avait trouvé tes lettres à la reine ;
Que contre toi c'était une preuve certaine ;
Qu'enfin j'avais tout su de la bouche du roi ;
Que j'étais devenu son confident... oui, moi !
(Il se tait pour attendre une réponse de don Carlos. Celui-ci persiste dans son silence.)
Oui, Carlos ; c'est alors qu'en cette heure cruelle,
Ma bouche à l'amitié dut paraître infidèle :
C'est moi qui dirigeai le funeste complot
Qui t'anéantissait. Les faits parlaient trop haut.
De te justifier je perdais l'espérance.
Du monarque sur moi détourner la vengeance,
C'était le seul moyen de salut. C'est ainsi
Que pour mieux te servir je fus ton ennemi...
Tu ne m'écoutes plus ?

DON CARLOS.
Parle, parle, oh ! j'écoute.

LE MARQUIS.

Jusque-là sans errer j'avais suivi ma route,
Mais le subit éclat de la faveur du roi
Vient me trahir : le bruit en ira jusqu'à toi...
Alors, n'écoutant plus qu'une fausse tendresse,
Aveuglé par l'orgueil, j'ai cette hardiesse
De poursuivre sans toi mon hasardeux projet,
Et de te dérober mon dangereux secret ;
A toi, Carlos ! Ce fut une grave imprudence ;
Je ne le vois que trop, ma faute était immense ;

Ma confiance en toi fut portée à l'excès ;
Pardonne mon erreur : c'est qu'alors je pensais
Trouver ton amitié robuste, inébranlable.

(Il se tait. Don Carlos passe de son immobilité à une violente agitation.)

Mais, ô funeste effet d'un silence coupable !
De périls supposés on alarme ton cœur :
La reine tout en sang, au palais la terreur ;
L'empressement fatal de Lerme à tout t'apprendre,
Et mon silence, auquel tu ne peux rien comprendre,
Tout te trouble, t'étonne, et ton cœur éperdu
Sent faiblir son courage et croit qu'il m'a perdu.
Trop généreux, trop pur pour que tu me soupçonnes,
C'est le nom de grandeur qu'à ma chute tu donnes.
Tu n'oses t'avouer mon infidélité
Que quand tu crois pouvoir en toute sûreté
Honorer ton ami même dans sa faiblesse.
Il était seul pour toi ; tu vois qu'il te délaisse,
Et tu vas te livrer aux bras d'une Éboli,
Malheureux ! d'un démon : elle t'avait trahi !

(Don Carlos se lève.)

Quand je te vois, ami, courir à cette femme,
Un noir pressentiment vient traverser mon âme.
Je te suis, mais trop tard : à ses pieds je te vois ;
Sur ta lèvre est l'aveu ; plus de salut pour toi...

DON CARLOS.

Non, elle était émue... émotion réelle...
Tu te trompes...

LE MARQUIS.

Je sens que mon esprit chancelle.
Pour sortir du danger, nul secours, nul moyen ;
Dans l'univers entier, rien. absolument rien !
Le désespoir me donne une rage insensée :

ACTE V, SCÈNE III.

Une femme est par moi d'un poignard menacée !...
Un soudain changement alors se fait en moi;
Je me sens inspiré : si je trompais le roi ?
Si je puis à ses yeux passer pour le coupable ?
Que l'accusation soit ou non vraisemblable,
Qu'importe ! elle suffit pour un roi soupçonneux ;
Le mal sera toujours vraisemblable à ses yeux.
Eh bien ! je l'oserai. Cette foudre subite,
Surprenant le tyran, peut faire qu'il hésite.
Cette hésitation est tout ce que j'attends,
Car à mon cher Carlos elle donne le temps
D'arriver à Bruxelle...

DON CARLOS.

Et ce projet étrange,
Tu l'aurais pu ?...

LE MARQUIS.

J'écris à Guillaume d'Orange
Que j'aime Élisabeth, que j'ai trompé le roi
En jetant les soupçons de cet amour sur toi ;
Que, grâce au roi, je puis, sans que rien me retienne,
A toute heure du jour entretenir la reine ;
J'ajoute que j'ai craint d'être par toi trahi
Parce que tu surpris mon amour ; qu'Éboli
En a reçu de toi la nouvelle, et, je pense,
Pour aller à la reine en faire confidence ;
Qu'aussitôt je t'ai fait arrêter ; mais qu'enfin,
Ne pouvant réussir, j'ai formé le dessein
De chercher mon refuge à Bruxelles. La lettre.,.

DON CARLOS, effrayé, l'interrompant tout à coup :

Juste ciel ! à la poste osas-tu la remettre ?
Tous les paquets en Flandre, en Brabant adressés...

LE MARQUIS.

Entre les mains du roi sont remis, je le sais,
Et Taxis a déjà, si j'en crois l'apparence,
Fait son devoir.

DON CARLOS.

Je suis perdu sans espérance !

LE MARQUIS.

Toi ! comment serais-tu perdu, toi ?

DON CARLOS.

Malheureux !
Tu t'es perdu toi-même !... Oui, perdus tous les deux !
Jamais, oh ! non, jamais tu ne verras mon père
Couvrir de son pardon l'imposture grossière...

LE MARQUIS.

Une imposture ? Eh quoi ! réfléchis : qui pourra,
Carlos, l'en informer ?

DON CARLOS, le regardant fixement

Qui l'en informera ?...
Moi !

(Il veut sortir.)

LE MARQUIS.

Tu délires, reste !

DON CARLOS.

Ah ! laisse-moi ! de grâce !
Au nom du ciel !... Je veux partir. L'heure se passe...
Il paie un assassin tandis que dans ces lieux
Je m'arrête.

LE MARQUIS.

Le temps en est plus précieux ;
Nous avons à nous dire encore beaucoup. Reste !

DON CARLOS.

Quoi ? pour qu'il mette fin à son projet funeste ?
Non !
(Il veut sortir ; le marquis le retient par le bras et le regarde d'un air expressif.)

LE MARQUIS.

Écoute, Carlos : as-tu vu, souviens-toi,
Ce même empressement, ces scrupules chez moi,
Lorsque pour ton Rodrigue, aux jours de notre enfance,
Ton sang s'est répandu ?

DON CARLOS, saisi d'admiration et d'attendrissement :

Céleste Providence !

LE MARQUIS.

Tes jours sont à la Flandre, il faut les épargner.
Suivons notre destin : le tien est de régner,
Et le mien, de mourir pour toi.

DON CARLOS s'élance vers lui et lui prend la main avec la plus vive émotion :

C'est impossible !
A cet acte sublime il faut qu'il soit sensible ;
Il n'y pourra jamais résister... Viens ! je veux
Te conduire à mon père et, devant lui, tous deux,
Nous nous embrasserons ; je lui dirai : mon père,
Voilà ce qu'un ami pour son ami put faire ! ..
Va ! je l'attendrirai... son cœur n'est pas d'airain...
De son émotion tu peux être certain...
Je vois les pleurs brûlants que ses yeux vont répandre !...

Sur toi comme sur moi son pardon va descendre!...
(Un coup d'arquebuse à travers la grille. Don Carlos tressaille.)
Pour qui ce coup?

LE MARQUIS.

Pour moi, je pense.
(Il tombe.)

DON CARLOS se jette sur lui en poussant un cri de douleur.

Oh! ciel!

LE MARQUIS, d'une voix mourante :

Le roi
S'est bien hâté... j'avais encore espéré... Toi,
Songe à ta sûreté... Songe-s-y bien... Ta mère
Sait tout... Je ne puis plus... la force...

(Don Carlos reste comme mort sur le corps du marquis. Peu après le roi entre accompagné de ses grands. Il recule à cet aspect. Silence profond et général. Les grands se rangent en demi-cercle et regardent tantôt le roi, tantôt son fils. Celui-ci reste couché sans donner signe de vie. Le roi le considère muet et pensif.)

SCÈNE QUATRIÈME.

LE ROI, DON CARLOS, LES DUCS D'ALBE, DE FÉRIA, DE MÉDINA-SIDONIA, LE PRINCE DE PARME, LE COMTE DE LERME, DOMINGO, LES GRANDS.

LE ROI, avec bonté :

Ta prière,
Mon fils, est exaucée : en ces lieux je me rends
Moi-même, et, tu le vois, suivi de tous mes grands,
Pour rouvrir ta prison.

(Don Carlos lève les yeux et promène ses regards autour de lui comme s'il sortait d'un songe. Il les arrête tantôt sur le roi et tantôt sur le corps du marquis et ne répond point.)

Tiens! reprends ton épée.

J'ai trop tôt fait agir ma justice trompée.
(Il s'approche de lui et lui tend la main pour l'aider à se relever.)
Ta place n'est pas là, mon fils ; viens sur mon sein,
Mes bras te sont ouverts.
(Don Carlos se laisse machinalement aller dans les bras du roi ; tout à coup il revient
à lui, s'arrête et le regarde de plus près.)

DON CARLOS.

Non ! tu sens l'assassin !
Je ne puis t'embrasser.
(Il le repousse ; tous les grands font un mouvement.)

Soyez sans épouvante,
Vous tous ! mon action est donc bien surprenante ?
Ai-je levé la main contre l'oint du Seigneur ?
Je n'y toucherai pas, calmez votre frayeur.
Déjà du doigt de Dieu son front porte la marque,
Ne le voyez-vous pas ?

LE ROI, voulant s'en aller :

Suivez votre monarque,
Messieurs !

DON CARLOS.

Où voulez-vous aller, sire ? D'ici,
Vous ne sortirez pas...
(Il le retient avec force. Sa main rencontre l'épée que le roi lui apportait. Elle sort
du fourreau.)

LE ROI.

Me menacer ainsi !
Ton père ?

TOUS LES GRANDS, tirant leur épée :

Régicide !

DON CARLOS, tenant le roi d'une main et son épée de l'autre :

Allons ! rentrez le glaive !

Que me voulez-vous, tous? Croyez-vous que je rêve,
Ou bien que le délire ait égaré mes sens?
S'il en était ainsi, vous seriez imprudents
De rappeler en moi ma raison échappée,
Pour me faire sentir qu'au bout de cette épée
Je tiens les jours du roi. De grâce, éloignez-vous!
Il faut de la douceur avec moi. Sortez tous!
Ce que je puis avoir à faire avec cet homme,
N'importe pas aux droits des vassaux du royaume.
Regardez seulement son bras ensanglanté;
Regardez bien... voyez!... et puis, de ce côté,
Contemplez son ouvrage!... Oh! l'artiste est habile!

LE ROI, aux grands qui se pressent autour de lui avec inquiétude :

Arrière tous! Pourquoi cette crainte inutile?
C'est mon fils. Nous allons voir à quels attentats
La nature...

DON CARLOS.

Ce mot, je ne le connais pas!
L'assassinat! voilà le vrai mot d'ordre, sire!
Oui, de l'humanité le pacte se déchire;
Toi-même, en tes États, toi, tu l'as déchiré.
Tu t'en moques, eh bien! comme toi je ferai...
Convenez, en voyant ce meurtre épouvantable,
Que jamais il n'en fut de plus abominable.
Dieu n'est-il pas? les rois, à sa création,
Osent-ils imposer leur domination?
Parlez! Dieu n'est-il pas?... Depuis que sur la terre,
Par la loi de ce Dieu l'homme naît d'une mère,
Il n'en est pas un seul, pas un que le trépas
Ait plus injustement frappé... Tu ne sais pas
Quel est ton crime?... Oh! non; cet homme, sur mon âme,
Ignore qu'il osa, comme un voleur infâme,

ACTE V, SCÈNE IV.

Par cet assassinat, ravir à l'univers
Des jours si précieux, si nobles et si chers,
Que tout son siècle et lui n'ont rien qui les compense !

LE ROI, avec douceur :

Si je me suis montré trop prompt dans ma vengeance,
C'était pour toi ; peux-tu me le reprocher ?

DON CARLOS.

Quoi !
Vous ne devinez pas ce qu'il était pour moi,
Ce mort ?... Aidez-le donc, Messieurs; vous pouvez faire
Que sa toute-science arrive à ce mystère...
Ce mort fut mon ami. Martyr de l'amitié,
Sachez-le, c'est pour moi qu'il s'est sacrifié !

LE ROI.

Oh ! mes pressentiments !

DON CARLOS.

Ombre sanglante et chère !
Pardon si tu m'entends profaner ce mystère,
Quand ainsi je le livre à de tels confidents !
Ce vieillard, qui se croit parmi les plus prudents,
Cet infaillible expert en hommes, qu'il connaisse
Qu'un enfant s'est joué de sa vieille sagesse ;
Qu'il en meure de honte et de confusion !...
Oui, sire, nous étions frères ; notre union
Posait sur une base et plus noble et plus pure
Que la fraternité faite par la nature.
De sa vie il a fait toute une œuvre d'amour.
C'est par amour pour moi qu'il a perdu le jour.
Vous étiez fier d'avoir son estime, ô démence !
Il ne pensait qu'à moi. Pour moi son éloquence,
Avec tant de malice et de facilité,

Trompait de votre esprit l'immense vanité.
Le dompter vous semblait une œuvre bien facile,
Quand, lui, faisait de vous un instrument docile
De ses vastes projets. Par prudence il voulut
Que je fusse arrêté. C'était pour mon salut
Qu'il écrivit la lettre à Guillaume d'Orange.
Il n'a jamais menti qu'en cette lettre étrange;
Dieu le sait. Il voulut m'arracher au trépas
En le cherchant lui-même... Il le reçut, hélas !
Vous lui donniez déjà votre faveur entière :
Il meurt, et c'est pour moi, sire. Votre prière
Le presse d'accepter votre amitié : soudain,
Ce sceptre, ce jouet que recevait sa main,
Il le rejette et meurt pour moi !

(Le roi demeure immobile, les yeux baissés. Les grands l'observent d'un air embarrassé et craintif.)

       Comment donc, sire,
Ce mensonge grossier a-t-il pu vous séduire ?
Certes, cet homme a dû vous estimer bien peu,
Pour croire que c'était assez d'un pareil jeu.
Et quand son amitié vous paraît désirable,
Vous ne supportez pas une épreuve semblable !
Non, ici vous aviez espéré vainement;
Cet homme ne pouvait être votre instrument ;
Il le savait fort bien quand sa rare prudence
Vous repoussa malgré toute votre puissance.
Cette lyre si tendre eût beaucoup trop souffert;
Elle a dû briser entre vos mains de fer...
Vous deviez le tuer.

LE DUC D'ALBE, qui n'a pas perdu le roi de vue un seul instant et qui a observé avec une inquiétude visible les mouvements de sa physionomie, s'approche de lui timidement :

       Rompez, je vous conjure,
Ce silence. Un regard, un mot qui nous rassure !

DON CARLOS.

Il ne vous voyait pas d'un œil indifférent,
Oh! non ; il vous portait un intérêt bien grand,
Déjà depuis longtemps. Il eût fait davantage :
Votre bonheur, peut-être, eût été son ouvrage.
Il avait dans son cœur un si riche trésor !
Son superflu pouvait vous faire riche encor.
De son esprit sublime une seule étincelle
Eût fait de votre vie une vie immortelle,
Et vous perdez ces biens par votre faute ! vous !
Et, par là même, il faut que je les perde tous !
Que pouvez-vous offrir, maintenant, qui nous rende
Ce que nous attendions de cette âme si grande ?
(Profond silence. Plusieurs grands détournent la vue ou se cachent le visage dans leurs manteaux.)
O vous tous que je vois ici dans ce moment ;
Vous, que rendent muets l'horreur, l'étonnement ;
A mon père, à mon roi quand je tiens ce langage,
N'allez pas condamner mon généreux courage !
Regardez ! c'est pour moi qu'il a voulu mourir...
Ah ! si vos yeux encore aux pleurs peuvent s'ouvrir ;
Si le sang d'un mortel coule encor dans vos veines ;
Si d'un airain brûlant elles ne sont point pleines,
En contemplant ici l'ami que j'ai perdu,
Ne me condamnez pas !
(Il se tourne vers le roi avec plus de modération et de calme.)
                Vous avez attendu
Pour connaître la fin d'une telle aventure ?
Oui, la scène est étrange, elle est contre nature.
Eh bien ! sire, je rends mon épée à mon roi ;
Oui, c'est lui que dans vous désormais je revoi.
Maintenant, sans trembler j'attends votre vengeance.
Vous avez pu tuer la plus noble existence ;

Comme lui, tuez-moi ! Je mérite la mort,
Je ne l'ignore pas ; je subirai mon sort.
Que m'importe la vie ?... En ce moment suprême,
Vous m'entendez ici renoncer de moi-même
Aux biens que de ce monde autrefois j'attendis.
Parmi les étrangers allez chercher un fils !
Voyez ! là sont pour moi tous les sceptres du monde.

(Il tombe sur le corps du marquis et ne prend plus aucune part au reste de la scène. On entend dans l'éloignement un bruit confus de voix et le tumulte d'une foule. Silence profond autour du roi. Ses yeux parcourent l'assemblée, mais il ne rencontre ceux de personne.)

LE ROI.

Eh bien ! je n'entendrai personne qui réponde ?
Ces visages qu'on voile et ces regards baissés...
Mon arrêt est rendu... Vous m'en dites assez...
Eux-mêmes, mes sujets, prononcent ma sentence.

(Toujours le même silence. Le tumulte s'approche et devient plus fort. Un murmure s'établit parmi les grands, qui se font l'un à l'autre des signes d'embarras. Le comte de Lerme s'adresse enfin à voix basse au duc d'Albe.)

LE COMTE DE LERME.

Le tocsin !

LE DUC D'ALBE, bas :

J'en ai peur.

LE COMTE DE LERME, de même :

Quel bruit !... Quelqu'un s'avance.

SCÈNE CINQUIÈME.

LES PRÉCÉDENTS, UN OFFICIER DES GARDES.

L'OFFICIER, entrant précipitamment :

Rébellion ! Le roi ?

(Il écarte la foule et s'avance jusqu'au roi.)

ACTE V, SCÈNE V.

Tout Madrid est armé !
Le peuple, le soldat, de fureur enflammé,
Entoure le palais. On dit et l'on répète
Que du prince arrêté l'on menace la tête.
Le peuple le demande et veut le voir vivant,
On parle de brûler la ville dans l'instant.

TOUS LES GRANDS, dans une extrême agitation :

Sauvez, sauvez le roi !

LE DUC D'ALBE, au roi qui demeure calme et immobile :

Fuyez ! il le faut, sire.
Le danger paraît grand. Nous ne pouvons vous dire
Ni qui porta le peuple aux armes, ni pourquoi...

LE ROI sort de sa stupeur, relève la tête et se place majestueusement au milieu d'eux :

Mon trône est-il debout ? Ici suis-je le roi ?...
Non, je ne le suis plus... Lâches ! comme des femmes
Vous pleurez ! Un enfant peut amollir vos âmes !
Oui, de m'abandonner on attend le signal,
Vous me trahissez tous !

LE DUC D'ALBE.

De ce doute fatal,
Sire...

LE ROI.

Allez vous courber là-bas ! Allez ! vous dis-je,
Adorez le roi jeune et brillant ! moi, que suis-je ?
Un débile vieillard !

LE DUC D'ALBE.

Espagnols ! nous ? trahir ?

(Tous se pressent autour du roi, tirent leurs épées et mettent un genou en terre.
Don Carlos demeure seul et abandonné de tous auprès du corps du marquis de Posa.)

LE ROI arrache son manteau et le jette loin de lui.

Des ornements royaux courez le revêtir !
Les voilà ! mais avant que d'aller au perfide,
Foulez-moi sous vos pieds, et de mon corps livide
Faites-lui son pavois !
(Il tombe sans connaissance dans les bras du duc d'Albe et du comte de Lerme.)

LE COMTE DE LERME.

Du secours ! promptement !

LE DUC DE FÉRIA.

Juste ciel ! quelle scène !

LE COMTE DE LERME.

Il est sans mouvement !

LE DUC D'ALBE, laissant le roi entre les mains du comte de Lerme et du duc de Féria :

Portez-le sur son lit ! moi, je cours et ramène
Le calme dans Madrid.
(Il sort; on emporte le roi et tous les grands le suivent.)

SCÈNE SIXIÈME.

DON CARLOS reste seul auprès du corps du marquis. Après quelques instants, entre DON LOUIS MERCADO ; il regarde autour de lui avec précaution et reste un moment en silence devant le prince, qui ne le voit pas.

MERCADO.

De la part de la reine,
Je me présente ici.
(Don Carlos détourne la tête sans répondre.)
Mon nom est Mercado.
Je suis son médecin. Regardez ! cet anneau

De ma sincérité vous donne l'assurance.
(Il fait voir un anneau au prince, qui persiste dans son silence.)
La reine veut vous voir; un objet d'importance...

DON CARLOS.

Il n'en est plus pour moi sur terre.

MERCADO.
En la quittant,
Le marquis de Posa l'a chargée...

DON CARLOS, se levant avec vivacité :
A l'instant !
Allons !   (Il veut sortir avec lui.)

MERCADO.

Prince, attendez que la nuit soit venue,
Car un poste doublé garde chaque avenue.
On ne peut aborder cette aile du palais;
Ce serait tout risquer.

DON CARLOS.
Et cependant...

MERCADO.
J'allais
Vous parler d'un moyen, le seul qu'on entrevoie.
Pour vous le proposer sa majesté m'envoie.
Mais il est téméraire, étrange, aventureux.

DON CARLOS.

Ce moyen, quel est-il ?

MERCADO.
Vous savez qu'en ces lieux,

16

Une tradition depuis longtemps redite,
Prétend qu'aux souterrains de ce palais habite
L'ombre de l'empereur ; que cette ombre, à minuit,
Sous la robe d'un moine y vient errer. Ce bruit
A trouvé chez le peuple une entière croyance.
La garde qui, la nuit, sous ces voûtes s'avance,
Y veille avec terreur. Sous ce déguisement,
Malgré le poste entier vous pourrez librement
Parcourir du palais la route souterraine,
Et gagner sans péril la chambre de la reine ;
Cette clé l'ouvrira. Sous cet habit sacré
Contre tout examen vous êtes assuré.
Il faut vous décider sur l'heure ; le temps presse.
Le masque avec l'habit sont prêts pour votre altesse
Dans son appartement. Je pars ; la reine attend
Que je lui rende compte..

DON CARLOS.

Et quel sera l'instant ?

MERCADO.

Minuit.

DON CARLOS.

Je m'y rendrai, vous pouvez le lui dire.
(Mercado sort.)

SCÈNE SEPTIÈME.

DON CARLOS, LE COMTE DE LERME.

LE COMTE DE LERME.

Ah ! prince, sauvez-vous ! contre vous l'on conspire.
Je viens de voir le roi de fureur transporté.
Croyez que l'on en veut à votre liberté,

Si ce n'est à vos jours. Ce mot doit vous suffire.
Je me suis échappé pour venir vous le dire.
Fuyez !

DON CARLOS.

Je m'abandonne à Dieu.

LE COMTE DE LERME.

Si j'ai compris
Quelques mots que la reine à la hâte m'a dits,
Vous deviez aujourd'hui vous enfuir à Bruxelles.
Il faut quitter Madrid sans retard ; les rebelles
Secondent ce projet ; à la sédition
La reine a provoqué dans cette intention.
Contre la violence encore ils vous défendent.
Au couvent des Chartreux des chevaux vous attendent,
Et si quelqu'un osait vous attaquer, voici
Des armes, prenez-les.

(Il lui donne un poignard et des pistolets.)

DON CARLOS.

Merci, comte, merci !

LE COMTE DE LERME.

En voyant le malheur affreux qui vous arrive,
J'ai senti dans mon âme une douleur bien vive.
On ne retrouve pas un cœur comme le sien.
Ah ! vous avez les pleurs de tout bon citoyen...
Je n'en puis dire plus, prince.

DON CARLOS.

Comte de Lerme,
Celui de qui la mort ici marqua le terme,
Parmi les nobles cœurs vous plaçait.

LE COMTE DE LERME.

Permettez
Que je vous dise encor qu'il faut partir. Partez,
Cher prince, et que le ciel bénisse ce voyage !
Des temps meilleurs viendront, mais pour vous rendre hommage
Je ne serai plus là. Daignez donc recevoir...
(Il met un genou en terre.)

DON CARLOS, très-ému, veut le relever :

Comte ! ainsi devant moi je ne veux pas vous voir ;
Non !... vous m'attendrissez ; en ce moment funeste
Je voudrais conserver la force qui me reste.

LE COMTE DE LERME, lui baisant la main avec émotion :

O roi de mes enfants ! vous qu'ils pourront chérir !
O vous, pour qui mes fils auront droit de mourir,
Quand moi j'aurai déjà terminé ma carrière,
En voyant les enfants, souvenez-vous du père !
Que le ciel vous prépare un tranquille retour !
Sur le trône où s'assied Philippe-Deux, un jour,
A tout ce que d'un roi l'humanité réclame,
Soyez fidèle, prince, et songez que votre âme
A connu la douleur. Contre un père jamais,
Jamais, ne méditez de criminels projets.
Philippe, impatient de porter la couronne,
A forcé votre aïeul à descendre du trône,
Et ce même Philippe on le voit aujourd'hui
Trembler devant son fils : songez toujours à lui,
Prince !... Allez et que Dieu veille sur vous !

(Il sort précipitamment. Don Carlos est sur le point de sortir d'un autre côté, mais il se retourne tout à coup, se jette sur le corps du marquis et le presse encore une fois dans ses bras. Puis il sort à la hâte.)

SCÈNE HUITIÈME.

(*L'antichambre du roi*[1].)

LE DUC D'ALBE et LE DUC DE FÉRIA arrivent ensemble
en conversant.

LE DUC D'ALBE.

La ville
En tous lieux, maintenant, offre un aspect tranquille...
Comment laissâtes-vous le roi?

LE DUC DE FÉRIA.

Très-agité,
Aux plus sombres projets visiblement porté.
Il s'est enfermé seul, à sa douleur en proie.
Quoi qu'il puisse arriver, il défend qu'on le voie.
Du marquis de Posa la noire trahison
A de sa majesté confondu la raison.
Il est méconnaissable.

LE DUC D'ALBE.

Il me faut audience.
De tout ménagement mon zèle se dispense,
Après ce que je viens de découvrir.

LE DUC DE FÉRIA.

Comment?

LE DUC D'ALBE.

Un Chartreux, qui s'était glissé furtivement

[1] Les principaux courtisans y sont nécessairement réunis, puisque, sans indication nouvelle de personnages, on trouve dans la scène suivante Domingo, don Raymond de Taxis et des grands.

16.

Dans la chambre du prince, et qui faisait paraître
Un désir curieux et suspect de connaître
Jusqu'aux moindres détails de la mort du marquis,
Dans cet appartement par ma garde est surpris.
Menacé de la mort, il s'effraie, il balance,
Il parle : il a, dit-il, des papiers d'importance ;
Il les tient du marquis, et si, jusqu'à ce soir,
Le marquis de Posa ne s'était plus fait voir,
Il devait aussitôt au prince les remettre.

LE DUC DE FÉRIA.

Eh bien ! que disent-ils ?

LE DUC D'ALBE.

Une première lettre
M'apprend que don Carlos doit partir cette nuit...

LE DUC DE FÉRIA.

Quoi ?...

LE DUC D'ALBE.

Le prince serait à Flessingue conduit ;
Dans le port de Cadix un vaisseau doit l'attendre...
Et que, pour s'affranchir de notre joug, la Flandre
N'attend plus que lui seul.

LE DUC DE FÉRIA.

Dieu ! quel événement !

LE DUC D'ALBE.

D'autres lettres encor disent que Soliman,
De Rhode a fait sortir sa flotte, destinée
A nous combattre dans la Méditerranée.
Par de secrets traités il y serait tenu.

ACTE V, SCÈNE VIII.

LE DUC DE FÉRIA.

Vraiment ?

LE DUC D'ALBE.

   Par ces écrits encore j'ai connu
Quel espoir, à travers l'Europe tout entière,
Ce chevalier de Malte a poursuivi naguère :
C'était de réunir en un commun effort,
En faveur des Flamands, tous les États du Nord ;
Il ne voulait pas moins.

LE DUC DE FÉRIA.

   Quel projet téméraire !

LE DUC D'ALBE.

Enfin, l'on a saisi tout le plan de la guerre,
Qui devait enlever à perpétuité
Les provinces de Flandre à notre autorité.
Rien, rien n'est oublié dans ce travail immense :
L'attaque est calculée avec la résistance ;
Les forces du pays, les ressources qu'il a,
Dans le plus grand détail on les expose là,
Et tout ce qu'on peut croire au succès nécessaire :
Maximes qu'il faut suivre, alliances à faire.
Ce projet par l'enfer peut paraître inventé,
Mais il est d'un divin génie, en vérité !

LE DUC DE FÉRIA.

Un tel conspirateur, et sans qu'on le pénètre !
C'est rare.

LE DUC D'ALBE.

   Ces papiers font encore connaître,
Qu'au moment où le prince à partir sera prêt,
Il aura de sa mère un entretien secret.

LE DUC DE FÉRIA.

Quoi ! c'est aujourd'hui même ?

LE DUC D'ALBE.

A minuit. Ma prudence
A déjà tout prévu. Vous voyez quelle urgence ;
Quel mal pourrait causer un seul moment perdu...
Ouvrez-moi.

LE DUC DE FÉRIA.

Je ne puis. Le roi l'a défendu.

LE DUC D'ALBE.

Eh bien ! j'ouvrirai, moi ! Dans ce péril extrême,
Je ne crains pas d'oser...

(Au moment où il s'avance vers la porte, elle s'ouvre et le roi paraît.)

LE DUC DE FÉRIA.

Voici le roi lui-même.

SCÈNE NEUVIÈME.

LE ROI, LES PRÉCÉDENTS.

(Tous les personnages, effrayés à l'aspect du roi, s'écartent et le laissent respectueusement passer au milieu d'eux. Il semble être dans un rêve comme un somnambule. Ses vêtements et sa contenance indiquent encore le désordre où l'a laissé son évanouissement. Il passe lentement devant les grands et regarde chacun d'eux fixement, mais sans le remarquer réellement. À la fin, il s'arrête tout pensif, les yeux fixés vers la terre. Son agitation se manifeste par degrés.)

LE ROI.

Ce mort ! rendez-le moi ! je le veux !

DOMINGO, à voix basse au duc d'Albe :

Parlez-lui.

LE ROI, *du même ton :*

Je n'eus que son dédain ! et voilà qu'aujourd'hui
Il meurt !... Qu'on me le rende ! allons ! qu'on obéisse !
Il faudra qu'il me juge avec plus de justice.

LE DUC D'ALBE, *s'approchant avec crainte :*

Sire...

LE ROI.

Qui parle ici ?
(Il parcourt lentement des yeux le cercle des grands.)
Vraiment ! oubliez-vous
Qui je suis ? Devant moi, créature, à genoux !
Je suis encore roi ! Je veux de l'esclavage !
Parce que l'un de vous m'a jeté son outrage,
Me méprisez-vous tous ?

LE DUC D'ALBE.

Ah ! plus un mot de lui,
Sire ! un autre ennemi vous menace aujourd'hui ;
Au sein de vos États sa fureur se prépare.

LE DUC DE FÉRIA.

Le prince don Carlos...

LE ROI.

Il eut un ami rare,
Qui courut à la mort pour lui... Pour lui !... Mais moi,
S'il eût voulu m'aimer, j'en aurais fait un roi ;
Oui, j'aurais avec lui partagé ma couronne...
Comme il m'a regardé, mon fils ! Du haut d'un trône
On n'a pas ce regard. C'est qu'il avait compris
D'une telle amitié le véritable prix !
Sa douleur témoignait de son immense perte.
A de si grands regrets l'âme n'est pas ouverte,

Quand on voit échapper un passager trésor !...
Ah ! je sacrifierais pour qu'il vécut encor,
Mes royaumes de l'Inde !... O puissance suprême !
Triste pouvoir ! qu'es-tu ? toi, qui ne saurais même
Dans la tombe plonger ton bras, pour en sortir
L'homme que par ta faute elle vient d'engloutir !
Toi, qui ne saurais point réparer l'imprudence
Que tu mis à jouer une humaine existence ?
Jamais, jamais un mort ne revient du tombeau.
Qui dirait maintenant de mon sort qu'il est beau ?
Un homme est mort qui m'a refusé son estime !
Que me font les vivants ? Un seul esprit sublime,
Vraiment libre, a paru dans tout ce siècle, eh bien !
Il me dédaigne et meurt !

LE DUC D'ALBE.

    Nous ne sommes plus rien,
Espagnols ! Que la mort pour nous aussi se lève !
Même dans le tombeau, cet homme nous enlève
Le cœur du roi !

LE ROI s'assied, la tête appuyée sur la main :

    Pour moi que n'est-il mort ainsi !
Je l'aimais ; oh ! beaucoup ; comme un fils. Mais aussi,
Ce jeune homme à mes yeux venait de faire luire
Un matin tout nouveau, brillant !... Qui pourrait dire
Ce que j'aurais pour lui réservé de faveur ?
Il eut le seul amour qu'ait ressenti mon cœur.
Que l'Europe sur moi lance son anathème,
N'importe ! il ne peut pas, lui, me juger de même :
A sa reconnaissance il me reste des droits.

DOMINGO.

Ce charme surprenant sous lequel je vous vois...

ACTE V, SCÈNE IX.

LE ROI.

Et qui donc inspira son dévouement terrible ?
Mon fils ? un enfant ? non, oh non ! c'est impossible !
Un Posa ne va point pour un enfant mourir.
Le feu que l'amitié dans l'homme peut nourrir,
Cette mesquine flamme était insuffisante
Pour remplir d'un Posa l'âme vaste et puissante.
Toute l'humanité l'occupait. Son amour,
C'était le monde entier, dont il voulait un jour
Voir chaque peuple heureux. Pour sa noble entreprise
Un trône se présente : est-ce qu'il le méprise ?
Est-ce que ce moyen est par lui rejeté ?
Trahit-il à ce point sa chère humanité ?
Non, je le connais mieux : me trouvant sur sa route,
S'il put me repousser, ce ne fut pas, sans doute,
Qu'il voulut à Carlos sacrifier un roi ;
Non, c'est le vieillard seul qu'il immolait en moi,
Au jeune homme, à l'élève auquel, dans sa pensée,
Il laisserait le soin de l'œuvre commencée.
Déjà l'astre du père allait en pâlissant ;
A récompenser l'œuvre il était impuissant ;
Pour l'aurore du fils tous deux la tenaient prête ;
Oh ! oui, l'on attendait l'heure de ma retraite !

LE DUC D'ALBE.

Les preuves en sont là, lisez ! vous saurez tout.

LE ROI, se levant :

Il peut s'être trompé ! Je suis encor debout !...
Nature ! un feu nouveau dans mes veines circule,
Merci !... Je veux livrer cet homme au ridicule ;
Je veux que sa vertu soit celle d'un rêveur ;
Sa mort celle d'un fou, martyr de son erreur ;

Je veux que ce colosse, en s'écroulant, écrase
Cet imprudent ami qu'il tenait en extase,
Et recule le siècle au lieu de l'avancer.
Voyons comment de moi l'on entend se passer.
Pour tout un soir encor j'ai dans ma main le monde ;
Je veux rendre cette heure en désastres féconde ;
Je veux que sur ce sol que je vais dévaster,
Dix générations n'aient rien à récolter !
Il m'a sacrifié, dans sa sagesse folle,
A cette humanité dont il fit son idole ;
C'est elle maintenant qui va payer pour lui !
Pour commencer, brisons sa poupée aujourd'hui !

(Au duc d'Albe :)

De l'infant qu'aviez-vous tout à l'heure à me dire ?
Répétez ! ces papiers, que m'annoncent-ils ?

LE DUC D'ALBE.

          Sire,
Ces papiers vous diront tout ce que le marquis
Laisse comme héritage au prince votre fils.

LE ROI parcourt tous les papiers pendant que les assistants l'observent avec la plus grande attention. Après les avoir lus, il les met de côté et se promène en silence :

Le grand-inquisiteur ! Dites que je désire
Une heure d'entretien.

(Un des grands sort. Le roi reprend les papiers, les lit de nouveau et les met de côté.

      Cette nuit même ?

DON RAYMOND DE TAXIS.

          Oui, sire,
Cette nuit ; et lorsque deux heures sonneront,
Des chevaux au couvent tout prêts se trouveront.

LE DUC D'ALBE.

Et des gens dont je puis croire le témoignage

ACTE V, SCÈNE IX.

Ont vu qu'on y portait des objets de voyage
A l'écusson royal.

LE DUC DE FÉRIA.

Et, de plus, il paraît
Que la reine a pris soin d'envoyer, en secret,
D'importantes valeurs à des agents fidèles,
A des Maures, chargés de les rendre à Bruxelles.

LE ROI.

Et, dites-moi, l'infant? où l'avez-vous laissé?

LE DUC D'ALBE.

Près du corps du marquis, qu'il tenait embrassé.

LE ROI.

Chez la reine voit-on encor de la lumière?

LE DUC D'ALBE.

Tout est tranquille, là. Plus tôt qu'à l'ordinaire
Elle a voulu, ce soir, se livrer au repos;
Sa suite a dû sortir. La duchesse d'Arcos
Dans un sommeil profond avait laissé la reine.

(Un officier des gardes entre, tire à part le duc de Féria et lui parle bas. Celui-ci se tourne avec embarras vers le duc d'Albe; d'autres grands se groupent successivement autour de lui et un murmure confus s'élève.)

LE DUC DE FÉRIA, DON RAYMOND DE TAXIS et DOMINGO, ensemble:

Vraiment!

LE ROI.

Qu'est-ce?

LE DUC DE FÉRIA.

Un récit que l'on peut croire à peine.

DOMINGO.

Deux Suisses à l'instant viennent de raconter
Que... Mais cela serait absurde à répéter.

LE ROI.

Dites donc !

LE DUC D'ALBE.

Que, dans l'aile où la reine demeure,
L'ombre de l'empereur a paru tout à l'heure,
Et, d'un pas assuré, d'un air majestueux,
Pendant leur faction a passé devant eux.
Tous les gardes placés pour surveiller cette aile,
De même ont reproduit cette étrange nouvelle.
L'ombre aurait disparu, dit-on, subitement,
Vers le point où la reine a son appartement.

LE ROI.

Et sous quel vêtement s'est montré le fantôme ?

L'OFFICIER.

Sous celui qu'adopta l'ordre de Saint-Jérôme,
Que portait l'empereur au couvent de Saint-Just ;
Dont il était convert encor quand il mourut.

LE ROI.

En moine ? Ces soldats ont donc connu mon père ?
S'ils ne l'ont pas connu, comment peut-il se faire
Qu'ils aient vu l'empereur dans ce fantôme errant ?

L'OFFICIER.

Le sceptre dans sa main témoignait de son rang.

ACTE V, SCÈNE IX.

DOMINGO.

Si l'on en croit les bruits que le peuple débite,
Cette apparition quelquefois s'est produite.

LE ROI.

Et personne avec lui ne s'est entretenu ?

L'OFFICIER.

Chacun par la terreur s'est senti retenu.
Les gardes se sont mis à prier ; sous la voûte
Le spectre a librement continué sa route ;
Ils l'ont laissé passer respectueusement.

LE ROI.

Vers le point où la reine a son appartement
Le spectre a disparu ?

L'OFFICIER.

Dans l'antichambre, sire.
(Silence général.)

LE ROI, se retournant vivement :

Que dites-vous, messieurs ?

LE DUC D'ALBE.

Nous n'avons rien à dire.

LE ROI, après quelques moments de réflexion, à l'officier :

Qu'on surveille avec soin cette aile du palais !
Placez à chaque issue un poste ! Je voudrais
Dire un mot au fantôme avant qu'il disparaisse.
(L'officier sort ; un page entre.)

LE PAGE, annonçant :

Le grand-inquisiteur cardinal !

LE ROI, à sa suite :

Qu'on nous laisse !

(Le cardinal grand-inquisiteur, vieillard de quatre-vingt-dix ans et aveugle, entre en s'appuyant sur un bâton et conduit par deux dominicains. Les grands lui livrent passage, se jettent à genoux devant lui et touchent le bord de sa robe. Il leur donne sa bénédiction. Tous se retirent.)

SCÈNE DIXIÈME.

LE ROI, LE GRAND-INQUISITEUR.

(Long silence.)

LE GRAND-INQUISITEUR.

Suis-je devant le roi ?

LE ROI.

Vous êtes devant lui ;
Oui.

LE GRAND-INQUISITEUR.

Je n'y comptais plus.

LE ROI.

Je rappelle aujourd'hui
Une scène fréquente au temps de ma jeunesse :
C'est l'infant don Philippe encore qui s'adresse,
Pour avoir un conseil, à son instituteur.

LE GRAND-INQUISITEUR.

Il n'avait pas besoin de conseils l'empereur,
Ce Charles, mon élève et votre illustre père.

LE ROI.

Son bonheur fut bien grand de n'en avoir que faire...
Cardinal ! j'ai commis un meurtre... Loin de moi
Le repos à jamais semble avoir fui.

ACTE V, SCÈNE X.

LE GRAND-INQUISITEUR.
Pourquoi
Fûtes-vous meurtrier?

LE ROI.
Je me voyais victime
D'un complot sans exemple et qui...

LE GRAND-INQUISITEUR.
Je sais le crime.

LE ROI.
Que savez-vous? Par qui? Quand a-t-on pu?...

LE GRAND-INQUISITEUR.
Je sais,
Voici des ans déjà, ce que vous connaissez
Depuis que le soleil a fini sa carrière.

LE ROI, *avec étonnement* :
Cet homme vous était connu?

LE GRAND-INQUISITEUR.
Sa vie entière
Dans nos registres saints est inscrite.

LE ROI.
Il allait
En liberté pourtant?

LE GRAND-INQUISITEUR.
Le fil qui le tenait
Ne pouvait se casser, quoique bien long.

LE ROI.
Cet homme
Avait pu cependant sortir de mon royaume.

LE GRAND-INQUISITEUR.

Je le suivais partout.

LE ROI se promène en donnant des signes de mécontentement :

Quand on savait si bien
En quelles mains j'étais, l'on ne m'en disait rien?
Pourquoi?

LE GRAND-INQUISITEUR.

C'est moi qui vais vous prier de me dire
Pourquoi vous n'avez pas voulu mieux vous instruire,
Avant de vous livrer aussi légèrement?
Vous connaissiez cet homme; un coup d'œil seulement
Vous avait fait en lui découvrir l'hérétique;
Et vous avez osé, par un caprice unique,
Dérober la victime au Saint-Office! Vous!
Comment donc? A ce point se joûrait-on de nous?
Si les rois à l'emploi de recéleurs descendent,
Avec nos ennemis s'il se peut qu'ils s'entendent,
Que deviendront nos droits, à nous? S'il est permis
De sauver de la mort l'un de ces ennemis,
De quel droit en avoir sacrifié cent mille?

LE ROI.

Cet homme l'est aussi.

LE GRAND-INQUISITEUR.

Défaite puérile!
Il est assassiné!... Lâchement!... Son trépas
Est un empiétement que nous n'excusons pas.
Ce sang, le Saint-Office avait droit de l'attendre;
A notre seule gloire il devait se répandre,
Et par un assassin voilà qu'il est versé!
Cet homme était à nous, et vous avez pensé

ACTE V, SCÈNE X.

Pouvoir porter vos mains sur la chose sacrée ?
La victime, pour nous, se trouvait préparée.
Le siècle avait besoin que cet homme parût.
Le ciel qui l'envoya sur la terre, voulut,
En couvrant son esprit d'une honte éclatante,
Confondre des mortels la raison insolente.
Je marchais à ce but, et je vois en un jour
L'œuvre de bien des ans détruite sans retour !
Nous enlever cet homme est un vol manifeste.
Des mains teintes de sang sont tout ce qui vous reste.

LE ROI.

Seule la passion put m'égarer ainsi.
Pardon !

LE GRAND-INQUISITEUR.

  La passion ? Qui me répond ici ?
Est-ce l'infant Philippe encore ?... Quel langage ?
Suis-je le seul de nous qu'ait dû refroidir l'âge ?
La passion !
  (Il secoue la tête avec humeur.)
  Eh bien ! donnez à vos États
La liberté de foi, si vous ne savez pas
De votre passion faire le sacrifice
Dans l'intérêt du ciel !

LE ROI.

   Je suis encor novice
Dans ces matières-là. Que, plus patiemment...

LE GRAND-INQUISITEUR.

Non, non, je vous dirai mon mécontentement :
C'est pour tout votre règne une infamante marque
Où donc était alors Philippe ? ce monarque
Dont l'âme toujours ferme avait la fixité

De l'étoile polaire, et dont la volonté
Immuable, éternelle, à nulle autre soumise,
Dans toute occasion n'agissait qu'à sa guise ?
Le passé tout entier s'était-il abîmé ?
Le monde, en ce moment, s'était-il transformé,
Pour que vous tendissiez votre main à cet homme ?
Le poison n'était-il plus poison ? Ce qu'on nomme
Bien et mal, faux et vrai, s'était-il confondu ?
Le projet le plus vaste et le mieux entendu,
La fermeté de l'homme et sa persévérance
Ne seront donc plus rien, si la moindre imprudence,
Comme on fait d'un caprice, et dans quelques instants,
Peut briser une loi qu'on suivit soixante ans ?

           LE ROI.

C'est que mes yeux lisaient dans ses yeux. — Je confesse
Ce retour d'un moment à l'humaine faiblesse. —
Les tiens, qui ne voient plus, te font plus fort que moi :
C'est un accès de moins qu'a le monde vers toi.

        LE GRAND-INQUISITEUR.

D'un homme tel que lui que pouviez-vous attendre ?
Quel langage nouveau pouvait-il faire entendre
Que vous n'ayez prévu ? Connaissez-vous si peu
Ce qu'est l'enthousiasme et ce désir de feu
Qui prétend innover ? Cet orgueilleux langage,
Dont ces réformateurs du monde font usage,
Pour la première fois l'entendiez-vous parler ?
Si devant quelques mots votre foi put crouler,
De quel front, répondez ! livrâtes-vous aux flammes,
En signant leur arrêt, ces innombrables âmes
Que leur foi chancelante à la mort fit marcher,
Et qui pour moins d'erreurs montèrent au bûcher ?

ACTE V, SCÈNE X.

LE ROI.

Je désirais un homme, il m'était nécessaire.
Ce Domingo...

LE GRAND-INQUISITEUR.

Chercher un homme ! Eh ! pourquoi faire ?
Les hommes sont pour vous des chiffres, rien de plus.
Du rôle que je joue ici je suis confus :
De l'art de gouverner faut-il que je redise
Les premiers éléments à cette tête grise ?
Que le dieu de la terre apprenne à se priver
De ce que sur la terre il ne doit pas trouver !
De tendres sentiments si vous cherchez l'échange,
Vous vous reconnaissez des égaux, et tout change ;
Alors, quels sont les droits que vous pourriez avoir
Que n'ait pas votre égal ? Je voudrais le savoir.

LE ROI, se jetant dans un fauteuil :

Je comprends ma faiblesse et ma triste nature,
Hélas !... Tu voudrais donc forcer la créature
A faire ce que seul le Créateur ferait !

LE GRAND-INQUISITEUR.

Sire ! ce n'est pas moi que l'on abuserait :
Je lis dans votre cœur une espérance vaine :
Vous voulez secouer le poids de notre chaîne ;
Vous la trouvez gênante et vous avez songé
A marcher libre, seul.

(Il s'arrête ; le roi garde le silence.)

Mais notre Ordre est vengé.
Soyez reconnaissant : l'Église se contente
De punir comme fait une mère indulgente ;
Elle vous laissera, comme seul châtiment,

17.

D'avoir choisi contre elle aussi légèrement.
Mais que pour l'avenir la leçon vous suffise,
Et revenez à nous, revenez à l'Église !
Si je ne paraissais maintenant devant vous,
Oh ! par le Dieu vivant j'en jure ! devant nous
Demain vous paraissiez, vous !

LE ROI.

                    Trêve à ce langage,
Prêtre ! modère-toi ! ta parole m'outrage.
Je ne l'entendrais pas plus longtemps, par le ciel !

LE GRAND-INQUISITEUR.

Pourquoi donc évoquer l'ombre de Samuël ?...
J'avais formé deux rois pour l'Espagne ; ma vie,
Je l'espérais du moins, avait été remplie ;
J'ai cru mon édifice avec force étayé,
Et j'aurai, je le vois, vainement travaillé :
Don Philippe lui-même a voulu le détruire !...
Et maintenant, pourquoi m'avoir appelé, sire ?
Ici, moi, qu'ai-je à faire ?... Il ne me plairait pas
De reprendre avec vous de semblables débats.

LE ROI.

Il est une œuvre encor que de toi je réclame,
Et tu pourras partir, j'aurai calmé ton âme.
Oublions le passé ; faisons la paix, veux-tu ?
Réconcilions-nous !

LE GRAND-INQUISITEUR.

                    Quand Philippe abattu
Devant la Sainte Église aura courbé la tête.

LE ROI, *après un moment de silence* :

Mon fils à la révolte en ce moment s'apprête.

LE GRAND-INQUISITEUR.

Que résolvez-vous ?

LE ROI.

Rien... ou tout.

LE GRAND-INQUISITEUR.

Que faut-il voir
Dans ce dernier mot ?

LE ROI.

Si je n'ai pas le pouvoir
De le faire mourir, qu'il s'échappe !

LE GRAND-INQUISITEUR.

Eh bien ! sire ?

LE ROI.

Éclaire-moi ! Sais-tu quelque chose à me dire ;
Est-il quelque croyance ou quelque saint avis
Qui puisse autoriser l'assassinat d'un fils ?
Parle !

LE GRAND-INQUISITEUR.

Pour apaiser l'éternelle justice,
Le fils de Dieu lui-même a souffert le supplice.

LE ROI.

Crois-tu forcer l'Europe entière à se ranger
De cette opinion ?

LE GRAND-INQUISITEUR.

On doit la partager
Partout où de la Croix on révère l'emblème.

LE ROI.

J'offense la nature ; oseras-tu, de même,
Dis ! imposer silence à son cri menaçant ?

LE GRAND-INQUISITEUR.

Devant la foi, ce cri doit rester impuissant.

LE ROI.

Comme juge, en tes mains je remets ma justice ;
Puis-je m'en dessaisir ?

LE GRAND-INQUISITEUR.

Laissez-moi cet office.

LE ROI.

C'est mon seul fils. Pour qui vais-je avoir récolté ?

LE GRAND-INQUISITEUR.

Pour le néant plutôt que pour la liberté.

LE ROI, se levant :

L'espoir du même but tous les deux nous anime,
Viens !

LE GRAND-INQUISITEUR.

Où donc ?

LE ROI.

De mes mains recevoir la victime !

(Il l'emmène.)

SCÈNE DERNIÈRE.

(*La chambre de la reine.*)

DON CARLOS, LA REINE, puis LE ROI avec sa suite.

(Don Carlos, revêtu d'une robe de moine et le visage couvert d'un masque qu'il ôte dans ce moment. Il porte son épée nue sous le bras. Il est nuit. Il s'approche d'une porte qui s'ouvre. La reine, en déshabillé et portant un flambeau, sort. Don Carlos met un genou en terre devant elle.)

DON CARLOS.

Élisabeth !

LA REINE, fixant sur lui un regard plein de tristesse :

Ainsi nous retrouver ! hélas !

DON CARLOS.

Il le faut.

(Silence.)

LA REINE, cherchant à se remettre :

Levez-vous, Carlos, et n'allons pas
Amollir notre cœur. Cette ombre grande et chère
De nos pleurs impuissants ne peut se satisfaire.
Il faut garder les pleurs pour de bien moindres maux...
Il s'est sacrifié... C'était pour vous, Carlos.
Il a donné, pour vous, sa précieuse vie ;
Pour que la vôtre, hélas ! ne vous fût point ravie.
Son sang pour un fantôme aurait-il donc coulé ?
J'ai répondu de vous : il est mort consolé.
Lorsque pour vous, Carlos, à ce point je m'engage,
Est-ce vous qui feriez mentir mon témoignage ?

DON CARLOS, avec enthousiasme :

Va ! je t'élèverai, Rodrigue, un monument

Tel que jamais un roi n'en eut, assurément !
Je veux qu'un paradis fleurisse sur ta cendre !

LA REINE.

Ce langage est celui que j'avais droit d'attendre ;
Cette grande pensée était celle qu'il eut ;
Pour qu'elle prospérât, il est mort. Il voulut
Que j'assurasse, moi, sa volonté dernière,
Et je veux obéir à sa sainte prière,
J'en ai fait le serment, je vous en avertis.
Celui que nous pleurons, en mes mains a remis
Un autre legs encore... Il reçut ma promesse
Que je me dévoûrais au dépôt qu'il me laisse.
Ce dépôt... Eh ! pourquoi ne pas le publier ?
C'est vous. Sur son Carlos il m'a dit de veiller.
Je brave l'apparence et méprise le blâme ;
D'un véritable ami j'aurai la grandeur d'âme.
Mon cœur veut désormais se montrer au grand jour.
C'est du nom de vertu qu'il nommait notre amour ;
Eh bien ! je veux l'en croire, et d'une crainte vaine
Il faut que libre enfin...

DON CARLOS.

Oh ! n'achevez pas, reine !
J'ai fait un rêve long et pénible : j'aimais ;
Mais le réveil enfin est venu. Désormais
De notre souvenir que le passé s'efface...
De mes lettres il faut anéantir la trace.
Les vôtres, les voici. Je ne ferai plus voir
Tous ces emportements nés de mon désespoir.
C'en est fait maintenant : une plus pure flamme
A ce coupable amour succède dans mon âme ;
Ma passion est morte, et désormais mon cœur
D'aucun désir mortel n'éprouvera l'ardeur.

(Après un moment de silence, il lui prend la main.)

C'est pour te dire adieu que me voici, ma mère.
Je vois, je vois enfin qu'il existe sur terre
Un bien, plus digne objet de mon ambition,
Et plus noble, plus grand, que ta possession.
A ma vie indolente une nuit est venue
Donner un cours rapide, une marche inconnue,
Et la maturité de l'homme à mon printemps.
Désormais je n'ai pas de soins plus importants
Que de penser à lui. Ma moisson tout entière
Est faite.
(Il s'approche de la reine, qui se cache le visage.)
N'avez-vous rien à me dire, ma mère ?

LA REINE.

De mes larmes, Carlos, n'allez pas vous troubler :
Je les empêcherais vainement de couler.
J'admire, croyez-moi, votre noble conduite.

DON CARLOS.

Du nœud qui nous liait vous fûtes seule instruite ;
Ce titre vous suffit pour rester à mes yeux
Ce que dans l'univers j'ai de plus précieux.
Je ne puis vous donner mon amitié, Madame ;
Pas plus que je n'aurais, hier, à toute autre femme
Pu donner mon amour. Mais, la veuve du roi
Demeurera toujours un bien sacré pour moi,
Si, sur ce trône, un jour, me place un ciel prospère.

(Le roi, accompagné du grand-inquisiteur et des grands, paraît dans le fond de théâtre, sans être aperçu ni de don Carlos ni de la reine.)

Je vais quitter l'Espagne, et sans revoir mon père.
Dans ce monde, du moins, je ne veux plus le voir.
Le mépris est de moi tout ce qu'il peut avoir.
Désormais la nature est morte dans mon âme...
Rendez-lui son épouse, il perd un fils, Madame ;

Retournez au devoir. Je vais briser les fers
De peuples opprimés que l'on sait m'être chers.
Madrid me reverra, mais ceint de la couronne,
Ou bien c'est pour jamais que Carlos l'abandonne...
Madame, maintenant recevez mes adieux.
(Il l'embrasse.)

LA REINE.

O quel rang vous mettez, Carlos, entre nous deux !
A la même grandeur je ne puis pas prétendre ;
Seulement, je l'admire et je sais vous comprendre.

DON CARLOS.

Oui ! je me trouve grand : je vous tiens dans mes bras,
Élisabeth, pourtant je ne balance pas.
Hier encor, la mort, terrible, menaçante,
A m'arracher d'ici fût restée impuissante...
(Il s'éloigne d'elle.)
C'en est fait ! quel qu'il soit, je puis braver mon sort :
Vous étiez dans mes bras et je suis resté fort !...
Silence ! entendez-vous ?
(On entend sonner une horloge.)

LA REINE.

          C'est la cloche cruelle
Dont maintenant le son aux adieux nous appelle.

DON CARLOS.

Eh bien ! ma mère, adieu !... C'est de Gand que viendra
Ma première dépêche. Enfin l'on connaîtra,
Et nos relations, et pourquoi leur mystère.
Je veux avec Philippe une franchise entière ;
Entre nous, désormais, rien de mystérieux.
Vous n'avez pas du monde à redouter les yeux...
A mon dernier mensonge, ici, moi je me porte.
(Il veut reprendre son masque, le roi s'avance entre eux.)

LE ROI.

Tu l'as dit: ton dernier mensonge.
(La reine s'évanouit.)

DON CARLOS se précipite et la reçoit ses bras :

Est-elle morte ?

Ciel et terre ! O mon Dieu !

LE ROI, calme et froid, au grand-inquisiteur :

Cardinal, c'est ici
Que finit mon devoir. Faites le vôtre aussi !
(Il sort.)

FIN DE DON CARLOS.

JEANNE D'ARC.

PERSONNAGES.

CHARLES VII, roi de France.
LA REINE ISABEAU, sa mère.
AGNÈS SOREL, sa maîtresse.
PHILIPPE-LE-BON, duc de Bourgogne.
LE COMTE DE DUNOIS, bâtard d'Orléans.
LA HIRE,
DU CHATEL, } capitaines de l'armée du roi.
L'ARCHEVÊQUE DE REIMS.
CHATILLON, chevalier bourguignon.
RAOUL, chevalier lorrain.
TALBOT, général des Anglais.
LIONEL,
FASTOLF, } capitaines anglais.
MONTGOMERY, chevalier du pays de Galles.
Des magistrats de la ville d'Orléans.
Un héraut anglais.
THIBAUT D'ARC, riche paysan.
MARGUERITE,
LOUISE, } ses filles.
JEANNE,
ÉTIENNE,
CLAUDE-MARIE, } leurs amoureux.
RAYMOND,
BERTRAND, autre paysan.
Un chevalier noir (apparition).
Un charbonnier, sa femme et leur fils.

Soldats, peuple, serviteurs de la maison du roi, évêques, religieux, maréchaux de France, magistrats, courtisans et autres personnages muets, faisant partie du cortége du sacre.

JEANNE D'ARC.

PROLOGUE.

(Le théâtre représente un paysage; sur le devant, à droite, une image de la Vierge, dans une chapelle; à gauche, un grand chêne.)

SCÈNE PREMIÈRE.

THIBAUT D'ARC, SES TROIS FILLES, LEURS TROIS AMOUREUX.

THIBAUT.

Eh ! oui, mes chers voisins, c'est comme je disais...
Aujourd'hui, vous et moi, sommes encor français ;
Nous sommes, vous et moi, libres encore et maîtres
Du sol que cultivaient les mains de nos ancêtres ;
Mais, demain, qui sur nous viendra régner ? Partout
De l'Anglais triomphant l'étendard est debout ;
Partout ses cavaliers vont ravageant nos plaines ;
Ses armes dans Paris sont déjà souveraines ;
La couronne de France, amis, le croirait-on ?
De princes étrangers pare le rejeton !
L'héritier de nos rois, proscrit et sans retraite,
Ne sait, dans son royaume, où reposer sa tête !
Son plus proche parent, le premier de ses pairs,
Avec nos ennemis, veut lui donner des fers !

Sa marâtre conduit cette odieuse trame !
L'incendie en tous lieux a promené sa flamme,
Et bientôt sa fumée, en nuages épais,
Couvrira ces vallons qui reposaient en paix.
C'est pourquoi, profitant du moment qu'on nous laisse,
Je veux — et devant Dieu j'en ai fait la promesse —
A mes filles, voisins, assurer des appuis ;
Dans ces temps, une femme en a besoin ; et puis,
Un amour partagé de bien des maux console.

(Au premier berger :)

Pour Marguerite, à toi, je te donne parole,
Étienne ! tu voudrais au sien unir ton sort ;
Nos champs sont contigus et vos cœurs sont d'accord :
D'être heureux, mes enfants, vous avez bonne chance.

(Au second berger :)

Claude-Marie ! eh bien ! pourquoi donc ce silence ?
Ma Louise ! pourquoi baisser ainsi les yeux ?
Irai-je de vos cœurs contrarier les vœux,
De peur de me donner un gendre sans fortune ?
Eh ! voisin, aujourd'hui la voit-on si commune ?
De garder ce qu'il a qui pourrait se vanter ?
Tout ce que l'ennemi ne peut pas emporter,
Nos fermes, nos maisons, la flamme le dévore...
D'un mari la poitrine abrite mieux encore,
Maintenant.

LOUISE.

O mon père !

CLAUDE-MARIE.

O Louise !

LOUISE, embrassant Jeanne :

Ma sœur !

THIBAUT.

Je vous donne, à chacune, en ce jour de bonheur,
Une ferme, un troupeau, trente journaux de terre.
Mes filles, le Seigneur a béni votre père;
Qu'il daigne vous bénir à votre tour !

MARGUERITE, embrassant Jeanne ;

Sur nous
Prends exemple, ma sœur, et reçois un époux ;
Que mon père bénisse un triple mariage.

THIBAUT.

Allez ! demain la noce, et que tout le village
Aux plaisirs de ce jour vienne s'associer !
(Les deux couples sortent bras dessus, bras dessous.)

SCÈNE DEUXIÈME.

THIBAUT, RAYMOND, JEANNE.

THIBAUT.

Jeanne, voilà tes sœurs qui vont se marier.
Le bonheur qu'elles ont réjouit ma vieillesse ;
Mais toi, tu me remplis de regrets, de tristesse,
Toi, ma plus jeune fille !

RAYMOND.

Ah ! de cette façon
Pourquoi lui parlez-vous ?

THIBAUT.

Vois ce pauvre garçon,
Qui n'a point son pareil dans tout notre village,
Cet excellent jeune homme : il t'aime sans partage ;

De son amour secret je le sais tourmenté.
Pour la troisième fois le vin est récolté
Depuis qu'il te recherche, et sa persévérance
De toi, jusqu'à présent, n'obtient qu'indifférence.
Aucun autre berger, pourtant, jusqu'à ce jour,
De toi n'eut un regard où perçât quelque amour...
En toi, le pur éclat de la jeunesse brille ;
Ton printemps est venu : c'est la saison, ma fille,
Où le cœur à l'espoir tout entier peut s'ouvrir.
La fleur de ta beauté vient de s'épanouir ;
Mais j'attends vainement une autre fleur encore :
Celle que dans ton cœur l'amour doit faire éclore,
Dont les fruits sont, plus tard, si doux. Ce que je vois
Me déplaît ; la nature, ici, manque à ses lois.
Je n'aime pas un cœur qui reste froid, austère,
Quand vient l'âge d'aimer.

RAYMOND.

Quittez ce ton sévère,
Thibaut ; à votre fille il faut laisser le temps
De se rendre à mes vœux. Cet amour que j'attends,
Fruit noble, précieux et de divine essence,
A besoin de mûrir lentement, en silence.
Jeanne au sommet des monts aime encore à rester ;
Elle s'y trouve libre et craint de les quitter
Pour venir, sous le toit où des mortels s'abritent,
Partager les soucis qui toujours les agitent.
En silence, souvent, je l'admire, Thibaut,
Quand du fond des vallons je l'aperçois, bien haut,
Au milieu des brebis que guide sa houlette.
Qu'elle a de gravité ! de noblesse ! Elle jette,
Comme étrangère au monde, un regard sérieux
Aux humbles régions que dominent ses yeux.

A nos temps, ce me semble, elle n'appartient guère,
Et n'a point les pensers qu'a l'esprit du vulgaire.

THIBAUT.

C'est ce qui me déplaît. Elle fuit les douceurs
Qu'elle pourrait trouver à vivre avec ses sœurs ;
Sur nos sommets déserts elle va seule, errante ;
Abandonne sa couche avant que le coq chante,
Se rend à la forêt --- à ces moments d'effroi,
Où l'homme aime à sentir des frères près de soi —
Et se glisse, pareille à l'oiseau solitaire,
Au monde des esprits ; échange avec mystère
Son colloque avec eux au vent du carrefour.
A cet endroit pourquoi se rendre chaque jour,
Et mener son troupeau dans les mêmes bruyères ?
Rêveuse, elle est souvent — et des heures entières ! —
Sous l'arbre druidique, au feuillage maudit,
Que quiconque est heureux avec soin s'interdit,
Car il porte malheur. Sous cet antique chêne
Un esprit malfaisant a choisi son domaine,
Depuis les temps obscurs où dans ces mêmes lieux,
On sacrifiait l'homme à de barbares dieux.
De cet arbre fatal les anciens du village
Font d'effrayants récits. De son épais feuillage,
A ce que l'on prétend, s'échappent quelquefois
De bien étranges sons, de merveilleuses voix.
Moi-même, un soir, passant à quelques pas du chêne,
Je vis assis sous l'arbre un spectre à forme humaine,
Une femme ; des plis de son long vêtement,
Comme pour m'appeler, sortit bien lentement
Une main desséchée ; et loin de cette femme
Je m'enfuis vite, à Dieu recommandant mon âme.

RAYMOND, montrant l'image de la chapelle :

Jeanne s'arrête ici, parce que, dans ce lieu,

Cet emblème sacré répand la paix de Dieu ;
A nul penser d'enfer son âme n'est en proie.

THIBAUT.

Non, ce n'est pas en vain que, la nuit, Dieu m'envoie
D'affreuses visions. Déjà j'ai vu trois fois,
Dans Reims ma fille assise au trône de nos rois.
Sept étoiles formaient son brillant diadème ;
Sa main tenait un sceptre, et, du signe suprême,
S'échappaient trois lis blancs ; son père, ses deux sœurs,
Les princes, les barons, les prélats, les seigneurs,
Le roi même, le roi ! s'inclinaient devant Jeanne.
D'où viendrait tant de gloire à mon humble cabane ?
Tout ceci me présage un grand abaissement ;
Dans ces rêves je vois un avertissement :
J'y vois à quel orgueil se laisse aller ma fille ;
Sans doute elle rougit de son humble famille,
Et, parce que le ciel lui donna la beauté,
Parce qu'en la créant Dieu sur elle a jeté
Des dons qui l'ont placée au-dessus des bergères
Qui de cette vallée habitent les chaumières,
Elle nourrit dans l'âme un orgueil criminel.
Mais, aux anges, l'orgueil a fait perdre le ciel ;
Et, par l'orgueil, Satan de l'homme aussi s'empare.

RAYMOND.

En qui vit-on jamais une vertu plus rare
Et plus de modestie ? Avec empressement,
Vous la voyez aider ses sœurs à tout moment.
Elle est la mieux douée, et, malgré ce partage,
Comme une humble servante elle est dans le ménage.
Ne la voyez-vous pas se livrer tous les jours,
Sans jamais murmurer, aux emplois les plus lourds ?

Vos troupeaux, vos moissons, sous ses mains tout prospère.
Convenez qu'un bonheur bien extraordinaire,
Surnaturel, s'attache à ce qu'elle entreprend.

THIBAUT.

On ne s'explique pas un bonheur aussi grand ;
Mais c'est ce bonheur-là qui m'effraie et me pèse...
N'en parlons plus ! non, non, il faut que je me taise.
Irai-je t'accuser, enfant que je chéris ?
Je ne puis que prier pour toi ; de mes avis
T'éclairer ; oui, c'est là le devoir qui me reste.
Mais, pour Dieu ! garde-toi de cet arbre funeste !
Évite d'être seule et renonce à chercher
Ces plantes que tu vas, à minuit, arracher !
Plus de breuvages ! plus de signes sur le sable !
On provoque aisément les envoyés du diable :
Sous des voiles légers, cachés autour de nous,
Ils écoutent, tout prêts à nous porter leurs coups.
A ne pas être seule, oh ! mets un soin extrême ;
Satan, dans le désert, a tenté Dieu lui-même !

SCÈNE TROISIÈME.

LES PRÉCÉDENTS, BERTRAND, arrivant, un casque dans la main.

RAYMOND.

Paix là-dessus ! Bertrand de la ville revient.
Regardez ! qu'est-ce donc que dans ses mains il tient ?

BERTRAND.

Vous êtes étonnés ? chacun de vous admire
Cet étrange objet ?

THIBAUT.

Oui. Bertrand, veuillez nous dire
D'où ce casque, et pourquoi, dans ces paisibles lieux,
Vous venez apporter ce signe malheureux ?
(Jeanne, qui n'a point pris part aux deux scènes précédentes et s'est tenue à l'écart, devient attentive et s'approche.)

BERTRAND.

A peine si je sais moi-même, je vous jure,
Comment entre mes mains se trouve cette armure.
J'étais à Vaucouleurs, où j'avais acheté
Des outils; au marché je me suis arrêté ;
La foule s'y pressait en tumulte, alarmée
Des sinistres récits que faisaient de l'armée
Des fuyards, d'Orléans venus dans le moment.
La ville tout entière était en mouvement.
Je cherchais à percer la foule, et non sans peine,
Lorsque à moi se présente une bohémienne,
Ce casque dans les mains. Les yeux sur moi fixés :
« Mon ami, vous cherchez un casque, je le sais, »
Dit-elle, « celui-ci fera bien votre affaire;
« Je le donne à bon compte. » — Offrez-le aux gens de guerre!
Qu'est-ce qu'un laboureur de casque ferait ?
Répliquai-je. Elle insiste : « Eh ! qui donc répondrait
« Qu'il n'aura pas bientôt besoin de cette armure ?
« Aujourd'hui, sous un casque une tête est plus sûre,
« L'ami ! que sous un toit solidement construit. »
Je vais de rue en rue, et la femme me suit ;
Elle, toujours d'offrir, et moi, de me défendre,
Bien tenté cependant, je l'avoûrai, de prendre,
En voyant ce beau casque et son brillant cimier,
Digne d'orner le chef de quelque chevalier.
Un moment je le tiens et je le considère ;

J'hésitais — l'aventure était si singulière ! —
Lorsque de moi la foule a séparé soudain
Cette femme, et le casque est resté dans ma main.

JEANNE, saisissant le casque avec empressement et curiosité :

Donnez, donnez ce casque !

BERTRAND.

                A quoi bon cette armure,
Jeanne ? d'une bergère est-ce bien la parure ?

JEANNE, lui arrachant le casque :

Il est à moi ce casque ! il m'appartient !

THIBAUT.

                Voilà
Un caprice étonnant ! qu'a-t-elle ?

RAYMOND.

                        Laissez-la !
Cet ornement guerrier lui sied, car, sur mon âme,
Jeanne a le cœur d'un homme et non pas d'une femme.
Rappelez-vous ce loup, terreur de nos hameaux,
Qui des bergers tremblants dévorait les troupeaux :
Jeanne osa contre lui ce que n'osait nul pâtre ;
Fille au cœur de lion, Jeanne alla le combattre,
Seule, et le terrassant, lui reprit un agneau
Que sa sanglante gueule enlevait du troupeau.
Voilà ce qu'elle a fait, la courageuse fille.
Allez ! sur quelque front que ce beau casque brille,
Il n'en couvrira pas de plus noble !

THIBAUT, à Bertrand :

                Bertrand !

Quels désastres nouveaux est-ce qu'on nous apprend ?
Que disent ces fuyards ?

BERTRAND.

Au roi, Dieu soit en aide !
Aux malheurs du pays que Dieu porte remède !...
Deux batailles encore où nous sommes vaincus !
Jusqu'au cœur du pays les Anglais parvenus !
La France reculée aux rives de la Loire !
Enfin, pour préparer sa dernière victoire,
L'ennemi, d'Orléans assiégeant les remparts !...

THIBAUT.

Que Dieu sauve le roi !

BERTRAND.

Venu de toutes parts,
Le canon destructeur déjà les environne.
Comme en un jour d'été près des ruches bourdonne
Un innombrable essaim d'abeilles ; comme aussi,
En nuages soudains dont l'air est obscurci,
Sur la terre, parfois, tombent les sauterelles,
Dont la masse en tumulte au loin la couvre, — telles,
Des peuples contre nous conjurés, nous voyons
Dans les champs d'Orléans fondre les légions.
De langages divers, que l'on ne peut comprendre,
Le murmure confus au camp se fait entendre.
Philippe y réunit tout ce que les États
Soumis à sa puissance ont fourni de soldats.
Il a sous sa bannière amené pour ce siége
Tous ceux du Luxembourg, du Hainaut et de Liége,
Du pays de Namur et de l'heureux Brabant ;
Les orgueilleux bourgeois de l'opulente Gand,
Aux habits de velours et de soie ; il commande

Ceux qu'à ses légions a donnés la Zélande,
Dont on voit les cités sortir du sein des flots ;
Les Hollandais, heureux de leurs riches troupeaux ;
Ceux d'Utrecht, de la Frise, et ces races lointaines
Qui jusques vers le pôle étendent leurs domaines ;
Tous au puissant vassal obéissent, et tous
Ont juré qu'Orléans tomberait sous leurs coups.

THIBAUT.

De nos divisions résultats déplorables !
Français contre Français tournent leurs mains coupables.

BERTRAND.

Et l'on a même vu l'orgueilleuse Isabeau,
La femme du feu roi, ce funeste cadeau
Qu'à la France autrefois envoya la Bavière,
A cheval et portant une armure guerrière,
Parcourir tout le camp, parler aux ennemis,
Leur souffler sa fureur contre son propre fils !

THIBAUT.

Ah ! sur elle malheur ! que Dieu, dans sa justice,
Pour cette Jésabel ait bientôt un supplice !

BERTRAND.

Salisbury préside aux travaux ; ce guerrier
Est habile à conduire un siége meurtrier.
On voit à ses côtés, tout prêts pour le carnage,
Lionel, dont le nom indique le courage ;
Talbot, qui sous ses coups fait, comme des épis,
Sans fatiguer son bras, tomber les ennemis.
Ils jurent — jusque-là leur audace se monte ! —
De livrer sans pitié nos filles à la honte
Et d'immoler tout homme armé. De quatre tours

Qu'ils ont fait élever, on dit que, tous les jours,
Salisbury regarde avec un œil de rage
Cette ville qu'attend le meurtre, le pillage ;
Il plonge dans ses murs et peut même y compter
Les passants que la peur oblige à se hâter.
Des milliers de boulets y portent la ruine ;
Les temples sont détruits et Notre-Dame incline
Le sommet ébranlé de sa royale tour.
On a miné la ville. A chaque instant du jour
On craint que le volcan, se faisant un cratère,
Ne vomisse à la fois la flamme et le tonnerre.

(Jeanne écoute avec une attention soutenue et place le casque sur sa tête.)

THIBAUT.

Mais Xaintrailles, La Hire et ce fameux Bâtard,
Dans lequel la patrie avait un boulevard,
Où sont-ils ces héros pour que, sans résistance,
Ce torrent d'ennemis dans le pays s'avance ?
Et le roi ? voit-il donc, en se croisant les bras,
Détruire ses cités, envahir ses États ?

BERTRAND.

Il tient cour à Chinon. Que prétendrait-il faire ?
Il ne peut, sans soldats, soutenir cette guerre.
A quoi bon des héros, des chefs pleins de valeur,
Quand tout ce qui les suit est glacé par la peur ?
Cette peur, qu'on dirait par Dieu même inspirée,
Au cœur des plus vaillants, à la fin, est entrée.
En vain la voix du prince a retenti partout.
Comme on voit des brebis, aux hurlements du loup,
Se joindre, se presser, ainsi, dans sa panique,
Le Français, oublieux de notre gloire antique,
Dans les forts seulement cherche sa sûreté.
Il n'est qu'un chevalier dont le nom soit cité,

Qui, chef d'un fa ble corps qu'il a levé naguères,
Auprès du roi se rend avec seize bannières.

JEANNE, vivement :

Son nom ?

BERTRAND.

C'est Baudricourt. Par malheur, sur ses pas
Marchent les ennemis. Il n'échappera pas
Aux deux chefs dont au camp chacun mène une armée.

JEANNE.

Où maintenant est-il ? j'en veux être informée.
Le savez-vous ?

BERTRAND.

A peine une marche, d'ici
Le sépare.

THIBAUT, à Jeanne :

De quoi vas-tu prendre souci !
A ces affaires-là tu ne peux rien comprendre.

BERTRAND.

En voyant l'ennemi, toujours plus fort, s'étendre,
Et sans secours du roi contre tant de malheurs,
D'une commune voix tous ceux de Vaucouleurs
Vont se rendre à Philippe. Ainsi l'on nous préserve
De la honte du joug étranger, l'on conserve
Cette terre, ce peuple, à la race des rois
Qui les ont gouvernés, et peut-être une fois
Leur couronne sur nous encor reviendra-t-elle,
Si Bourgogne et la France oubliaient leur querelle.

JEANNE, avec enthousiasme :

Non, non, point de traité ! point de soumission !

Elle va s'accomplir la sainte mission !
Oui, le libérateur se prépare aux batailles !
C'en est trop !... Orléans ! au pied de tes murailles,
Tes ennemis vont voir expirer leur bonheur !
Oui, la moisson est mûre, il faut un moissonneur !
Voici la jeune fille, et, dans ses mains puissantes,
La faux qui va couper ces tiges insolentes !
Leur gloire jusqu'au ciel avait osé monter...
La jeune fille vient pour l'en précipiter !
Ne fuyez pas ! chassez votre crainte, elle est vaine !
Car avant que le seigle ait jauni dans la plaine,
Que la lune se lève avec son disque entier,
L'Anglais ne pourra plus abreuver son coursier
Aux beaux flots de la Loire !

BERTRAND.

Il faudrait un prodige.
Le temps en est passé.

JEANNE.

Vous le verrez, vous dis-je !
Une blanche colombe, à qui Dieu donnera
Le courage de l'aigle, incessamment viendra
Fondre sur le vautour dont l'aveugle furie
Déchire sans pitié le sein de la patrie.
Elle terrassera l'orgueilleux Bourguignon,
Ce traître à son pays, ce chevalier félon.
Elle triomphera dans sa lutte terrible
De ce Talbot qui croit le ciel même accessible.
Et pour s'en emparer semble avoir mille bras ;
De ce Salisbury qui ne respecte pas
Les temples d'où, vers Dieu, s'élèvent nos prières ;
Et devant elle, enfin, tous ces fiers insulaires,
Ainsi que des brebis elle les chassera ;

Car le Dieu des combats avec elle sera ;
Il lui plaît de choisir sa faible créature,
De se glorifier dans une fille obscure,
Et le Seigneur le peut, car il est tout-puissant !

THIBAUT.

D'où viennent les transports qu'éprouve cette enfant ?

BERTRAND.

De ce casque : il allume au cœur de votre fille
Une guerrière ardeur. Regardez ! son œil brille.
Voyez quel feu soudain sur son visage luit !

JEANNE.

Ce royaume de France on le verrait détruit ?
Ce pays de la gloire, et le plus beau, sans doute,
Qu'éclaire le soleil dans son immense route,
Ce paradis du monde et de Dieu tant aimé,
Sous le joug étranger pourrait être opprimé ?...
Ici, du paganisme a péri la puissance ;
Pour la première fois, le signe d'espérance,
La Croix du Rédempteur fut élevée ici ;
Ici, de saint Louis sont les cendres aussi ;
D'ici, Jérusalem a vu venir vers elle
Ceux qui l'ont arrachée aux mains de l'infidèle !

BERTRAND, avec surprise :

Écoutez ces discours ! reçoit-elle d'en haut
Ces révélations ? Allez ! père Thibaut,
A des miracles Dieu réserve votre fille.

JEANNE.

Nous n'aurions plus de rois de l'antique famille
Qui nous appartenait ? plus de ces souverains

Nés sur le même sol que cultivent nos mains ?
Le roi qui ne meurt pas disparaîtrait du monde ?
Lui, qui bénit la terre et qui la rend féconde,
Lui, pour qui la charrue est un objet sacré,
Lui, par qui nos troupeaux toujours ont prospéré,
Qui rend libres les serfs ! Lui, dont les mains habiles
Font naître autour du trône et prospérer les villes !
Lui, le soutien du faible et l'effroi du méchant !
A l'envie étranger, car il est le plus grand !
Lui, l'homme en même temps et l'ange tutélaire
Qui détourne de nous la céleste colère ;
Car les trônes des rois, de soie et d'or ornés,
Sont un refuge aussi pour les abandonnés ;
Sur le trône est la force ainsi que la clémence ;
Près du trône en tremblant le coupable s'avance ;
Avec sécurité, le juste, à son côté
Y verrait le lion sans être épouvanté...
Le roi qui nous viendrait des rives étrangères
Aimerait-il jamais le sol où de ses pères
Ne sont pas déposés les sacrés ossements ?
Enfant, a-t-il pris part à nos amusements ?
Nos accents à son cœur se feraient-ils comprendre ?
Pourrions-nous dans ce roi trouver un père tendre ?

THIBAUT.

Que Dieu sauve la France et qu'il sauve le roi !
Paisibles laboureurs, nous ignorons l'emploi
Du glaive meurtrier, et nous ne savons guère
Comment le combattant mène un cheval de guerre.
Tranquilles et soumis attendons quel sera
Celui que la victoire au trône placera.
Le bonheur des combats c'est le ciel qui le donne :
Que sur sa tête, à Reims, l'on pose la couronne

Après avoir reçu l'huile sainte à genoux,
Et c'est lui, mes amis, qui régnera sur nous...
Retournons au travail ; n'ayons pas d'autre affaire
Que les nôtres. Aux grands, aux princes de la terre,
Laissons, laissons le soin de se la partager.
Nous pouvons regarder ces malheurs sans danger ;
Le sol que nous semons bravera les orages ;
Qu'on foule nos moissons, qu'on brûle nos villages,
Avec lui, chaque été ramène les moissons,
Et nous aurons bientôt reconstruit nos maisons.

(Ils sortent tous, excepté Jeanne.)

SCÈNE QUATRIÈME.

JEANNE, seule :

Adieu, vous que j'aimais, montagnes, pâturages !
Vallons, dont je cherchais les tranquilles ombrages,
Jeanne, au milieu de vous, ne viendra plus errer !
Jeanne va pour toujours de vous se séparer !
Prés où je dirigeais une onde toujours pure,
Arbres que j'ai plantés, gardez votre parure !
Frais ruisseaux, vous aussi, grottes au fond des bois,
Et toi, de ce vallon charmante et douce voix,
Echo, par qui souvent ma chanson fut redite,
Pour ne plus revenir votre Jeanne vous quitte !

Témoins de mon bonheur, de mes jours les plus doux,
Hélas ! c'est pour jamais que je renonce à vous.
Allez à l'aventure errer dans la bruyère,
Mes brebis ! vous avez perdu votre bergère.
C'est un autre troupeau que je dois protéger ;
C'est dans des champs sanglants qu'est pour lui le danger.
Ainsi le veut l'Esprit de qui l'ordre m'éclaire,
Et je n'obéis point à des voix de la terre.

En volant aux combats, je n'obéis qu'à Dieu :
A Dieu, qui, sur Horeb, dans un buisson de feu,
Pour punir Pharaon vint susciter Moïse ;
A Dieu, qui de David, pour une autre entreprise,
Arma le jeune bras ; à Dieu qui, de tout temps,
Protégea les bergers par des faits éclatants;
A Dieu, qui vint me dire à travers ce feuillage :
« Sur la terre, de moi tu rendras témoignage.

« Va ! revêts, jeune fille, une armure d'airain ;
« Sous un corset de fer emprisonne ton sein ;
« De tout penser d'amour préserve bien ton âme,
« Garde-toi de brûler d'une coupable flamme...
« Ton front, des fleurs d'hymen jamais ne s'ornera,
« Un enfant sur ton sein jamais ne sourira ;
« En échange, jamais, aux champs de la victoire,
« Femme n'aura trouvé plus éclatante gloire.

« Lorsque dans les combats faibliront les plus forts ;
« Que la France sera près de périr, alors
« Je veux que dans ta main mon oriflamme brille !
« Alors, comme l'épi tombe sous la faucille,
« Fais tomber sous tes coups un insolent vainqueur ;
« Renverse en son élan le char de son bonheur ;
« Aux généreux Français porte leur délivrance,
« Et, dans Reims délivré, sacre le roi de France ! »

Des promesses du ciel j'ai ce gage certain :
Ce casque ! Il vient de lui ! je dois à cet airain
Une force divine, et je sens dans mon âme
De l'archange de Dieu le courage de flamme !
Oui, comme l'ouragan, au milieu des combats
Je vais fondre !... Écoutez ces trompettes là-bas !

Leurs sons retentissants font vibrer mes entrailles,
Et le coursier hennit, m'appelant aux batailles !
(Elle sort.)

ACTE PREMIER.

(La cour du roi Charles à Chinon.)

SCÈNE PREMIÈRE.

DUNOIS, DU CHATEL.

DUNOIS.

C'est trop longtemps souffrir ! J'abandonne ce roi
Qui, parce qu'il le veut, tombe sans gloire. En moi
Je sens des mouvements de douleur et de rage ;
Peu s'en faut que des pleurs ne brûlent mon visage,
Quand je vois des bandits se frayer un chemin
Jusqu'au cœur de la France, et, le fer à la main,
Se partager entre eux cette France si belle ;
Quand je vois nos cités, qui sont vieilles comme elle,
Capitulant partout, livrer à ces brigands
Des clés que de sa rouille a couvertes le temps !...
Pour vaincre noblement un seul instant nous reste,
Et nous le consumons dans un repos funeste !...
On me dit qu'Orléans a besoin de secours,
Et de la Normandie aussitôt, moi, j'accours ;
Je crois que Charle est prêt à tenir la campagne,
Que l'armée est en marche et que, lui, l'accompagne,

Et je le trouve ici ! tout aux plaisirs livré !
De joyeux troubadours, de jongleurs entouré ;
Donnant et devinant des énigmes savantes ;
Réjouissant Sorel par des fêtes galantes,
Comme si le royaume était en pleine paix !...
Le connétable part, et comme lui je fais :
A tout ce déshonneur où tombe la couronne,
Il est las d'assister. Quel roi ! Je l'abandonne
A son mauvais destin.

DU CHATEL.

Voici le roi.

SCÈNE DEUXIÈME.

LES PRÉCÉDENTS, LE ROI.

LE ROI.

Messieurs,
Le connétable va chercher fortune ailleurs ;
Il nous rend son épée et de nous se retire.
A la garde de Dieu ! Lui parti, je respire.
Cet homme était grondeur et trop impérieux.

DUNOIS.

Dans ces temps de malheurs un homme est précieux ;
Sa perte, de regrets peut bien être suivie.

LE ROI.

De me contrarier il faut avoir envie !
Quand il était ici, dis-moi si tu l'aimais ?

DUNOIS.

Il était plein d'orgueil, chagrin, fâcheux, jamais
Ne prenait un parti ; mais, je lui rends justice ;

ACTE I, SCÈNE II.

Il se décide, il part dans un moment propice :
Quand la gloire pour lui n'est plus ici.

LE ROI.
Dunois,
Dans ta joyeuse humeur aujourd'hui je te vois.
Soit! je t'y laisserai... Du Chatel, ces trouvères,
Ces chanteurs renommés, que j'attendais naguères,
Que le vieux roi René m'adresse, ils sont ici ;
Qu'on les traite bien tous ; qu'ils reçoivent aussi,
Tous, une chaîne d'or.
(A Dunois.)
Qu'est-ce qui te fait rire ?

DUNOIS.
Ces chaînes d'or tombant de votre bouche.

DU CHATEL.
Sire,
Vous n'avez plus d'argent.

LE ROI.
Qu'on s'en procure ailleurs !
Je ne souffrirai pas que de nobles chanteurs
Partent sans recevoir honneur et récompense.
Le sceptre, ce bois sec, fleurit par leur science ;
Ils savent enlacer au stérile joyau
Que l'on nomme couronne, un immortel rameau,
De la gloire, pour elle, impérissable marque.
Le poëte se pose en égal du monarque ;
Le poëte a son trône, un trône qu'il bâtit
Aux hautes régions où se plaît son esprit ;
Il n'est point de limite à son paisible empire ;
Il faut donc honorer l'homme qui tient la lyre,
Comme celui qui tient le sceptre : à son sommet,
Poëte ou roi, tous deux l'humanité les met.

DU CHATEL.

Tant qu'un expédient fut encore possible,
J'ai remis de vous faire un aveu bien pénible,
Sire ; mais c'en est fait, et la nécessité
M'arrache cet aveu sur ma lèvre arrêté :
Vous songez à donner ! mais, le jour qui va suivre
Ne vous fournira pas, peut-être, de quoi vivre.
Les sources qui vers vous faisaient arriver l'or,
Ne s'alimentent plus ; aussi, votre trésor
Offre-t-il maintenant un vide qui m'effraie.
Vos soldats, qui n'ont pas encor reçu leur paie,
Menacent de partir. Je ne sais pas comment
Pourvoir votre maison, non pas royalement,
Il n'y faut point songer, mais, du moins, de manière
A ce que vous ayez le plus strict nécessaire.

LE ROI.

Avec mes revenus engagez les impôts !
Empruntez aux Lombards !

DU CHATEL.

              Les revenus royaux,
Les impôts, pour trois ans sont engagés d'avance.

DUNOIS.

Jusque-là les impôts, les revenus, la France,
Tout sera perdu, tout !

LE ROI.

            Nous avons, Du Chatel,
Des provinces..

DUNOIS.

         Vous les aurez tant que le ciel

Et le fer de Talbot voudront bien le permettre.
Que l'on prenne Orléans, et vous serez le maître
D'aller vous réunir à votre roi René,
Pour garder les moutons.

LE ROI.

Ce prince infortuné
Sert constamment de but aux traits de ta satire.
Cependant il m'a fait, ce prince sans empire,
Un don royal.

DUNOIS.

Pour Dieu ! qu'il ne vous donne pas
Son royaume de Naple ; il est d'un prix trop bas,
Si j'en crois ce qu'on dit, depuis que son vieux maître
Prend plaisir aux moutons jusqu'à les mener paître.

LE ROI.

C'est un amusement, une distraction,
Une fête, au milieu de son affliction.
D'une réalité bien dure, bien barbare,
Il perd le souvenir quand parfois il s'égare
Dans les rêves si purs de son monde idéal.
Mais un projet, chez lui, grand et vraiment royal,
C'est de ressusciter ces âges que j'admire,
Où des doux sentiments l'on subissait l'empire,
Où l'amour enflammait, pour les plus grands exploits,
Le cœur des chevaliers ; où, soumis à ses lois,
Un tribunal formé des plus illustres dames,
Avec cette finesse apanage des femmes,
Jugeait tout point obscur devant elles porté.
Cet aimable vieillard à ces temps est resté,
Tels que par d'anciens chants nous les pouvons connaître,
Eh bien ! ce bon René veut les faire renaître
Comme un céleste don, et ramener encor

Le bonheur qu'aux mortels donnait cet âge d'or.
Par ses soins, une Cour d'amour s'est établie,
Où brillera la fleur de la chevalerie ;
Où l'on verra le sceptre aux mains de la beauté ;
Où les purs sentiments croîtront en liberté.
J'y suis Prince d'amour, René me le fait dire.

DUNOIS.

Au pouvoir de l'amour je n'insulte pas, sire :
Et le nom que je porte, et le jour que je vois,
Et ma fortune, tout, à l'amour je le dois.
Mais, si ce d'Orléans que je nomme mon père,
N'a jamais à ses vœux trouvé beauté sévère,
Son courage, non plus, ne lui fit pas trouver
De châteaux ennemis qu'il ne pût enlever.
Prince d'amour ! ce titre on le porte avec honte,
Quand aux plus hauts niveaux le courage ne monte.
Dans ces livres anciens, que j'ai lus autrefois,
L'amour ne s'alliait qu'aux plus vaillants exploits,
Et, si je ne suis pas dans une erreur profonde,
Quand on avait l'honneur d'être à la Table-ronde,
On était un héros et non pas un berger.
Qui veut aimer, aussi doit savoir protéger,
Et, s'il ne le peut pas, il faut qu'il se résigne :
Des faveurs de l'amour on le déclare indigne.
Laissez la cour d'amour ; la lutte est en ces lieux
Combattez pour le trône où régnaient vos aïeux,
Pour vos possessions ; défendez, avec elles,
Vous êtes chevalier, sire, l'honneur des belles,
Et, lorsque dans les flots du sang des ennemis,
Vous aurez noblement retrouvé, reconquis
La couronne, attribut des rois de votre race,
Alors, sur votre front vous souffrirez qu'on place
La couronne d'amour, mais alors seulement !

LE ROI, à un page qui entre :

Que veut-on ?

LE PAGE.

D'Orléans venus dans ce moment,
Sire, des magistrats demandent audience.

LE ROI.

Introduis-les.
(Le page sort.)
Ils vont réclamer assistance ;
Mais que puis-je pour eux ? comment les secourir,
Quand moi-même je suis au moment de périr ?

SCÈNE TROISIÈME.

LES PRÉCÉDENTS, TROIS MAGISTRATS.

LE ROI.

Envoyés d'Orléans, de ma ville fidèle,
Soyez les bienvenus !... Dites-moi, que fait-elle ?
Son courage éprouvé ne s'affaiblit-il pas ?
Résiste-t-elle encore aux assiégeants ?

UN DES MAGISTRATS.

Hélas !
Sa détresse est au comble ; il n'est plus d'espérance :
De moment en moment sa ruine s'avance ;
Les murs extérieurs viennent de s'écrouler ;
A tout nouvel assaut, pour ne plus reculer,
Nos cruels ennemis s'approchent de la ville ;
Elle n'oppose plus qu'un courage inutile ;
Elle voit ses remparts dégarnis de soldats ;
A des combats sans trêve ils ne suffisent pas ;
Peu d'entre eux reverront le toit de leur enfance ;

Et, pour dernier malheur, la famine commence !
Son noble chef, réduit à cette extrémité,
Rochepierre, suivant la coutume, a traité :
Encore douze jours l'ennemi doit attendre ;
Et, ce délai passé, le comte va se rendre,
Si devant Orléans l'on ne voit arriver
Un corps assez nombreux pour pouvoir la sauver.
(Dunois fait un mouvement de colère.)

LE ROI.

C'est bien peu, douze jours.

LE MAGISTRAT.

Dans ce péril extrême,
Sous la protection de nos ennemis même,
Nous venons demander à votre majesté
Qu'elle prenne pitié de la noble cité.
Donnez-lui le secours qu'elle est en droit d'attendre,
Ou, douze jours passés, sire, il faudra se rendre.

DUNOIS.

Et Xaintrailles consent à tant de déshonneur ?

LE MAGISTRAT.

Ah ! tant que ce héros a vécu, monseigneur,
Personne parmi nous n'eût osé faire entendre
Un seul mot pour la paix, un seul mot pour se rendre.

DUNOIS.

Il est mort ?

LE MAGISTRAT.

Sur nos murs, pour la cause du roi.

LE ROI.

Xaintrailles mort !... Hélas ! ce seul homme, pour moi
Valait toute une armée.
(Un chevalier entre et dit quelques mots à voix basse à Dunois, qui s'emporte.)

ACTE I, SCÈNE III.

DUNOIS.
Encor !

LE ROI.
Qu'est-ce donc ?

DUNOIS.
Sire,
Vos soldats écossais, Douglas vous le fait dire,
Sont en pleine révolte et veulent vous quitter,
Si, dans ce jour encore, on ne leur fait compter
L'arriéré de leur solde.

LE ROI, à Du Chatel :
Eh bien ! dis-moi, que faire ?

DU CHATEL, haussant les épaules :
Je ne sais nul moyen de vous tirer d'affaire.

LE ROI.
Va promettre, engager tout ce que tu voudras ;
La moitié du royaume !

DU CHATEL.
Ils ne me croiront pas ;
Ils se sont trop souvent laissé prendre à ce leurre.

LE ROI.
De mon armée ils sont la troupe la meilleure ;
Qu'en ce moment surtout ils restent avec moi !

LE MAGISTRAT, pliant le genou :
Secourez-nous ! voyez notre détresse, ô roi !

LE ROI, avec désespoir :
Suffit-il que le roi frappe du pied la terre

Pour qu'une armée en sorte ? Est-ce que je puis faire
Que croissent dans ma main des épis ?... O douleur !...
Qu'on me mette en lambeaux ! arrachez-moi le cœur !
Faites, faites qu'en or ma chair soit transformée !
Du sang, j'en ai pour vous, mais point d'or, point d'armée !

(Il voit entrer Agnès Sorel et va au-devant d'elle, les bras ouverts.)

SCÈNE QUATRIÈME.

LES PRÉCÉDENTS, AGNÈS SOREL, une cassette dans les mains.

LE ROI.

Mon Agnès ! mon amour ! ma vie ! Oh ! n'est-ce pas,
Tu viens pour me sauver du désespoir ? Tes bras
Sont pour Charle un refuge en ce moment funeste.
Non, rien n'est perdu, rien : Agnès encor me reste !

AGNÈS.

Mon bien-aimé !

(Promenant autour d'elle un regard inquiet.)

Dunois !... Est-il vrai ?... Du Chatel !...

DU CHATEL.

Hélas ! trop vrai !

AGNÈS.

C'est donc un danger bien réel ?
Les troupes, faute d'or, n'ont point reçu leur paie ?
Elles veulent partir ?

DU CHATEL.

La nouvelle est bien vraie.

AGNÈS, lui présentant la cassette :

Tenez, voici de l'or, des bijoux, des joyaux ;

Fondez cette vaisselle, et vendez mes châteaux !
Empruntez ! vous avez mes terres de Provence ;
Qu'elles soient aux prêteurs gage de leur créance !
Tous mes biens, prenez-les ! changez-les en argent !
Contentez les soldats ! mais soyez diligent ;
Le temps est précieux, il faut qu'on en profite.

(Elle le pousse dehors.)

LE ROI.

Dites-moi, ma fortune est-elle si réduite,
Dunois ? vous, Du Châtel ? quand je possède encor
Cette femme au grand cœur, cet ange, ce trésor ?
Sa noblesse est égale à la mienne ; je jure
Que le sang des Valois n'a pas source plus pure ;
Digne du plus beau trône où monarque ait régné,
Elle put l'embellir, elle l'a dédaigné.
Elle veut seulement être ma bien-aimée ;
Elle veut de ce nom partout être nommée.
Et quels sont les présents qu'elle ait de moi soufferts ?
Un fruit rare, une fleur au milieu des hivers.
Elle qui me défend le moindre sacrifice,
Vient me les faire tous, veut que je les subisse,
Prête à sacrifier, tant elle a de grandeur,
Sa fortune, ses biens à mon profond malheur !

DUNOIS.

C'est qu'elle perd l'esprit comme vous, cette femme :
Elle jette son bien dans la maison en flamme ;
Danaïde, elle emplit le tonneau plein de trous ;
Sans pouvoir vous sauver va se perdre avec vous...

AGNÈS.

Ah ! ne le croyez pas, c'est lui qui déraisonne.
Il a dix fois pour vous hasardé sa personne,

Et s'irrite que moi je hasarde mon or !
Mais j'ai sacrifié pour vous bien plus encor ;
Plus que n'est l'or, que n'est la pierre précieuse,
Et je consentirais à me voir seule heureuse !...
Viens ! de vains ornements nous saurons nous passer ;
Apprends de moi comment on peut y renoncer.
Change en soldats ta cour, ton or en fer, et donne
Ce qui te reste encor, pour sauver ta couronne !
Viens ! tu me connaîtras ; le besoin, le danger,
Avec toi, mon cher roi, je veux les partager !
Viens ! montons le cheval de guerre ! Faible femme,
Des rayons du soleil je braverai la flamme !
Notre toit, ce sera le ciel ; notre oreiller,
La dure pierre ! alors le robuste guerrier
Fera voir pour ses maux bien moins d'impatience,
Quand il verra son roi, partageant sa souffrance,
Supporter la fatigue et les privations !

LE ROI, souriant :

Ainsi je vois l'effet de ces prédictions
Qu'une nonne à Clermont un jour me fit entendre :
D'une femme il fallait, m'a-t-elle dit, attendre
La victoire sur mes ennemis ; ce serait
La même femme encor qui me replacerait
Au trône qu'occupaient mes aïeux. Sur mon âme,
Dans le camp ennemi je cherchais cette femme :
D'une mère, ai-je dit, le cœur s'apaisera...
Mais voici l'héroïne à qui Charles devra
D'entrer à Reims ! par elle il aura cette gloire ;
A ton amour, Agnès, je devrai la victoire !

AGNÈS.

A vos vaillants amis !

ACTE I, SCÈNE V.

LE ROI.

Oui, l'espoir m'est permis ;
La discorde est entrée au camp des ennemis.
Mon cousin de Bourgogne et ces lords d'Angleterre,
J'en ai des avis sûrs, ne s'entendent plus guère.
Au duc j'ai dépêché La Hire, pour savoir
Si ce pair irrité rentre dans le devoir,
Si ce vassal enfin veut bien me rendre hommage.
J'attends à tout moment réponse à ce message.

DU CHATEL, à la fenêtre :

Voici La Hire.

LE ROI.

Il va sur l'heure decider
S'il nous faut, désormais, ou combattre ou céder.

SCÈNE CINQUIÈME.

LES PRÉCÉDENTS, LA HIRE.

LE ROI, allant au-devant de La Hire :

M'apportes-tu l'espoir ou la crainte, La Hire ?
Sois bref ; à quoi faut-il que je m'attende ?

LA HIRE.

Sire,
A votre seule épée il faut vous confier.

LE ROI.

Le fier duc ne veut pas se réconcilier ?...
Comment t'a-t-il reçu ? j'ai hâte de l'apprendre.

LA HIRE.

Sire, avant toute chose, avant de rien entendre,

Il veut que Du Chatel lui soit livré, c'est lui
Qui tua Jean-sans-Peur, dit-il, c'est Tannegui.

LE ROI.

À ce traité honteux si je fais résistance?

LA HIRE.

La paix sera rompue avant qu'elle commence.

LE ROI.

As-tu suivi mon ordre? a-t-il appris de toi
Qu'en combat singulier je le provoque, moi,
Sur ce pont où son père a trouvé la mort?

LA HIRE.

                          Sire,
En lui jetant le gant j'ai pris soin de lui dire
Que le roi voulait bien un moment oublier
La hauteur de son rang, et, simple chevalier,
Soutenir en champ-clos ses droits qu'on lui dispute;
Le duc a répondu : « Pourquoi donc cette lutte?
« Pour défendre des biens qui déjà sont à moi?
« Si tel est cependant le bon plaisir du roi,
« Sous les murs d'Orléans demain je dois me rendre,
« Dites-lui que, là-bas, Philippe va l'attendre. »
Là-dessus, en riant, il m'a tourné le dos.

LE ROI.

Et dans mon Parlement point de voix, point d'échos,
Pour s'élever, répondre au nom de la justice?

LA HIRE.

Des fureurs des partis il devient le complice:
Ce Parlement en qui vous semblez espérer,

ACTE I, SCÈNE V.

Par un de ses arrêts vient de vous déclarer
Déchu du trône, vous et toute votre race.

DUNOIS.

De bourgeois parvenus quelle orgueilleuse audace!

LE ROI.

As-tu sondé ma mère?

LA HIRE.

 Elle?

LE ROI.

    Oui; qu'a-t-elle dit?
Comment est pour son fils disposé son esprit?
Parle!

LA HIRE, après un moment de réflexion:

 Dans Saint-Denis je suis arrivé, sire,
Alors qu'on s'y livrait au plus joyeux délire;
Quand du couronnement la fête commençait.
Du peuple de Paris la foule s'y pressait.
Dans ses plus beaux habits elle était accourue,
Et des arcs triomphaux, dressés dans chaque rue,
Attendaient le monarque anglais. Partout des fleurs;
Le peuple remplissait les airs de ses clameurs,
Comme si, dans ce jour de honteuse mémoire,
La France eût remporté sa plus belle victoire.
Il se ruait autour du char du roi vainqueur.

AGNÈS.

Ils se montraient heureux de déchirer le cœur
D'un roi si doux, si bon, d'un père qui les aime!

LA HIRE.

Cet enfant, ce Henri de Lancastre, moi-même

Il m'a fallu le voir quand on l'avait assis
Au trône où s'asseyait autrefois Saint-Louis.
Tout près de leur neveu, pleins d'orgueilleuse audace,
Bedfort et Glocester, debout, avaient pris place,
Et Philippe, à genoux aux pieds du jeune roi,
Pour ses possessions, jurait hommage et foi.

LE ROI.

O bassesse!... Un parent! Un pair de la couronne!

LA HIRE.

Sur les derniers degrés qui conduisaient au trône,
L'enfant avait eu peur, il avait chancelé.
Dans le peuple aussitôt ces mots ont circulé :
« Mauvais présage ! » Et puis on s'était mis à rire.
Mais votre mère alors... J'ai honte de le dire...
Votre mère...

LE ROI.

Eh bien? dis !

LA HIRE.

           La reine s'avança,
Saisit résolument l'enfant et le plaça
Au trône où son époux, où le roi, votre père,
L'avait jadis reçue.

LE ROI.

     O ma mère! ma mère !

LA HIRE.

Même les Bourguignons, ces bandes que le sang
N'émeut point, on les vit de honte rougissant.
Votre mère, aussitôt, s'aperçut de sa faute.
Se tournant vers le peuple, alors, d'une voix haute :

ACTE 1, SCÈNE V.

«Français, a-t-elle dit, au lieu d'un trône pourri,
«Je place sur le trône un rameau sain, fleuri!
«Je vous sauve d'un roi né d'un père en démence;
«Français, j'ai mérité votre reconnaissance.»

(Le roi se cache le visage; Agnès court à lui et l'entoure de ses bras; tous les assistants manifestent leur indignation et leur horreur.)

DUNOIS.

La louve! la furie!

LE ROI, après une pause, aux magistrats :

Eh bien! l'on vous instruit
Du déplorable état où me voilà réduit.
Reprenez le chemin de ma ville fidèle,
Allez! reportez-y cette triste nouvelle :
Je dégage Orléans de sa fidélité.
Qu'elle assure à présent sa propre sûreté ;
Elle va de Philippe implorer la clémence ;
On l'appelle le Bon, il le sera, je pense.

DUNOIS.

Vous, sire! abandonner Orléans?

LE MAGISTRAT, se mettant à genoux :

A genoux,
Sire, je vous supplie, ayez pitié de nous!
Non, non, ne livrez pas votre ville fidèle
Au joug que les Anglais feraient peser sur elle!
C'est de votre couronne un joyau précieux ;
Jamais aucune ville à ses rois, vos aïeux,
N'a plus fidèlement gardé la foi jurée.

DUNOIS.

La victoire de nous s'est-elle retirée?
Et le champ du combat sera-t-il déserté,

Avant qu'un coup d'épée encore soit porté
Pour sauver cette ville? Et voulez-vous donc, sire,
Par le mot imprudent que vous venez de dire,
Même avant que le sang pour elle soit versé,
Voir ce nom d'Orléans de la France effacé?

LE ROI.

C'est trop de sang en vain, il faut en être avare.
Je reconnais que Dieu contre moi se déclare.
Dans les combats, toujours mes soldats sont vaincus.
Mon Parlement prononce et de moi ne veut plus.
Paris et tout mon peuple, il faut que je les voie
Accueillir mon rival avec des cris de joie!
Ceux en qui coule aussi le sang dont je suis né,
M'ont trahi, n'est-ce pas? et m'ont abandonné.
Que dis-je! sur son sein, elle-même, ma mère,
Nourrit le rejeton de la tige étrangère!
Au delà de la Loire il faut nous retirer.
Nous voyons pour l'Anglais le ciel se déclarer;
Eh bien! il faut plier sous sa toute-puissance.

AGNÈS.

Dieu nous garde de perdre ainsi toute espérance,
D'abandonner ainsi le royaume au vainqueur!
Ah! ces mots ne sont point sortis de votre cœur,
Car il est courageux... C'est la conduite infâme
De ta mère, qui, seule, a brisé ta grande âme.
Mais redeviens toi-même; oppose aux coups du sort
Ce que le cœur d'un homme a de noble et de fort!

LE ROI, absorbé dans de sombres réflexions :

Puis-je en douter? un sort funeste, impitoyable,
Domine les Valois, les poursuit, les accable.
Dieu rejette leur race et c'est avec raison :

Les crimes d'une mère ont sur cette maison,
Et depuis bien longtemps, déchaîné les furies.
Les sources de ses maux sont loin d'être taries :
Mon père fou vingt ans ; mes trois frères aînés
Par la mort, avant moi, tous les trois moissonnés !...
Ah ! c'est ta voix qui parle, ô céleste justice :
De Charles-Six tu veux que la maison périsse !

AGNÈS.

Qu'elle soit relevée et rajeunie en toi !
Il faut garder l'espoir, dans toi-même avoir foi.
Ah ! ce n'est pas en vain que des destins prospères
Sauvent en toi le seul, le plus jeune des frères,
Et te donnent, à toi, ce trône inespéré.
Dans ton cœur plein d'amour le ciel a préparé
Le baume qu'il faudra verser sur la patrie,
Pour la guérir des coups des partis en furie.
La torche que leur main depuis longtemps brandit,
C'est toi qui l'éteindras, mon cœur me le prédit.
D'une profonde paix va jeter la semence,
Et fonder à nouveau le royaume de France !

LE ROI.

Non, ce n'est pas à moi qu'est réservé ce sort.
Ce temps d'orages veut un pilote plus fort.
J'aurais pu rendre heureux un peuple doux, fidèle ;
Je ne puis le dompter et farouche et rebelle,
Ni m'ouvrir par le fer les cœurs, quand je les voi
Tout fermés de leur haine et s'éloignant de moi.

AGNÈS.

Ah ! croyez-moi, la foule est maintenant séduite
Par une illusion qui passera bien vite.
Vous le verrez sous peu se lever l'heureux jour

Où se réveillera l'indestructible amour
Que portent les Français à leur roi légitime.
De peuples ennemis aussitôt se ranime
Et l'éternelle haine, et la rivalité ;
Et l'orgueilleux vainqueur se voit précipité
Du faîte de sa gloire, et sous elle il expire...
Sur le champ de bataille il faut demeurer, sire !
Ce précieux terrain, défendez-le toujours,
Et la noble Orléans, comme vos propres jours !
Songez-y bien, la Loire, à son autre rivage,
Serait pour vous le Styx. Non, non, point de passage !
Ah ! plutôt ordonnez que tout pont soit rompu,
Tout bateau submergé !

LE ROI.

J'ai fait ce que j'ai pu.
N'ai-je pas proposé de combattre en personne,
Et d'aller en champ-clos défendre ma couronne ?
N'a-t-on pas rejeté l'offre que je faisais ?
Je laisse, et vainement, couler le sang français ;
Mes villes tour à tour croulent dans la poussière ;
Laisserai-je, semblable à la barbare mère,
Partager mon enfant ? Non ; pour sauver ses jours,
Plutôt y renoncer !

DUNOIS.

Sire ! de tels discours
Sont-ils bien ceux d'un roi ? Quand on a la couronne,
Aussi facilement est-ce qu'on l'abandonne ?
Pour son opinion, sa haine et son amour,
Le dernier des sujets expose, chaque jour,
Et son bien, et son sang. Pour une âme virile,
Son parti devient tout quand la guerre civile
A levé son drapeau sanglant. Le laboureur,

Au milieu du sillon interrompt son labeur ;
Les fuseaux commencés sont laissés par la femme ;
Tout s'arme, enfants, vieillards ; la ville est mise en flamme
Par ses habitants même ; aux champs, dans la moisson,
La main du paysan va porter le brandon :
Tout cela, dans l'espoir d'être utile ou de nuire,
D'assurer le succès que son âme désire.
De vains ménagements n'arrêtent point son bras ;
Il faut n'en point avoir et n'en attendre pas,
Quand on défend l'honneur, ses dieux ou son idole.
Aussi, point de faiblesse et point de pitié folle !
C'est, dans le cœur d'un roi, sentiment déplacé.
Que la guerre ait sa fin, puisqu'elle a commencé,
Et puisqu'en l'allumant si l'on fut téméraire,
Sire, vous n'avez pas ce reproche à vous faire !
Le peuple pour son roi doit se sacrifier.
C'est une loi qu'on suit dans l'univers entier.
Le Français la connaît et la trouve très-bonne ;
Il n'en voudrait point d'autre. Ah ! quand l'honneur ordonne,
Honte à la nation, qui, pour sauver le sien,
Hésiterait à tout sacrifier !

LE ROI, aux magistrats :

Eh bien !
Vous avez entendu ce qu'à votre demande
Je disais tout à l'heure. Allez ! Dieu vous défende !
Je ne peux rien de plus.

DUNOIS.

Puisqu'il en est ainsi,
Que le Dieu des combats vous abandonne aussi,
Vous, qui de vos aïeux abandonnez le trône !
Vous reculez ? Dunois aussi vous abandonne.
Mais, lorsque vous serez enfin précipité,

Imputez votre chute à votre lâcheté,
Et non point à Bourgogne ou bien à l'Angleterre,
Parce qu'ils sont unis pour vous faire la guerre !
Les monarques français sont héros en naissant,
Sire, mais leur valeur n'est pas dans votre sang,
C'est une exception.

(Aux magistrats :)

Le roi vous abandonne !
Eh bien ! dans Orléans je me jette en personne !...
Oui, ville de mon père, oui, tu verras son fils
Venir s'ensevelir sous tes derniers débris !

(Il veut sortir, Agnès le retient.)

AGNÈS, au roi :

Ne souffrez point qu'il parte avec cette colère.
Sa bouche ose tenir un langage sévère,
Mais son cœur est garant de sa fidélité ;
Son cœur ! il a de l'or toute la pureté ;
Sire, n'en doutez pas, il est toujours le même ;
Son sang coula pour vous ; chaudement il vous aime...
Approchez-vous, Dunois ; avouez, à l'instant,
Qu'un généreux courroux vous porta trop avant...
Vous, sire, pardonnez à cet ami fidèle
Les trop rudes avis que lui dicta son zèle.
Oh ! venez ! prévenez de terribles malheurs.
Laissez-moi, laissez-moi réunir vos deux cœurs,
Avant que la colère à jamais les sépare.

(Dunois fixe les yeux sur le roi et semble attendre une réponse.)

LE ROI, à Du Chatel :

Nous passerons la Loire, allez ! que l'on prépare
Les bateaux. Tout ce que je puis encore avoir,
Qu'on l'emporte.

ACTE I, SCÈNE VI.

DUNOIS, avec vivacité, à Agnès :

Je pars.
(Il se détourne brusquement et sort ; les magistrats le suivent.)

AGNÈS, joignant les mains avec désespoir :

Partir ! ô désespoir !
Mais nous sommes perdus si lui nous abandonne !
La Hire, suivez-le ! calmez-le !
(La Hire sort.)

SCÈNE SIXIÈME.

LE ROI, AGNÈS, DU CHATEL.

LE ROI.

La couronne
Est-elle donc un bien si précieux, si cher ?
Est-ce donc à ce point un sacrifice amer
Que de s'en séparer ? Non, j'ai la certitude
Qu'une chose est encor plus amère et plus rude :
C'est d'être dominé par des esprits hautains,
Des vassaux arrogants, inflexibles et vains,
Par la grâce desquels il semble que l'on vive.
Voilà, pour un cœur noble, une douleur bien vive.
J'aime mieux succomber sous le sort rigoureux.
(A Du Chatel, qui hésite encore :)
Faites ce que j'ai dit !

DU CHATEL, se jetant aux pieds du roi.

O mon roi !

LE ROI.

Je le veux !
Plus d'observations !

DU CHATEL.

Avec Philippe, sire,
Faites la paix, c'est tout ce que je veux vous dire;
C'est votre seul moyen de salut, désormais.

LE ROI.

Quel conseil! Votre sang scellerait cette paix.

DU CHATEL.

Ah! que de cette paix ma tête soit le gage!
Pour vous je l'exposai souvent avec courage,
Et pour vous avec joie encore, s'il le faut,
Je saurai la porter jusque sur l'échafaud.
Calmez le duc, calmez ce terrible adversaire!
Abandonnez-moi, sire, à toute sa colère!
Que sa haine pour vous s'éteigne dans mon sang!

LE ROI le regarde pendant quelques instants en silence et avec émotion :

Est-ce vrai? Le danger est-il donc si pressant,
Que mes amis, que ceux qui connaissent mon âme,
En voulant me sauver, veuillent me rendre infâme?
De ma chute à présent je vois la profondeur :
Il ne leur reste plus de foi dans mon honneur!

DU CHATEL.

Sire, réfléchissez...

LE ROI.

Je ne veux rien entendre.
Craignez de m'irriter. Quand on devrait me prendre
Dix trônes, je voudrais, moi, les sacrifier,
Si du sang d'un ami je devais les payer...
Faites sur les bateaux porter mes équipages!

DU CHATEL.

Ce sera bientôt fait.
(Il se relève et sort ; Agnès pleure amèrement.)

SCÈNE SEPTIÈME.

LE ROI, AGNÈS.

LE ROI.

Sur ton front des nuages,
Mon Agnès adorée ! il faut les en chasser :
Cette Loire que Charle est forcé de passer,
T'offre à son autre rive une autre France encore ;
Une terre où des jours plus heureux vont éclore ;
Un ciel dont rien jamais ne troublera l'azur ;
Un air que la poitrine aspire toujours pur ;
Des usages plus doux, des chants, de l'harmonie.
Là, fleurissent bien mieux et l'amour et la vie.

AGNÈS.

Oh ! faut-il que je voie un si funeste jour !
Un roi se condamner à l'exil sans retour !
Un fils abandonner la maison de son père !
Fuir loin de son berceau !... Hélas ! heureuse terre
Que nous allons quitter, nous ne te verrons plus !

SCÈNE HUITIÈME.

LE ROI, AGNÈS, LA HIRE.

AGNÈS.

Seul ! Vous avez donc fait des efforts superflus ?
Dunois ne revient pas ?
(Elle le regarde plus attentivement.)

Mais, qu'avez-vous, La Hire?
Est-ce un nouveau malheur qu'en vos yeux il faut lire?

LA HIRE.

Non. Les temps de malheur pour nous sont écoulés ;
Le soleil reparaît.

AGNÈS.

Au nom du ciel, parlez !

LA HIRE, au roi :

Ces bourgeois d'Orléans, dites qu'on les rappelle.

LE ROI.

Pourquoi? qu'annonces-tu?

LA HIRE.

Qu'ils viennent ! Ma nouvelle
Est celle-ci : le sort vient de changer pour vous :
On a livré combat, la victoire est à nous.

AGNÈS.

La victoire ! Oh ! pour moi parole harmonieuse,
Mot céleste !

LE ROI.

Tu crois quelque rumeur trompeuse ;
La Hire ; la victoire ? elle n'est plus pour moi !

LA HIRE.

A plus encor bientôt vous ajouterez foi.
Des miracles se font ; il faudra bien y croire.
L'archevêque, et Dunois qui vous revient...

AGNÈS.

Victoire ,

ACTE I, SCÈNE IX.   353

Charmante fleur du ciel, tu ramènes pour nous
La concorde et la paix!

SCÈNE NEUVIÈME.

LES PRÉCÉDENTS, L'ARCHEVÊQUE DE REIMS, DUNOIS,
DU CHATEL, RAOUL, revêtu de son armure.

L'ARCHEVÊQUE conduit Dunois au roi et joint leurs mains :

Princes, embrassez-vous?
Laissez vos différends, calmez votre colère ;
Le ciel s'est déclaré, le ciel nous est prospère.
(Dunois embrasse le roi.)

LE ROI.

Faites cesser mon doute et mon étonnement.
D'où vient en ma faveur ce subit changement?
De ce ton solennel que voulez-vous me dire ?

L'ARCHEVÊQUE, menant le chevalier au roi :

Parlez !

RAOUL.

Nous conduisions seize bannières, sire —
Des soldats de Lorraine. — Au camp nous nous rendions,
Et, sous le chevalier Baudricourt, nous marchions.
Nous venions de gagner la hauteur qui couronne
Vermanton ; nous allions descendre vers l'Yonne,
Quand, sur l'immense plaine, en bataillons nombreux,
Apparaît l'ennemi. Nous reportons les yeux
Sur la route par nous à l'instant parcourue,
Mais d'autres ennemis y frappent notre vue.
Nous étions entourés et nous estimions tous
La victoire ou la fuite impossible pour nous.
Aussi les plus vaillants exprimaient leurs alarmes,

20.

Et l'on ne parlait plus que de rendre les armes.
Nos chefs tiennent conseil, cherchant, pour nous sauver,
Un extrême parti qu'ils ne peuvent trouver.
Mais voilà qu'à nos yeux, dans ce moment funeste,
Un prodige éclatant soudain se manifeste :
Sire, une jeune fille, un casque sur le front,
Du sein de la forêt s'élance et vers nous fond ;
Des combats on dirait la déesse ; elle est belle
Et porte cependant l'épouvante autour d'elle ;
En longs anneaux son cou reçoit ses noirs cheveux ;
Et sur elle, soudain, la lumière des cieux
Nous semble resplendir, quand, d'une voix sonore,
Elle nous dit : « Français ! que tardez-vous encore ?
« Aux ennemis ! nos champs en fussent-ils couverts,
« Comme de grains de sable une plage des mers,
« La sainte Vierge et Dieu vous prêteront main forte ! »
Elle dit, et, des mains du guerrier qui le porte,
Arrache l'étendard, le brandit vers les cieux,
Et marche à notre tête à pas audacieux.
De surprise muets en voyant la guerrière,
Involontairement nous suivons sa bannière,
Et sur les ennemis nous nous précipitons ;
Dans un étonnement complet nous les jetons,
Et d'un œil effaré contemplant le miracle,
Au torrent qui s'approche ils ne font point d'obstacle.
Alors, comme si Dieu les terrifiait tous,
Ils nous tournent le dos, se sauvent devant nous,
Et, pour mieux fuir, loin d'eux rejetant leur armure,
Tout au travers des champs courent à l'aventure.
C'est en vain que les chefs rappellent les soldats ;
Ceux-ci, fous de terreur, ne les écoutent pas.
Sans oser seulement regarder en arrière,
L'ennemi fuit toujours. Bientôt, dans la rivière

Les hommes, les chevaux se précipitent tous,
Et sans résister même expirent sous nos coups.
C'est bien moins un combat qu'un horrible carnage ;
Deux mille combattants tombent sur le rivage !
Ceux qu'engloutit le fleuve on n'a pu les compter,
Et nous, nous n'avons pas un homme à regretter.

LE ROI.

C'est bien prodigieux !

AGNÈS.

C'est une jeune fille
Qui fit un tel miracle ? Et quelle est sa famille ?
D'où vient-elle ?

RAOUL.

Au roi seul elle le confiera ;
Le ciel l'a suscitée et le ciel l'inspira ;
Il lui donna le don de prédire, dit-elle.
Même avant que se lève une lune nouvelle,
Elle promet de rendre Orléans à son roi.
A tout ce qu'elle dit le peuple ajoute foi ;
Il a soif de combats... Mais elle va paraître
Sur les pas de l'armée, et se faire connaître.

(On entend le son des cloches et un cliquetis d'armes, qu'on frappe les unes contre les autres.)

Entendez ces rumeurs, ces cloches ! Tout ce bruit,
C'est la jeune inspirée et le peuple qui suit.

LE ROI, à Du Chatel :

Vous la ferez entrer.

(A l'archevêque :)

Dites, que faut-il croire ?
Cette fille pourrait m'assurer la victoire,
Au moment où je n'ai d'espoir que dans le ciel ?

Tout ce que l'on me dit paraît surnaturel.
Ce miracle, peut-on croire qu'il s'accomplisse ?

LA FOULE, derrière le théâtre :

Gloire à la jeune fille ! à la libératrice !

LE ROI.

Elle vient.

(A Dunois :)

Mettez-vous à ma place un moment,
Dunois. Préparons-lui ce piége. Si, vraiment,
Dieu l'inspire et l'envoie, elle saura connaître,
Au milieu de nous tous, quel est le roi son maître.

(Dunois s'assied à la place du roi ; le roi se met à sa droite et, à côté du roi, Agnès Sorel. L'archevêque et les autres personnages sont en face, de sorte que le milieu de la scène reste vide.)

SCÈNE DIXIÈME.

LES PRÉCÉDENTS, JEANNE, accompagnée des magistrats et d'un grand nombre de chevaliers, qui remplissent le fond du théâtre. Elle s'avance ; sa démarche est noble ; elle regarde tout le cercle des assistants.

DUNOIS, après un moment de silence solennel :

Jeune fille, est-ce toi qui viens jusque en ce lieu ;
Pour ?...

JEANNE l'interrompt et le regarde fixement et avec dignité :

Bâtard d'Orléans, tu veux donc tenter Dieu ?
Lève-toi ! Cette place, elle n'est pas la tienne.
Vers un plus grand que toi ma mission m'amène.

(Elle s'avance d'un pas assuré vers le roi, plie un genou devant lui, se relève aussitôt et fait quelques pas en arrière. Tous les assistants manifestent leur surprise. Dunois quitte le siége, et un vide se fait autour du roi.)

ACTE I, SCÈNE X.

LE ROI.

Comment donc as-tu pu reconnaître le roi ?
C'est la première fois qu'il paraît devant toi.

JEANNE.

Sire, je vous ai vu lorsque personne au monde
Ne vous voyait, que Dieu.
(Elle s'approche du roi et lui parle mystérieusement.)
     Quand une nuit profonde,
Quand le sommeil sur tous se fut appesanti,
De votre couche, hier, vous, vous êtes sorti.
Vous avez fait au ciel une ardente prière ;
Ordonnez que d'ici l'on sorte, et, tout entière,
Je vous la redirai.

LE ROI.

    Le vœu qu'à l'Éternel
J'adressai, je veux bien que l'entende un mortel,
Et je reconnaîtrai, si tu peux me redire
Ce que j'ai demandé, que c'est Dieu qui t'inspire.

JEANNE.

Vous avez adressé trois demandes à Dieu. —
Soyez bien attentif, dauphin ! — En premier lieu,
Vous avez dit : « Seigneur ! s'il faut que cette guerre,
« Cette guerre fatale, ait pour cause première
« Des biens à la couronne injustement acquis,
« Des crimes ignorés, par mes aïeux commis,
« Qu'on n'ait point explés encore ; à ta justice,
« Pour mon peuple, ô mon Dieu, je m'offre en sacrifice !
« Épuise ton courroux sur cette tête !... »

LE ROI, reculant effrayé :

         O ciel !
Quel es-tu ? qui t'envoie, être surnaturel ?
(Tous les assistants manifestent leur surprise.)

JEANNE.

Et puis, après : « Si c'est ta volonté suprême
« Que ma race, ô mon Dieu ! perde le diadème,
« Que je sois dépouillé de ces biens que les rois
« Dont je suis descendu possédaient autrefois,
« Ah ! laisse-moi, du moins, comme faveur dernière,
« Un cœur pur, un ami, mon Agnès !... »
(Le roi se cache le visage et pleure ; les autres personnages témoignent une extrême
surprise. Après une pause, Jeanne reprend :)
                                        La prière
Que vous fîtes après, faut-il la répéter ?

LE ROI.

C'est assez ! je te crois ; je ne puis plus douter :
L'homme n'en sait pas tant. Dieu lui-même en toi brille !

L'ARCHEVÊQUE.

Dis-nous quel est ton nom, sainte, étonnante fille !
Dans quel heureux pays as-tu reçu le jour ?
A quels parents bénis donnes-tu ton amour ?

JEANNE.

Jeanne est mon nom, seigneur ; je suis une bergère.
J'habite Domremy qu'habite aussi mon père ;
Dans l'évêché de Toul c'est un des bourgs du roi.
J'ai, depuis mon enfance, eu pour unique emploi
De garder le troupeau qui fait notre richesse.
Parmi nos villageois on répétait sans cesse,
Qu'un peuple était venu d'un pays étranger ;
Qu'il avait traversé la mer pour nous ranger
Sous un joug bien pesant ; que, pour comble d'audace,
Il prétendait, sur nous, mettre un roi de sa race,
Un roi qui n'aime pas la France ; il avait pris

Notre plus grande ville, il avait pris Paris,
Disait-on; le royaume était en sa puissance!...
Alors, oh! j'ai prié la Vierge pour la France;
Pour qu'elle nous sauvât la honte de ce joug;
Pour que du roi français elle laissât debout
Le trône menacé. Devant notre village,
De cette bonne Vierge est une antique image,
Des pieux pèlerins symbole vénéré ;
Près de l'image on voit un chêne consacré,
Que rendirent fameux des miracles sans nombre.
Je trouvais du plaisir à m'asseoir sous son ombre
En gardant mes moutons. Quand l'un d'eux s'égarait,
J'allais dormir sous l'arbre, un songe me montrait
Où trouver mon mouton... Une fois, qu'en prière
Je passais sous cet arbre une nuit tout entière,
Cherchant à résister au sommeil, tout à coup,
Je vois la sainte Vierge à mes côtés, debout,
Portant bannière et glaive en ses mains, mais, du reste,
Couverte comme moi d'un vêtement modeste:
«Me voici, lève-toi, Jeanne!» m'a-t-elle dit;
«Laisse-là ton troupeau! viens! Dieu qui te bénit,
«De soins plus importants veut te voir occupée.
«Tiens! prends cet étendard! ceins-toi de cette épée!
«Que de ce fer vengeur ton jeune bras armé,
«Sauve d'un joug honteux mon peuple bien-aimé!
«Frappe ses ennemis et fais-les disparaître!
«Conduis aux murs de Reims l'héritier de ton maître,
«Et place sur son front la couronne des rois!»
Est-ce à moi de tenter de si nobles exploits?
Ai-je répondu; moi, fille obscure et paisible;
Des combats, jusqu'ici, j'ignore l'art terrible.
Elle réplique alors: «La vierge qui, toujours,
«Saura fermer son cœur aux terrestres amours,

« Peut sur terre accomplir une mission sainte.
« Exempte comme toi de toute impure atteinte,
« De Dieu je fus choisie en mon humilité,
« Et le divin sauveur, c'est moi qui l'enfantai.
« Dans sa céleste gloire il a placé sa mère. »
Et son doigt me toucha l'une et l'autre paupière.
J'élevai mes regards et vis les cieux remplis
D'anges tenant en mains de blanches fleurs de lis,
Et les sons les plus doux venaient à mon oreille.
Pendant trois nuits de suite, au milieu de ma veille,
La Vierge est revenue et m'a dit : « Lève-toi,
« Jeanne ! Le Dieu du ciel qui te parle par moi,
« De soins plus importants veut te voir occupée. »
Et, la dernière fois, seigneur, je fus frappée
Du courroux qu'en parlant la Vierge me fit voir :
« Obéir, pour la femme est sur terre un devoir, »
Dit-elle en me grondant, « son lot est la souffrance ;
« Ses labeurs font sa gloire, et, son obéissance,
« Sa résignation à ces terrestres maux,
« Là-haut la feront grande. » En achevant ces mots,
Elle laisse tomber son habit de bergère,
S'inonde des rayons d'une vive lumière,
Comme reine du ciel resplendit à mes yeux,
Et des nuages d'or, s'élevant vers les cieux,
L'emportent au séjour du bonheur ineffable.

(Tous les assistants sont émus ; Agnès Sorel pleure et cache son visage dans le sein du roi.)

L'ARCHEVÊQUE, après un long silence :

On ne peut repousser une preuve semblable.
Quand Dieu lui-même ainsi vient se manifester,
Il devient impossible à l'homme de douter.
Elle a dit vrai, les faits en rendent témoignage.
Un miracle si grand de Dieu seul est l'ouvrage.

DUNOIS.

Je suis fort peu touché du miracle ; ces yeux,
Ce front plein de candeur, me convainquent bien mieux.

LE ROI.

Et moi, par mes péchés, ne suis-je pas indigne
De recevoir du ciel cette faveur insigne ?
Toi, qui lis dans les cœurs l'entière vérité,
Mon Dieu ! tu vois du mien toute l'humilité.

JEANNE.

L'humilité des grands, là-haut se change en gloire :
Tu t'abaissais, le ciel t'élève.

LE ROI.

Puis-je croire
Que tu me rendras fort contre mes ennemis ?

JEANNE.

Je veux mettre à vos pieds le royaume soumis.

LE ROI.

A se rendre, Orléans ne sera pas forcée ?

JEANNE.

Non ; vous verrez plutôt la Loire repoussée
Jusqu'à sa source.

LE ROI.

A Reims en vainqueur j'entrerai ?

JEANNE.

A travers l'ennemi je vous y conduirai.

(Tous les chevaliers agitent leurs lances et leurs boucliers et témoignent une ardeur
guerrière.)

DUNOIS.

Qu'on nous donne pour chef cette fille divine,
Et, tous, aveuglément, nous suivrons l'héroïne !
Son regard inspiré devant nous brillera,
Et le bras de Dunois sur elle veillera !

LA HIRE.

Tout l'univers armé nous trouverait sans crainte,
Si nous sommes conduits par cette fille sainte ;
Le Dieu de la victoire est avec elle. Allons !
Héroïne, au combat mène nos bataillons !

(Les chevaliers font retentir leurs armes et s'avancent.)

LE ROI.

Oui, pour les commander, Dieu même te désigne.
Leurs chefs t'obéiront. Voici le plus haut signe
Du pouvoir qu'un guerrier puisse obtenir de nous :
Le connétable a cru, dans un jour de courroux,
Devoir le renvoyer à son roi ; cette épée,
Dans de plus dignes mains ne peut être occupée.
Prophétesse de Dieu, des miennes reçois-la,
Et désormais...

JEANNE.

      Dauphin, ce n'est point celle-là
Qui rendra pour mon roi la victoire certaine.
Laissons cet instrument de la puissance humaine...
J'en sais une autre avec laquelle je vaincrai.
Comme l'a fait l'Esprit pour moi, je vous dirai
Où la faire chercher, comment la reconnaître.

LE ROI.

Parle !

JEANNE.

C'est à Fierbois, c'est là qu'elle doit être.
On voit au cimetière, autrefois consacré
A sainte Catherine, un caveau retiré;
Au fond de ce caveau sont des armes antiques,
Des guerres d'autrefois précieuses reliques.
Là, l'épée à mes mains promise dort encor.
Vous la reconnaîtrez à trois fleurs de lis d'or.
Ordonnez qu'on l'apporte. A l'Esprit il faut croire :
Elle seule vous peut assurer la victoire ;
Il l'a dit.

LE ROI.

Envoyez à Fierbois ! l'on suivra
Ses indications.

JEANNE.

L'on me préparera,
Pour la porter en main, une blanche bannière,
A bordure de pourpre. Un globe de la terre
Au milieu sera peint, et, planant au-dessus,
La bienheureuse Vierge avec l'enfant Jésus :
Telle me l'a décrite elle-même, Marie.

LE ROI.

Jeanne, on t'obéira.

JEANNE, à l'archevêque :

Mon père, je vous prie,
Bénissez votre fille !
(Elle se met à genoux.)

L'ARCHEVÊQUE.

Est-ce à moi de bénir
L'ange que jusqu'à nous Dieu même a fait venir ?

Sa force est avec toi ; mais nous, pour toi que faire ?
Nous, indignes pécheurs ?

(Elle se relève.)

UN PAGE, annonçant :

Un héraut d'Angleterre !

JEANNE.

Qu'il entre ! Dieu l'envoie avec intention.

(Le roi fait un signe au page, qui sort.)

SCÈNE ONZIÈME.

LES PRÉCÉDENTS, LE HÉRAUT.

LE ROI.

Héraut, qu'annonces-tu ? quelle est ta mission ?

LE HÉRAUT.

Quel est ici celui qui porte la parole
Pour Charles de Valois, comte de Ponthieu ?

DUNOIS.
         Drôle !
Misérable héraut ! tu ne reconnais pas
Le monarque français même dans ses États ?
Sans l'habit qui te couvre, une telle insolence
Pourrait...

LE HÉRAUT.
   Il n'est qu'un roi que connaisse la France,
Et c'est en notre camp qu'est aujourd'hui ce roi.

LE ROI.

Calmez-vous, mon cousin ; héraut, explique-toi !

ACTE I, SCÈNE XI.

LE HÉRAUT.

Le maître qui m'envoie auprès de vous, déplore
Le sang qu'on a versé, qu'on doit verser encore.
Espérant prévenir d'inutiles combats,
Il retient au fourreau le fer de ses soldats.
Vous savez qu'Orléans ne peut plus se défendre.
Mon maître, cependant, veut bien vous faire entendre
Des propositions.

LE ROI.

Et que veut-il de nous?

JEANNE, s'avançant :

Sire, permettez-moi de répondre pour vous.

LE ROI.

Oui, j'y consens : décide ou la paix ou la guerre.

JEANNE, au héraut :

Au nom de qui, parmi tous vos lords d'Angleterre,
Viens-tu nous proposer des accommodements?

LE HÉRAUT.

Au nom de notre chef, Salisbury.

JEANNE.

Tu mens !
On ne peut point parler au nom d'un mort.

LE HÉRAUT.

Mon maître
Est aussi bien portant qu'un homme puisse l'être.
Il a plus qu'il ne faut de force et de santé
Pour vous détruire tous.

JEANNE.

Lorsque tu l'as quitté,
Il vivait ; mais je vais t'apprendre une nouvelle :
Encore ce matin, au haut de la Tournelle,
A regarder la ville il était occupé,
Quand, parti des remparts, un boulet l'a frappé.
Tu ris ; tu n'admets point que je sois informée
D'un fait récent qui s'est passé dans votre armée ;
Tout à l'heure à tes yeux du moins tu le fieras :
De ton lord, quand, bientôt, au camp tu rentreras,
Le funèbre convoi sera sur ton passage.
Maintenant, héraut, parle, achève ton message !

LE HÉRAUT.

S'il n'est point de secret qui ne te soit connu,
Tu dois savoir déjà pourquoi je suis venu.

JEANNE.

Laissons ta mission ; connais la mienne ! Annonce
A ceux de qui tu viens, quelle fut ma réponse :
Roi d'Angleterre, et vous, Bedford, Glocester, vous,
Qu'il fit ses lieutenants pour commander sur nous,
Voici l'heure où du sang que vous fîtes répandre,
Au puissant roi du ciel vous aurez compte à rendre !
Contre le droit divin, vous le savez, Anglais,
Vous prîtes nos cités ; rendez-les, rendez-les !
La Pucelle, du ciel est l'instrument sur terre ;
Elle vient vous offrir ou la paix ou la guerre :
Choisissez ! Je vous dis, pour que vous le sachiez,
Que de ce beau royaume où, vainqueurs, vous marchiez,
Vous êtes repoussés par le fils de Marie ;
Que le ciel a donné cette belle patrie
A Charles, le Dauphin, mon maître. Je vous dis

Qu'il fera, comme roi, son entrée à Paris,
Dans sa marche entouré de toute sa noblesse!...
Maintenant, va! héraut; hâte-toi! le temps presse,
Car ton retour au camp ne s'achèvera pas
Que déjà la Pucelle à l'invincible bras,
Chassant vos bataillons comme un flot de poussière,
Sur les murs d'Orléans plantera sa bannière!

ACTE DEUXIÈME.

(Un paysage entouré de rochers.)

SCÈNE PREMIÈRE.

TALBOT, LIONEL, PHILIPPE, FASTOLF, CHATILLON,
soldats, porte-étendard.

TALBOT.

Établissons le camp dans ce lieu retiré ;
Il est, de toutes parts, de rochers entouré ;
Cherchons à réunir dans leur sauvage enceinte,
Nos soldats qu'a fait fuir une première crainte.
Choisissez bien la garde; occupez les hauteurs ;
La nuit arrêtera les ennemis ; d'ailleurs,
A moins que pour nous suivre ils n'aient trouvé des ailes,
Je ne crains pas ici de surprises nouvelles.
Mais ne négligeons rien ; ne nous exposons plus :
Ils sont audacieux et nous sommes battus.

(Fastolf sort avec les soldats.)

LIONEL.

Battus ? ne faites pas entendre ce langage,
Milord ! je ne puis pas me faire à cette image.
Mon esprit n'admet pas encore qu'aujourd'hui
Le Français ait pu voir l'Anglais fuir devant lui...
Orléans ! Orléans ! tombeau de notre gloire !
Notre honneur a péri sur les bords de la Loire !
O défaite honteuse ! ô ridicule affront !
Jamais, non, non, jamais nos enfants n'y croiront :
Les vainqueurs d'Azincourt chassés par une femme !
Les vainqueurs de Crécy, de Poitiers ! c'est infâme !

PHILIPPE.

Voilà précisément de quoi nous consoler.
Ce n'est pas l'ennemi qui nous a fait trembler,
C'est le démon lui-même.

TALBOT.

     Appelez, je vous prie,
De ce nom de démon, notre propre folie.
Comment, duc, se peut-il que de telles erreurs,
Que cet épouvantail effraie aussi nos cœurs ?
Allons donc ! pour couvrir votre peu de courage,
D'un bien mauvais manteau vous voulez faire usage :
Vos troupes de la fuite ont donné le signal.

PHILIPPE.

Soyez juste : ce fut un effroi général.

TALBOT.

Non, seigneur ; c'est chez vous qu'a commencé la fuite ;
Nos soldats vous ont dû leur déroute subite.
Les vôtres sur nos rangs se sont précipités,

Y jetant la terreur, criant de tous côtés :
« Tout l'enfer se déchaîne et combat pour la France ! »

LIONEL.

Vous nieriez vainement ce que le lord avance :
Votre aile a fui d'abord.

PHILIPPE.

Cela peut s'expliquer :
L'ennemi, la première, est venu l'attaquer.

TALBOT.

C'est que la jeune fille était bien informée ;
Qu'elle savait le point où fléchirait l'armée,
Et qui s'y montrerait accessible à la peur.

PHILIPPE.

Est-ce que l'on entend m'imputer ce malheur ?

LIONEL.

Si contre les Anglais seuls elle fut venue,
Par le ciel ! Orléans ne serait pas perdue.

PHILIPPE.

Non, car si vous aviez été seuls, soyez sûrs
Que jamais d'Orléans vous n'eussiez vu les murs.
Qui donc, quand vous avez quitté votre Angleterre,
Quand vous vîntes toucher une terre étrangère,
Sur ces bords ennemis vous a tendu la main ?
Dans la France, qui donc vous a fait un chemin ?
Et votre roi Henri, par qui, dans Paris même,
S'est-il vu sur le front mettre le diadème ?
Des Français est-ce lui qui s'est conquis les cœurs ?
Ah ! si ce bras puissant ne vous eût faits vainqueurs,

Par le ciel ! croyez bien que jamais votre armée
N'eût vu d'un toit français seulement la fumée !

LIONEL.

Certes, si des grands mots dépendait le succès,
Vous auriez conquis seul la France et les Français.

PHILIPPE.

La perte d'Orléans doit très-fort vous déplaire,
Mais contre un allié pourquoi cette colère ?
Nous perdons Orléans, oui; mais, en vérité,
Ce résultat n'est dû qu'à votre avidité.
A se rendre à moi seul Orléans était prête,
Mais vous vouliez pour vous l'honneur de la conquête.

TALBOT.

Nous n'avions pas pour vous assiégé ses remparts.

PHILIPPE.

Et que ferez-vous donc maintenant si je pars ?

LIONEL.

Ce qu'aux champs d'Azincourt, seigneur, on nous vit faire.
Là, du duc de Bourgogne et de la France entière
Nous eûmes bon marché.

PHILIPPE.

          Mais — ne le niez pas —
Vous avez recherché bien ardemment ce bras.
Le régent a payé bien cher mon alliance.

TALBOT.

Oui, nous en convenons, le prix en est immense,
Car, devant Orléans, duc, c'est de notre honneur
Que nous l'avons payée.

PHILIPPE.
                    Arrêtez-vous, seigneur !
Vous auriez repentir d'aller plus loin, peut-être.
Ai-je donc déserté le drapeau de mon maître,
Et du nom de parjure ai-je chargé mon front,
Pour que, de l'étranger, je souffre cet affront ?
Que fais-je ici ? pourquoi lutter contre la France ?
Si de l'ingratitude on fait ma récompense,
Je retourne à mon roi légitime.

TALBOT.
                    Écoutez,
Duc ; avec le dauphin je sais que vous traitez ;
Mais de la trahison nous saurons nous défendre.

PHILIPPE.
Par l'enfer ! à ceci devais-je bien m'attendre ?
Châtillon ! fais lever le camp à mes soldats !
Nous allons sur-le-champ regagner nos Etats !

(Châtillon sort.)

LIONEL.
Bon voyage ! Pour moi, votre départ m'enchante :
L'Anglais n'a jamais vu sa gloire plus brillante
Que lorsque, combattant sans avoir d'allié,
Il s'est à son épée entièrement fié.
Maintenant, que pour soi chacun fasse la guerre !
Aussi bien, sang de France avec sang d'Angleterre
Ne se mêlent jamais avec sincérité.
L'adage qui le dit, ne dit que vérité.

SCÈNE DEUXIÈME.

LES PRÉCÉDENTS, ISABEAU, accompagnée d'un PAGE.

ISABEAU.

Qu'ai-je appris, messeigneurs ? Cessez cette querelle !
Quel astre malfaisant trouble votre cervelle ?
Quand l'union peut seule assurer le succès,
Vous souffrez que la haine en vos cœurs trouve accès ?
C'est vous qui préparez votre propre défaite ?
De grâce, révoquez cet ordre de retraite,
Noble duc ; croyez-moi, vous fûtes trop pressé.
Vous, Talbot, apaisez un ami courroucé...
Venez donc, Lionel, m'aider à satisfaire
Ces esprits orgueilleux, à calmer leur colère !

LIONEL.

Dans ces arrangements je ne veux pas entrer.
On ne s'accorde point ? il faut se séparer ;
C'est mon avis.

ISABEAU.

   Eh quoi ! ces ruses infernales
Qui, naguère, au combat nous furent si fatales,
Auront-elles sur nous des effets si puissants
Qu'elles aillent, seigneurs, jusqu'à troubler nos sens ?
Parlez ! qui de vous deux commença la querelle ?

(A Talbot :)

Est-ce vous, noble lord, qui seriez infidèle
A l'intérêt si cher qui vous est confié,
Au point d'avoir blessé ce puissant allié ?
Sans ce bras précieux que prétendez-vous faire ?
N'a-t-il pas, dites-moi, dressé pour l'Angleterre,

Ce trône où votre roi, seul, n'eût pu se placer ?
S'il l'éleva, ce trône, il peut le renverser.
Ses soldats vous font forts, mais son nom davantage.
Quand toute l'Angleterre aurait, sur ce rivage,
Jeté ses habitants, ce n'est pas vous, jamais,
Qui, s'ils restent unis, vaincriez les Français ;
La France par la France, et seulement par elle,
Pourra se voir vaincue.

TALBOT.

Un allié fidèle,
On l'honore toujours, mais la prudence dit
Qu'on sache se garder d'un ami qui trahit.

PHILIPPE.

Celui qui veut manquer à la reconnaissance,
Aisément du menteur affiche l'impudence.

ISABEAU.

Pourriez-vous à ce point dépouiller la pudeur,
Et de votre maison compromettre l'honneur,
Noble duc, que jamais, jamais, votre main serre
La main de l'assassin qui tua votre père ?
Vous jugeriez possible, en votre aveuglement,
Entre Charles et vous un raccommodement ?
Mais, c'est vous qui l'avez conduit jusqu'à l'abîme.
Quand elle y va tomber, vous sauvez la victime ?
Et vous-même, insensé, vous renoncez ainsi
Au prix de vos travaux ? Vos amis sont ici ;
De l'union dépend le succès.

PHILIPPE.

Avec Charle
Je suis loin de penser à la paix dont on parle.

Mais l'orgueil, le mépris des insolents Anglais,
Voilà ce que j'entends ne supporter jamais.

ISABEAU.

Venez!... Duc, oubliez une trop prompte injure ;
Vous savez quel chagrin le noble lord endure —
Le chagrin rend injuste. — Au lieu d'envenimer
Cette plaie à jamais, laissez-moi la fermer ;
Venez, embrassez-vous !

TALBOT.

         Duc, vous venez d'entendre.
Un noble cœur consent volontiers à se rendre,
Quand parle la raison. Quel est, dans ce moment,
Votre dessein ? la reine a parlé sagement.
Je vous tends cette main : vous oublierez, j'espère,
Le mal qu'imprudemment ma langue a pu vous faire.

PHILIPPE.

La reine a bien parlé, j'en conviens avec vous,
Et la nécessité fait taire mon courroux.

ISABEAU.

C'est très-bien ; achevez ! que votre bouche scelle
D'un fraternel baiser, l'alliance nouvelle,
Et qu'emporte le vent tout ce que l'on s'est dit.
(Le duc et Talbot s'embrassent.)

LIONEL, à part, regardant le groupe :

Comptez sur cette paix qu'un démon rétablit.

ISABEAU.

Messeigneurs ! une fois, la fortune contraire
Voulut que nous fussions vaincus dans cette guerre,
Mais si dans un combat l'on nous a vus faiblir,

Votre noble courage en peut-il s'amollir.
Désespérant du ciel, à ses maux sans remède,
Le Dauphin fait venir le démon à son aide,
Mais il se damne en vain ! De ce danger pressant,
A le sauver l'enfer lui-même est impuissant.
L'ennemi suit les pas d'une fille inspirée?
A son bras la victoire est, dit-on, assurée?
Eh bien ! moi, je ferai triompher vos soldats ;
Je serai l'inspirée et leur guide aux combats !

LIONEL.

Retournez à Paris ; c'est à nos bonnes lames
Que nous devrons de vaincre, et non pas à des femmes.

TALBOT.

Partez ! depuis qu'ici vous êtes, tout va mal ;
A nos armes le sort est devenu fatal.

PHILIPPE.

Partez ! votre présence est d'un mauvais augure ;
Le soldat contre vous s'indispose et murmure.

ISABEAU, *les regardant tous trois avec étonnement* :

Et vous, Bourgogne, aussi ? Eh quoi ! vous vous mettez
Avec ces deux ingrats contre moi ? vous !

PHILIPPE.
         Partez !
Le soldat qui vous voit sent faiblir son courage ;
Il croit que c'est pour vous qu'il combat.

ISABEAU.
         Quel langage !
Je vous réconcilie à peine, et je vous vois,
Pour me récompenser, réunis contre moi ?

TALBOT.

Allez ! Dieu vous conduise ! et, vous loin, sur mon âme,
Nous n'aurons plus de diable à redouter, madame.

ISABEAU.

Je suis votre alliée, et ma fidélité,
Jusqu'à présent, je crois, n'a pas démérité.
Votre cause, seigneurs, n'est-elle pas la mienne ?

TALBOT.

Que, comme elle pourra, la vôtre se soutienne !
Nous en servons une autre, et nous faisons ici,
Une guerre loyale et juste, Dieu merci !

PHILIPPE.

Je suis venu venger le meurtre de mon père ;
Le devoir filial m'ordonnait cette guerre,
Et l'a sanctifiée.

TALBOT.

   Expliquons-nous enfin :
Ce que vous essayez pour perdre le Dauphin,
Est réprouvé du ciel et des hommes.

ISABEAU.

      Sa mère
Le maudit et maudit sa race tout entière :
Il osa m'outrager !

PHILIPPE.

    Il n'a fait que venger
Un père, votre époux.

ISABEAU.

    Il osa me juger !

ACTE II, SCÈNE II.

LIONEL.

Irrévérence pure !

ISABEAU.

Et me bannir !

TALBOT.

Pour faire
Ce qu'exigeait de lui la clameur populaire.

ISABEAU.

Ah ! si de mon pardon je devais le couvrir,
Que je sois maudite ! Oui, plutôt que de souffrir
Qu'il remonte jamais au trône de son père,
Je puis...

TALBOT.

Sacrifier votre honneur comme mère.

ISABEAU.

Ames faibles ! non, non ! vous ne savez pas, vous,
Ce que peut une mère outragée, en courroux.
J'aime qui m'aime aussi, mais je hais qui m'offense ;
Et ma haine ne fait que croître en violence
Quand l'offense me vient du fils que j'enfantai ;
Et, puisque son audace et son impiété
Ont outragé le sein qui lui donna la vie,
Je désire à présent qu'elle lui soit ravie.
Mais vous, qui combattez mon fils, vous, que je vois
Prêts à le dépouiller, dites ! quels sont vos droits ?
Quel crime a-t-il commis dont vous puissiez vous plaindre ?
Quels devoirs envers vous le vîtes-vous enfreindre ?
Vous, c'est l'ambition, un esprit envieux
Qui, contre le Dauphin, vous excite tous deux.
Moi, je puis le haïr : il me doit l'existence !

TALBOT.

Bien ! il reconnaîtra sa mère à sa vengeance.

ISABEAU.

Hypocrites ! allez! je vous méprise tous.
Vous vous trompez l'un l'autre, et le monde avec vous.
Vous, Anglais, vous voulez, en brigands que vous êtes,
Sur la terre de France étendre vos conquêtes,
Quand vos droits prétendus ne vous en donnent pas
L'espace qu'un cheval couvrirait de son pas.
Et, d'un autre côté, ce duc, qui trouve encore
Que du titre de Bon justement on l'honore,
Ce duc ! il vend, il livre au joug des ennemis
L'héritage sacré par ses aïeux transmis,
Sa patrie ! Et c'est bien ? c'est juste ? vous le dites ?
Quant à moi, je méprise et hais les hypocrites,
Et telle que je suis, je me montre.

TALBOT.

       D'accord.
Vous avez soutenu d'un esprit ferme et fort
Votre renom.

ISABEAU.

    Je suis comme toute autre femme :
J'ai du feu dans le sang, des passions dans l'âme.
Comme reine, je suis venue en ce pays
Pour vivre, mais non pas pour croire que je vis.
Fallait-il, tout à coup, au plaisir être morte,
Parce qu'un sort cruel me livrait, jeune, forte,
Joyeuse, aux bras d'un fou ? Non, non, en vérité !
Beaucoup plus que mes jours j'aime ma liberté,
Et quiconque oserait... Mais pourquoi cette lutte ?
Avec vous sur mes droits faut-il que je dispute ?

Votre sang est épais ; point de plaisirs pour vous,
Et vous ne connaissez que l'aveugle courroux.
Et cet homme, ce duc, qu'une humeur incertaine
Toujours, du mal au bien, du bien au mal promène,
Pour la haine ou l'amour n'a pas le cœur entier !...
Je m'en vais à Melun...

(Montrant Lionel :)

Donnez-moi ce guerrier !
Ce jeune homme me plaît ; il pourra me distraire...
Arrangez-vous ! Adieu, Bourgogne et l'Angleterre !

(Elle fait signe à son page et veut sortir.)

LIONEL.

Oui, Madame, comptez que nous vous enverrons
Les plus jolis Français de ceux que nous prendrons.

ISABEAU, revenant :

Anglais ! de frapper fort vous êtes très-capables,
Mais comme les Français vous n'êtes pas aimables.

(Elle sort.)

SCÈNE TROISIÈME.

TALBOT, PHILIPPE, LIONEL.

TALBOT.

Quelle femme !

LIONEL.

A présent, recueillons les avis :
Faut-il nous résigner à nous voir poursuivis ?
Ou bien, par une attaque, et courageuse, et prompte,
Ferons-nous de ce jour disparaître la honte ?

PHILIPPE.

Nous sommes affaiblis; nos soldats, dispersés,
D'un effroi trop récent encore sont glacés.

TALBOT.

Un moment de surprise, une folle panique,
De ce revers, seigneurs, voilà la cause unique.
Dans des esprits tremblants le fantôme produit,
Examiné de près, sera bientôt détruit.
Aussi, je suis d'avis qu'au point du jour on aille
A l'autre bord du fleuve, et qu'on livre bataille.

PHILIPPE.

Examinez...

LIONEL.

Pardon, tout est examiné.
Regagnons le terrain par nous abandonné,
Ou bien nous nous couvrons d'une honte éternelle.

TALBOT.

Oui, c'est un parti pris; à l'aurore nouvelle,
Un combat chassera ce fantôme de peur,
Qui trouble nos soldats et leur ôte tout cœur.
Défions le démon qui revêt la figure
De cette jeune fille, et je veux, je le jure,
Si devant mon épée un instant je le vois,
Je veux qu'il nous ait nui pour la dernière fois.
S'il ne se montre pas — et soyez sûrs d'avance
Que d'un combat réel il voudra fuir la chance —
Alors le charme cesse et le démon a tort.

LIONEL.

Oui, qu'il en soit ainsi! confiez-moi, milord,

ACTE II, SCÈNE IV.

Cette affaire où le sang ne doit pas se répandre,
Car, ce démon, je crois, vivant pouvoir le prendre.
Dans mes bras je l'enlève aux yeux de son amant,
De Dunois le bâtard, et, la portant au camp,
Aux plaisirs du soldat je livre la Pucelle !

PHILIPPE.

Ne promettez pas trop.

TALBOT.

Si je m'empare d'elle,
C'est d'une autre façon que je veux l'embrasser !...
Et maintenant, allons dormir ; il faut laisser
A nos corps fatigués quelques heures encore,
Et nous nous tiendrons prêts au lever de l'aurore.

(Ils sortent.)

SCÈNE QUATRIÈME.

JEANNE, avec sa bannière, son casque, sa cuirasse et, du reste, vêtue en femme. DUNOIS, LA HIRE. Des chevaliers et des soldats se montrent au-dessus des rochers, les franchissent en silence et arrivent peu après sur la scène.

JEANNE, aux chevaliers qui l'entourent, et pendant que la troupe continue à marcher :

Nous sommes dans leur camp. Vainement, désormais,
La nuit, qui nous couvrit de ses voiles épais,
Prêterait à nos pas son ombre et son silence.
Maintenant, des Français annoncez la présence,
Par votre cri de guerre. Allez ! criez partout :
Dieu et la Vierge ! [1]

[1] Il est impossible de ne pas admettre ici l'hiatus

TOUS, criant au milieu d'un violent bruit d'armes :
Dieu et la Vierge !
(Les tambours battent, les trompettes sonnent.)

LA SENTINELLE, derrière la scène :
Debout !
L'ennemi !

JEANNE.
Des flambeaux ! allumez chaque tente !
Que le feu se répande et double l'épouvante,
Et que les ennemis, surpris de tous côtés,
Ne puissent échapper à la mort !
(Les soldats se précipitent. Jeanne veut les suivre.)

DUNOIS, l'arrêtant :
Arrêtez,
Jeanne ! votre devoir ne veut pas davantage.
Jusqu'au camp ennemi nous frayant un passage,
Vous avez en nos mains livré ses défenseurs ;
Maintenant, du combat évitez les horreurs ;
Le sang va décider, à nous d'agir.

LA HIRE.
Sans doute !
Jeanne, de la victoire indiquez-nous la route ;
La bannière à la main, marchez, guidez nos pas,
Mais du glaive vous-même, oh ! ne vous armez pas !
N'allez point des combats tenter le dieu perfide :
Il n'épargne personne en sa course homicide.

JEANNE.
Qui donc ose me dire : Arrête ? Quelle voix,
À l'esprit qui me guide ose dicter des lois ?

ACTE II, SCÈNE V.

Il faut bien que la flèche aille où l'archer l'envoie ;
Où l'on voit le danger, il faut que l'on me voie ;
Ce n'est pas aujourd'hui que je dois succomber ;
Ici n'est pas le lieu qui me verra tomber.
Sur le front de mon roi je mettrai la couronne.
Je ferai jusqu'au bout ce que mon Dieu m'ordonne ;
Je n'ai point d'ennemis à craindre jusque-là.
Mes jours sont protégés, croyez-le.
(Elle sort.)

LA HIRE.
Suivons-la !
Faisons-lui de nos corps un rempart !
(Ils sortent.)

SCÈNE CINQUIÈME.

Des soldats anglais fuyant sur le théâtre, puis, TALBOT.

PREMIER SOLDAT.
La Pucelle
Dans le camp !

DEUXIÈME SOLDAT.
Impossible ! Eh ! comment serait-elle
Jusqu'ici parvenue ?

TROISIÈME SOLDAT.
En traversant les airs.
Ne sais-tu pas qu'elle a pour elle les enfers ?

QUATRIÈME et CINQUIÈME SOLDATS.
Fuyez ! nous sommes morts !
(Ils sortent.)

TALBOT.
Ma voix est impuissante

A retenir ces gens tous frappés d'épouvante.
Ils n'obéissent plus; un vertige subit,
Au brave comme au lâche a fait perdre l'esprit.
On dirait, en voyant fuir tous ces misérables,
Que l'enfer a sur eux déchaîné tous ses diables.
Je n'ai pas un soldat pour me prêter secours ;
Pour vaincre ce torrent qui, grossissant toujours,
Dans le camp tout entier roule et se précipite.
Resté-je donc le seul qu'aucun trouble n'agite ?
Chacun de cette fièvre éprouve-t-il l'accès ?
Victorieux vingt fois de ces lâches Français,
Nous fuyons devant eux !... Cette femme invincible,
Quelle est-elle ? Comment, divinité terrible,
Lorsque nous triomphions, a-t-elle, en un matin,
Des combats, contre nous, fait tourner le destin ?
Et comment, de chevreuils une timide armée,
En lions, tout à coup, l'a-t-elle transformée ?
La comédienne joue à l'héroïne ; et nous,
Vrais héros, son aspect nous ferait trembler tous ?
Une femme, éclipser ma gloire !

UN SOLDAT, se précipitant sur le théâtre :

La Pucelle !
Fuyez vite, milord ! fuyez, fuyez ! c'est elle !

TALBOT, le tuant :

Fuis toi-même en enfer ! Quiconque parlera
Ou de fuite, ou de peur, par ce fer périra.

(Il sort.)

SCÈNE SIXIÈME.

Le théâtre s'ouvre ; on aperçoit le camp des Anglais, livré aux flammes. Les tambours battent ; on voit les fuyards et ceux qui les poursuivent. Un instant après, paraît MONTGOMERY.

MONTGOMERY, seul :

Où fuirai-je ? partout l'ennemi se présente.
Pour nous, de tous côtés, est la mort menaçante.
Ici, plein de courroux et l'épée à la main,
Un chef qui de la fuite a fermé le chemin,
Et nous pousse à la mort ; et, là-bas, cette femme,
Ravageant tout, ainsi que ravage la flamme.
Plus d'espérance, hélas ! mes yeux ont beau chercher :
Ni buisson ni caverne où pouvoir me cacher !
Malheureux ! égaré par la folle espérance
D'une gloire facile à recueillir en France,
Pourquoi passer la mer ? Voilà qu'un sort cruel
Me jette maintenant dans ce combat mortel !
Oh ! que ne suis-je encor bien loin, dans ma patrie,
Où coule la Saverne à la rive fleurie !
Sous le toit paternel où ma mère m'attend,
Comme au jour du départ encor me regrettant !
Où de ma fiancée aussi l'amour m'appelle !

(Jeanne se montre dans l'éloignement.)

Oh ! malheur ! qu'ai-je vu ? la guerrière ! c'est elle
Qui, du milieu des feux et terrible, apparaît,
De même que du fond des enfers sortirait
Un spectre de la nuit. Où fuir ? Son œil de flamme
Me trouble, me fascine, et, jusqu'au fond de l'âme,
Quoique éloigné, me jette un invincible effroi.
Sous le charme puissant qu'elle exerce sur moi,
Je suis comme entouré d'une chaîne invisible,

Qui toujours se resserre... Oui, fuir m'est impossible,
Et je me sens contraint à ce terrible effort
Qu'il me faut contempler cette image de mort.
<small>(Jeanne fait quelques pas vers lui et s'arrête de nouveau.)</small>
Elle s'approche. Eh bien ! je ne veux pas attendre
Que, par elle attaqué, je doive me défendre ;
Je vais lui demander, tombant à ses genoux,
De me laisser le jour que je trouve si doux.
Elle est femme ; mes pleurs la toucheront peut-être.
<small>(Au moment où il veut aller à sa rencontre, elle s'avance vers lui rapidement.)</small>

SCÈNE SEPTIÈME.
JEANNE, MONTGOMERY.

JEANNE.

Tu vas mourir ! le sang de qui tu reçus l'être
Est anglais.

<small>MONTGOMERY, tombant à ses genoux.</small>

Arrêtez ! grâce ! grâce ! Voyez
Un homme sans défense et qui tombe à vos pieds !
J'ai jeté loin de moi mon bouclier, mes armes.
Oh ! ne me tuez pas ! Oh ! non. Voyez mes larmes !
Prenez pitié de moi, laissez-moi vivre encor !
Pour racheter mes jours je vous offre de l'or.
Mon père est riche, il a des champs, des métairies,
Au beau pays de Galle, où des rives fleuries
Reçoivent la Saverne au flot pur, argenté.
Mon père voit soumis à son autorité
Des villages nombreux, et, pour la délivrance
D'un fils chéri, captif sur la terre de France,
Il prodiguera l'or.

JEANNE.

Insensé ! tu mourras !

Le sort te livre au bras de la Pucelle ; au bras
Dont l'étreinte est mortelle et dont nulle puissance
Ne peut te délivrer. Perds donc toute espérance.
Il vaudrait mieux pour toi te sentir au pouvoir
Du crocodile ; mieux pour toi vaudrait te voir
Sous la griffe du tigre, ou sous la dent sanglante
De la lionne, alors que ta main imprudente
Lui prendrait ses petits ; peut-être que pour toi
Tu trouverais pitié ; mais me rencontrer, moi,
C'est la mort ! J'obéis au pacte qui m'oblige :
Le monde des Esprits ainsi de moi l'exige ;
Je ne puis violer leurs ordres rigoureux ;
Il faut que par le fer je mette à mort tous ceux
Que le dieu des combats devant moi fait paraître,
Pour servir ses desseins, que nul ne peut connaître.

MONTGOMERY.

Vos discours sont cruels, mais vos regards sont doux ;
On a moins peur, alors qu'on s'approche de vous ;
Mon cœur est attiré vers votre aimable image.
Votre sexe a reçu la douceur en partage,
Eh bien ! cette douceur, je l'appelle sur moi :
Oh ! prenez en pitié ma jeunesse !

JEANNE.
                    Pourquoi
Invoquer la pitié de la femme ? Semblable
Aux Esprits, qui n'ont point de forme saisissable,
Et ne connaissent point les liens d'ici-bas,
Que m'importe mon sexe, à moi ? je n'en ai pas,
Et ce n'est pas un cœur que couvre cette armure.

MONTGOMERY.

C'est au nom de l'amour qu'enfin je vous conjure ;

C'est au nom de l'amour, sainte et puissante voix,
A qui tout rend hommage et dont tout suit les lois.
Hélas ! bien loin d'ici j'ai laissé mon amante,
De grâce, de beauté, de jeunesse brillante...
Comme vous. En pleurant elle attend mon retour.
Ah ! si vous espérez vous-même aimer un jour ;
Si par l'amour vous-même espérez être heureuse,
N'allez pas séparer, non, soyez généreuse,
Deux cœurs que de l'amour unissent les saints nœuds !

JEANNE.

Tu n'invoques ici que de terrestres dieux ;
Ils me sont étrangers. Pour toi pleins de puissance,
Ils ne me semblent pas dignes qu'on les encense.
L'amour, au nom duquel tu penses m'émouvoir,
J'ignore ses liens, j'ignore son pouvoir,
Et toujours à son joug il me verra rebelle...
Songe à me disputer tes jours, la mort t'appelle.

MONTGOMERY.

Pitié pour mes parents, du moins, que, loin d'ici,
J'ai laissés dans les pleurs ! Vous en avez aussi ;
Votre absence les livre à des peines cruelles,
Sans doute ?

JEANNE.

A ma mémoire, imprudent, tu rappelles
Combien, dans ce royaume, on voit, et grâce à vous,
De mères sans enfants, d'épouses sans époux,
D'orphelins ! Qu'à leur tour vos épouses, vos mères
Sentent le désespoir et les larmes amères !
Qu'elles jugent ainsi de ce qu'ont enduré
Les femmes de la France.

MONTGOMERY.

Oh ! sans être pleuré,
Qu'il est dur de mourir sur la terre étrangère !

JEANNE.

Eh ! par qui fûtes-vous mandés sur cette terre,
Pour ravager nos champs, pour nous faire quitter
Le foyer domestique, et pour venir jeter
Le brandon de la guerre en nos paisibles villes ?
Votre orgueil vous montrait des succès bien faciles :
Votre joug infamant serait bientôt porté
Par ces fils de la France et de la liberté,
Et vous attacheriez la France à votre empire,
Comme on voit la chaloupe attachée au navire...
Insensés ! l'écusson de France est défendu :
Au trône de Dieu même il brille suspendu.
Ce royaume sera maintenu sans partage.
Plutôt que d'en ôter seulement un village,
Vous pourriez arracher l'étoile au firmament...
De la vengeance, enfin, est venu le moment.
Vous fûtes criminels en touchant cette terre ;
Et cette mer que, comme une sainte barrière,
L'Éternel entre vous et nous voulut placer,
Vous ne pourrez, Anglais, vivants la repasser !

MONTGOMERY, quittant la main de Jeanne, dont il s'était précédemment emparé :

La mort ! je sens déjà son étreinte cruelle !

JEANNE.

Oui, la mort ! Pourquoi donc trembles-tu devant elle ?
N'est-elle pas le sort commun ? Regarde-moi !
Lève sur moi les yeux ! l'ennemi que tu vois
Est une jeune fille, une simple bergère ;

A manier l'épée elle ne s'entend guère ;
Mon bras à la houlette est plus accoutumé.
Mais, ravie à mes champs, à mon toit bien aimé,
Aux baisers de mon père et de mes sœurs que j'aime,
Me voici dans ces lieux, il le faut, Dieu lui-même
A venir m'a contrainte et non pas mon désir ;
J'y suis pour vos tourments et non pour mon plaisir :
J'y suis pour que, d'abord, fantôme d'épouvante,
Je frappe l'ennemi que la mort me présente,
Pour moissonner pour elle, et puis, moi-même un jour,
Pour être de la mort la victime à mon tour.
Je ne peux plus rêver une heure fortunée,
Où sous mon humble toit je serai ramenée.
Je donnerai la mort à beaucoup d'entre vous.
Bien des femmes par moi se verront sans époux ;
Et puis, pour moi viendra l'heure du sacrifice,
Alors il faudra bien que mon sort s'accomplisse.
Subis le tien aussi ! ton fer contre le mien !
La vie est un trésor qu'il faut défendre.

MONTGOMERY, se levant :

Eh bien !
Si tu te vois soumise à l'humaine nature,
Si l'épée à ton cœur peut faire une blessure,
T'envoyer en enfer peut-être est réservé
A mon bras, et par moi l'Anglais sera sauvé.
Entre les mains de Dieu je mets ma destinée ;
Invoque tes Esprits infernaux, toi, damnée !
Défends tes jours !

(Il reprend son bouclier et son épée et fond sur Jeanne. On entend dans le lointain une musique guerrière. Après un court combat, Montgomery tombe.)

SCÈNE HUITIÈME.

JEANNE, seule :

Tu l'as voulu : C'est fait de toi !

(Elle s'éloigne de lui et s'arrête pensive.)

Vierge céleste ! oh ! oui, je sens ta force en moi !
Ce faible bras, c'est toi qui le rends redoutable.
Ce cœur, c'est toi qui fais qu'il soit inexorable.
Devant un ennemi que je dois immoler,
Mon cœur s'émeut d'abord, je sens ma main trembler,
Comme si d'un lieu saint je profanais l'enceinte ;
L'aspect seul de l'acier me pénètre de crainte ;
Mais, dès qu'il faut agir, la force me revient :
Si ma main tremble encor, le glaive qu'elle tient,
Toujours sûr de ses coups, de soi-même s'agite :
On dirait que ce glaive est un Esprit.

SCÈNE NEUVIÈME.

JEANNE, UN CHEVALIER, la visière baissée.

LE CHEVALIER.

Maudite !
Ton heure est arrivée ; en vain, pendant longtemps,
J'espérai te trouver parmi les combattants,
Fantôme destructeur ! L'enfer, qui t'a vomie,
Va te voir revenir.

JEANNE.

Par ton mauvais génie
Poussé devant mes pas, qui donc es-tu ? Cet air
Annonce un prince en toi ; tu n'es point d'outre-mer.

Aux couleurs de Bourgogne on voit ton origine,
Chevalier; mon épée à leur aspect s'incline.

LE CHEVALIER.

Non, maudite de Dieu ! tu ne mérites pas,
Que de ma noble main te vienne le trépas.
Le bourreau pour ta tête ! et ma royale épée
D'un sang comme le tien ne sera pas trempée.

JEANNE.

C'est donc vous-même, duc, que je rencontre ici?

LE CHEVALIER, levant la visière :

Oui, malheureuse, tremble et n'attends pas merci !
Satan ne t'offrira qu'une impuissante égide.
Si ton bras fut vainqueur, c'est d'un troupeau timide ;
Un homme se présente à toi.

SCÈNE DIXIÈME.

LES PRÉCÉDENTS, DUNOIS, LA HIRE.

DUNOIS.

                    Retournez-vous !
Contre des hommes, duc, dirigez donc vos coups,
Et non contre une femme. Épargnez sa faiblesse !

LA HIRE.

Nous ferons un rempart à notre prophétesse.
De La Hire il faudra que vous perciez le cœur,
Avant que de pouvoir arriver...

PHILIPPE.

               Je n'ai peur

Ni de cette Circé, ni de vous qu'elle change
D'une façon honteuse et tout à fait étrange.
Ah ! rougissez, Dunois ; La Hire, rougissez
De vous être à ce point tous les deux abaissés,
Que de Satan lui-même et de ses artifices,
Vous, héros éprouvés, vous vous fassiez complices !
Qu'une fille d'enfer vous ait pour écuyers !
Venez ! je vous défie ensemble, chevaliers !
Qui se donne au démon dans le ciel plus n'espère.

(Ils se préparent à combattre ; Jeanne s'avance entre eux.)

JEANNE.

Arrêtez !

PHILIPPE.

Trembles-tu pour ton amant, guerrière ?
Qu'il périsse sur l'heure à tes yeux !

(Il se précipite sur Dunois.)

JEANNE.

Arrêtez !
Séparez-les, La Hire, et tous trois, écoutez !
La terre de ce sang ne sera pas trempée.
La querelle n'est point à vider par l'épée,
Car un arrêt tout autre aux astres est écrit.
La paix, dis-je ! écoutez et respectez l'Esprit
Qui m'inspire et qui veut par moi se faire entendre.

DUNOIS.

Pourquoi donc arrêter mon bras ? pourquoi suspendre
Le jugement de sang au glaive réservé ?
Laissez, laissez agir ce fer que j'ai levé,
Et pour venger la France, et pour la rendre unie.

JEANNE.

(Elle se place au milieu des deux adversaires et met entre eux un large espace.)

(A Dunois :)

Prince, de ce côté !

(A La Hire :)

Restez là, je vous prie :
Je veux parler au duc.

(Quand le calme est rétabli :)

Quel est votre dessein,
Duc ? de quel ennemi menacez-vous le sein ?
Ce prince est, comme vous, un enfant de la France ;
A la France, tous deux, vous devez la naissance ;
Vous êtes, vous et lui, frères d'armes ; je suis,
A mon tour, un enfant de ce même pays.
Nous tous, que vous voulez détruire, nous, vos frères,
Nous vous aimons, bien loin de vous être contraires ;
Nous vous tendons les bras, vous voyez nos genoux
Prêts, pour vous rendre hommage, à plier devant vous ;
Nous n'avons pas pour vous de pointe à notre épée,
Et, de notre bon roi l'âme tout occupée,
Nous honorons des traits qui reflètent pour nous,
Ceux de ce même roi que nous chérissons tous,
Et nous les honorons même en qui les ramène
Sous un casque ennemi.

PHILIPPE.

Penses-tu donc, sirène,
Avec ces beaux discours et ce ton doucereux,
Amener ta victime au piège où tu la veux ?
Tu ne troubleras point ma raison par tes ruses ;
Mon oreille se ferme aux mots dont tu l'amuses,
Et ma bonne cuirasse est là pour émousser
Les traits que tes regards se plaisent à lancer.

ACTE II, SCÈNE X.

Finissons-en, Dunois, et reprenons nos rôles :
Il me faut un combat et non point des paroles.

DUNOIS.

Les paroles d'abord et puis les actions.
Philippe craindrait-il les explications ?
Lâche qui les refuse alors qu'on les propose ;
Il montre qu'il soutient une mauvaise cause.

JEANNE.

Ce n'est pas le malheur qui nous amène à vous ;
Nous n'avons pas besoin d'embrasser vos genoux.
Voyez votre destin et sachez le comprendre :
Voilà de vos Anglais le camp réduit en cendre ;
Vos morts couvrent la plaine, et, de tous les côtés,
Le clairon des Français retentit : écoutez !
C'est que le ciel prononce ; à nous est la victoire.
Eh bien ! que notre ami partage notre gloire ;
Que des jeunes lauriers par nos mains moissonnés
Je voie aussi son front s'ombrager. Oh ! venez,
Venez, noble transfuge, où ma voix vous appelle !
Venez voir au bon droit la victoire fidèle !
C'est moi, qu'à le servir Dieu lui-même appela,
Qui vous tends comme sœur cette main, prenez-la !
Je prétends vous sauver ; à nous, à la justice
Vous conquérir ; le ciel à la France est propice ;
Les anges du Seigneur, ses anges — comme moi
Vous ne pouvez les voir — combattent pour le roi.
Ce sont des fleurs de lis qui forment leur parure.
Comme cette bannière, oui, notre cause est pure,
Son emblème le dit : c'est la Vierge des cieux.

PHILIPPE.

On se sent à la gêne aux mots fallacieux

Que le mensonge emploie, et, pourtant, son langage
Est semblable à celui dont se sert le jeune âge.
Quand les mauvais Esprits lui prêtent leurs discours,
Il triomphe aisément d'une âme sans détours...
Aux armes ! Désormais je ne veux rien entendre.
A ces paroles-là je me laisserais prendre :
Mes oreilles n'ont point la vigueur de mon bras.

JEANNE.

Je suis magicienne, à vos yeux, n'est-ce pas ?
Les ruses de l'enfer me seraient familières ?
Mais, rétablir la paix, éteindre les colères,
Est-ce une œuvre d'enfer ? Un accord fraternel
Est-il jamais sorti de l'abîme éternel ?
Qu'est-ce qui serait saint, pur, juste, je vous prie,
Si ce n'est de s'armer pour sauver la patrie ?
Tout dans cet univers est-il bouleversé
Au point que le bon droit du ciel soit délaissé,
Et que les démons seuls, désormais, le soutiennent ?
Si mes raisonnements sont justes, d'où me viennent
Les choses que je dis, sinon du ciel ? Vers moi,
Qui vint pour m'appeler au service du roi ?
Je n'ai jamais connu les princes de la terre ;
A l'art de bien parler ma bouche est étrangère,
Et pourtant, maintenant qu'il faut vous émouvoir,
Aux secrets les plus hauts il m'est donné de voir ;
Des royaumes, des rois, je lis les destinées,
Devant mes yeux d'enfant clairement amenées,
Et ma voix, de la foudre a la puissance.

PHILIPPE, vivement ému, la regarde avec un profond étonnement :

Eh quoi !
Quel changement soudain se manifeste en moi ?
Est-ce un dieu qui pénètre et qui change mon âme ?

Non, elle ne peut pas me tromper, cette femme.
Si je suis aveuglé par un charme puissant,
Ce charme vient du ciel, oh! oui, mon cœur le sent;
Il me dit que c'est Dieu qui parle par sa bouche.

JEANNE.

O joie! Il est ému! ma prière le touche!
Le nuage amassé sur son front furieux,
S'évanouit en pleurs qui tombent de ses yeux!
Un doux éclat de paix rayonne entre ces larmes!
Je ne me trompe pas, allons! jetez les armes!
L'un sur l'autre pressez vos cœurs, embrassez-vous!
Il pleure!... il va se rendre!... Enfin, il est à nous!

(Elle laisse tomber son épée et sa bannière, se précipite sur lui les bras ouverts et l'embrasse avec une vivacité passionnée. La Hire et Dunois laissent, à leur tour, tomber leurs épées et courent aussi l'embrasser.)

ACTE TROISIÈME.

(Le camp du roi à Châlons-sur-Marne.)

SCÈNE PREMIÈRE.

DUNOIS, LA HIRE.

DUNOIS.

Nous avions l'un pour l'autre une amitié de frères;
Nous marchions aux combats sous les mêmes bannières
Nous servions même cause, et, le malheur, la mort,
Nous les bravions ensemble. A tous les coups du sort,

Nos nœuds ont résisté. Ne souffrons point, La Hire,
Que l'amour d'une femme aujourd'hui les déchire.

LA HIRE.

Prince, permettez-moi...

DUNOIS.

Vous l'aimez, je le sais,

Et je sais quels projets aussi vous nourrissez :
Vous allez demander au roi qu'il vous la donne ;
Pour arriver au but cette voie est la bonne :
Le roi ne pourra point vous refuser ce prix
De vos nobles exploits. Pourtant, je vous le dis,
Avant qu'en d'autres bras...

LA HIRE.

Vous m'entendrez, j'espère.

DUNOIS.

Ah ! ce n'est pas des yeux le plaisir éphémère
Qui vers elle m'attire, oh ! non : aucun amour
N'avait troublé mon cœur insoumis, jusqu'au jour
Où mes regards ont vu l'étonnante héroïne
Que Dieu fit apparaître, en sa bonté divine,
Et pour sauver la France, et pour s'unir à moi.
Alors c'est saintement que j'engageai ma foi ;
Je jurai d'épouser notre libératrice.
Il convient qu'au héros l'héroïne s'unisse.
Mon cœur ardent aspire à trouver pour appui
Un cœur qui le comprenne et soit fort comme lui.

LA HIRE.

Prince, ce n'est pas moi qu'on verrait téméraire,
Au point de comparer le peu que j'ai pu faire

Et vos brillants exploits ; il faut se retirer
Du moment que Dunois en lice veut entrer.
Mais, de s'unir à vous, de cet honneur insigne,
Une simple bergère est-elle vraiment digne ?
Non, non, le sang des rois, dont vous êtes sorti,
S'indignerait d'un nœud aussi mal assorti.

DUNOIS.

Jeanne des dons du ciel comme moi fut comblée ;
A ma condition la sienne est égalée ;
D'un prince elle ne peut déshonorer la main,
La sœur des anges purs, admise à leur hymen ;
Elle, qui porte au front l'auréole divine,
Dont l'éclat obscurcit la lumière mesquine
Des couronnes du monde ! elle, enfin, dont l'esprit,
Planant sur notre terre, y voit tout si petit !
Oh ! non, non : entassez les trônes de la terre,
Jusqu'aux astres montez, et vous ne pourrez faire
Qu'on touche seulement aux hautes régions
D'où cet ange apparaît nous versant ses rayons.

LA HIRE.

Le roi décidera.

DUNOIS.

Non, c'est elle : la France
Se voit libre par elle, il est juste, je pense,
Que de donner son cœur Jeanne soit libre aussi.

LA HIRE.

Voici le roi.

SCÈNE DEUXIÈME.

LES PRÉCÉDENTS, LE ROI, AGNÈS, DU CHATEL,
L'ARCHEVÊQUE, CHATILLON.

LE ROI, à Chatillon :

Vraiment! Il va venir ici?
Pour son roi, dites-vous, il veut me reconnaître?
Il veut me rendre hommage?

CHATILLON.

Oui, sire, et c'est mon maître
Qui désigna Châlons, sa royale cité,
Pour s'y jeter aux pieds de votre majesté.
En vous c'est son seigneur, son roi que je salue.
Il suit mes pas et va s'offrir à votre vue.

AGNÈS.

Il vient! Oh! le beau jour, qui ramène pour nous,
Et la joie, et la paix, et le pardon si doux!

CHATILLON.

Sire, cent chevaliers accompagnent mon maître.
Il veut se prosterner à vos pieds, mais, peut-être,
— Il l'espère du moins — vous l'en empêcherez,
Et c'est comme un cousin que vous l'embrasserez?

LE ROI.

Ah! je veux le presser sur mon cœur!

CHATILLON.

Il désire
Que dans cette entrevue il ne soit rien dit, sire,
De vos divisions.

ACTE III, SCÈNE II.

LE ROI.

Qu'en un profond oubli
Le passé, désormais, demeure enseveli.
Nous ne voulons rien voir qu'un avenir prospère.

CHATILLON.

A ceux qui de Bourgogne ont suivi la bannière,
Un pardon général.

LE ROI.

C'est doubler mes États.

CHATILLON.

Et votre majesté ne refusera pas
D'accorder cette paix à la reine Isabelle,
Si son désir était de l'obtenir?

LE ROI.

C'est elle
Qui s'arma contre moi ; dès qu'elle le voudra,
La guerre, commencée entre nous, finira.

CHATILLON.

Pour mieux nous garantir l'effet d'un tel langage,
Que douze chevaliers soient donnés en ôtage.

LE ROI.

Ma parole est sacrée.

CHATILLON.

Et pour bien assurer,
Pour sceller l'union que vous allez jurer,
L'archevêque entre vous partagera l'hostie.

LE ROI.

Je vais donner au duc une autre garantie :

Sur ma part du salut je vous jure qu'ici,
Ce que promet ma bouche est dans mon cœur aussi ;
Est-ce assez pour le duc qu'une telle assurance ?

CHATILLON, jetant un regard sur Du Chatel :

J'aperçois en ce lieu quelqu'un dont la présence
Troublerait la douceur de votre embrassement.

(Du Chatel se retire en silence.)

LE ROI.

Eh bien ! va ! Du Chatel, attendre le moment
Où sans blesser le duc tu pourras reparaître.

(Il le suit d'abord des yeux, puis, court à lui et l'embrasse.)

Noble ami ! pour donner le repos à ton maître,
Tu voulais faire plus !

(Du Chatel sort.)

CHATILLON.

Dans l'acte que voilà,
Tout le reste est prévu.

LE ROI, à l'archevêque :

Vous réglerez cela.
Nous consentons à tout ; d'un ami la conquête
Ne peut à trop haut prix, selon nous, être faite...
Avec cent chevaliers allez le recevoir,
Dunois ; que nos soldats, aux frères qu'ils vont voir,
Fassent fête et pour eux de rameaux se couronnent ;
Que la ville se pare et que les cloches sonnent,
Pour dire que Bourgogne et France ont reconstruit
Leur antique alliance.

(Un écuyer entre, on entend des trompettes.)

Entendez-vous ce bruit ?
Qu'annoncent ces clairons ?

ACTE III, SCÈNE II.

L'ÉCUYER.
Le duc fait son entrée.
(Il sort.)

DUNOIS, sortant avec La Hire et Châtillon :

Courons le recevoir !

LE ROI, à Agnès :

Mon Agnès adorée,
Tu pleures ?... Au moment de te revoir ici,
Je sens ma force prête à me quitter aussi.
Hélas ! combien de morts ont dû couvrir la terre,
Avant que nous pussions nous revoir sans colère !
Mais la tempête gronde et le calme la suit ;
Le jour succède même à la plus sombre nuit,
Et c'est encore ainsi, lorsque l'heure en arrive,
Que l'on cueille le fruit, la fleur la plus tardive.

L'ARCHEVÊQUE, à la fenêtre :

Quelle foule ! le duc a peine à la percer.
De cheval on l'enlève... Ils cherchent à baiser
Jusqu'à ses éperons !

LE ROI.

C'est un bon peuple, il aime
Sur l'heure, et chaudement, mais s'irrite de même.
Ils ont vite oublié que leurs pères, leurs fils
Par cette même main leur ont été ravis.
Dans cet heureux moment tout un passé se noie.
Contiens-toi, mon Agnès, cache ta grande joie,
Tu blesserais le duc : ce qui peut l'attrister,
Ou le faire rougir, nous devons l'éviter.

SCÈNE TROISIÈME.

LE ROI, AGNÈS, L'ARCHEVÊQUE, PHILIPPE, DUNOIS, LA HIRE, CHATILLON et deux autres chevaliers de la suite du duc. *Celui-ci s'arrête un instant à l'entrée ; le roi s'avance vers lui ; aussitôt, le duc s'approche et, au moment où il veut mettre un genou en terre, le roi le reçoit dans ses bras.*

LE ROI.

Je suis pris en défaut, cousin ; avec ma suite,
J'allais vous recevoir : mais vos chevaux vont vite.

PHILIPPE.

Je marchais au devoir.

(Il baise Agnès au front.)

      Vous ne m'en voudrez pas,
Cousine ? J'ai ce droit comme seigneur d'Arras,
Et dans toute beauté je vois une vassale.

LE ROI.

On m'assure, cousin, que votre capitale
De la galanterie est le parfait séjour,
Que les arts, la beauté brillent à votre cour.

PHILIPPE.

Nous sommes des marchands, et tout ce que la terre
Produit de précieux sur son immense sphère,
Nous l'avons, sire ; Bruge, en son marché fameux,
Étale ces trésors, en réjouit les yeux ;
Cependant, rien n'est beau comme nos femmes.

AGNÈS.

       Belles,
Je veux vous l'accorder, mais sont-elles fidèles ?

A la fidélité je donnerais le pas.
Je crois qu'en vos marchés on ne la trouve pas.

LE ROI.

On dit — l'on vous a fait cette méchante affaire —
Qu'aux plus grandes vertus, duc, vous ne croyez guère.

PHILIPPE.

Cette hérésie aurait son châtiment en soi...
Vous fûtes, il est vrai, bien plus heureux que moi :
De bonne heure, le cœur seul a su vous apprendre
Ce qu'un sort agité bien tard m'a fait comprendre.
(Il aperçoit l'archevêque et lui tend la main.)
Saint homme, sur ma tête étendez votre main !
On ne vous trouve pas ailleurs qu'au bon chemin ;
Qui veut vous rencontrer, lui-même y soit fidèle.

L'ARCHEVÊQUE.

Qu'à lui, dès qu'il voudra, le Seigneur me rappelle !
Mon cœur est plein de joie et content je mourrai ;
Mes yeux ont vu ce jour !

PHILIPPE, à Agnès :

Ma cousine, est-il vrai ?
Contre moi vous avez, en armes meurtrières,
Fait changer vos joyaux, vos précieuses pierres ?
Avez-vous eu, vraiment, cette guerrière ardeur,
Et ma perte, si fort, vous tenait-elle au cœur ?
Mais voilà qu'entre nous la paix est descendue ;
On retrouve à présent toute chose perdue :
Voici donc vos joyaux ; ils furent destinés
A nourrir contre moi la guerre, eh bien ! tenez !
Comme signe de paix je vous en fais hommage.
(Il prend des mains d'un de ses gens une cassette et la présente ouverte à Agnès
qui regarde le roi avec surprise.)

LE ROI.

Acceptez ; mon cousin vous offre ainsi le gage
Des liens qui bientôt à lui nous uniront.

PHILIPPE, plaçant une rose de brillants dans les cheveux d'Agnès :

Oh! que ne puis-je, Agnès, changer, pour ce beau front,
Le bijou que j'y place, en couronne de France !
Je vous la donnerais, si j'en avais puissance,
Avec la même joie;

(Il lui prend la main, puis d'un air significatif :)

Et je serai toujours
Un ami vrai pour vous, s'il vous faut mon secours.

(Agnès, tout en pleurs, se met à l'écart. Le roi est en proie à une vive émotion.
Tous les assistants regardent les deux princes avec attendrissement. Le duc, après
avoir promené ses regards sur toute l'assemblée, se jette dans les bras du roi.)

O mon roi !

(Au même instant, les trois chevaliers bourguignons se précipitent vers Dunois.
La Hire et l'archevêque et les embrassent. Les deux princes demeurent quelque
temps dans les bras l'un de l'autre.)

J'ai donc pu vous haïr ! vous...

LE ROI.

Silence !
Ne dites rien de plus.

PHILIPPE.

J'ai pu, dans ma démence,
Attacher la couronne au front de cet Anglais !
J'ai pu lui rendre hommage ! Et c'est moi qui voulais
Vous jeter dans l'abîme !

LE ROI.

Oubliez tout, de grâce !
Dans un pareil moment tout le passé s'efface.

Il faut y voir l'effet de quelque sort fatal,
De quelque astre mauvais.

PHILIPPE, prenant la main du roi :

A réparer le mal,
Je mettrai tous mes soins, croyez-le, je le jure !
Je veux de votre cœur fermer chaque blessure.
Votre royaume entier sous vos lois rentrera,
Et pas un seul hameau, sire, n'y manquera.

LE ROI.

Si nous restons unis, je serai sans alarmes.

PHILIPPE.

O mon roi ! contre vous quand je portais les armes,
Croyez bien que mon cœur n'était pas sans remords ;
Si vous pouviez savoir !...

(Regardant Agnès :)

Mais pourquoi donc, alors,
Ne pas confier, sire, à votre Agnès si belle,
Le soin de ramener votre parent rebelle ?
J'aurais accordé tout en la voyant pleurer...
Mais l'enfer, désormais, ne peut nous séparer,
Maintenant que mon cœur a battu sur le vôtre :
Voici, voici ma place et je n'en veux plus d'autre ;
J'abjure mes erreurs dans cet embrassement.

L'ARCHEVÊQUE, s'avançant entre eux :

Princes, restez unis ! en cet heureux moment,
Comme un phénix, qui sort plus jeune de sa cendre,
La France aussi renaît, voit pour elle s'étendre
Un avenir riant, et, libre de ses fers,
Trouve enfin un remède aux maux qu'elle a soufferts.
Ses villages détruits et ses villes fumantes,

De leurs cendres aussi sortiront plus brillantes;
De fleurs, de nouveaux fruits ses champs se couvriront...
Mais tous ceux qui sont morts, est-ce qu'ils reviendront?
Où sont-ils ces martyrs de vos cruelles guerres?
Vous avez fait verser bien des larmes amères;
Les maux qui les causaient pourra-t-on les guérir?
La génération nouvelle va fleurir;
Celle-ci, le malheur en aura fait sa proie.
Le bonheur des enfants ne fera pas qu'on voie
Les pères rappelés de l'éternelle nuit.
De vos affreux discords, voilà, voilà le fruit !
Que de cette leçon votre âme soit frappée.
Avant de la tirer, tremblez devant l'épée,
En songeant au pouvoir qu'elle a reçu du ciel !
Pour déchaîner la guerre il suffit d'un mortel,
Alors qu'il est puissant ; mais, le dieu de la guerre
N'est pas comme un faucon qui referme sa serre,
Et, docile, s'abat sur la main du chasseur,
Dès qu'on l'a rappelé ; ce dieu, dans sa fureur,
Reste sourd à la voix qui veut lui dire : arrête !
Vous ne trouveriez plus la main du Seigneur prête,
Pour nous sauver encore, à descendre sur nous.

PHILIPPE.

Ah ! sire, vous avez un ange auprès de vous ;
Je ne l'aperçois point, d'où vient donc son absence?

LE ROI.

Où donc est-elle, Jeanne? et pourquoi sa présence
Nous fait-elle défaut dans cet heureux moment,
Au milieu du bonheur dont elle est l'instrument?

L'ARCHEVÊQUE.

L'oisiveté des cours, sire, est une contrainte

Qui pèse au noble cœur de cette fille sainte.
Quand le ciel au grand jour ne l'oblige à marcher,
Loin des yeux du vulgaire elle aime à se cacher,
Et, quand il ne faut pas qu'au bonheur de la France
Elle donne son temps, l'héroïne, en silence,
Je n'en saurais douter, s'entretient avec Dieu ;
Sa bénédiction l'accompagne en tout lieu.

SCÈNE QUATRIÈME.

LES PRÉCÉDENTS, JEANNE. Elle est armée, mais sans casque, et porte une couronne de fleurs dans les cheveux.

LE ROI.

Ainsi qu'une prêtresse et comme elle parée,
Pour que notre union soit par toi consacrée,
Te voici, Jeanne, elle est ton ouvrage.

PHILIPPE.
                           Aux combats
Que Jeanne était terrible en semant le trépas !
Quelle suave paix maintenant brille en elle !...
A ce que j'ai promis me trouvez-vous fidèle ?
Êtes-vous satisfaite et suis-je amnistié ?

JEANNE.

Duc, à votre bonheur vous avez travaillé :
Vous êtes entouré d'une auréole pure,
Quand, tout à l'heure encor, votre sombre figure,
Sur le ciel radieux qui se formait pour nous,
Comme un astre sanglant nous épouvantait tous.

(Elle regarde autour d'elle.)

Tout un cercle de preux maintenant m'environne,
Sur le front de chacun quand le bonheur rayonne,

Un homme, un seul encor, se tenant à l'écart,
Triste, à tant de bonheur n'ose point prendre part.

PHILIPPE.

Eh ! qui donc de sa faute a si fort conscience
Qu'il n'ose pas encor croire à notre clémence ?

JEANNE.

Dites qu'il peut venir ! dites-le ! s'il vous plaît !
Oh ! n'allez pas laisser votre ouvrage incomplet !
Le pardon n'est point vrai, si longtemps qu'est laissée,
Dans le cœur qui l'accorde, une arrière-pensée.
Une goutte de haine et vous empoisonnez
Cette coupe d'oubli qu'aujourd'hui vous tenez.
Il n'est, dans ce beau jour, de si sanglante offense
Qui doive de Philippe arrêter la clémence.

PHILIPPE.

Ah ! je vous ai comprise.

JEANNE.

Ainsi, vous pardonnez ?
Vous y consentez, duc ? Oui !... Du Chatel ! venez !

(Elle ouvre la porte à Du Chatel, qu'elle fait entrer et qui s'arrête dans l'éloignement.)

Avec ses ennemis il se réconcilie ;
Le duc en voyait un en vous, mais il oublie.

(Du Chatel s'approche de quelques pas et cherche à lire dans les regards du duc.)

PHILIPPE.

Que me faites-vous faire et que demandez-vous,
Jeanne !

JEANNE.

Quand un seigneur a des hôtes, à tous
Il tient sa porte ouverte, il n'en exclut personne.

Oui, voilà ce qu'il fait quand il a l'âme bonne.
Il doit de sa faveur couvrir également
Qui l'aime et qui le hait ; comme le firmament
Environne le monde. A la nature entière,
Les rayons du soleil dispensent la lumière,
Et le ciel, la rosée. Oui, les bienfaits de Dieu
Vont sans restriction, à chacun, en tout lieu ;
C'est ainsi qu'au grand jour vient toute bonne chose ;
Le mal seul est dans l'ombre.

PHILIPPE.

      Oh ! comme elle dispose
De mon cœur à son gré ! Ce cœur est, dans sa main,
Comme une cire molle, et je résiste en vain...
Du Chatel ! je pardonne, embrassons-nous !... Mon père !
Chère ombre ! daigne voir sans courroux que je serre
La main du meurtrier sous qui tu succombas !
Et vous, dieux de la mort, ne me punissez pas
De ce qu'à mes serments je me montre infidèle !
Là-bas où vous régnez, dans la nuit éternelle,
Aucun cœur ne bat plus ; et, pour l'éternité,
Tout y subit la loi de l'immobilité.
Il n'en est pas de même où le soleil rayonne ;
Ici, l'homme a la vie, et tout l'impressionne ;
L'empire du moment est sur lui tout-puissant.

LE ROI, à Jeanne :

Oh ! combien envers toi je suis reconnaissant !
Tes promesses déjà sont noblement remplies.
Que mon sort a changé ! tu me réconcilies
Avec ceux qui m'aimaient ; Tu fais, de tous côtés,
Tomber mes ennemis ; de mes nobles cités,
En chassant l'étranger, tu finis l'esclavage,

Et toi seule as tout fait ; Jeanne, c'est ton ouvrage.
Dis ! pour tant de faveurs que veux-tu ?

JEANNE.

        Sois toujours
Humain dans le bonheur, comme on te vit aux jours
Où sur toi le malheur épuisait sa colère.
Ne va pas oublier, quand le ciel t'est prospère,
Ce que vaut un ami lorsqu'on en a besoin.
Des temps te l'ont appris qui ne sont pas bien loin.
Que les derniers du peuple en toi trouvent justice !
Et sois clément pour tous, car ta libératrice,
Celle que Dieu pour toi fit arriver ici,
N'était qu'une bergère ; elle est du peuple aussi...
La France sous tes lois tout entière se place ;
Tu commences de rois une brillante race ;
Ceux auxquels, après toi, le trône est accordé,
Surpassent en splendeur ceux qui t'ont précédé ;
Cette tige fleurit tant qu'elle est attentive
A nourrir chez son peuple une affection vive;
Mais son orgueil la perd, et, sous les humbles toits
D'où ta libératrice est sortie autrefois,
On prépare en secret les coups épouvantables
Qui doivent abîmer tes descendants coupables.

PHILIPPE.

Toi qu'inspire le ciel et qu'il daigne bénir,
Dis-moi — s'il t'est donné de voir dans l'avenir —
Dis-moi si ma maison, si grande à son aurore,
En puissance, en grandeur pourra gagner encore.

JEANNE.

Duc de Bourgogne ! alors que ton siége ducal
Est au niveau du trône et s'en pose l'égal,

ACTE III, SCÈNE IV.

Tu veux monter encore et ton orgueil aspire
A pouvoir jusqu'aux cieux élever ton empire.
La main d'en haut est prête à te faire raison.
Ne crains pas cependant que meure ta maison ;
Elle refleurira dans une illustre fille :
De son sein va sortir une grande famille
De rois, qui régneront sur des peuples nombreux.
Deux trônes à la fois sont préparés pour eux ;
De deux mondes leur sceptre à la fois sera maître,
Et du monde que Dieu nous permit de connaître,
Et du monde qu'il cache en de lointaines eaux,
Que jamais ne fendit la quille des vaisseaux.

LE ROI.

Si jusque-là l'Esprit peut t'avoir éclairée,
Oh! dis-nous, l'alliance entre nous deux jurée
Sur tous nos descendants s'étendra-t-elle encor ?

JEANNE, après un moment de silence :

Rois, souverains du monde, évitez tout discord !
Dans son antre laissez le démon de la guerre !
Une fois révolté, bien longue est sa colère :
Une race de fer à sa voix est debout ;
L'incendie allumé se propage partout...
Ne me demandez pas d'en dire davantage.
Jouissez du présent, il est votre partage,
Mais l'avenir, souffrez que je le taise.

AGNÈS.

                    Et moi,
Sainte fille, mon cœur est sans secrets pour toi ;
Tu sais si la grandeur est le but où j'aspire :
Est-ce que tu n'auras rien d'heureux à me dire ?

JEANNE.

Non ; l'Esprit dont je suis tous les commandements,
Se borne à m'indiquer les grands événements ;
Seul, de votre avenir, votre cœur est le maître.

DUNOIS.

Noble fille, à Dieu chère, enfin fais-nous connaître
Quel sort il te réserve ; il t'aura destiné
Le bonheur le plus grand que la terre ait donné ?
Il doit récompenser ta piété profonde ?

JEANNE.

Le bonheur est là-haut, près du maître du monde.

LE ROI.

C'est à ton roi, ma fille, à faire ton bonheur ;
Oui, je veux qu'à ton nom s'attache la splendeur,
Que la France t'honore et qu'elle te proclame,
Maintenant et toujours, la plus heureuse femme.
Je veux même, à l'instant, m'acquitter envers toi.
Approche ! viens plier un genou devant moi...

(Il tire son épée et en touche Jeanne.)

Relève-toi ! ton roi t'a donné la noblesse.
Jeanne ! l'obscurité de ta naissance cesse ;
Tes aïeux au tombeau, je te les anoblis ;
Tes armes porteront les blanches fleurs de lis.
Il n'est point de maison au royaume de France
Dont ta naissance, à toi, n'égale la naissance ;
Au royaume de France un seul sang, c'est le mien,
Pourra se dire encor plus noble que le tien.
Il n'est point de seigneur que ton hymen n'honore,
Et je veux — c'est un soin qui m'appartient encore —
Te donner un époux digne de toi.

ACTE III, SCÈNE IV.

DUNOIS, s'avançant :

Mon cœur
L'avait déjà choisie avant tant de splendeur.
Ni ses vaillants exploits, ni mon amour pour elle,
Ne peuvent s'être accrus de sa gloire nouvelle.
C'est pourquoi, je le dis devant mon souverain,
Devant vous, saint prélat, je demande sa main,
Si pourtant, à ses yeux, quand je la veux pour femme,
Je mérite en effet l'honneur que je réclame.

LE ROI.

O jeune fille, à qui l'on ne peut résister !
Il ne m'est plus permis maintenant de douter,
Quand tu fais succéder le miracle au miracle,
Que tout ce que tu veux s'accomplit sans obstacle.
Tu l'as dompté ce cœur qu'on vit jusqu'à ce jour,
Braver, dans son orgueil, le pouvoir de l'amour.

LA HIRE, s'avançant :

Parmi les dons nombreux qui rendent Jeanne belle,
Sire, la modestie avant tout brille en elle.
Quoique digne, en effet, des plus illustres vœux,
Jeanne ne forme point ce rêve ambitieux ;
Elle se garde bien d'une si haute ivresse.
D'un loyal chevalier la fidèle tendresse,
Et dans un rang modeste un tranquille bonheur,
Avec ma main, voilà ce que j'offre à son cœur.

LE ROI.

Et toi, La Hire, aussi ? Deux rivaux admirables !
Deux rivaux, de renom, de courage semblables !...
Quand de mes ennemis tu m'as rendu les cœurs,
Et la paix à la France après tous ses malheurs,

Jeanne, tu viens offrir, à toi-même infidèle,
A mes meilleurs amis un sujet de querelle ?...
Sa main à l'un de vous peut écheoir seulement ;
Vous êtes d'un tel prix dignes également.
Tu vas prononcer, Jeanne ; il faut que ton cœur dise...

AGNÈS, s'avançant :

La noble jeune fille à bon droit est surprise,
Son front s'est coloré d'une chaste rougeur.
Qu'on lui donne le temps d'interroger son cœur,
De trouver une amie à qui son âme s'ouvre,
Et de briser enfin le sceau qui la recouvre.
Voici l'heure où je dois lui montrer mon amour :
Qu'elle voie une sœur en moi ! voici le jour
Où je dois présenter à cette âme si fière
Un cœur sûr où pouvoir s'épancher tout entière.
Des intérêts de femme à discuter ici
L'examen appartient à nous femmes ; ainsi,
Laissez-nous réfléchir, et nous viendrons vous dire
Ce que nous résoudrons.

LE ROI, voulant s'éloigner :

Eh bien ! soit !

JEANNE.

Non, non, sire !
L'embarras que produit la timide pudeur
N'a pas fait à mon front monter cette rougeur,
Et je puis, aussi bien qu'à cette noble dame,
Vous découvrir, à vous, tout ce que j'ai dans l'âme :
Deux illustres guerriers m'honorent de leur choix ;
Mais je n'ai point quitté les troupeaux et les bois
Pour les vaines grandeurs que peut donner la terre ;
Je n'ai pas revêtu cet habit de guerrière,

ACTE III, SCÈNE IV.

Pour placer sur mon front la couronne d'hymen.
C'est à d'autres travaux qu'on appela ma main,
Et, pour les accomplir, il faut la vierge pure.
C'est pour le Tout-Puissant que j'ai pris cette armure ;
Il me fit sa guerrière, il dirige mes coups,
Et jamais un mortel ne sera mon époux.

L'ARCHEVÊQUE.

La femme sur la terre à l'homme fut donnée,
Pour l'aimer, pour avoir commune destinée.
Au vœu de la nature alors qu'elle se rend,
Elle n'a devant Dieu qu'un mérite plus grand.
Achève d'accomplir ce que t'a dit de faire
Ce Dieu qui t'appela dans les champs de la guerre,
Et reviens, déposant le glaive des combats,
Au sexe que pour eux un moment tu quittas.
Ton sexe n'est point né pour la guerre terrible.

JEANNE.

Mon père, il me serait à présent impossible
De dire ce qu'un jour l'Esprit m'ordonnera ;
Quand il en sera temps sa voix me parlera,
Et je m'y soumettrai. Maintenant, il m'ordonne
De pousser jusqu'au bout mon œuvre. La couronne
N'est point placée encor sur le front du Dauphin ;
L'huile sainte n'a pas mouillé sa tête ; enfin,
Il n'est pas encor roi.

LE ROI.

        Je suis prêt à me rendre
Dans ma ville de Reims.

JEANNE.

        Partons sans plus attendre !
L'ennemi, dont partout vous êtes entouré,

S'apprête à vous fermer la route ; je saurai
Jusqu'à Reims, cependant, malgré lui vous conduire.

DUNOIS.

Mais que la mission que Dieu vous donne expire,
Qu'à Reims nous entrions en vainqueurs, dites-moi,
Sainte fille, qu'alors vous recevrez ma foi.

JEANNE.

De ce combat de mort, de cette guerre affreuse
Si le Seigneur me fait sortir victorieuse,
C'est que j'aurai fini mon œuvre, et de la cour
L'humble fille des champs devra fuir le séjour.

LE ROI, lui prenant la main :

Jeanne, dans ce moment c'est l'Esprit qui t'éclaire.
Dieu seul remplit ton cœur, et l'amour doit s'y taire.
Il parlera plus tard, Jeanne, je te le dis,
Car le glaive au fourreau bientôt sera remis.
La victoire et la paix marchent de compagnie ;
La joie aux cœurs revient ; dans l'âme épanouie,
De tendres sentiments s'éveillent ; tu verras
Qu'à leur appel si doux toi-même répondras.
Le désir dans tes yeux amènera des larmes
Dont tu n'as pas encor pu connaître les charmes ;
Ce cœur, tout occupé maintenant par le ciel,
Va s'ouvrir avec joie à l'amour d'un mortel.
Des milliers d'hommes sont heureux par ton courage ;
Il faut, pour couronner dignement ton ouvrage,
Faire un heureux de plus, Jeanne, en donnant ton cœur !

JEANNE.

Méprises-tu déjà la céleste faveur,
Dauphin, que, pour briser l'instrument qu'elle emploie,

Cette vierge au cœur pur, que le Seigneur t'envoie,
Tu veuilles me forcer, en tes projets mondains,
A descendre au niveau des vulgaires humains ?
O trop aveugles cœurs ! gens dont la foi chancelle !
Dieu fait briller sur vous sa lumière éternelle,
Il vous découvre, à tous, ses prodiges fameux,
Et je ne suis encor qu'une femme à vos yeux !
Depuis quand de l'acier la femme s'arme-t-elle ?
Aux hommes, aux combats voit-on qu'elle se mêle ?
Malheur, malheur à moi, si, quand du Dieu vengeur
Ma main porte l'épée, en même temps, mon cœur
S'arrêtait à nourrir un amour de la terre !
Il vaudrait mieux jamais n'avoir vu la lumière.
Ne m'en parlez donc plus, je l'exige de vous.
Craignez l'Esprit ! craignez d'allumer son courroux !
C'est assez que je sois d'hommes environnée ;
Par leurs regards je souffre à me voir profanée.

LE ROI.

Nous voudrions en vain l'émouvoir ; finissons !

JEANNE.

Faites que du clairon retentissent les sons !
Cette trêve me pèse et m'est insupportable.
Dieu me pousse à sortir de ce repos coupable,
Me montre le chemin qu'il a pour moi tracé,
Et me dit d'accomplir ce que j'ai commencé.

SCÈNE CINQUIÈME.

LES PRÉCÉDENTS, UN CHEVALIER, entrant précipitamment.

LE ROI.

Qu'est-ce donc, chevalier ?

LE CHEVALIER.

La Marne est traversée,
Et l'armée ennemie, en bataille placée,
Se prépare à l'attaque.

JEANNE, avec enthousiasme :

Aux combats ! aux combats !...
Mon âme est libre enfin !... Armez-vous ! Des soldats
Je cours, en attendant, disposer les cohortes !

(Elle sort à la hâte.)

LE ROI.

La Hire, suivez-la !... Jusqu'à Reims, à ses portes,
Pour conquérir mon trône, il nous faut donc lutter !

DUNOIS.

L'ennemi, croyez-moi, n'est pas à redouter :
C'est le dernier effort d'une impuissante rage,
Ce n'est qu'un désespoir simulant le courage.

LE ROI.

Je ne vous prescris rien, duc, voici l'instant
De me faire oublier que...

PHILIPPE.

Vous serez content.

LE ROI.

Je veux vous précéder au chemin de la gloire,
Et sous les murs de Reims tenir de la victoire
La couronne qu'on doit sur mon front y placer !...
Ton chevalier te dit adieu ; viens l'embrasser,
Chère Agnès !

AGNÈS, *l'embrassant* :

Vous voyez, mes yeux n'ont point de larmes.
Mon cœur sur votre sort ne conçoit pas d'alarmes.
Dans la bonté du ciel je mets mon ferme espoir ;
Après tant de faveurs il ne peut pas vouloir
Nous plonger dans le deuil. Mon cœur me fait connaître
Que le ciel va donner la couronne à mon maître,
Et que dans Reims conquis j'embrasserai mon roi.

(Les trompettes sonnent et, pendant que le théâtre change, arrivent par degrés à donner des sons qui annoncent une forte mêlée. Aussi longtemps que le théâtre reste vide, l'orchestre joue, accompagné par des instruments de guerre, derrière la scène.)

SCÈNE SIXIÈME.

(Le théâtre change et représente la campagne. Le lieu est entouré d'arbres. Pendant que la musique joue, on voit dans l'éloignement des soldats passer avec précipitation.)

TALBOT, appuyé sur FASTOLF, et accompagné de soldats ; peu après, LIONEL.

TALBOT.

Sous ces arbres, ici, soldats, déposez-moi...
Retournez maintenant où le combat se donne ;
Talbot, pour expirer, n'a besoin de personne.

FASTOLF.

Malheureux jour !

(Lionel entre.)

C'est vous ? Dans quel moment fatal
Venez-vous, Lionel ! c'est notre général,
Mortellement blessé, regardez !

LIONEL.

Impossible !

Nous préserve le ciel d'un malheur si terrible!...
Ce n'est pas le moment du repos, noble lord!
Levez-vous, il le faut, résistez à la mort!
Qu'à votre volonté la nature se rende!
Talbot ne mourra point si Talbot le commande!

TALBOT.

Non, le jour est venu qui doit, dans ce pays,
Renverser notre trône encore mal assis.
J'ai tenté vainement cette dernière lutte;
Elle seule pouvait empêcher notre chute.
Frappé d'un trait mortel, mes moments sont comptés.
Reims est perdu pour nous, sauvez Paris! partez!

LIONEL.

C'est trop tard: au Dauphin Paris vient de se rendre.
Un courrier, tout à l'heure, est venu nous l'apprendre.

TALBOT, arrachant l'appareil qui couvre sa blessure :

Alors, que tout mon sang s'écoule! je suis las
De supporter le jour!

LIONEL.

Je porte ailleurs mes pas.
Nos dangers sont trop grands pour qu'ici je m'arrête.
Fastolf, au général trouvez une retraite.
Nous ne pouvons garder ce poste bien longtemps.
On voit de tous côtés s'enfuir nos combattants;
Cette fille s'avance ainsi qu'une furie;
Rien ne peut résister à ses coups.

TALBOT.

O folie!
Tu l'emportes, et moi je succombe! Vraiment,
Des dieux mêmes, ici, combattraient vainement

O suprême raison ! de Dieu fille brillante !
O toi, de l'univers créatrice prudente !
Qui dans l'immensité diriges de ta main,
De tant d'astres divers l'incalculable essaim !
Qu'es-tu donc, s'il est vrai que l'aveugle folie
Au char qu'elle conduit en esclave te lie ?
S'il est vrai que, contre elle impuissante à lutter,
Tu doives, à la fin, te voir précipiter
— Toujours restant toi-même — au milieu des abîmes
Ouverts aux insensés qu'elle fait ses victimes?
Maudit soit le mortel qui sagement nourrit
Les projets nobles, grands, qu'enfanta son esprit,
Et, pour atteindre au but, leur consacre sa vie !
L'univers appartient au roi de la folie.

LIONEL.

Milord, vous n'avez plus que de bien courts instants:
Il faut songer à Dieu !

TALBOT.

Nous, vaillants combattants,
Nous aurions pour vainqueurs de vaillants adversaires,
Qu'on dirait : ce sont là des chances ordinaires;
Le sort est inconstant. Mais, de braves guerriers
Succomber par l'effet d'artifices grossiers !...
De sérieux travaux ma vie était remplie,
Devait-elle finir par une comédie ?

LIONEL, lui prenant la main :

Adieu, milord, adieu; le combat terminé,
Et si Dieu me maintient le jour qu'il m'a donné,
Je viendrai vous payer le tribut de mes larmes;
Mais maintenant il faut que je retourne aux armes.
Le destin des combats m'appelle, il est tout prêt,

Sur le champ de bataille, à rendre son arrêt.
Nous nous retrouverons, mais dans une autre vie.
Pardon, milord, l'ancienne amitié qui nous lie
Avait droit d'obtenir de moins brusques adieux.

(Il sort.)

TALBOT.

Tout va finir pour moi, la mort ferme mes yeux.
Il faut, dans un moment, que je rende à la terre,
Que je rende au soleil, éternelle lumière,
Les atomes divers qui s'étaient réunis
Dans ce corps, au plaisir, à la peine soumis.
Et ce puissant Talbot, de qui la renommée
Dans l'univers entier se voyait proclamée,
Ne sera plus qu'un peu de poussière ! Voilà
Comment chaque mortel à son tour finira.
Nous ne recueillons rien du combat de la vie,
Que l'aspect du néant dont la mort est suivie,
Et le mépris profond de tout ce qu'à nos yeux
On faisait noble, grand et digne de nos vœux.

SCÈNE SEPTIÈME.

TALBOT, FASTOLF, LE ROI, PHILIPPE, DU CHATEL, des soldats.

PHILIPPE.

Le fort est pris d'assaut !

DUNOIS.

A nous victoire pleine !

LE ROI, apercevant Talbot :

Voyez donc qui, là-bas, meurt avec tant de peine.

ACTE III, SCÈNE VII.

Cette armure m'annonce un guerrier de haut rang.
Allez le secourir.

(Des soldats de la suite du roi vont à Talbot.)

FASTOLF.

Respectez ce mourant !
Vous étiez tous, alors qu'il voyait la lumière,
Moins prompts à l'approcher ! Arrière, tous, arrière !

PHILIPPE.

Que vois-je ? lord Talbot ! et dans son sang baigné !

(Il s'approche de Talbot, qui le regarde fixement et meurt.)

FASTOLF.

Bourgogne ! vous, surtout, tenez-vous éloigné !
Gardez que du héros la présence du traître
N'empoisonne la mort : il peut vous reconnaître !

DUNOIS.

Indomptable Talbot, guerrier terrible, eh ! quoi ?
Un petit coin de terre est donc assez pour toi,
Quand, naguère, la France et tout son vaste empire,
A ton ambition ne pouvaient pas suffire !...
Sire, c'est d'aujourd'hui que vos amis pourront
Vous saluer du nom de roi : sur votre front,
La couronne de France était mal affermie
Durant le temps qu'une âme à ce corps donnait vie.

LE ROI, après avoir considéré le corps en silence :

Oui, Talbot est vaincu, mais ce n'est point par nous,
Et c'est de bien plus haut que sont venus les coups.
Sur la terre de France à présent il succombe,
Ainsi que le héros sur son bouclier tombe,
Sans vouloir, en mourant même, l'abandonner.

24.

Emportez-le, soldats!

(Des soldats prennent le corps de Talbut et l'emportent.)

Que Dieu daigne donner
Pleine paix à sa cendre!... Au sein de cette France
Qui l'a vu succomber avec tant de vaillance,
Ses restes trouveront un glorieux repos.
Qu'un monument s'élève, et digne du héros!
Nul ennemi plus loin ne porta la conquête,
Et, sur sa tombe inscrit, le lieu de sa défaite
Dira suffisamment la gloire de son nom.

FASTOLF, remettant son épée au roi :

Noble seigneur, je suis votre prisonnier.

LE ROI, la lui rendant :

Non;
Malgré ses cruautés la guerre sait comprendre,
Honorer des devoirs pieux; allez les rendre.
Reprenez votre épée, et, libre, vous pourrez
Déposer au tombeau le chef que vous pleurez...
Maintenant, Du Chatel, partez! courez, bien vite,
Retrouver mon Agnès que trop de crainte agite.
Inquiète de nous, dissipez ses terreurs ;
Dites que nous vivons, que nous sommes vainqueurs,
Puis, à Reims en triomphe amenez-la!

(Du Chatel sort.)

SCÈNE HUITIÈME.

LES PRÉCÉDENTS, LA HIRE.

DUNOIS.

La Hire,
Où Jeanne est-elle donc? pouvez-vous nous le dire?

LA HIRE.

Je viens le demander; voici quelques instants,
Qu'elle était près de vous parmi les combattants.

DUNOIS.

Quand bien vite au secours du roi j'ai dû me rendre,
J'ai cru que vous étiez resté pour la défendre.

PHILIPPE.

Tout à l'heure, au milieu des rangs des ennemis,
De sa bannière encor j'ai vu flotter les plis.

DUNOIS.

Où la trouver ? Malheur à nous !... Mon cœur se livre
A des pressentiments... Courons ! qu'on la délivre !
Elle a trop écouté sa téméraire ardeur.
Emportée au milieu des combattants, j'ai peur
Que, luttant sans secours, seule dans la mêlée
Contre tant d'ennemis, sous le nombre accablée !..
Jeanne, dans ce moment, peut être...

LE ROI.
      Hâtez-vous !

Sauvez-la !
    LA HIRE.
   Je vous suis; venez, prince !

    PHILIPPE.
        Allons tous !

(Ils sortent.)

SCÈNE NEUVIÈME.

(Le théâtre représente un autre point isolé du champ de bataille. On voit dans le lointain les tours de Reims éclairées par le soleil.)

UN CHEVALIER, à l'armure toute noire et la visière baissée.
JEANNE le poursuit jusque sur le devant du théâtre, où il s'arrête et l'attend.

JEANNE.

Fourbe ! je vois ta ruse : en simulant la fuite,
Loin du champ de bataille, ici, tu m'as conduite ;
Tu sauves de la mort, qui les attendait tous,
Les Anglais que le sort désignait à mes coups ;
Mais c'est toi maintenant qui vas cesser de vivre.

LE CHEVALIER NOIR.

Avec tant de chaleur pourquoi donc me poursuivre ?
Pourquoi me provoquer ? Mon destin ne veut pas
Que je puisse de toi recevoir le trépas.

JEANNE.

Je sens que je te hais d'une haine mortelle,
Comme je hais la nuit, qu'en toi tout me rappelle.
Je veux t'ôter le jour ; j'ai, de t'anéantir,
Le désir le plus vif qu'on puisse ressentir.
Qui donc es-tu ? Voyons ! relève ta visière !
Tout à l'heure, au combat, si, devant ma bannière,
Je n'avais vu tomber l'intrépide Talbot,
C'est lui que je verrais en toi.

LE CHEVALIER NOIR.

                      L'Esprit d'en haut
Aux plus profonds secrets ne te fait donc plus lire ?

JEANNE.

Jusques au fond du cœur j'entends sa voix me dire
Que c'est pour mon malheur que je t'ai rencontré.

LE CHEVALIER NOIR.

Tu touches, Jeanne d'Arc, au but tant désiré :
Jusqu'aux portes de Reims t'amène la victoire.
Eh bien ! trouve que c'est assez de cette gloire.
Si le bonheur se plut à t'obéir en tout,
Ne le fatigue pas en allant jusqu'au bout.
N'attends pas qu'irrité, le premier il te quitte.
D'être fidèle à l'homme il se lasse bien vite,
Et sur lui nul ne peut entièrement compter.

JEANNE.

Au milieu du chemin tu prétends m'arrêter ?
L'œuvre que je poursuis, tu veux que je la laisse ?
Non ! je l'achèverai, j'en ai fait la promesse.

LE CHEVALIER NOIR.

A ton bras redoutable on ne résiste pas.
La victoire est toujours pour toi, dans les combats,
Mais fuis-les désormais : l'avis est salutaire.

JEANNE.

Avant d'avoir dompté l'orgueilleuse Angleterre,
Je ne remettrai pas mon glaive au fourreau.

LE CHEVALIER NOIR.

                                Voi,
Jeanne, Reims et ses tours se dressent devant toi.
Ton but est là ; c'est là que tous tes vœux s'arrêtent.
Sous ce dôme où les feux du soleil se reflètent,
Triomphante, tu veux voir ton roi couronné,

Pour suivre, prétends-tu, l'ordre qu'on t'a donné ;
Mais n'entre pas à Reims, non, retourne en arrière !
Crois ce que je te dis : l'avis est salutaire.

JEANNE.

Qui donc es-tu, dis-moi, être méchant, trompeur,
Qui veux rendre mon âme accessible à la peur ?
L'oracle mensonger que ta bouche prononce,
Tu l'oses faire entendre ?

(Le chevalier noir veut partir ; elle lui barre le chemin.)

Arrête ! Une réponse,
Ou tu meurs !

(Elle veut lui porter un coup.)

LE CHEVALIER NOIR la touche de la main ; elle reste immobile.

Aux mortels va porter le trépas !
Je te brave.

(Il fait nuit, l'éclair brille, le tonnerre gronde, le chevalier noir disparaît.)

JEANNE, d'abord interdite, puis se remettant bientôt :

A la terre il n'appartenait pas !
C'est une forme vaine, un des Esprits rebelles
Que l'enfer, du milieu des flammes éternelles,
Envoya jusqu'à moi pour ébranler mon cœur.
Mais qui pourrais-je craindre, alors que du Seigneur,
Dans ma main qu'il arma, je vois briller le glaive ?
Je vaincrai ! Jusqu'au bout que mon œuvre s'achève !
Tout l'enfer contre moi se fût-il déclaré,
Mon courage me reste et je triompherai !

(Elle veut sortir.)

SCÈNE DIXIÈME.

JEANNE, LIONEL.

LIONEL.

Défends tes jours, maudite ! il faut que tout à l'heure,
A cette place, il faut que l'un de nous deux meure.
Ta main a moissonné mes plus braves soldats.
Le noble lord Talbot, naguère, entre mes bras,
A rendu sa grande âme ; et moi je viens, damnée,
Ou le venger, ou bien subir sa destinée.
Connais l'homme d'abord qui t'accorde l'honneur
De combattre avec lui, qu'il tombe ou soit vainqueur :
Cet homme est Lionel ; c'est lui qui te défie,
De tous les chefs anglais le seul qui reste en vie,
Et dont personne encor n'a su vaincre le bras.

(Il l'attaque. Après un moment de combat, Jeanne lui fait tomber l'épée des mains.)

Cruel destin !
            (Il lutte avec elle.)

JEANNE.

(Elle saisit par derrière le cimier du casque de Lionel et le lui arrache avec force ; sa figure reste à découvert. En même temps, elle lève sur lui l'épée.)

Tu l'as cherché, ne t'en plains pas !
C'est la Vierge des cieux qui par ma main t'immole.

(En ce moment, elle le regarde au visage, se trouble à son aspect, demeure immobile, puis, laisse lentement retomber le bras.)

LIONEL.

Pourquoi donc hésiter, après cette parole ?
Pourquoi soudainement de mon sein détourner
Le coup que par ta main la mort m'allait donner ?
Achève maintenant, prends-moi, prends-moi la vie,

Puisque je vois ma gloire aussi par toi ravie !
Je suis à ta merci, point de grâce !

(Elle lui fait signe de la main de s'éloigner.)

                        Moi, fuir ?
Moi, te devoir la vie ? Oh ! non, plutôt mourir !

JEANNE, détournant la tête :

J'oublierai que tes jours étaient en ma puissance.

LIONEL.

Non, frappe ! Je te hais et je hais ta clémence.
Immole un ennemi qui te hait, je te dis,
Et qui voulait ta mort.

JEANNE.

                  Je l'attends, frappe !... et fuis !

LIONEL.

Quel langage !

JEANNE, se cachant le visage :

        Malheur à moi !

LIONEL, s'approchant d'elle :

                      Dans la mêlée,
Cette foule d'Anglais par tes mains immolée,
Te trouva sans pitié ; pourquoi m'épargner, moi ?

JEANNE lève sur lui l'épée par un mouvement rapide, mais, en le regardant, elle la laisse retomber de nouveau :

Sainte Vierge des cieux !

LIONEL.

                Tu l'invoques ? Pourquoi ?
La Vierge, ni le ciel, à toi ne s'intéresse.

JEANNE, dans la plus vive anxiété :

Oh ! qu'ai-je fait ! Manquer à ma sainte promesse !
(Elle se tord les mains avec désespoir.)

LIONEL, la considère avec intérêt et se rapproche d'elle :

Je te plains, pauvre fille, et me sens attendrir.
Seul de tous ta clémence a daigné me couvrir.
Mon cœur laisse pour toi s'évanouir sa haine ;
Il me faut maintenant prendre part à ta peine.
Qui donc es-tu ? dis-moi ; d'où viens-tu ?

JEANNE.

Va-t'en ! pars !

LIONEL.

Ton âge, ta beauté me touchent. Tes regards
Ont jeté dans mon cœur un trouble involontaire.
Je voudrais te sauver ; comment puis-je le faire ?
Viens ! viens ! Il faut briser ta chaîne, il faut jeter
Ces armes !

JEANNE.

Ce n'est plus à moi de les porter !

LIONEL.

Jette-les à l'instant ! Viens avec moi !

JEANNE, avec terreur :

Te suivre !

LIONEL.

Oui, je puis te sauver ! Viens ! et je te délivre.
Je ne sais quel tourment tu me fais éprouver :
Je sens l'impérieux besoin de te sauver.
(Il s'empare de son bras.)

JEANNE.

Ce sont eux! C'est Dunois qui me cherche! il s'avance!
S'ils te trouvaient ici!...

LIONEL.

J'y prendrai ta défense.

JEANNE.

Ah! je meurs si tu dois être immolé par eux!

LIONEL.

Jeanne! m'aimerais-tu?

JEANNE.

Sainte Vierge des cieux!

LIONEL.

Pourrai-je te revoir? De toi, quelque message?...

JEANNE.

Jamais!

LIONEL.

Revoyons-nous! J'en emporte pour gage
Ton épée!

(Il lui arrache son épée.)

JEANNE.

Insensé! quoi! de ce fer sacré?...

LIONEL.

On me contraint de fuir, mais je te reverrai.

(Il sort.)

SCÈNE ONZIÈME.

JEANNE, DUNOIS, LA HIRE.

LA HIRE.

Elle vit ! la voici !

DUNOIS.

Jeanne, sois rassurée !
De courageux amis tu te vois entourée.

LA HIRE.

N'est-ce point Lionel que je vois fuir, là-bas ?

DUNOIS.

Il importe fort peu ; ne le poursuivez pas !...
La bonne cause, enfin, Jeanne, est victorieuse :
Reims s'est ouvert pour nous, et la foule joyeuse,
Au devant de son roi se presse en ce moment.

LA HIRE.

Qu'a donc Jeanne ? On la voit pâlir subitement ;
Elle chancelle !

(Jeanne est prête à s'évanouir.)

DUNOIS.

Elle a reçu quelque blessure ;
Arrachez — hâtez-vous ! — arrachez son armure !...
C'est au bras, et la plaie est facile à guérir.

LA HIRE.

Du sang !

JEANNE.

Ah ! laissez-le couler, et moi, mourir !

(Elle reste évanouie dans les bras de La Hire.)

ACTE QUATRIÈME.

(Une salle ornée pour une fête.)

Les colonnes sont entourées de guirlandes; derrière la scène, on entend des flûtes et des hautbois.

SCÈNE PREMIÈRE.

JEANNE, seule :

Le glaive se repose; on fait trêve aux batailles;
Voici des jours de fête après des funérailles.
Le peuple, dans la rue, éclate en joyeux chants.
L'église et son autel sont tout resplendissants,
Et des arcs triomphaux de fleurs et de feuillage
Attendent le cortége aux lieux de son passage.
Reims, dans quelques instants, ne pourra plus s'ouvrir
Aux flots de curieux qu'on y voit accourir.

Partout, la même ivresse et la même pensée;
Partout, au fond des cœurs la haine est effacée;
Ils se confondent tous dans le commun bonheur.
Le beau nom de Français est un nouvel honneur;
On sent doubler en soi le juste orgueil qu'il donne.
Un jeune éclat s'attache à l'antique couronne,
Et la France sauvée a salué son roi !

Et moi, de ce bonheur la seule cause, moi,
Je n'en sens nul plaisir, et cette ivresse extrême
Je la fuis, car, hélas ! mon cœur n'est plus le même.
Vers le camp des Anglais j'ose porter mes vœux !

C'est vers un ennemi que je tourne les yeux !
Ma faute et les remords auxquels je suis en proie
Veulent que je m'arrache à toute cette joie.

    Quoi ! d'un mortel l'image chère,
Dans mon cœur, pur jusqu'à ce jour !
    Plein d'une céleste lumière,
Ce cœur bat d'un terrestre amour !
    Moi, de Dieu guerrière inspirée,
    Moi, qui délivrai mon pays,
    D'amour je me sens enivrée,
    Et pour l'un de ses ennemis !
    Et sans que la honte m'accable,
    A la face du ciel je dis
    Que je ressens ce feu coupable !
(La musique placée derrière la scène fait entendre une douce mélodie.)

    Oh ! malheur à moi ! Quels accents !
    C'est pour m'égarer davantage,
    Que leurs sons viennent à mes sens,
    Rappeler sa voix, son image !

    Pourquoi ne me rendez-vous pas
    Le bruit des lances, les combats,
    Toutes les horreurs du carnage ?
    J'y retrouverai mon courage.

    De leur dangereuse douceur,
    Comme ces chants troublent mon cœur !
    Ils changent sa force en faiblesse,
    En langueur, en pleurs de tristesse !
(Après une pause, et plus vivement :)

Devais-je l'immoler, et le pouvais-je bien,
Après que son regard eut rencontré le mien ?

J'eusse en mon sein plutôt enfoncé mon épée.
Je suis mortelle et faible, et peux m'être trompée ;
De ma pitié faut-il me punir ?... La pitié ?
Ah ! son cri, que je l'ai bien souvent oublié !
Pour ce Montgomery surtout, dont la prière
— Pauvre jeune homme, hélas ! — m'implorait pour ses jours !
Perfide cœur ! tu fais d'inutiles détours :
Ce n'est point la pitié qui vainquit ta colère !...
Oh ! pourquoi ce regard, et pourquoi donc me faire
Admirer de ses traits la noble majesté ?
Tes yeux ont de ton cœur terni la pureté,
Malheureuse ! tes yeux dans ton cœur ont fait naître
Des pensers que jamais tu n'aurais dû connaître,
Que les desseins de Dieu dans toi ne voulaient pas.
Dieu te rejette, Dieu t'a retiré son bras,
Et pour l'éternité l'enfer devient ton maître !

(La musique recommence, Jeanne devient rêveuse.)

Contre le glaive des combats,
O toi, ma houlette si chère,
Pourquoi donc la pauvre bergère,
Un jour t'échangea-t-elle, hélas ?
Pourquoi ces bruits dans le saint chêne ?
Pourquoi, des cieux céleste Reine,
Dont l'ordre trois fois m'appela,
Être vers Jeanne descendue ?
Ta couronne est pour moi perdue,
Marie ; à mon front reprends-la !

J'ai vu déjà les cieux ouverts,
Et les Bienheureux me sourire ;
Mais sur terre au bonheur j'aspire,
Et non plus aux cieux, que je perds.
Fallait-il donc à ma faiblesse

Ordonner qu'à toute tendresse
Mon cœur demeurât étranger ?
O loi rigoureuse, inflexible !
Ce cœur, que Dieu créa sensible,
Était-ce à moi de le changer ?

   Quand tu veux te manifester,
Désigne à ton obéissance,
Mon Dieu, ces âmes d'innocence,
Que tu fais aux cieux habiter.
Dans tes phalanges immortelles,
Choisis des instruments fidèles
Dont le cœur ne s'émeuve pas.
Pour tes desseins devais-tu prendre
La jeune fille, au cœur trop tendre,
Dont les troupeaux suivaient les pas ?

   Eh ! que m'importe que les rois,
Divisés, se fassent la guerre ?
J'étais pure, simple bergère,
Menant mes brebis dans les bois ;
Et, de ma retraite profonde,
Tu m'appelas aux bruits du monde,
Auprès des grands, dans les combats ;
Ai-je voulu ma destinée ?
Tu le sais, j'y fus condamnée.
O mon Dieu, ne m'en punis pas !

SCÈNE DEUXIÈME.

JEANNE, AGNÈS SOREL.

AGNÈS *entre avec une vive émotion, et, dès qu'elle aperçoit Jeanne, court à elle et l'embrasse, puis tout à coup, réfléchissant, la quitte et tombe à genoux devant elle.*

Ce n'est pas dans tes bras, non, c'est à tes genoux
Qu'Agnès doit se jeter.

JEANNE, *voulant la relever :*

Madame, levez-vous !
Pouvez-vous oublier qui je suis, qui vous êtes ?

AGNÈS.

Non, non, il ne faut pas, Jeanne, que tu l'arrêtes
Le transport où pour toi s'abandonne mon cœur !
Si je tombe à tes pieds, vois-tu, c'est de bonheur !
J'épanche devant Dieu ce cœur trop plein encore :
Ce Dieu qu'on ne voit pas, c'est lui qu'en toi j'adore.
C'est toi qui, par le ciel, ange à mon roi donné,
L'as conduit jusqu'à Reims et qui l'as couronné.
Ce que je n'avais point espéré, même en rêve,
Grâce à toi, chère Jeanne, en ce moment s'achève.
Bientôt tout sera prêt pour le couronnement ;
Charle en habits royaux en attend le moment.
Tous les pairs, réunis aux grands de la couronne,
Portent les attributs du pouvoir qu'elle donne.
Le peuple vers l'église en foule s'est porté.
Les cloches font leur bruit ; des chants de tout côté !...
Je crois que j'en mourrai, car je suis trop heureuse !

(Jeanne la relève avec douceur. Agnès s'arrête un moment et fixe sur elle son regard.)

Et cependant, toujours tu restes sérieuse ;

Tu donnes le bonheur, mais sans le partager;
A notre joie à tous, ton cœur reste étranger;
Celle qu'il entrevoit, le ciel seul la procure:
La terre n'en a pas pour ton âme si pure.

(Jeanne lui prend vivement la main, puis, la laisse aussitôt retomber.)

O Jeanne! que n'as-tu le cœur que doit avoir
Une femme! le cœur qui se laisse émouvoir!
La guerre cesse enfin; dépose cette armure,
Sois femme, puisqu'ainsi l'a voulu la nature!
Mon cœur tendre aura peur et vers toi n'ira pas,
Si tu ne veux rester que l'austère Pallas.

JEANNE.

Qu'exigez-vous de moi!

AGNÈS.

Désarme-toi, de grâce!
L'amour, qui voit ce cœur caché sous la cuirasse,
N'ose s'en approcher. Oh! sois femme! à ton tour,
Jeanne, pour ton bonheur, tu connaîtras l'amour.

JEANNE.

Moi! que je me désarme? Et que ce soit sur l'heure?
Non! c'est dans la bataille, et c'est pour que je meure,
C'est plus tard, que je veux me découvrir le sein!
Que n'est-il protégé par sept couches d'airain,
Qui puissent me défendre, et de ce trouble extrême
Que vos fêtes en moi font naître, et de moi-même!

AGNÈS.

Le comte de Dunois t'aime; ce noble cœur,
Qu'absorbaient jusqu'ici l'héroïsme et l'honneur,
Brûle à présent pour toi d'une flamme sacrée.
D'un héros il est doux de se voir adorée,

Et plus doux de l'aimer.

(Jeanne se détourne avec un mouvement d'horreur.)

Est-ce que tu le hais ?
Tu peux ne pas l'aimer, mais le haïr, jamais !
Celui qui vous enlève un être qu'on adore,
Celui-là seulement on le hait, on l'abhorre.
Mais, ton cœur est tranquille. Ah ! s'il aimait, ce cœur !...

JEANNE.

Plaignez-moi, déplorez mon sort !

AGNÈS.

A ton bonheur
Que peut-il donc manquer ? ta promesse sacrée
Est accomplie en tout : la France est délivrée ;
Pour se voir couronner, aux murs de Reims, ton roi,
Ton roi victorieux, est entré, grâce à toi ;
La gloire qui s'attache à ton nom est immense ;
Un peuple, heureux par toi, te bénit et t'encense ;
L'éloge qu'il t'adresse est partout répété ;
C'est toi qui de la fête es la divinité,
Et le roi, bien qu'il soit paré du diadème,
Ne jette point l'éclat dont tu brilles toi-même.

JEANNE.

Que la terre pour moi n'ouvre-t-elle son sein !

AGNÈS.

Quelles paroles, Jeanne, et quel trouble soudain !
Eh ! qui donc oserait, dans ce beau jour de fête,
Lever les yeux au ciel, si tu baisses la tête ?
C'est à moi de rougir aujourd'hui, c'est à moi,
Si petite voulant me comparer à toi,
Qui n'ai pas ton courage et suis si loin restée
Des sublimes hauteurs où je te vois montée.

Car, faut-il tout entier que je t'ouvre mon cœur ?
L'honneur de la patrie et toute la splendeur
Que le trône reçoit de sa nouvelle gloire,
Et l'ivresse du peuple, et ses chants de victoire,
Ne préoccupent point mon faible cœur; sur lui
Un mortel règne, un seul qui l'absorbe aujourd'hui.
Nul penser ne pourrait y trouver place encore :
Celui que l'on bénit, celui que l'on adore,
Pour qui des chants d'amour éclatent dans les airs,
Pour qui tous les chemins de fleurs se sont couverts,
Il est à moi ! Je l'aime !

JEANNE.

Oh ! vous êtes heureuse !
Comprenez bien du sort la faveur précieuse !
Vous aimez, mais celui que chacun peut aimer.
Sans crainte votre cœur s'ouvre, il ose exprimer
L'ivresse qu'il éprouve et, cette même ivresse,
Aux regards de chacun faire qu'elle paraisse.
La fête du royaume entier, dans ce beau jour,
Cette fête est pour vous celle de votre amour.
Tout ce peuple accouru vous en rend témoignage ;
Il sanctifie en vous cet amour qu'il partage :
A vous leurs chants, à vous leurs couronnes de fleurs,
Car vous aimez celui qui ravit tous les cœurs,
Le soleil qui nous charme, et votre joie est celle
Qu'il a faite aujourd'hui la joie universelle.
Ce bonheur qui chez tous éclate si complet,
De votre amour heureux est le puissant reflet.

AGNÈS, se jetant à son cou :

O bonheur ! je me vois comprise tout entière !
Non, non, Jeanne, à l'amour tu n'es pas étrangère !
Je t'avais méconnue. Oh ! oui, ce que je sens,

Tu viens de l'exprimer en magiques accents,
Mon cœur n'a plus de crainte, et, plein de confiance,
Vers le tien, vers celui d'une amie, il s'élance.

JEANNE, s'arrachant vivement de ses bras :

Non, laissez-moi ! De moi gardez-vous d'approcher !
Craignez de vous souiller en voulant me toucher.
Soyez heureuse ! Moi, je vais cacher au monde
Mon malheur, et ma honte, et ma terreur profonde.

AGNÈS.

Je ne te comprends pas, Jeanne; tu me fais peur.
Non, je n'ai pas encor su comprendre ton cœur.
Toujours mystérieuse est pour moi ta nature ;
Eh ! qui devinerait de quoi ton âme pure,
De quoi ton cœur si doux, si plein de sainteté,
Aussi profondément peut être épouvanté ?

JEANNE.

C'est vous qu'il faut nommer pure et sainte, Madame ;
C'est vous. Si vous pouviez lire au fond de mon âme,
Ah ! vous repousseriez avec horreur en moi,
Une femme ennemie, et parjure à sa foi !

SCÈNE TROISIÈME.

LES PRÉCÉDENTS, DUNOIS, DU CHATEL, LA HIRE,
portant la bannière de Jeanne.

DUNOIS.

Jeanne, nous vous cherchons; le roi vers vous m'envoie.
Tout est prêt pour la fête, il veut que l'on vous voie,
Votre sainte bannière en main, comme aux combats,
Et vous la porterez partout devant ses pas,

Marchant de pair avec les grands de la couronne,
Mais la plus rapprochée aussi de sa personne.
Le roi dit hautement, le roi veut qu'aujourd'hui
Le monde tout entier le redise avec lui :
La gloire de ce jour vous revient tout entière.

LA HIRE.

Noble fille, tenez, voici votre bannière ;
Les grands sont prêts, le peuple attend, plus de retard !

JEANNE.

Moi, marcher devant lui ! porter cet étendard !

DUNOIS.

A qui donc siérait-il ? de ce glorieux signe,
De ce signe sacré quelle main serait digne ?
Vous l'avez fait flotter aux combats : c'est à vous
De vous en parer, Jeanne, en un jour aussi doux !

(La Hire veut lui présenter la bannière, elle s'en éloigne avec effroi.)

JEANNE.

Laissez-moi ! laissez-moi !

LA HIRE.

Quelle terreur subite,
A voir votre bannière à ce point vous agite ?

(Il la déploie.)

C'est celle que portaient vos bras victorieux.
Voici l'image encor de la Reine des cieux
Qui plane sur le monde... A son ordre fidèle
Vous l'y fîtes placer...

JEANNE, la regardant avec terreur.

Oui, c'est elle ! c'est elle !
Elle m'apparut bien telle que je la vois...

Quels terribles regards elle jette sur moi !
Voyez ce front plissé ! voyez, quelle colère
Elle laisse percer sous sa sombre paupière !

AGNÈS.

Ciel ! quel égarement !... Jeanne, reviens à toi !
Jeanne, une illusion t'égare. Tu ne vois
Qu'une terrestre image, et la Vierge, invisible,
Est au milieu des chœurs du ciel.

JEANNE.

Vierge terrible !
Est-ce pour me punir que tu parais ici ?
Eh bien ! écrase-moi ! frappe ! point de merci !
Punis-moi ! prends en mains ta foudre redoutable !
Lance-la, lance-la sur ma tête coupable !
J'ai violé ma foi, profané ton saint nom !

DUNOIS.

O malheur ! quels discours ! que se passe-t-il donc ?

LA HIRE, stupéfait, à Du Chatel :

Pouvez-vous concevoir cet étrange délire ?

DU CHATEL.

Je vois ce que je vois, et, s'il faut vous le dire,
Ce que depuis longtemps je suis à craindre.

DUNOIS.

Quoi ?

DU CHATEL.

Je n'ose m'expliquer. Plût au ciel que le roi
Eût terminé la fête et reçu la couronne !

ACTE IV, SCÈNE IV.   447

LA HIRE.

Comment donc! la frayeur que cet étendard donne,
Aussi vous gagne-t-elle? Aux Anglais laissez-la!
Aux Anglais de trembler devant ce drapeau-là!
Terrible aux ennemis, il est la sûre égide
Des fidèles Français qui le prennent pour guide.

JEANNE.

Oui, vous avez raison : c'est notre protecteur;
Chez nos seuls ennemis il répand la terreur.
(On entend la marche du couronnement.)

DUNOIS.

Prenez-le donc ! prenez ! le cortége s'avance.
Ne perdons pas de temps.
(On la contraint à prendre la bannière ; elle la reçoit après une forte résistance et
sort. Tous la suivent.)

SCÈNE QUATRIÈME.

(Le théâtre change et représente une place devant la cathédrale.
Des spectateurs remplissent le fond de la scène.)

BERTRAND, CLAUDE-MARIE, ÉTIENNE sortent de la foule,
et, un peu plus tard, MARGUERITE et LOUISE.
(On entend dans le lointain la marche du couronnement.)

BERTRAND.

                La musique commence!
Écoutez !... Le cortége approche et va passer !..
Pour que nous voyions bien, où faut-il nous placer?
Dites! monterons-nous sur cette plate-forme?
Ou bien resterons-nous où la foule se forme?
De la fête il ne faut rien perdre.

ÉTIENNE.

Bien malin
Qui voudrait circuler à présent : tout est plein
De voitures, de gens, de chevaux. Je conseille
De demeurer ici, nous verrons à merveille.

CLAUDE-MARIE.

A voir ce flot de peuple incessamment grossi,
Je crois que la moitié de la France est ici,
Et tel est le torrent qui vers ces lieux entraîne,
Qu'il est venu nous prendre au fond de la Lorraine.

BERTRAND.

Lorsque pour le pays se lève un jour si grand,
Qui pourrait dans son coin rester indifférent ?
Que de peine et de sang pour placer la couronne
Au légitime front à qui ce jour la donne !
Veut-on que notre roi, celui qui l'est vraiment,
Celui que nous allons sacrer dans un moment,
Ne soit pas escorté d'aussi bonne manière
Que l'autre, à Saint-Denis sacré par l'Angleterre ?
Mal pensant est celui qui demeure chez soi,
Et ne vient pas ici crier : Vive le roi !

SCÈNE CINQUIÈME.

LES PRÉCÉDENTS, MARGUERITE, LOUISE.

LOUISE.

Nous allons donc la voir, notre sœur, Marguerite !
De quelle émotion, grand Dieu, mon cœur palpite !

MARGUERITE.

La voir dans son éclat, dans toute sa grandeur,
Et nous dire : c'est là Jeanne ! c'est notre sœur !

LOUISE.

Je me refuse à croire, avant de l'avoir vue,
Que Jeanne, notre sœur que nous avions perdue,
Soit bien cette guerrière aux exploits de géants,
Que j'entends appeler Pucelle d'Orléans !

(Le cortége approche toujours davantage.)

MARGUERITE.

Tu doutes ? mais tu vas en croire l'évidence.

BERTRAND.

Faites attention ! le cortége s'avance.

SCÈNE SIXIÈME.

DES JOUEURS DE FLUTE ET DE HAUTBOIS ouvrent la marche ; puis, viennent des ENFANTS vêtus de blanc et portant des rameaux à la main. DEUX HÉRAUTS marchent derrière eux et précèdent une troupe de HALLEBARDIERS, que suivent des MAGISTRATS en robe. Ensuite, DEUX MARÉCHAUX portant leur bâton, LE DUC DE BOURGOGNE, portant l'épée, DUNOIS, le sceptre, d'autres GRANDS, la couronne, le globe, la main-de-justice; d'autres, des offrandes. Derrière eux, DES CHEVALIERS, revêtus des habits de leur ordre, DES ENFANTS DE CHŒUR, avec l'encensoir, DEUX ÉVÊQUES, avec la sainte-ampoule, L'ARCHEVÊQUE DE REIMS, portant le crucifix. — JEANNE paraît avec sa bannière ; elle a la tête baissée ; sa démarche est mal assurée. En la voyant passer, ses sœurs manifestent leur surprise et leur joie. — Derrière elle, vient LE ROI, sous un dais porté par QUATRE BARONS et suivi des gens de sa maison Des soldats ferment la marche. La musique cesse quand le cortége est entré dans l'église.

SCÈNE SEPTIÈME.

LOUISE, MARGUERITE, CLAUDE-MARIE, ÉTIENNE, BERTRAND.

MARGUERITE.

As-tu vu notre sœur ?

CLAUDE-MARIE.

C'était elle, dis-moi,
Qui, la bannière en main, marchait devant le roi,
Et dont, couverte d'or, étincelait l'armure ?

MARGUERITE.

C'était Jeanne, c'était notre sœur, je t'assure.

LOUISE.

Hélas ! elle n'a point reconnu ses deux sœurs !
Elle n'a pas senti l'approche de nos cœurs !
Elle était toute pâle et regardait la terre,
Et d'un pas chancelant marchait sous sa bannière.
Mon cœur, en la voyant, de chagrin s'est serré.

MARGUERITE.

Dans toute sa splendeur, enfin, je l'admirai,
Cette sœur ! Qui jamais, même en rêve, eût pu croire
Qu'un jour nous la verrions si brillante de gloire ?
Qui donc l'eût deviné lorsque, sur nos côteaux,
Elle était occupée à paître les troupeaux ?

LOUISE.

Ce songe qui disait qu'un jour, nous, ses aînées,
Devant elle, dans Reims, nous serions prosternées,
Ce songe de mon père est accompli. Voici

L'église qu'en ce songe il avait vue aussi.
Mais c'est qu'il eut de même, oh ! je me le rappelle,
De tristes visions dans cette nuit fidèle !
Quand j'ai vu tant d'éclat entourer Jeanne, en moi
J'ai senti tout à coup je ne sais quel effroi.

BERTRAND.

Nous perdons notre temps à causer dans la rue ;
Entrons donc à l'église et donnons-nous la vue
De la cérémonie.

MARGUERITE.

   Oui, Bertrand a raison ;
Peut-être y verrons-nous encor Jeanne.

LOUISE.

      A quoi bon ?
Nous l'avons vue, il faut retourner au village.

MARGUERITE.

Sans même lui parler après ce long voyage ?
Sans adieux ?

LOUISE.

   Ce n'est plus notre sœur d'autrefois ;
Sa place est au milieu des princes et des rois.
Eh ! qui sommes-nous donc pour que nous osions croire
Avoir droit de marcher de pair avec sa gloire ?
Sous le toit paternel, déjà, souvenez-vous,
Jeanne s'était montrée étrangère pour nous.

MARGUERITE.

O ma sœur, que dis-tu ? Peux-tu croire, Louise,
Que de nous Jeanne ait honte et qu'elle nous méprise ?

BERTRAND.

Mais, lui-même, le roi n'a pas honte de nous.
Ses sujets, tout à l'heure, il les saluait tous.
Dans sa bonne amitié donnant à chacun place,
Il s'adressait à ceux de la plus humble classe.
Jeanne aura beau monter si haut qu'elle voudra,
Plus haut qu'elle pourtant le roi se maintiendra.

(Les trompettes et les cymbales retentissent dans l'église.)

CLAUDE-MARIE.

À l'église ! Entrons tous !

(Ils se précipitent vers le fond du théâtre et s'y perdent dans la foule.)

SCÈNE HUITIÈME.

THIBAUT, vêtu de noir, RAYMOND, qui le suit et veut le retenir.

RAYMOND.

Demeurez en arrière,
Thibaut ; dans cette foule, hélas ! qu'iriez-vous faire ?
Vous ne voyez ici que visages joyeux ;
Votre grande douleur blesse en ce jour heureux ;
Fuyons !

THIBAUT.

O mon enfant ! ma fille infortunée !...
Est-ce que tu l'as vue et bien examinée ?

RAYMOND.

Oh ! de grâce, fuyez, ne vous arrêtez plus !

THIBAUT.

As-tu bien remarqué ses pas irrésolus,
Ce visage troublé, cette pâleur affreuse ?

ACTE IV, SCÈNE VIII.

Ah ! c'est qu'elle comprend son sort, la malheureuse !
Mais, je puis la sauver !
(Il veut sortir.)

RAYMOND.

Que voulez-vous tenter ?

THIBAUT.

Moi ? dans son vain bonheur je prétends l'arrêter.
Je veux, et rudement, au Dieu qu'elle renie,
La ramener.

RAYMOND.

Songez qu'il y va de sa vie ;
Creuserez-vous l'abîme où votre enfant ?...

THIBAUT.

Alors
Que j'aurai sauvé l'âme, eh bien ! meure le corps !

(Jeanne sort précipitamment de l'église, sans sa bannière, le peuple se presse sur ses pas, se prosterne devant elle et baise ses vêtements. — Elle est retenue par la foule au fond du théâtre.)

C'est elle ! la voici ! hors de la cathédrale
Elle se précipite... Oh ! mon Dieu, qu'elle est pâle !
On voit que ses remords la chassent du saint lieu,
Et qu'elle sent déjà la justice de Dieu.

RAYMOND.

Je pars ; n'exigez pas plus longtemps ma présence.
Ici je suis venu le cœur plein d'espérance,
Et c'est plein de douleur qu'à présent je m'en vais ;
J'ai revu votre fille, et je sens qu'à jamais
Je la perds.
(Il sort d'un côté, Thibaut de l'autre.)

SCÈNE NEUVIÈME.

JEANNE, PEUPLE, puis, MARGUERITE et LOUISE.

JEANNE, qui s'est arrachée de la foule, arrive sur le devant de la scène :

C'en est trop ! De l'église ils me chassent,
Ces fantômes hideux qui devant moi se placent.
Cet orgue ! je ne puis plus longtemps l'écouter :
Il me semble la foudre au moment d'éclater.
Le lieu saint s'ébranlait, et j'ai cru que ses voûtes
Sur ma tête coupable allaient s'écrouler toutes.
J'ai besoin de revoir l'immensité du ciel.
Je n'ai plus ma bannière, elle est là, sur l'autel ;
Elle n'appartient plus à cette main maudite...
N'ai-je pas vu mes sœurs ? Louise ? Marguerite ?
C'est comme un rêve... Il m'a semblé les voir passer.
Hélas ! oui, c'est un rêve, il a dû s'effacer !
Elles sont loin de moi, comme l'est mon enfance,
Comme l'est le bonheur de mes jours d'innocence !

MARGUERITE, s'avançant :

C'est bien elle ! c'est Jeanne !

LOUISE, se précipitant vers Jeanne :

O ma sœur !

JEANNE.

Ce n'est pas
Un vain songe !... c'est vous ! je vous presse en mes bras !
Marguerite ! c'est toi ? c'est aussi toi, Louise ?
Cette félicité, mon Dieu ! m'est donc permise,
Qu'isolée au milieu de la foule, mes sœurs,
Je puisse sur mon cœur sentir battre vos cœurs !

ACTE IV, SCÈNE IX.

MARGUERITE.

Tu nous connais encor ! c'est toujours toi, si bonne !

JEANNE.

Et votre amour pour moi vous amène ? Il pardonne
A la sœur qui jadis, sans même un mot d'adieu,
Froidement, vous quitta ?

LOUISE.

C'est qu'aux desseins de Dieu
Tu devais obéir : c'est Dieu qui t'a conduite.

MARGUERITE.

La gloire de ton nom dans l'univers redite,
Ce nom, de bouche en bouche et toujours répété,
Jusqu'en notre hameau devait être apporté.
Il nous a fait sortir de notre humble retraite,
Pour être aussi témoins de cette grande fête,
Pour venir t'admirer dans toute ta grandeur,
Et nous ne sommes pas seules ici, ma sœur.

JEANNE, vivement :

Mon père est avec vous ? il a fait ce voyage ?
Où donc se cache-t-il ?

MARGUERITE.

Le père est au village.

JEANNE.

Pourquoi ? m'exclueralt-il de son affection ?
Vous ne m'apportez pas sa bénédiction ?

LOUISE.

Il ne sait même pas que nous sommes venues.

JEANNE.

Comment! il ne sait pas?... Mais vous êtes émues!...
Ce silence... ces yeux vers la terre baissés...
Mon père? que fait-il?

MARGUERITE.

Depuis le jour...

LOUISE, lui faisant des signes :

Assez!

Marguerite.

MARGUERITE.

Où tu nous abandonnas, mon père
Nourrit au fond du cœur une tristesse amère.

JEANNE.

Il est triste, mon père?

LOUISE.

Oh! va! console-toi!
Il s'effraie aisément, tu le sais comme moi.
Lorsque nous lui dirons que sa fille est heureuse,
Il reviendra bientôt à son humeur joyeuse.

MARGUERITE.

C'est que tu l'es, heureuse! il faut que tu le sois,
Jeanne, dans les honneurs, la gloire où je te vois.

JEANNE.

Oui, je le le suis, mes sœurs, de vous revoir, d'entendre
Vos voix, ces sons que j'aime et qui viennent me rendre
Aux souvenirs des champs et du toit paternel!
Je goûtais le bonheur qu'on doit goûter au ciel,
Lorsque, parmi nos monts, j'allais, simple bergère,

Conduire chaque jour le troupeau de mon père.
Suis-je morte à jamais à ce bonheur si grand ?

(Elle se cache le visage dans le sein de Louise. Claude-Marie, Étienne et Bertrand se montrent dans le fond du théâtre et s'y arrêtent timidement.)

MARGUERITE.

Venez ! Claude-Marie, Étienne, et vous, Bertrand !
Jeanne n'a point d'orgueil ; c'est toujours le langage,
La bonté, la douceur qu'elle avait au village.

(Ils s'approchent de Jeanne et veulent lui donner la main ; elle les regarde fixément et manifeste une profonde surprise.)

JEANNE.

Dites ! où donc étais-je ?... Est-ce que j'ai rêvé ?
Et, ce rêve si long, l'ai-je enfin achevé ?
Est-ce que j'ai quitté le fond de la Lorraine,
Pour venir jusqu'ici ?... N'est-ce pas, sous le chêne,
Je me suis endormie, et voilà que pour moi
Arrive le réveil ? Et tous je vous revoi,
Vous que je connais bien, vous, personnes aimées ?...
Oui, j'ai rêvé de rois, de batailles, d'armées...
Ce n'étaient, je le sens, que des illusions...
C'est que, sous l'arbre, on a d'ardentes visions...
Pourquoi donc auriez-vous entrepris ce voyage ?
Pourquoi serais-je à Reims ?... J'ai quitté le village ?...
Jamais ! Dites que c'est un souvenir trompeur !
Oh ! dites-le moi bien ! réjouissez mon cœur !

LOUISE.

Nous sommes bien à Reims, chère Jeanne, et nos guerres,
Tes actions d'éclat, ne sont point des chimères.
Rappelle tes esprits ; regarde autour de toi,
Et ton armure d'or, touche-la !

(Jeanne promène sa main sur sa poitrine, réfléchit et paraît effrayée.)

BERTRAND.
C'est de moi
Que vous avez ce casque.

CLAUDE-MARIE.
On peut fort bien comprendre
Que vous croyiez rêver : l'on vous vit entreprendre,
Vous avez accompli des faits si merveilleux,
Qu'en songe on ne voit rien de plus prodigieux.

JEANNE, vivement :
Fuyons! je vous suivrai ; je veux revoir mon père,
Je retourne au village !

LOUISE.
Oui, viens !

JEANNE.
On exagère
Ce que j'ai de mérite ; on m'élève trop haut...
Vous m'avez vue enfant, vous m'aimez, vous ; il faut
Qu'on me chérisse ainsi, mais non pas qu'on m'adore.

MARGUERITE.
A ta gloire, aux honneurs qu'on te réserve encore,
Tu renonces ?

JEANNE.
Je veux bien loin les rejeter,
Ces ornements maudits que l'on me fait porter !
Ils ont entre nos cœurs mis comme une barrière.
Je veux redevenir une simple bergère.
C'est moi qui, désormais, mes sœurs, vous servirai
Comme une humble servante, et je m'imposerai

Ce que la pénitence a de rigueurs extrêmes,
Pour m'être ainsi placée au-dessus de vous-mêmes.
(On entend les trompettes.)

SCÈNE DIXIÈME.

LES PRÉCÉDENTS, LE ROI, sortant de l'église et revêtu des ornements royaux, AGNÈS SOREL, L'ARCHEVÊQUE, LE DUC DE BOURGOGNE, DUNOIS, LA HIRE, DU CHATEL, chevaliers, courtisans, peuple.

LE PEUPLE, à diverses reprises, pendant que le roi s'avance :

Vive le roi! le roi Charles-Sept!
(Les trompettes sonnent, et, à un signe du roi, les hérauts lèvent leur bâton pour ordonner le silence.)

LE ROI.

Oh! merci,
Bon peuple, de l'amour que l'on m'exprime ainsi!
La couronne que Dieu sur notre tête a mise,
Par de bien longs combats dut nous être conquise;
Le noble sang français l'arrose, mais la paix
Va de son olivier l'entourer désormais.
A quiconque soutint mes droits : Reconnaissance!
A ceux qui contre moi combattirent : Clémence!
Que notre premier mot soit celui de pardon;
Dieu nous donna le sien.

LE PEUPLE.

Vive Charles-le-Bon!

LE ROI.

C'est toujours de Dieu seul, c'est du Maître suprême,
Qu'en France on vit les rois tenir leur diadème;
Mais Dieu nous a montré plus manifestement

Que le nôtre nous vient de lui, réellement.
(Se tournant vers Jeanne:)
Celle qu'il envoya, celle dont la main place
Votre roi légitime au trône de sa race,
Qui du joug étranger vous a délivrés tous,
La voici ! que son nom soit vénéré de nous,
Comme celui du saint qui protége la France !
Qu'à la gloire de Jeanne, à sa rare vaillance,
Des autels dans nos cœurs soient partout élevés !

LE PEUPLE.

Oui, gloire à la Pucelle ! elle nous a sauvés !
(Les trompettes sonnent.)

LE ROI, à Jeanne :

Si vraiment Dieu t'a fait naître parmi les hommes ;
Si tu n'es que mortelle, ainsi que nous le sommes,
Pour faire ton bonheur, dis-nous ce qu'il te faut.
Si je me trompe, et si ta patrie est là-haut,
Si tu n'as revêtu cette humaine figure
Que pour nous dérober ta céleste nature,
Oh ! déchire le voile et parais à nos yeux
Dans toute la splendeur dont tu brilles aux cieux,
Pour que nous t'adorions le front dans la poussière !
(Silence général ; tous les regards sont tournés vers Jeanne.)

JEANNE s'écrie tout à coup :

Ciel ! mon père !

SCÈNE ONZIÈME.

LES PRÉCÉDENTS, THIBAUT, qui sort de la foule et se place devant la Pucelle.

PLUSIEURS VOIX.

Son père !

THIBAUT.
                     Oui, son malheureux père,
Qui lui donna le jour, qui paraît en ce lieu,
Parce qu'ainsi le veut la justice de Dieu,
Pour accuser sa fille.

PHILIPPE.
              Ah! quelle est cette affaire?

DU CHATEL.
Il va nous révéler quelque effrayant mystère.

THIBAUT, s'adressant au roi :
Par le pouvoir du ciel tu te crois délivré,
O prince qu'on abuse, et toi, peuple égaré?
Aux ruses du démon vous devez tout.
                (Tous reculent avec effroi.)

DUNOIS.
                            Cet homme,
Est-il fou?

THIBAUT.
            Certes non; c'est vous qu'ainsi je nomme,
Et ce peuple, et ce sage archevêque, vous tous,
Qui croyez que le ciel se manifeste à nous
Dans cette misérable. Eh bien! devant son père,
Nous verrons si la fourbe en effet persévère
Dans ce rôle hardi, qui sut tromper le roi,
Et le peuple français tout entier... Réponds-moi!
Par le Père, le Fils, l'Esprit saint, je t'adjure;
Réponds-moi! Peux-tu bien te dire sainte et pure?
           (Silence général ; tous les yeux sont fixés sur Jeanne, qui reste immobile.)

AGNÈS.
O ciel! elle se tait!

THIBAUT.

La voix doit lui manquer
Devant le triple nom que je viens d'invoquer.
Ce nom, même l'enfer ne l'entend pas sans crainte.
Elle? du Tout-Puissant l'envoyée? elle, sainte?
Oh! non, non! C'est sous l'arbre, en un endroit maudit,
Qu'une telle pensée est née en son esprit;
Sous l'arbre, où des démons la troupe se rassemble,
Depuis les temps anciens, pour y fêter ensemble
Leur horrible sabbat; c'est là, je le sais, moi,
Qu'elle a vendu son âme à l'enfer; et pourquoi?
Pour obtenir par lui cette gloire éphémère
Dont on la voit briller: la gloire de la terre!
Découvrez-lui le bras et chacun à l'instant
Y trouvera le signe imprimé par Satan.

PHILIPPE.

C'est horrible, et pourtant se peut-il qu'on refuse
De le croire, quand c'est sa fille qu'il accuse?

DUNOIS.

Ne croyez pas ce fou qu'aveugle la fureur,
Et qui dans son enfant cherche son déshonneur.

AGNÈS, à Jeanne:

Oh! parle! romps enfin ce malheureux silence!
Nous te croyons; en toi nous avons confiance;
Un seul mot de ta bouche, un seul nous suffira.
Cette accusation terrible, détruis-la!
Parle! dis seulement, dis: je suis innocente,
Et nous te croirons tous.

(Jeanne reste immobile; Agnès s'éloigne d'elle avec effroi.)

ACTE IV, SCÈNE XI.

LA HIRE.

Elle est toute tremblante.
La surprise et l'effroi l'empêchent de parler.
L'innocence elle-même est réduite à trembler,
Quand l'accusation a cette violence.
(Il s'approche de Jeanne.)
Jeanne, remettez-vous; Dieu donne à l'innocence,
Contre la calomnie, un langage vainqueur :
Le regard qui foudroie un calomniateur.
Levez les yeux, montrez votre noble colère,
Pour confondre à l'instant, punir le téméraire
Qui ternit à ce point votre sainte vertu.
(Jeanne reste immobile; La Hire s'éloigne d'elle avec effroi. Le mouvement général augmente.)

DUNOIS.

Peuple ! pourquoi rester de la sorte abattu ?
Princes ! pourquoi montrer cette étrange épouvante ?
Sur l'honneur de mon nom je dis Jeanne innocente ;
Je suis son chevalier, voici mon gant : qui donc
Dira qu'elle est coupable ?
(Violent coup de tonnerre. Effroi général.)

THIBAUT.

Au nom de Dieu, répond !
Réponds au nom du Dieu dont le tonnerre gronde ;
Dis : je suis innocente, et l'ennemi du monde
N'occupe pas mon cœur. Oh ! dis-moi que je mens !
(Le tonnerre redouble. Le peuple fuit de tous côtés.)

PHILIPPE.

Que Dieu veille sur nous ! quels avertissements !

DU CHATEL, au roi :

Venez, sire ; fuyez de ce lieu.

L'ARCHEVÊQUE, à Jeanne :
                    Ton silence
Est-il celui du crime, ou bien de l'innocence ?
Je viens au nom de Dieu t'adjurer : réponds-moi !
Si la voix du tonnerre a témoigné pour toi,
Fais le voir en touchant cette croix, et proclame
Ainsi ton innocence !
(Jeanne reste immobile. Nouveaux et violents coups de tonnerre. Le roi, Agnès, l'archevêque, le duc, La Hire et Du Chatel se retirent.)

SCÈNE DOUZIÈME.

DUNOIS, JEANNE.

DUNOIS.

            Oui, tu seras ma femme !
Du jour où je te vis pour la première fois,
En toi, Jeanne, j'ai cru. Tout comme alors j'y crois,
Plus qu'à ces signes, plus qu'à ces coups de tonnerre.
Ton silence est l'effet d'une noble colère,
Et dans ta pureté l'on te voit mépriser
Les soupçons odieux qu'on fait sur toi peser.
Je t'approuve. Ose en moi mettre ta confiance !
Je n'ai jamais douté, moi, de ton innocence.
Ne me dis pas un mot, mais donne-moi la main,
Et ce sera pour moi le signe bien certain
Que, dans le défenseur qu'ici je te propose,
Tu places ton espoir comme en ta bonne cause.
(Il lui tend la main ; elle s'éloigne de lui avec un mouvement convulsif. Il demeure immobile d'effroi.)

SCÈNE TREIZIÈME.

LES PRÉCÉDENTS, DU CHATEL, puis, RAYMOND.

DU CHATEL, revenant :

Jeanne d'Arc, le roi veut, dans sa grande bonté,
Que vous puissiez quitter ces murs en liberté.
Ils sont pour vous ouverts ; partez sans nulle crainte ;
Il éloigne de vous toute fâcheuse atteinte...
Venez, comte Dunois ; à rester en ce lieu
Votre honneur peut souffrir... Quel dénoûment, grand Dieu !

(Il s'éloigne. Dunois revient de son étonnement, jette encore un regard sur Jeanne et sort. Jeanne reste un moment seule sur la scène. Enfin Raymond paraît, s'arrête un instant dans l'éloignement et la considère avec douleur et en silence, puis, il s'approche d'elle et lui prend la main.)

RAYMOND.

Profitez du moment ; voyez, la rue est vide.
Donnez-moi votre main. Je serai votre guide.

(En l'apercevant, Jeanne donne enfin un signe de sentiment, le regarde fixement et lève les yeux au ciel, puis, elle saisit vivement la main de Raymond et sort avec lui.)

ACTE CINQUIÈME.

(Une forêt sauvage.)

Dans le fond, des huttes de charbonniers. Le ciel est obscur. On entend de forts coups de tonnerre, accompagnés d'éclairs et, par intervalles, le bruit de l'artillerie.

SCÈNE PREMIÈRE.

UN CHARBONNIER, SA FEMME.

LE CHARBONNIER.

L'épouvantable orage ! Il semble que les cieux
Veuillent fondre sur nous en rivières de feux.
Bien qu'au milieu du jour, déjà la nuit est telle
Qu'aisément chaque étoile au ciel se verrait-elle.
La tempête mugit comme si dans les airs
On avait déchaîné le peuple des enfers.
On sent trembler le sol. Ces arbres, vers la terre,
Inclinent, en craquant, leur tête séculaire.
Cette guerre, pourtant, qui se livre là-haut,
Cet effroyable bruit, devant lequel il faut
Que la bête sauvage, elle-même interdite,
S'adoucisse, et, tremblante, en son antre s'abrite,
Sans effet sur l'esprit des hommes, ne fait pas
Qu'un instant seulement ils cessent leurs combats.
A travers la tempête et les vents en furie,
Nous entendons encor tonner l'artillerie.
Les deux corps ennemis sont si près, cette fois,
Que pour les séparer ils n'ont plus que ce bois,

Et que l'on peut prévoir, de minute en minute,
Un résultat terrible à leur sanglante lutte.

LA FEMME DU CHARBONNIER.

Ah! que Dieu nous protége! On avait annoncé
Que l'ennemi, partout, était battu, chassé;
D'où vient donc qu'il se montre encore, et nous harcèle?

LE CHARBONNIER.

Parce qu'il n'a plus peur du roi; que la Pucelle
N'est plus qu'une sorcière — à Reims on le vit bien —
Et que nous n'avons plus le diable pour soutien;
Depuis ce temps, pour nous la fortune est contraire.

LA FEMME DU CHARBONNIER.

Entends-tu? qui vient là?

SCÈNE DEUXIÈME.

LES PRÉCÉDENTS, RAYMOND, JEANNE.

RAYMOND.

Je vois une chaumière;
Venez! contre l'orage il faut vous abriter.
Vous ne pouvez ainsi plus longtemps exister:
Depuis trois jours entiers que dure votre fuite,
Vous avez évité les lieux que l'homme habite,
Et vous avez trouvé pour unique aliment
La racine sauvage.

(L'orage s'apaise; le ciel redevient serein.)

Entrez donc hardiment;
Ce sont des charbonniers, de bonnes gens, j'espère.

LE CHARBONNIER.

Je vois que le repos vous est bien nécessaire.
Sous ce modeste toit tout est à vous, entrez !

LA FEMME DU CHARBONNIER.

Pourquoi donc, jeune fille, est-ce que vous couvrez
Votre corps d'une armure ? Il est vrai que nous sommes
Dans des temps malheureux, où ce n'est pas aux hommes
Seulement à s'armer. Sous la cuirasse, ainsi,
Dans le camp des Anglais la reine-mère aussi
Se montre, assure-t-on ; de même, une bergère
Pour le roi s'est battue en habits de guerrière.

LE CHARBONNIER.

A tout ce bavardage au lieu de t'arrêter,
Va lui chercher du vin pour la reconforter.
(La femme du charbonnier entre dans la hutte.)

RAYMOND, à Jeanne :

Voyez, l'humanité n'est point partout méchante ;
Même en un lieu sauvage elle est compatissante.
Courage ! la tempête est passée, et, pour nous,
Ce beau soleil couchant a des rayons bien doux.

LE CHARBONNIER.

Sans doute, puisqu'ainsi vous voyagez armée,
C'est que de notre roi vous rejoignez l'armée ?
Mais, prenez garde à vous, les Anglais sont tout près,
Et leurs nombreux soldats parcourent ces forêts.

RAYMOND.

Comment les éviter ?

LE CHARBONNIER.

Restez dans cet asile

Jusqu'à ce que mon fils revienne de la ville ;
Il vous fera passer par de secrets sentiers
Où vous ne craindrez rien : ils nous sont familiers.

RAYMOND, à Jeanne :

Il faut abandonner ce casque, cette armure ;
Ils ne vous offrent plus de défense assez sûre ;
Vous feraient reconnaître...

(Jeanne secoue la tête.)

LE CHARBONNIER.

      Elle a bien des soucis,
La pauvre demoiselle ! On vient, chut !

SCÈNE TROISIÈME.

LES PRÉCÉDENTS, LA FEMME DU CHARBONNIER, sortant de la hutte avec un gobelet, LE FILS DU CHARBONNIER.

LA FEMME DU CHARBONNIER.

      C'est mon fils ;
Nous l'attendions.

(A Jeanne :)

   Tenez, ma noble demoiselle,
Buvez ! Grand bien vous fasse !

LE CHARBONNIER, à son fils :

      Anet ! quelle nouvelle ?

LE FILS DU CHARBONNIER, qui a considéré Jeanne pendant qu'elle porte le gobelet à ses lèvres, la reconnaît et le lui arrache :

Mère ! qu'avez-vous fait, et qui secourez-vous ?
D'Orléans la sorcière !

LE CHARBONNIER et SA FEMME.

O Dieu, veillez sur nous!

(Ils se signent et s'enfuient.)

SCÈNE QUATRIÈME.

RAYMOND, JEANNE.

JEANNE, d'un ton calme et doux :

La malédiction partout à moi s'attache,
Tu le vois ; devant moi chacun fuit et se cache.
Ne songe qu'à toi-même et quitte-moi, Raymond.

RAYMOND.

Moi, vous abandonner? à présent? Eh! qui donc
Auriez-vous, après moi, pour compagnon sur terre?

JEANNE.

Oh! je ne suis pas seule, et ces coups de tonnerre
Me l'ont bien annoncé : le sort me fait marcher.
Je trouverai mon but sans même le chercher ;
Sois sans crainte sur moi.

RAYMOND.

          Que prétendez-vous faire?
Où voulez-vous aller? Ici, de l'Angleterre
Les barbares soldats, qui tous ont fait serment
De se venger de vous, et bien cruellement ;
Là-bas, une autre armée, aussi votre ennemie,
Les Français, qui vous ont repoussée et bannie?

JEANNE.

Ils ne me feront rien que ce que Dieu voudra.

RAYMOND.

A votre nourriture, enfin, qui pourvoira ?
Qui vous préservera de la bête sauvage,
Et d'hommes qui le sont encore davantage?
Quand vous serez malade, en proie au dur besoin,
Qui donc, si je m'en vais, qui de vous prendra soin ?

JEANNE.

Je sais, par mes brebis, les racines, les plantes,
Qui peuvent guérir l'homme, ou qui sont malfaisantes.
Des astres dans leur cours, des nuages errants,
Je connais l'influence et la marche. J'entends
Où la source inconnue elle-même murmure.
De peu l'homme a besoin, Raymond, et la nature
Le pourvoit richement.

RAYMOND, lui prenant la main :

En vous-même rentrez,
Voulez-vous? N'est-ce pas, vous y consentirez?
Réconciliez-vous avec Dieu. Que, soumise,
Jeanne, vous reveniez à notre sainte Église !

JEANNE.

Tu m'accuses aussi de l'horrible péché?

RAYMOND.

Vous vous taisiez : j'ai cru voir un aveu caché...

JEANNE.

Toi, qui veux partager ma misère profonde,
Toi, qui seul m'es fidèle et qui, lorsque le monde
Me repousse, à mon sort viens t'attacher ainsi,
J'ai renié mon Dieu ? tu peux le croire aussi ?

A l'enfer, tu le crois, j'appartiens tout entière ?
(Raymond garde le silence.)
Ah ! c'est bien dur !

RAYMOND, étonné :

Vraiment ! vous n'êtes pas sorcière ?

JEANNE.

Moi !

RAYMOND.

Dans tous vos exploits c'était bien, en effet,
Dieu qui vous assistait, et les saints ?

JEANNE.

Qui l'eût fait ?

RAYMOND.

Mais, l'accusation contre vous prononcée,
Pourquoi ne l'avoir pas aussitôt repoussée !
Vous parlez maintenant, Jeanne, et, devant le roi,
Quand il fallait parler, pas un seul mot ! Pourquoi ?

JEANNE.

En silence, Raymond, je devais me soumettre
A l'arrêt que sur moi prononçait Dieu, mon maître.

RAYMOND.

N'osiez-vous pas répondre à votre père, ou bien,
De vous justifier n'aviez-vous nul moyen ?

JEANNE.

Le coup venait de Dieu, me venant de mon père,
Et l'épreuve pour moi ne sera que légère.

RAYMOND.

Le ciel de votre faute a semblé témoigner.

JEANNE.

Le ciel parlait ; aussi, j'ai dû me résigner.

RAYMOND.

Il suffisait d'un mot, vous n'étiez plus coupable ;
Et vous laissez au monde une erreur déplorable !

JEANNE.

Mon sort ne voulait pas qu'il en fût autrement.

RAYMOND.

Tant de honte par vous soufferte injustement,
Sans même murmurer ! Jeanne, je vous admire ;
Je me sens ébranlé plus que je ne puis dire ;
C'est tout un changement qui s'opère dans moi.
Oh ! c'est avec bonheur qu'à présent je vous croi !
Je souffrais à penser que vous fussiez coupable ;
Je n'imaginais point qu'un mortel fût capable
De pouvoir, comme vous, se taire et supporter
Cette accusation qu'on osait vous jeter.

JEANNE.

Si je ne m'étais pas aveuglément pliée
Aux volontés de Dieu dont je suis l'envoyée,
Aurais-je mérité l'honneur que j'en reçois ?
Je ne suis pas tombée aussi bas que tu crois.
Je souffre le besoin, mais, tout ce qui m'arrive
N'est pas pour mon malheur : Bannie et fugitive,
Du moins j'ai pu gagner à mon isolement
De connaître mon cœur mieux que précédemment.
Au sein de la grandeur qui devança ma chute,
Je sentais dans mon cœur une pénible lutte.

J'étais bien malheureuse, alors qu'on me croyait
Toute au bonheur du sort que chacun m'enviait.
Mais, de ma guérison enfin me voilà sûre ;
Et dans cette tempête, où toute la nature
A pu craindre de voir crouler ses fondements,
J'ai trouvé mon salut : l'orage, en même temps,
Nous a purifiés, et moi-même, et le monde ;
Et maintenant mon cœur goûte une paix profonde.
Advienne que pourra, mon cœur, je le promets,
Est à toute faiblesse étranger désormais.

RAYMOND.

Courons, Jeanne, courons faire, aux yeux de la France,
Aux yeux du monde entier, briller votre innocence !

JEANNE.

Dieu qui permit l'erreur aussi la détruira.
C'est quand il sera mûr que le fruit tombera ;
Ainsi le veut le sort. Il viendra, j'en suis sûre,
Le jour où l'on dira Jeanne innocente et pure ;
Et ceux qui m'ont jugée et maudite verront
Quelle était leur erreur, et sur moi pleureront.

RAYMOND.

Et moi, jusqu'à ce jour il faudra donc me taire ?

JEANNE, *le prenant doucement par la main* :

Les choses n'ont pour toi que leur cours ordinaire ;
Un terrestre bandeau couvre encore tes yeux,
Tandis que moi, j'ai lu dans les secrets des cieux.
L'homme, je te le dis, sans que Dieu le permette,
Ne verra point tomber un cheveu de sa tête.
Regarde à l'horizon le soleil descendu :
Aussi vrai que demain il nous sera rendu,

Que sa clarté pour nous reviendra tout entière,
La vérité fera resplendir sa lumière.

SCÈNE CINQUIÈME.

LES PRÉCÉDENTS, ISABEAU, accompagnée de soldats, paraît dans le fond du théâtre.

ISABEAU, encore derrière la scène :

C'est ici le chemin.

RAYMOND.

Malheur à nous ! Voici
Les ennemis !
(Les soldats s'avancent, aperçoivent Jeanne et reculent effrayés.)

ISABEAU.

Pourquoi vous arrêter ainsi ?

LES SOLDATS.

Que Dieu soit avec nous !

ISABEAU.

Voyez-vous des fantômes ?
Êtes-vous des soldats ?... Vous n'êtes pas des hommes!
Comment !
(Elle s'avance au milieu des soldats et recule en apercevant Jeanne.)

O ciel ! que vois-je ?
(Elle se recule promptement et s'avance vers Jeanne.)

Arrête ! Te voilà
Prisonnière !

JEANNE.

Il est vrai.
(Raymond s'enfuit, en donnant des signes de désespoir.)

ISABEAU, aux soldats.

Soldats ! enchaînez-la !

(Les soldats s'approchent timidement de Jeanne, qui tend les bras et se laisse enchaîner.)

C'est là cette puissante et terrible guerrière
Qui jetait la terreur dans votre armée entière,
Comme elle eût effrayé de vils moutons?... Ainsi,
Elle-même ne peut se protéger aussi !
Sans doute elle ne sait accomplir des miracles
Que pour ceux dont la foi croit à tout sans obstacles,
Et, dès qu'un vrai courage à ses yeux se fait voir,
Redevient femme et perd son prétendu pouvoir?

(A Jeanne :)

Pourquoi donc des Français as-tu quitté l'armée ?
Dunois, ton chevalier — on t'en disait aimée —
Où donc s'arrête-t-il ?

JEANNE.

Je suis bannie.

ISABEAU, reculant étonnée :

Eh quoi !
Bannie ? Et le Dauphin a pu te bannir ? Toi ?

JEANNE.

Ne m'interrogez pas ! Disposez de ma vie,
Je suis entre vos mains.

ISABEAU.

Le Dauphin t'a bannie !
Est-ce donc pour l'avoir à l'abîme arraché,
Et pour avoir, dans Reims, à son front attaché,
En le proclamant roi, la couronne de France ?

Voilà donc les effets de sa reconnaissance !
Il t'a bannie ! Oh ! oui, je le reconnais là.
C'est digne de mon fils... Au camp emmenez-la !
Montrez à nos soldats ce fantôme terrible,
Qui les faisait trembler, qu'ils croyaient invincible !
Elle ! magicienne ? allez ! tout son pouvoir
Est dans la lâcheté que vous avez fait voir,
Dans vos vaines terreurs. Ce n'est rien qu'une folle
Qui, lorsque pour son roi, la dupe, elle s'immole,
S'en voit par lui payée ainsi que paie un roi.
Allez ! à Lionel conduisez-la ! c'est moi
Qui lui livre aujourd'hui le bonheur de la France !..
Je vous suis.

JEANNE.

Lionel ? Avant qu'en sa puissance
Vous me fassiez tomber, oh ! tuez-moi !

ISABEAU.

Soldats,
Obéissez ! allez !
(Elle sort.)

SCÈNE SIXIÈME.

JEANNE, DES SOLDATS.

JEANNE, aux soldats :

Anglais ! ne souffrez pas
Que, vivante, à vos mains aucun ordre m'enlève.
L'heure de la vengeance est là : tirez le glaive !
Plongez-le dans mon sein, et, morte sous vos coups,
Aux pieds de votre chef traînez-moi ! Songez tous
Que c'est moi qui tuai vos meilleurs capitaines ;

27.

Que je fus sans pitié pour vous ; que, dans nos plaines,
J'ai versé par torrents le sang anglais ! songez
Que, de tous ces héros par ma main égorgés,
Nul n'aura la douceur de revoir sa patrie !
Rendez votre vengeance égale à ma furie !
Me voilà : tuez-moi ! vous ne trouveriez pas,
Plus tard, tant de faiblesse en moi.

LE CHEF DES SOLDATS.

Faites, soldats,
Ce qu'ordonne la reine !

JEANNE.

Est-ce que ma misère
N'a pas encore atteint sa limite dernière ?
Qu'ils sont rudes les coups auxquels tu me soumets,
Vierge terrible ! Parle ! est-ce que, désormais,
De ta miséricorde il faut me voir proscrite ?
Plus de signes de Dieu ! d'ange qui me visite !
Les miracles pour moi ne s'accomplissent plus,
Et Dieu me tient fermé le séjour des élus.

(Elle suit les soldats.)

SCÈNE SEPTIÈME.

(Le camp français.)

DUNOIS, entre L'ARCHEVÊQUE et DU CHATEL.

L'ARCHEVÊQUE.

Calmez le noir chagrin où votre âme se livre ;
Votre roi vous attend, prince, daignez nous suivre.
L'ennemi de nouveau se montre menaçant,
Et vous ne pouvez pas, dans ce danger pressant,

Quand notre espoir aussi sur votre bras repose,
Vous montrer infidèle à la commune cause.

DUNOIS.

Et pourquoi l'ennemi menace-t-il? pourquoi
Relève-t-il la tête aujourd'hui, dites-moi?
La France triomphait, la guerre était finie.
Nous devions tout à Jeanne, et vous l'avez bannie :
Tâchez de vaincre seuls ceux qu'elle avait vaincus ;
Moi, j'abandonne un camp où je ne la vois plus !

DU CHATEL.

Prince, décidez mieux que ce mot ne l'annonce.
Ne nous renvoyez pas avec cette réponse.

DUNOIS.

Silence ! il n'est plus rien de commun entre nous,
Du Chatel. Le premier, qui d'elle a douté ? vous !

L'ARCHEVÊQUE.

Dans ce funeste jour où tout parlait contre elle,
Qui n'a douté ? l'erreur était universelle.
Nous étions effrayés, plongés dans la stupeur.
C'est un coup imprévu qui nous frappait le cœur.
Pour tout examiner, était-il bien possible
D'être maître de soi dans ce moment terrible ?
Mais la réflexion a retrouvé son cours :
Voilà Jeanne à nos yeux ce qu'elle y fut toujours.
Nous voyons sa vertu sans rien qui la ternisse.
La peur d'avoir commis une grande injustice
Nous atterre. Le roi déplore amèrement
D'avoir suivi trop tôt un premier mouvement ;
Le duc s'accuse ; on voit La Hire inconsolable,
Et chaque cœur gémit sous le deuil qui l'accable.

DUNOIS.

La dire un imposteur ! elle, dont il faudrait
Que la Vérité même empruntât chaque trait,
Si parmi les mortels elle voulait paraître
Sous un visible corps ! Sur terre si, peut-être,
La pureté de cœur et la fidélité,
Si l'innocence, enfin, ont parfois habité,
Elles sont dans ses yeux, sur ses lèvres, vous dis-je !

L'ARCHEVÊQUE.

Que le ciel se déclare en faisant un prodige ;
Qu'il nous daigne, à la fin, découvrir un secret
Que jamais des mortels l'œil ne pénétrerait.
Mais, quel que soit le sens dans lequel il s'exprime,
Nous n'en aurons pas moins à répondre d'un crime :
Ou bien, avec l'enfer nous avons combattu,
Ou nous avons, dans Jeanne, exilé la vertu
Et la sainteté même, et du ciel la vengeance,
Atteignant justement la malheureuse France,
De l'un ou l'autre crime est prête à la punir.

SCÈNE HUITIÈME.

LES PRÉCÉDENTS, UN GENTILHOMME, puis, RAYMOND.

LE GENTILHOMME.

Prince, un jeune berger veut vous entretenir.
Sa demande est pressante. Il a vu la Pucelle ;
Il vient de la quitter, nous assure-t-il.

DUNOIS.
                          Elle ?
Il vient de la quitter ? Vite, amène-le-moi !
(Le gentilhomme ouvre la porte à Raymond. Dunois se précipite au-devant de lui.)
La Pucelle ? En quels lieux est-elle ? hâte-toi !

ACTE V, SCÈNE VIII.

RAYMOND.

Dieu vous tienne en santé, prince ! je vous salue...
Il me protége aussi, puisqu'il offre à ma vue,
Ici, ce saint prélat, père des malheureux,
Et de tout opprimé protecteur généreux.

DUNOIS.

Où donc est-elle ? dis !

L'ARCHEVÊQUE.

Parle, mon fils !

RAYMOND.

Mon père,
La Pucelle n'est point une noire sorcière ;
Par le ciel et les saints je puis vous le jurer.
Le peuple s'est laissé tout à fait égarer.
Jeanne fut par Dieu même envoyée et bénie ;
Elle était innocente et vous l'avez bannie.

DUNOIS.

Où donc est-elle ?

RAYMOND.

Alors qu'elle dut se cacher,
Je voulus comme un guide à ses pas m'attacher.
Je fus son compagnon. Par des routes certaines
Nous avons pu gagner les forêts des Ardennes.
C'est là que, tout entier, à moi s'ouvrit son cœur.
Je renonce à ma part du paradis, seigneur,
Et je veux à l'instant mourir dans les tortures,
Si son âme n'est pas exempte de souillures !

DUNOIS.

Le soleil dans les cieux n'a point sa pureté !...
Où donc est-elle, enfin ?

RAYMOND.

Si Dieu dans sa bonté
A pu changer vos cœurs, délivrez la guerrière :
Dans le camp des Anglais, Jeanne est leur prisonnière.

DUNOIS.

Leur prisonnière?

L'ARCHEVÊQUE.

Hélas !

RAYMOND.

Nous étions à chercher
Dans ces bois un asile où pouvoir nous cacher,
Quand Jeanne, tout à coup, fut prise par la reine
Et livrée aux Anglais. Ah ! d'une mort certaine,
De supplices affreux sauvez, sauvez-la, vous
Qu'elle a sauvés d'abord !

DUNOIS.

Aux armes ! courons tous !
Qu'on batte le tambour et qu'on sonne l'alarme !
Tout le peuple aux combats! Que le royaume s'arme !
Notre honneur est en jeu, la couronne en danger,
Celle qui nous protége aux mains de l'étranger.
Avant la fin du jour qu'elle lui soit ravie !
Exposez votre sang, exposez votre vie !

(Ils sortent.)

SCÈNE NEUVIÈME.

(Une tour avec une fenêtre élevée.)

JEANNE, LIONEL, puis, FASTOLF et ISABEAU.

FASTOLF, entrant précipitamment :

Du peuple la fureur ne connaît plus de frein :
Il demande la mort de la Pucelle. En vain
Vous lui résisteriez. Que justice soit faite !
Qu'on la tue, et d'ici vous jetterez sa tête
Au milieu de l'armée ; à présent il lui faut
Ce sang pour l'apaiser.

ISABEAU, entrant :

     Ils montent à l'assaut !
Le peuple est furieux, il faut le satisfaire.
Laisserez-vous aller son aveugle colère
Jusqu'à saper ces murs ? Voulez-vous aujourd'hui
Crouler ? Vous résistez en vain ; livrez-la-lui !

LIONEL.

Qu'ils montent à l'assaut ! que leur rage les guide !
Ce fort peut résister longtemps, il est solide.
Devant ces furieux plutôt que de faiblir,
Je veux, sous ses débris, vivant m'ensevelir !...
Jeanne, réponds ! ton sort d'un seul mot va dépendre :
Contre tout l'univers je saurai te défendre,
Si tu veux être à moi.

ISABEAU.

  Quoi, Lionel ?

LIONEL.

Les tiens
T'ont chassée : envers eux quitte de tous liens,
Ne considère plus ton ingrate patrie !
Ces lâches qui disaient t'aimer, ils t'ont trahie !
Ils n'ont pas en champ-clos soutenu ton honneur !
Contre mon peuple, moi, comme contre le leur,
Je te protégerai ! Jeanne, tu m'as, naguère,
Laissé voir que ma vie à ton cœur était chère ;
Alors ton ennemi, je luttais contre toi ;
Maintenant tu n'as plus qu'un seul ami, c'est moi.

JEANNE.

Ennemi des Français, juste objet de leur haine,
Peut-il naître entre nous n'importe quelle chaîne ?
Mon cœur ne peut t'aimer ; si j'ai touché le tien,
Fais-toi bénir, Anglais, de ton peuple et du mien :
Emmène tes soldats, rends-nous nos forteresses,
Et ce que vous avez volé de nos richesses !
A tous vos prisonniers donne la liberté !
Garantis-nous ta foi dans ce pieux traité,
Et je t'offre la paix au nom du roi mon maître.

ISABEAU.

Prétends-tu dans les fers dicter des lois, peut-être?

JEANNE.

Accepte à temps la paix ! on te l'imposera.
Vos fers ? jamais en France on ne les portera !
Jamais ! craignez plutôt, craignez que cette France,
Pour votre armée, Anglais, n'ouvre une tombe immense !
Vous avez vu mourir vos plus fameux guerriers ;
Songez à regagner sûrement vos foyers !
Votre honneur est perdu comme votre puissance.

ISADEAU.

Pouvez-vous supporter une telle arrogance ?

SCÈNE DIXIÈME.

LES PRÉCÉDENTS, UN CAPITAINE, entrant précipitamment.

LE CAPITAINE.

Dites qu'on se prépare au combat ! hâtez-vous,
Général ! les Français s'avancent contre nous,
Les bannières au vent. Dans la vallée entière,
Leurs armes font jaillir comme un flot de lumière.

JEANNE, inspirée :

Les Français ! les Français ! Allons ! prends ton essor,
Orgueilleuse Angleterre ! il faut combattre encor !

FASTOLF.

Modère cette joie, elle est momentanée,
Car tu ne verras point finir cette journée.

JEANNE.

France ! à toi la victoire ! à moi la mort ! Tes preux
N'ont plus besoin que Jeanne arme son bras pour eux !

LIONEL.

Je me moque bien, moi, de tous ces cœurs de femmes,
Qu'en plus de vingt combats, nous, Anglais, nous chassâmes,
Jusqu'au jour où, sur nous levant son fer vainqueur,
Cette héroïne vint pour leur donner du cœur !
J'eus toujours un mépris profond pour cette race !
J'exceptais cette femme et c'est elle qu'on chasse !...
Venez, Fastolf ! allons renouveler pour eux

De Crécy, de Poitiers les jours malencontreux !
Vous, reine, en cette tour demeurez avec elle ;
Jusqu'au combat fini surveillez la Pucelle ;
Cinquante chevaliers sauront vous protéger.

FASTOLF.

Quoi ! contre l'ennemi prêts à nous engager,
Nous laissons le champ libre à cette forcenée ?

JEANNE.

Vous avez donc bien peur d'une femme enchaînée ?

LIONEL.

Jure que nul effort pour sortir de ces lieux...

JEANNE.

Au contraire : m'enfuir est tout ce que je veux.

ISABEAU.

Mettez-lui triples fers ; mes jours répondent d'elle :
Elle ne sortira pas d'ici, la donzelle !

(On lui charge de lourdes chaînes le corps et les bras.)

LIONEL, à Jeanne :

Jeanne, tu l'as voulu ; c'est toi qui nous contrains.
Mais, écoute, ton sort est encor dans tes mains :
Renonce à ton pays et prends notre bannière ;
Sois Anglaise, à l'instant tu n'es plus prisonnière,
Et tous ces furieux qui veulent ton trépas,
Tu vas les voir soumis.

FASTOLF, avec impatience :

Ne partirons-nous pas ?
Mylord, il faut partir.

ACTE V, SCÈNE XI.

JEANNE, à Lionel :

Ne fais plus rien entendre !
Car voici les Français : avise à te défendre !
(Les trompettes sonnent ; Lionel sort précipitamment.)

FASTOLF.

Reine, vous savez bien quel est votre devoir.
Si le sort nous trahit et si vous deviez voir
Nos soldats...

ISABEAU, tirant un poignard :

Qu'en partant rien ne vous inquiète :
Elle ne vivra point pour voir notre défaite.

FASTOLF, à Jeanne :

Tu sais ce qui t'attend. Fais maintenant des vœux
Pour que dans ce combat tes Français soient heureux !
(Il sort.)

SCÈNE ONZIÈME.

ISABEAU, JEANNE, SOLDATS.

JEANNE.

Oui, je forme ces vœux ! Qui donc me ferait taire ?...
Écoutez ! des Français c'est la marche guerrière !
Comme elle retentit vaillamment dans mon cœur,
Et me dit que mon peuple, oh ! oui, sera vainqueur !
Mort, mort à l'Angleterre et victoire à la France !
Sus ! mes braves ; allez ! redoublez de vaillance !
La Pucelle est tout près, mais elle ne peut pas
Porter, comme jadis, sa bannière aux combats,
Et marcher devant vous, car elle est prisonnière.
Mais son âme, elle est libre et suit vos chants de guerre !

ISABEAU, à un soldat:

Monte à la plate-forme et dis ce que tu vois.
(Le soldat monte.)

JEANNE.

Courage! mes Français, c'est la dernière fois!
Encore une victoire, et toute cette horde
Disparaît pour toujours!

ISABEAU, au soldat placé sur la plate-forme :

Que vois-tu?

LE SOLDAT.

L'on s'aborde...
Monté sur un cheval africain, un guerrier
Qui d'une peau de tigre est couvert, le premier,
Suivi de ses soldats, fond sur nous avec rage.

JEANNE.

C'est le comte Dunois! Brave Dunois, courage!
La victoire te suit!

LE SOLDAT.

Le duc s'est avancé
Pour attaquer le pont...

ISABEAU.

Que son cœur soit percé
De dix lances, le traître!

LE SOLDAT.

On lui fait résistance...
C'est lord Fastolf. Il tient la victoire en balance.
On a mis pied à terre, et, sur leurs frères morts,
Anglais et Bourguignons combattent corps à corps.

ACTE V, SCÈNE XI.

ISABEAU.

Le Dauphin est-il là ? ne vois-tu point paraître
Les insignes royaux ?

LE SOLDAT.

Je ne puis reconnaître :
La poussière à mes yeux dérobe tout.

JEANNE.

Pourquoi
Ne vois-tu par les miens, ou ne suis-je avec toi !
Nul objet ne pourrait échapper à ma vue :
Je compte les oiseaux qui traversent la nue ;
Je connais le faucon qui plane dans les cieux.

LE SOLDAT.

Près du fossé se livre un combat furieux.
Il semble que ce soient des combattants d'élite.

ISABEAU.

Vois-tu notre bannière ?

LE SOLDAT.

Oui, dans l'air on l'agite.

JEANNE.

Que ces murs, à travers leurs fentes seulement,
Ne me laissent-ils voir la bataille un moment !
Je la dirigerais des yeux !

LE SOLDAT.

O malheur ! Reine,
On cerne notre chef, il résiste avec peine !

ISABEAU, *levant le poignard sur Jeanne* :

Eh bien ! meurs, malheureuse !

LE SOLDAT, *vite* :

Il est sauvé, sauvé !
Le brave lord Fastolf, par derrière arrivé,
Au plus épais des rangs français se précipite.

ISABEAU, *remettant le poignard, à Jeanne* :

Ton bon ange a parlé.

LE SOLDAT.

Victoire ! ils sont en fuite !

ISABEAU.

Qui donc ?

LE SOLDAT.

Les Bourguignons, pressés de toutes parts ;
Les Français !... Le terrain se couvre de fuyards.

JEANNE.

Me fais-tu, jusque-là, mon Dieu ! porter ma peine ?

LE SOLDAT.

Là-bas, c'est un guerrier blessé que l'on emmène,
Entouré de soldats. C'est un prince, je crois.

ISABEAU.

Vois-tu s'il est anglais ou français ?

LE SOLDAT.

C'est Dunois.
On vient d'ôter son casque.

ACTE V, SCÈNE XI.

JEANNE, saisissant ses chaînes avec un effort convulsif :
    Et je suis enchaînée !

    LE SOLDAT.
Quel est l'autre guerrier à robe bleue, ornée
D'une bordure d'or ?

    JEANNE, vivement :
    C'est mon maître, le roi !

    LE SOLDAT.
Son cheval s'épouvante... il se cabre... je voi
Qu'il tombe... Le guerrier se relève avec peine.
 (Pendant ces mots, Jeanne est livrée à une violente agitation.)
Tous nos soldats vers lui courent à perdre haleine...
Ils viennent de l'atteindre... Il est cerné par eux.

    JEANNE.
Oh ! n'est-il donc pour nous plus un seul ange aux cieux ?

    ISABEAU, ironiquement :
Eh bien ! sauve-le donc ! le moment est propice,
Pour toi qui fais métier d'être libératrice.

JEANNE, se jetant à genoux et priant d'une voix forte et animée :
Dans ce pressant danger, Seigneur, écoute-moi !
Mon âme en ce moment s'élève jusqu'à toi :
Je t'implore, ô mon Dieu ! Tu peux, dans ta puissance,
Du câble d'un vaisseau donner la consistance
Au fil de l'araignée, et tu peux, aujourd'hui,
Ordonner que mes fers soient faibles comme lui !
Un seul mot ! plus de fers ! pour moi plus d'esclavage !
Un seul mot ! et ces murs vont m'ouvrir un passage.
Tu secourus Samson, aveugle et dans les fers,

Souffrant des Philistins les sarcasmes amers.
Ton serviteur avait la foi que tu nous donnes,
Lorsque, de sa prison embrassant les colonnes,
Et retrouvant sa force en un dernier effort,
Sur ses fiers ennemis il fit tomber la mort...

LE SOLDAT.

Victoire !

ISABEAU.

Qu'est-ce donc ?

LE SOLDAT.

Voilà le roi de France
Prisonnier !

JEANNE, se levant :

En mon Dieu je mets mon espérance !

(Elle saisit avec force ses chaînes des deux mains et les brise, se précipite sur le soldat le plus rapproché d'elle, lui arrache son épée et s'élance dehors. Tous la regardent avec stupéfaction.)

SCÈNE DOUZIÈME.

LES PRÉCÉDENTS, moins Jeanne.

ISABEAU, après un long silence :

Qu'arrive-t-il ? Mes sens seraient-ils abusés ?
Elle a pu fuir ? Ces fers, elle les a brisés ?
J'ai vu ; sinon, j'aurais traité le fait de fable,
Quand l'univers entier me l'eût dit véritable.

LE SOLDAT, sur la plate-forme :

Que vois-je ? A-t-elle donc des ailes ? N'est-ce pas
L'ouragan qui l'emporte ?

ACTE V, SCÈNE XII.

ISABEAU.
Est-ce qu'elle est en-bas ?

LE SOLDAT.
Au plus fort du combat elle est déjà lancée,
Plus prompte que ne sont le regard, la pensée.
Elle est tantôt ici, tantôt là. Je la vois
Paraître en même temps dans différents endroits.
Elle perce nos rangs. Tout s'enfuit devant elle.
Le Français se rallie à la voix qui l'appelle.
O malheur ! Qu'ai-je vu ? Nos soldats ont jeté
Leurs armes, leurs drapeaux, pour fuir en liberté !

ISABEAU.
Comment ! quand la victoire était pour nous certaine,
Est-ce qu'aux ennemis ce démon la ramène ?

LE SOLDAT.
Elle parvient au roi, l'arrache avec effort
Du milieu du combat. Voilà lord Fastolf mort,
Et notre chef est pris !

ISABEAU.
Assez ! Tu peux descendre.

LE SOLDAT.
Fuyez ! reine, fuyez ! Ils viennent vous surprendre.
Je vois vers cette tour s'avancer des soldats.
(Il descend.)

ISABEAU, tirant son épée :
Lâches ! combattez donc !

SCÈNE TREIZIÈME.

LES PRÉCÉDENTS, LA HIRE, DES SOLDATS.
(A leur entrée, les gens de la reine déposent les armes.)

LA HIRE, s'approchant d'elle avec respect :

Ne nous résistez pas,
Reine ; dans votre espoir vous vous verriez trompée :
Déjà vos chevaliers ont rendu leur épée.
Disposez de La Hire, et dites dans quel lieu
Vous voulez qu'il vous mène.

ISABEAU.

Il m'importe fort peu ;
Pourvu que du Dauphin j'évite la présence.
(Elle lui remet son épée et le suit avec les soldats.)

SCÈNE QUATORZIÈME.

(Le champ de bataille.)

Des troupes, bannières déployées, remplissent le fond du théâtre. LE ROI et LE DUC DE BOURGOGNE les précèdent, soutenant dans leurs bras JEANNE, mortellement blessée et qui ne donne aucun signe de vie. Ils arrivent lentement sur le devant de la scène. AGNÈS SOREL entre précipitamment.

AGNÈS, se jetant dans les bras du roi :

Vous êtes libre enfin, vous vivez pour la France,
Pour moi ! Je vous possède encor !

LE ROI.

Hélas ! je vis
Et j'ai ma liberté, mais voyez à quel prix !
(Il montre Jeanne.)

AGNÈS.

Jeanne ! Ciel ! elle meurt !

PHILIPPE.

Oui, sa vie est éteinte !
Contemplez cette fin d'un ange, d'une sainte !
Elle ne souffre plus : sur ce visage mort
Est la sérénité du jeune enfant qui dort.
De la céleste paix son beau front s'illumine.
Le souffle ne vient plus soulever sa poitrine,
Mais un reste de vie anime encor sa main.

LE ROI.

Elle dort, pour ne pas se réveiller demain.
Ses yeux ne doivent plus s'ouvrir sur cette terre.
Elle plane là-haut, pur esprit de lumière,
Sans voir notre douleur et notre repentir.

AGNÈS.

Elle rouvre les yeux ! elle vit !

PHILIPPE, stupéfait :

Quoi ! sortir
De la tombe ? La mort fait donc ce qu'elle exige ?
La voilà qui se lève ! Elle est debout !

JEANNE, se levant tout à fait et regardant autour d'elle :

Où suis-je ?

PHILIPPE.

Au milieu des Français, de ceux qui sont à toi !

LE ROI.

Aux bras de tes amis ; dans les bras de ton roi !

JEANNE, *après l'avoir regardé fixement pendant longtemps :*
Je ne suis pas sorcière, oh! non, je vous le jure.

LE ROI.

Comme l'ange des cieux nous te déclarons pure !
La nuit couvrit nos yeux, mais ils sont dessillés.

JEANNE, *regardant autour d'elle et avec un sourire serein :*

Suis-je bien avec vous sans que vous me chassiez ?
Je ne suis plus maudite, et de nouveau l'on m'aime,
J'en suis sûre à présent ; je reviens à moi-même :
Voici mon roi, je vois flotter autour de moi
Les bannières de France... Et la mienne ? Pourquoi
Ne l'aperçois-je point ? Donnez-la-moi, la mienne !
Sans elle, le Seigneur défend qu'à lui je vienne ;
Il me l'a confiée et je la lui rendrai ;
Il le faut ; à ses pieds je la déposerai.
Je l'ai toujours portée en fidèle guerrière,
J'oserai la montrer !

LE ROI, *détournant le visage :*
Donnez-lui sa bannière !

(On lui donne sa bannière. Elle se tient debout, la bannière à la main. Le ciel brille d'une lumière éclatante.)

JEANNE.

Voyez-vous l'arc-en-ciel ? Voyez-vous bien encor
Les cieux en ce moment ouvrir leurs portes d'or ?
C'est là qu'elle se tient dans sa gloire immortelle.
Elle brille au milieu des anges. Avec elle
Est son Fils, qu'elle tient sur son cœur. Voyez-vous
Ses bras qu'elle me tend ? son sourire si doux ?
Regardez !... Mais soudain qu'éprouvé-je d'étrange ?
Ma pesante cuirasse en des ailes se change ;

Des nuages légers m'enlèvent vers les cieux.
Adieu !... La terre fuit... Elle échappe à mes yeux.
Adieu ! c'est là... là-haut... Une sphère nouvelle...
La douleur est d'un jour, la joie est éternelle !

(Elle tombe morte sur sa bannière, qui vient d'échapper de sa main. Les assistants restent longtemps plongés dans une muette émotion. Sur un signe du roi, toutes les bannières s'abaissent doucement et couvrent tout à fait le corps de Jeanne.)

FIN DE JEANNE D'ARC.

GUILLAUME TELL.

PERSONNAGES.

HERRMANN GESSLER, gouverneur de l'Empire dans les cantons de Schwytz et d'Uri [1].
WERNER, baron d'ATTINGHAUSEN, seigneur banneret.
ULRICH DE RUDENZ, son neveu.
WERNER STAUFFACHER,
CONRAD HUNN,
ITEL REDING,
JEAN AUF-DER-MAUER, } habitants du canton de Schwytz.
GEORGES IM-HOFE,
ULRICH SCHMID,
JOST DE WEILER,
WALTHER FURST,
GUILLAUME TELL,
ROESSELMANN, curé,
PETERMANN, sacristain, } habitants du canton d'Uri.
KUONI, berger,
WERNI, chasseur,
RUODI, pêcheur,
ARNOLD DE MELCHTHAL,
CONRAD BAUMGARTEN,
MEIER DE SARNEN,
STRUTH DE WINKELRIED, } habitants du canton d'Unterwalden.
NICOLAS DE FLUE,
BURKHART AM-BUHEL,
ARNOLD DE SEWA,
PFEIFER DE LUCERNE.
KUNZ DE GERSAU.
JENNI, jeune pêcheur.
SEPPI, jeune pâtre.
GERTRUDE, femme de Stauffacher.
EDWIGE, femme de Guillaume Tell et fille de Walther Fürst.

[1] Sous Albert Ier.

BERTHA DE BRUNECK, riche héritière.
HERMENGARDE,
MATHILDE,
ÉLISABETH, } paysannes.
HILDEGARDE,
WALTHER,
GUILLAUME, } fils de Tell.
FRIESSHARDT,
LEUTHOLD, } soldats.
RODOLPHE DE HARRAS, écuyer de Gessler.
JEAN LE PARRICIDE, duc de Souabe.
STUSSI, messier.
Le porte-bannière et sonneur de trompe d'Uri.
Un messager d'Empire.
Un surveillant des corvées.
Un maître tailleur de pierres.
Compagnons, manœuvres.
Un crieur public.
Des Frères de la Miséricorde.
Cavaliers de Gessler et de Landenberg [1].
Hommes et femmes des trois cantons.

[1] Landenberg, qui n'est que nommé dans la tragédie de Schiller, avait été envoyé avec Gessler dans les trois cantons. Il était l'un des baillis de l'empereur et avait sa résidence au château de Sarnen, dans le canton d'Unterwalden.

GUILLAUME TELL.

ACTE PREMIER.

SCÈNE PREMIÈRE.

(Le théâtre représente les rochers escarpés qui bordent le lac des Quatre-Cantons, en face de Schwytz.)

Le lac forme un golfe qui s'avance dans les terres. — Une cabane est bâtie non loin du rivage. — JENNI, le jeune pêcheur, conduit sa barque sur l'eau. — De l'autre côté du lac, on aperçoit les prés, les villages et les métairies du canton de Schwytz, éclairés par le soleil. — A gauche du spectateur, les pics du Haken, entourés de nuages. — A droite et dans le lointain, les glaciers. — Avant le lever du rideau, l'on entend le Ranz-des-vaches et le bruit des clochettes des troupeaux. Cette musique et ce bruit se prolongent encore pendant un moment quand la toile est levée.

JENNI, dans sa nacelle, chante :

Le lac invite au bain ; il est si beau !...
Le jeune enfant dormait au bord de l'eau,
Quand, tout à coup, à lui se fait entendre
Une musique harmonieuse et tendre,
Comme un concert de flûtes, de hautbois,
Ou comme, au ciel, des anges sont les voix.

Tout enchanté, l'enfant s'éveille ;
L'eau le caresse mollement,
Et du fond du lac, doucement,
Ces mots montent à son oreille :

« Mon cher enfant, tu m'appartiens :
« Quand on s'endort dans mon domaine,
« J'éveille, mais aussi j'emmène
« Au fond des eaux. Bel enfant, viens ! »

KUONI, sur la montagne, chante :

Adieu les riants pâturages,
Où, l'été, le pâtre se tient !
Il faut rentrer dans nos villages :
L'été s'en va, l'automne vient.

Nous regravirons la montagne
Quand le coucou nous le dira ;
Quand refleurira la campagne ;
Quand, au printemps, l'on chantera ;

Au mois de mai, quand les fontaines,
Dont l'hiver arrêta les eaux,
Pourront, de nouveau toutes pleines,
Abreuver nos nombreux troupeaux.

Adieu les riants pâturages,
Où, l'été, le pâtre se tient !
Il faut rentrer dans nos villages :
L'été s'en va, l'automne vient.

WERNI, qui paraît de l'autre côté, sur le haut des rochers, chante :

La foudre gronde au haut de la montagne,
Et par ses coups le sol est ébranlé ;

Mais, sur l'étroit sentier où le vertige gagne,
    Jamais le chasseur n'a tremblé :
    Il marche sur des champs de glace,
    Où pas une fleur n'apparaît,
    Où jamais le printemps ne passe,
    Où nul rameau ne verdirait ;
Il aperçoit sous lui l'océan des nuages ;
Il ne distingue plus les villes, les villages ;
    Ce n'est qu'à travers les éclairs,
    Qui déchirent la nue au milieu des orages,
        Qu'il peut contempler l'univers.
Nos campagnes, pour lui, sont au-dessous des mers.

(L'aspect du paysage change ; on entend un sourd craquement dans les montagnes, et l'ombre des nuages passe rapidement sur la contrée.)

RUODI sort de la cabane; WERNI descend des rochers sur la scène ; KUONI arrive, portant sur son épaule un seau à lait; il est suivi du jeune pâtre SEPPI, son aide [1].

RUODI.

Hâte-toi d'amarrer notre barque au rivage,
Jenni ! maître Ouragan commence son tapage.
Entends-tu le glacier mugir comme un taureau ?...
Vois-tu les pics de Schwytz qui mettent leur chapeau ?...
Sens-tu ce vent glacé qui siffle ?... La tempête,
Plus tôt qu'on ne le croit sera sur notre tête.

KUONI.

Il va tomber de l'eau, batelier ! Mes moutons,

[1] Schiller n'a pas divisé les scènes de sa tragédie de *Guillaume Tell* d'après l'arrivée des personnages, mais seulement d'après le lieu où elles se passent. Une fois ce lieu indiqué, la scène s'y continue jusqu'à un changement de décoration, quelles que soient les entrées et les sorties des acteurs.

Depuis un bon moment, broutent en vrais gloutons.
Mon chien gratte la terre.

WERNI.

Et le poisson s'en donne :
Comme il sautille ! Allez ! l'averse sera bonne...
Et puis, regardez donc plonger la poule-d'eau !

KUONI.

Prends garde de laisser s'écarter le troupeau,
Seppi !

SEPPI.

N'ayez pas peur : de la brune Lisette
J'entends distinctement où tinte la clochette.

KUONI.

C'est la plus vagabonde, et si Lisette est là,
Aucune n'est bien loin.

RUODI.

Quels jolis sons elle a
Votre cloche, berger !

WERNI.

Et puis, les belles bêtes !...
A quel maître ?... Est-ce vous, camarade, qui l'êtes ?

KUONI.

Je ne suis pas si riche... Elles sont au seigneur
D'Attinghausen. J'en suis le simple conducteur.

RUODI.

Que ce collier va bien au cou de cette vache !

ACTE I, SCÈNE 1.

KUONI.

Elle sait qu'à ses pas tout le troupeau s'attache,
Et si j'allais ôter ce collier de son cou,
Elle ne voudrait plus paître.

RUODI.

     Vous êtes fou !
Vous croyez donc, l'ami, que cette bête pense ?

WERNI.

Eh ! pourquoi pas ? la bête a son intelligence.
Nous le savons fort bien, nous, chasseurs de chamois :
Quand ils s'en vont brouter, ils placent, chaque fois,
Et très-habilement, une garde qui veille,
Prêtant à chaque bruit une attentive oreille,
Et, par un cri perçant, leur fait connaître à tous,
L'approche du chasseur.

RUODI, à Kuoni :

     Vous retournez chez vous ?

KUONI.

Oui, nous avons passé le temps du pâturage.

WERNI.

Bon voyage au berger !

KUONI.

     Au chasseur bon voyage !
De vos excursions ne revient pas qui veut.

RUODI.

Voyez courir vers nous, aussi vite qu'il peut,
Cet homme !

WERNI.

Il m'est connu : c'est Baumgarten, d'Alzelle.

BAUMGARTEN, hors d'haleine :

Batelier ! batelier ! pour Dieu ! votre nacelle !

RUODI.

Qu'est-ce donc ?

BAUMGARTEN.

Passez-moi bien vite à l'autre bord,
Batelier ! ce sera m'arracher à la mort.

KUONI.

Eh ! qu'avez-vous, l'ami ?

WERNI.

Qui donc vous en veut ?

BAUMGARTEN, à Ruodi :

Vite !
Le gouverneur a mis ses gens à ma poursuite ;
Ses cavaliers sont sur mes pas ! C'est fait de moi,
Si je tombe en leurs mains.

RUODI.

Vous poursuivre ? Et pourquoi ?

BAUMGARTEN.

Fournissez-moi d'abord une retraite sûre,
Et vous saurez...

WERNI.

Du sang ! Quelle est cette aventure ?

ACTE I, SCÈNE I.

BAUMGARTEN.

Le bailli du Rossberg... [1]

KUONI.

Wolfenschiess ? Est-ce lui
Qui veut vous arrêter ?

BAUMGARTEN.

Il est mort aujourd'hui,
De ma main : je n'ai plus à craindre sa colère.

TOUS, reculant :

Que Dieu soit avec vous !... Qu'avez-vous osé faire !

BAUMGARTEN.

Ce que tout homme libre à ma place aurait fait :
J'ai de mon droit usé contre qui m'outrageait,
Dans l'honneur du mari, dans l'honneur de ma femme.

KUONI.

Votre honneur outragé par le bailli ?

BAUMGARTEN.

L'infâme !
S'il n'a pas accompli ce qu'il avait tenté,
C'est que ma bonne hache et Dieu l'ont arrêté.

WERNI.

Vous l'avez donc tué d'un coup de votre hache ?

---

[1] Wolfenschiess, l'un des baillis de l'Empire. Il habitait un château sur le Rossberg, montagne située près de Stantz, dans le canton d'Unterwalden. On le détestait d'autant plus qu'il était suisse. Le baron d'Attinghausen fait allusion à sa trahison envers son pays, acte II, scène I.

KUONI.

Vous pouvez tout nous dire avant qu'on ne détache
La barque du rivage.

BAUMGARTEN.

Eh bien ! voici le fait :
Ce matin, je coupais du bois dans la forêt,
Quand, pâle et trahissant une angoisse mortelle,
Ma femme arrive à moi : « Le bailli, me dit-elle,
« Est dans notre maison, Conrad ; à peine entré,
« Il a voulu qu'un bain fût pour lui préparé,
« Et puis, qu'à ses désirs ta femme eût à se rendre.
« Je me suis échappée et je viens tout t'apprendre. »
Je pars tel que j'étais, je le trouve, et, soudain,
Ma hache d'un seul coup l'étend mort dans son bain [1].

WERNI.

Et vous avez bien fait! Ne craignez pas le blâme.

KUONI.

Il a bien mérité son châtiment, l'infâme !
Le peuple d'Unterwald lui devait un tel sort,
Et depuis bien longtemps.

BAUMGARTEN.

On sait déjà sa mort ;
Le temps pour moi s'écoule ; on est à ma poursuite,
Pendant que nous causons.

(Le tonnerre commence à gronder.)

---

[1] Le fait est raconté dans la *Chronique suisse* de Petermann Etterlin (Bâle, Daniel Eckenstein, 1752, in-folio), mais c'est Landenberg qui aurait été tué.

KUONI.

      Allons, batelier, vite !
Fais passer ce brave homme !

RUODI.

      A présent ? Regardez
L'orage qui s'apprête. Impossible ! Attendez.

BAUMGARTEN.

Mon Dieu !... Je ne puis pas attendre davantage ;
Tout retard m'est mortel.

KUONI, à Ruodi :

      Tentez donc le passage !
Le ciel vous aidera... Secourons le prochain,
Afin qu'à notre tour...

    (Le vent mugit, le tonnerre recommence.)

RUODI.

      Je le voudrais en vain.
Voyez quel ouragan ! voyez cette tempête !
A ces flots furieux je ne puis tenir tête.

BAUMGARTEN, lui embrassant les genoux :

Dieu récompensera ce généreux secours.

WERNI.

Soyez compatissant, il y va de ses jours.

KUONI.

C'est un chef de famille, et pour lui je réclame
Pitié : songez qu'il a des enfants, une femme.

    (Nouveaux coups de tonnerre.)

RUODI.

Et moi donc ? Voulez-vous que je meure aujourd'hui ?
N'ai-je pas mes enfants, ma femme, comme lui ?
Entendez donc mugir l'orage qui s'avance.
Voyez du fond du lac la vague qui s'élance.
Je voudrais bien sauver ce brave homme, mais, quoi ?
Le puis-je ? Vous voyez que non, tout comme moi.

BAUMGARTEN, toujours à genoux :

Ainsi l'on va m'atteindre ! Il faut que je périsse,
Quand j'ai devant les yeux la rive protectrice !
J'y touche du regard, j'y touche de la voix ;
La barque qui pourrait me sauver, je la vois ;
Et sans secours je reste ici, sans espérance !

KUONI.

Regardez ! quel est donc cet homme qui s'avance ?

WERNI.

Eh ! c'est Tell, de Bürglen.

TELL, portant son arbalète ·

    Qui demande secours ?

KUONI.

C'est un homme d'Alzelle ; il a tranché les jours
Du bailli du Rossberg, pour venger une injure...
Le gouverneur a mis sur sa trace... Il conjure
Cet homme de passer le lac — c'est un pêcheur —
Mais il n'y consent pas : l'ouragan lui fait peur.

RUODI.

Tenez ! Tell sait aussi conduire une nacelle :
Eh bien ! peut-on passer, Tell ? A vous j'en appelle.

(Les coups de tonnerre redoublent ; le lac mugit.)

ACTE I, SCÈNE I.

Aux gouffres de l'enfer irai-je me jeter ?
Nul homme, sain d'esprit, n'oserait le tenter.

TELL

C'est à soi qu'en dernier un honnête homme pense.
Sauve ce malheureux, en Dieu mets confiance !

RUODI.

Pour qui se voit au port les conseils sont aisés :
Voilà le lac, voici mon bateau, traversez !

TELL.

Le lac peut s'apaiser, mais non pas la colère
Du gouverneur. Allons !

LES BERGERS et WERNI.
Sauve-le !

RUODI.

Pour un frère,
Pour un enfant, objet de mon plus tendre amour,
Je ne passerais point : c'est aujourd'hui le jour
Des saints Simon et Jude, et le lac en furie
Veut sa proie.

TELL.

Un discours à rien ne remédie.
Il faut se décider, car les moments sont courts :
Batelier, ce brave homme a besoin de secours,
Veux-tu le passer ?

RUODI.

Non, non, pas moi ; je résiste.

TELL.

Eh bien donc, ta nacelle ! et que le ciel m'assiste !
Je vais me confier à ma seule vigueur.

KUONI.

C'est bien, généreux Tell !

WERNI.

C'est digne d'un chasseur !

BAUMGARTEN.

Vous êtes mon sauveur, mon ange tutélaire !

TELL.

Je puis du gouverneur déjouer la colère,
Mais un autre que moi de ces flots furieux
Peut seul vous préserver. A tout prendre, il vaut mieux
Tomber aux mains de Dieu, l'ami, qu'aux mains des hommes.
(A Kuoni :)
Vous irez consoler ma femme si nous sommes
Les victimes des flots. Je fais ce que je dois !
(Il s'élance dans la nacelle.)

KUONI, à Ruodi :

A conduire un bateau vous excellez : pourquoi
Craignez-vous de passer, lorsque Tell au contraire ?...

RUODI.

Plus habiles que moi n'oseraient pas le faire.
Nos montagnes n'ont pas deux hommes comme lui.

WERNI, qui est monté sur les rochers :

Le voilà déjà loin. Que Dieu te prête appui,
Mon brave batelier ! Voyez donc la nacelle
Sur les flots ballottée !

KUONI, du rivage.

Ils montent plus haut qu'elle

ACTE I, SCÈNE 1.

Je ne l'aperçois plus... La voilà de nouveau...
Comme ce brave Tell se rend maître de l'eau !

SEPPI.

Voici les cavaliers qui poursuivent cet homme.

KUONI.

Il était temps, ma foi, qu'il partît.

(DES CAVALIERS DE LANDENBERG arrivent.)

LE PREMIER CAVALIER.
Je vous somme
De livrer l'assassin que vous cachez.

LE SECOND CAVALIER.
En vain
Vous voudriez nier : il a pris ce chemin.

KUONI et RUODI.

Que voulez-vous nous dire ?

LE PREMIER CAVALIER, apercevant la barque :
Ah ! qu'ai-je vu ? Tonnerre !

WERNI, toujours sur les rochers :

Est-ce à cet homme-là que vous avez affaire ?
A celui que la barque emporte ? Alors, courez,
Mettez-vous au galop, et vous l'attraperez !

LE SECOND CAVALIER.

C'en est fait, il a pu se sauver !.. Mille diables !

LE PREMIER CAVALIER, à Kuoni et à Ruodi :

De sa fuite c'est vous que je rends responsables;

Vous l'avez secouru.

(Aux soldats.)

Sus aux troupeaux ! allez !
Mettez cette cabane à bas ! tuez ! brûlez !

(Les soldats sortent.)

SEPPI, se précipitant sur leurs pas :

Mes moutons !

KUONI, le suivant :

Mes troupeaux ! O malheur ! O mon maître !

WERNI.

Les scélérats !

RUODI, se tordant les mains.

Quand Dieu voudra-t-il bien permettre
Que se lève un sauveur de ce pauvre pays !

(Il suit les autres.)

SCÈNE DEUXIÈME.

(Steinen, dans le canton de Schwytz ; un tilleul devant la maison
de Stauffacher, sur le grand chemin, près du pont.)

STAUFFACHER, PFEIFER, de Lucerne.

(Ils arrivent en causant.)

PFEIFER.

Oui, maître Stauffacher, écoutez mes avis :
Tant que vous trouverez que rien ne vous oblige,
Ne prêtez pas serment à l'Autriche, vous dis-je ;
Pour l'Empire gardez cette fidélité,
Où courageusement vous avez persisté,
Et tous vos anciens droits, *que Dieu vous les maintienne !*

(Il lui serre affectueusement la main et veut partir.)

STAUFFACHER.

Mais, au moins, attendez que ma femme revienne.
Restez ! n'êtes-vous pas toujours mon hôte ici,
Comme je suis le vôtre à Lucerne ?

PFEIFER.

Merci ;
Non : Je dois à Gersau rentrer aujourd'hui même...
Soyez donc patients ; que l'insolence extrême
Que montrent vos baillis, que leur cupidité,
En un mot, que leur joug soit par vous supporté.
Pour faire tout changer un moment peut suffire.
l'n nouvel empereur peut monter à l'Empire.
A l'Autriche une fois, ce serait pour toujours.

(Il sort. Stauffacher, soucieux, s'assied sur un banc qui est placé sous le tilleul. GERTRUDE entre, s'approche de lui et le regarde pendant quelques instants en silence.)

GERTRUDE.

Encor préoccupé ?... J'ai, depuis quelques jours,
En silence observé ta profonde tristesse.
Sur ton front, mon ami, je la trouve sans cesse.
Je cherche à m'expliquer un si grand changement.
Ton cœur est oppressé par un secret tourment ;
Apprends-le-moi... Je suis ta compagne fidèle :
Ta femme de tes maux veut la moitié pour elle.

(Stauffacher lui tend la main et garde le silence.)

Qu'est-ce qui peut ainsi t'attrister ? dis-le-moi.
Ton travail est béni, tout prospère chez toi :
Tu vois tes greniers pleins ; tes bêtes, bien nourries,
Tes chevaux, ont repris leurs bonnes écuries ;
Tout est de la montagne heureusement rentré,

Et tout contre l'hiver est au mieux assuré.
Comme un noble château ta maison se présente,
Riche, neuve, construite en bon bois de charpente,
Disposée avec art, arrangée avec goût;
Des fenêtres qui font briller le jour partout!
Puis, à l'extérieur, ses murailles sont peintes
D'écussons variés et de maximes saintes,
Et chaque voyageur qui passe, je le vois
Les lire, s'arrêter, en admirer le choix.

STAUFFACHER.

Oh! oui, notre maison est belle, bien construite,
Mais, Gertrude, le sol qui la porte s'agite.

GERTRUDE.

Qu'entends-tu par ces mots?

STAUFFACHER.

J'étais, dernièrement,
Assis sous ce tilleul comme dans ce moment ;
Je songeais avec joie à ma maison nouvelle,
Quand, venant de Küssnacht, de cette citadelle
Où pour notre malheur d'ordinaire il se tient,
Avec ses cavaliers le gouverneur survient.
Tout à coup il s'arrête; une surprise feinte,
A voir notre maison, sur sa figure est peinte,
Et moi, quittant ma place avec empressement,
Je m'approche de lui respectueusement:
De l'empereur, chez nous cet homme a la puissance,
Et son titre avait droit à cette déférence.
« A qui cette maison ? » dit-il. La question,
Certes, n'était pas faite à bonne intention :
Cette maison ! il sait fort bien que c'est la nôtre :
« Elle est à l'empereur, mon seigneur et le vôtre, »

Lui dis-je, « et je la tiens à fief de l'empereur. » —
« Eh bien ! c'est en son nom que je suis gouverneur, »
Réplique-t-il alors, « je ne veux pas permettre
« Qu'ici le paysan puisse se croire maître,
« Construise des maisons de son autorité,
« Et se donne des airs de vivre en liberté.
« Je trouverai moyen d'arrêter tant d'audace. »
Là-dessus il partit, respirant la menace,
Et moi, tout inquiet, je me mis à penser
Aux mots que ce méchant venait de prononcer.

GERTRUDE.

Voudras-tu recevoir, mon époux, mon cher maître,
Le conseil que je vais franchement me permettre ?...
Je suis fille d'Iberg et c'est là ma fierté.
Pour son expérience il est partout cité.
Durant les longues nuits que l'hiver nous ramène,
Nous étions là, mes sœurs et moi, filant la laine,
Quand mon père voyait chez lui se rassembler
Les principaux du peuple. Ils venaient y parler
De nos droits, consacrés par ces chartes antiques
Que concéda l'Empire aux Cantons helvétiques ;
Ils venaient exprimer, dans de sages avis,
Ce qu'ils croyaient utile au bonheur du pays.
Combien j'entendis là de paroles sensées,
De souhaits généreux, de profondes pensées !
J'étais bien attentive et j'ai tout retenu :
Ton mal depuis longtemps, mon ami, m'est connu.
Fais donc attention à ce que je vais dire :
Le gouverneur te hait, il tâche de te nuire,
Parce qu'à ses projets tu fais obstacle, toi,
Quand il voudrait que Schwytz jurât hommage et foi
À l'empereur lui seul, à la maison nouvelle,
Au lieu de demeurer à l'Empire fidèle,

Comme il le fait toujours, comme l'ont fait aussi
Nos ancêtres... Dis-moi, n'en est-il pas ainsi ?
Je ne me trompe pas ?

STAUFFACHER.

Non ; la chose est certaine :
C'est bien pourquoi Gessler me porte tant de haine.

GERTRUDE.

Dis qu'il te porte envie : homme libre, tu vis
Sur des biens jusqu'à toi venus de père en fils.
Lui, n'en possède pas, et de là vient sa rage.
De l'Empire tu tiens à fief ton héritage,
Et tu l'oses montrer, certes, tout aussi bien
Qu'un prince de l'Empire ose montrer le sien.
Le plus puissant des rois chrétiens est le seul maître
Qu'en ta condition tu puisses reconnaître.
Mais, lui, de sa maison qui n'est que le dernier,
N'a rien que le manteau qui le dit chevalier.
Aussi, de l'honnête homme, avec un œil d'envie,
Et le cœur plein de fiel, il voit l'heureuse vie.
Il médite le coup dont il veut te frapper.
Mais si jusqu'à présent tu lui sus échapper,
Veux-tu qu'il ait le temps d'accomplir sa vengeance ?
Non ! sur son ennemi le sage prend l'avance.

STAUFFACHER.

Que faut-il faire ?

GERTRUDE, se rapprochant de lui :

Eh bien ! écoute mes avis :
Tu ne l'ignores pas, les braves gens de Schwytz,
De notre gouverneur souffrent avec murmure
Le pouvoir si cruel, l'avidité si dure.

À l'autre bord du lac, Werner, n'en doute pas,
Unterwalden, Uri, du joug aussi sont las,
Car, des vexations dont Gessler nous accable,
Leur Landenberg sur eux se rend aussi coupable,
Et nous ne voyons pas arriver un bateau,
Qu'il n'annonce de lui quelque crime nouveau.
Eh bien! les plus sensés d'entre vous, il me semble,
Devraient se réunir et concerter ensemble
Les moyens de sortir de cette oppression.
Dieu serait avec vous, c'est ma conviction :
Vous avez le bon droit, crois-tu qu'il l'abandonne?...
Dans le canton d'Uri ne connais-tu personne
A qui te confier?

STAUFFACHER.

Je compte des amis
Parmi les braves gens, les riches du pays,
Et je puis m'épancher devant eux.

(Se levant :)

O ma femme,
Quels dangereux pensers tu fais naître en mon âme!
Ils s'y pressent, pareils à des flots en fureur.
C'est toi qui me fais voir jusqu'au fond de mon cœur.
Ce que tu me dis là, ce projet téméraire,
Dont je t'entends ainsi parler à la légère,
Je m'étais interdit d'y songer seulement.
A ce conseil as-tu réfléchi mûrement?
Tu veux, dans nos vallons, jusqu'à présent paisibles,
Appeler la discorde et les combats terribles?
C'est nous, faibles bergers, qui ne craindrions pas
De provoquer un roi maître de tant d'États,
Qu'on dirait l'univers soumis à sa puissance?
Va! ce serait fournir à leur impatience
Le motif, attendu depuis longtemps par eux,

De déchaîner sur nous leurs soldats furieux.
Ils veulent exercer sur notre pauvre terre,
Les droits que le vainqueur s'arroge après la guerre,
Et de nos libertés saper les fondements,
En invoquant la loi des justes châtiments.

GERTRUDE.

Hommes comme eux, Werner, vous connaissez l'usage
De vos haches, et Dieu protége le courage.

STAUFFACHER.

Femme! songe à la guerre, à toutes ses fureurs :
Elle frappe à la fois les troupeaux, les pasteurs.

GERTRUDE.

Aux maux que le Seigneur envoie on se résigne,
Mais devant l'injustice un noble cœur s'indigne.

STAUFFACHER.

Cette maison te plaît : la guerre s'allumant,
En cendres réduirait notre beau bâtiment.

GERTRUDE.

Si ce bien passager devait lier mon âme,
C'est moi qui de ma main y porterais la flamme.

STAUFFACHER.

Mais, à l'humanité tu crois; or, le fléau
N'épargne même pas l'enfant dans son berceau.

GERTRUDE.

Dans le ciel l'innocence a son appui, son père.
Regarde devant toi, mais non pas en arrière !

STAUFFACHER.

Nous, hommes, nous pouvons mourir en combattant,
Mais, les femmes, sais-tu le sort qui les attend ?

GERTRUDE.

Aussi bien que le fort le faible a son courage ;
Un saut dans ce torrent, j'échappe à l'esclavage !

STAUFFACHER, se jetant dans ses bras :

L'homme qui peut sentir battre contre son cœur
Un cœur comme le tien, cet homme, avec bonheur,
Pour son toit, pour ses biens, ma Gertrude chérie,
Au milieu des combats exposera sa vie !
Cet homme d'aucun roi ne craindra les soldats !...,
Dans le canton d'Uri je me rends de ce pas.
J'y possède un ami, c'est Walther Fürst ; il pense
Ce que je pense aussi de ces temps de souffrance.
Je puis compter encor dans ce même canton,
Attinghausen ; il est d'une noble maison,
Mais il aime le peuple et nos anciens usages.
Je m'en vais aviser avec ces hommes sages,
A des moyens puissants de sauver le pays,
Du joug que font sur lui peser nos ennemis...
Adieu, Gertrude, adieu... Toi, pendant mon absence,
Aux soins de la maison mets toute ta prudence.
Secours le pèlerin qui va vers de saints lieux ;
Pour son couvent, aussi, donne au moine pieux
Qui viendra demander l'aumône à notre porte,
Et donne-leur beaucoup : que personne ne sorte
Que comblé de tes soins, ma Gertrude ; le toit
De Werner Stauffacher de toutes parts se voit ;
C'est sur le grand chemin qu'il élève son faîte,

Et chaque voyageur qui devant lui s'arrête
S'y trouve bien reçu.

(Pendant qu'il s'éloigne avec sa femme, GUILLAUME TELL et BAUMGARTEN arrivent sur le devant de la scène.)

TELL, à Baumgarten :

Maintenant, Dieu merci !
De moi vous n'avez plus besoin. Entrez ici !
Voilà de Stauffacher la porte hospitalière.
De tous les malheureux on sait qu'il est le père...
Je l'aperçois là-bas. Venez, venez !

(Ils sortent sur les pas de Stauffacher. — La scène change.)

SCÈNE TROISIÈME.

(Une place publique, près d'Altdorf.)

Sur une hauteur, dans le fond, s'élève une forteresse en construction, assez avancée déjà pour qu'on en distingue la forme. La partie la plus reculée en est finie. On travaille sur le devant ; les échafaudages sont encore dressés ; les ouvriers y montent et descendent ; un couvreur est sur le toit le plus élevé. — Tout annonce le mouvement et le travail.

LE SURVEILLANT DES CORVÉES, LE MAITRE TAILLEUR DE PIERRES, compagnons, manœuvres.

LE SURVEILLANT DES CORVÉES, portant un bâton, excite les ouvriers au travail ;

Allons !
C'est assez de repos : apportez des moellons,
De la chaux, du mortier ; qu'on obéisse ! Vite !
Quand monseigneur viendra nous faire sa visite,
Faisons voir qu'on travaille et que nous avançons.

Fainéants ! vous allez comme des limaçons.
(À deux manœuvres qui portent une charge :)
Est-ce une charge ça ? Prenez-en davantage !
Comme ces paresseux escamotent l'ouvrage !

LE PREMIER COMPAGNON.

Il est dur de bâtir notre propre prison.

LE SURVEILLANT.

Vous murmurez, je crois ?... Un peuple qui n'est bon
Qu'à courir la montagne et qu'à traire les vaches,
Ce peuple est un ramas de vauriens et de lâches.

UN VIEILLARD, s'asseyant :

Je n'en puis plus !

LE SURVEILLANT, le secouant :

Allons ! allons ! veux-tu marcher,
Vieux drôle !

LE PREMIER COMPAGNON.

La pitié ne peut donc vous toucher,
Qu'à ce rude travail vous prétendiez contraindre
Un vieillard dont les jours semblent près de s'éteindre ?

LE MAITRE TAILLEUR DE PIERRES et LES COMPAGNONS.

C'est une barbarie !

LE SURVEILLANT.

A votre affaire, vous !
Je remplis mon devoir.

LE SECOND COMPAGNON.

Surveillant, dites-nous :
Comment nommera-t-on ce fort que l'on achève ?

LE SURVEILLANT.

Son nom ? le Joug d'Uri ; c'est pour vous qu'on l'élève.

LES COMPAGNONS, riant

Ah! ah! le Joug d'Uri !

LE SURVEILLANT.

Vous en riez ?

LE SECOND COMPAGNON.

Croit-on
Avec cette baraque asservir le canton ?

LE PREMIER COMPAGNON.

Quelque chose de beau que votre citadelle !
C'est une taupinière ! Entassez-en sur elle
Beaucoup d'autres encore et voyez si, jamais,
Vous iriez aussi haut que l'un de ces sommets ;
Aussi haut seulement que la moindre colline
Qui rampe au pied des pics dont le front nous domine.

(Le surveillant des corvées se retire vers le fond du théâtre.)

LE MAITRE TAILLEUR DE PIERRES.

Au plus profond du lac j'enverrai le marteau
Qui me sert à bâtir cet infernal château !

GUILLAUME TELL et STAUFFACHER arrivent.

STAUFFACHER.

Faut-il vivre pour voir cet affreux édifice !

TELL.

Éloignons-nous d'ici, le lieu n'est pas propice.

STAUFFACHER.

Sommes-nous dans Uri, pays de liberté ?

LE MAITRE TAILLEUR DE PIERRES.

Et si vous pouviez voir, hélas ! de ce côté,
Les cachots sous la tour ! Dans ces sombres demeures,
Personne n'entendra le coq chanter les heures !

STAUFFACHER.

O Dieu !

LE MAITRE TAILLEUR DE PIERRES.

Voyez ces flancs, ces murs contre-boutants,
Qu'on semble avoir bâtis pour défier le temps !

TELL.

La main peut renverser l'œuvre que la main dresse.
(Montrant les montagnes :)
De notre liberté voici la forteresse !
Dieu l'éleva pour nous.

(On entend un tambour. Des gens arrivent, portant un chapeau sur la pointe d'une perche ; UN CRIEUR PUBLIC les suit ; des femmes et des enfants l'accompagnent tumultueusement.)

LE PREMIER COMPAGNON.

Que nous veut ce tambour ?
Faites attention !

LE MAITRE TAILLEUR DE PIERRES.

Sommes-nous en un jour
De carnaval ? Voyez quel cortège s'avance !
Ce chapeau !...

LE CRIEUR.

C'est au nom de l'empereur. Silence !

LES COMPAGNONS.

Ecoutez !

LE CRIEUR.

Gens d'Uri, vous voyez ce chapeau :
Dans la place d'Altdorf, à l'endroit le plus haut,
Sur la pointe d'un mât vous l'allez voir paraître,
Et voici ce que notre maître,
Le gouverneur, vous ordonne aujourd'hui :
Tous les honneurs auxquels il a droit de prétendre,
A ce chapeau, tout comme à lui,
Il vous ordonne de les rendre.
Quand devant ce chapeau l'un de vous passera,
Il pliera les genoux et se découvrira.
A votre empressement, dans cette circonstance,
Le roi prétend juger de votre obéissance.
Quiconque aura manqué
A l'ordre qu'on vous donne,
Sera puni dans sa personne
Et verra son bien confisqué.
(Le peuple éclate de rire, le tambour bat, le cortége passe.)

LE PREMIER COMPAGNON.

Du gouverneur l'idée est extraordinaire,
Inouïe : un chapeau ! vouloir qu'on le vénère.
Dites, vit-on jamais rien de semblable ?

LE MAITRE TAILLEUR DE PIERRES.

Nous ?
Que devant un chapeau nous ployions les genoux ?
D'un peuple sérieux, de braves gens, qu'on ose
Se jouer à ce point !

LE PREMIER COMPAGNON.

On concevrait la chose

Si l'hommage devait aller à l'empereur,
Si sa couronne était l'objet d'un tel honneur ;
Mais, c'est là le chapeau de l'Autriche ; moi-même
Je l'ai vu près du trône accroché, cet emblème,
Dans la salle où l'on va jurer hommage et foi.

LE MAITRE TAILLEUR DE PIERRES.

Le chapeau de l'Autriche ? Attention ! j'y voi
Le piége sur lequel pour nous prendre l'on compte.

LES COMPAGNONS.

Aucun homme d'honneur ne boira cette honte.

LE MAITRE TAILLEUR DE PIERRES.

Avec tous nos amis allons nous consulter.

(Ils se retirent au fond du théâtre.)

TELL, à Stauffacher :

Vous savez maintenant à quoi vous arrêter.
Adieu, maître Werner.

STAUFFACHER.

Qu'est-ce qui vous oblige
A me quitter si tôt ? Restez !...

TELL.

Adieu, vous dis-je.
De ma maison depuis trop longtemps je suis loin.

STAUFFACHER.

De vous parler encor j'aurais si grand besoin !

TELL.

A soulager le cœur parler ne peut suffire.

STAUFFACHER.

Pourtant, aux actions parler peut nous conduire.

TELL.

Il faut se taire encore, il faut patienter.

STAUFFACHER.

D'insupportables maux les faut-il supporter ?

TELL.

Des tyrans trop pressés le règne passe vite...
Dans ses gouffres profonds quand l'ouragan s'agite,
Nous éteignons les feux ; pour s'abriter au port
Le batelier se hâte et rame avec effort,
Et la tempête, alors, au-dessus de nous passe,
Sans nous faire de mal, sans même laisser trace.
Que bien paisiblement chacun reste chez soi :
On laisse en paix les gens tranquilles, croyez-moi.

STAUFFACHER.

Mais...

TELL.

Voit-on le serpent piquer sans qu'on l'excite ?
Allez ! nos oppresseurs se lasseront bien vite,
Si nous pouvons en paix maintenir le pays.

STAUFFACHER.

Mais nous pourrions beaucoup si nous étions unis.

TELL.

Seul, plus facilement on échappe au naufrage.

STAUFFACHER.

De la cause commune alors qu'il se dégage,
Guillaume Tell le peut faire aussi froidement ?

TELL.

On ne peut que sur soi se fier sûrement.

STAUFFACHER.

Mais ils deviennent forts les faibles qui s'unissent.

TELL.

Et les forces du fort, s'il reste seul, grandissent.

STAUFFACHER.

Donc, sur vous le pays ne pourrait pas compter
Si, dans son désespoir, il voulait résister?

TELL, lui donnant la main :

Tell, qui s'en va chercher dans l'abîme et ramène
L'agneau qui s'égara, laisserait dans la peine
Ses amis? Non !... Pourtant, quels que soient vos projets,
À vos conseils, Werner, ne m'appelez jamais.
Discuter, réfléchir, ce n'est pas mon affaire ;
Mais, que pour l'action je vous sois nécessaire,
Appelez Tell, et Tell ne fera point défaut.

(Ils sortent par des côtés différents. — Un tumulte subit s'élève du côté de l'échafaudage.)

LE MAITRE TAILLEUR DE PIERRES, y courant :

Qu'est-ce donc?

LE PREMIER COMPAGNON s'avance en criant :

Le couvreur est tombé de là-haut !

BERTHA, se précipitant sur le théâtre, suivie de quelques personnes :

Est-ce qu'il s'est tué ?... Braves gens, que l'on coure !
S'il en est temps encor, pour Dieu ! qu'on le secoure !
Voici de l'or.

(Elle jette des bijoux à la foule.)

LE MAITRE TAILLEUR DE PIERRES.

Voici de l'or !... C'est bien cela !
Vous croyez tout pouvoir, tout, avec ce mot-là ;
Et quand vous avez pris, à des enfants leur père,
A sa femme un mari, quand, sur toute une terre,
Vous avez répandu la désolation,
Vous nous offrez de l'or en compensation !...
Nous vivions bien heureux quand, dans cette contrée,
L'infortune pour nous sur vos pas est entrée.

BERTHA, au surveillant des corvées, qui revient :

Vit-il ?

(Le surveillant fait un geste négatif.)

Fatal château, maudit des malheureux
Qu'on force à t'élever, tu le seras de ceux
Qu'enfermeront tes murs !

(Elle sort.)

SCÈNE QUATRIÈME.

(La demeure de Walther Fürst.)

WALTHER FURST, ARNOLD DE MELCHTHAL.

(Ils entrent en même temps par des côtés opposés.)

MELCHTHAL.

Maître Walther !

WALTHER FÜRST.

Silence !
Restez où vous étiez, Melchthal ! Pas d'imprudence !
D'espions entourés, si nous étions surpris ?

MELCHTHAL.

Du canton d'Unterwald n'avez-vous rien appris ?

Ne vous a-t-on pas dit ce que devient mon père ?
L'état où je me vois chez vous me désespère :
Inutile !... captif !... Et qu'ai-je fait, enfin,
Pour me cacher ici comme un vil assassin ?
Un impudent soldat m'aborde au labourage,
Veut emmener mes bœufs, mon plus bel attelage :
« C'est l'ordre du bailli, » me dit-il, le brutal.
Je frappe, et mon bâton lui casse un doigt.

WALTHER FÜRST.

Melchthal,
Trop d'ardeur vous a fait oublier la prudence ;
L'homme qui fut l'objet de votre violence
Ne faisait qu'obéir : c'était le gouverneur
Qui l'avait envoyé, votre supérieur ;
Et comme vous étiez en faute et punissable,
En silence il fallait...

MELCHTHAL.

Mais, de ce misérable
Devais-je supporter ces propos méprisants :
« S'ils prétendent manger du pain, ces paysans,
« Eh bien ! qu'à la charrue ils s'attellent ! » Mon âme
S'est déchirée, alors que j'ai vu cet infâme
Détacher de leur joug mes bêtes, mes beaux bœufs.
Ils remuaient la tête, ils mugissaient tous deux,
Comme s'ils comprenaient cette injustice extrême.
A bon droit furieux et m'ignorant moi-même,
J'ai frappé ce soldat.

WALTHER FÜRST, à part:

Quand difficilement
A notre âge l'on peut se contenir, comment
Vouloir que la jeunesse ardente se modère ?

30.

MELCHTHAL.

Je ne suis inquiet que du sort de mon père.
De l'appui de son fils il avait tant besoin,
Et voilà que ce fils, ce seul enfant, est loin !...
Le gouverneur le hait, parce qu'avec sagesse,
La liberté, nos droits, il les soutint sans cesse.
Maintenant, ce vieillard, ils le tourmenteront !
Personne auprès de lui qui lui sauve un affront !...
Advienne que pourra ! Ces angoisses mortelles...
Je pars !

WALTHER FÜRST.

Restez encore, attendez des nouvelles...
On frappe !... Éloignez-vous !... Peut-être un messager
Du gouverneur... Uri ne peut vous protéger
Contre votre bailli : les tyrans se soutiennent.

MELCHTHAL.

Mais, ce que nous avons à faire, ils nous l'apprennent.

WALTHER FÜRST.

Allez ! quand je verrai le danger détourné,
Je vous rappellerai, Melchthal.

(Melchthal rentre.)

L'infortuné !
Comment lui faire part de ce que je redoute !...
Qui frappe ?... A chaque bruit de la porte, j'écoute,
Craignant quelque malheur. Partout, la trahison,
Et le soupçon qui veille. Il n'est pas de maison
Où de nos oppresseurs n'entrent les satellites.
Pas un recoin n'échappe à d'infâmes visites.
Il nous faudra bientôt serrures et verroux,
Pour être en sûreté.

(Il va ouvrir, et recule étonné en voyant entrer STAUFFACHER.)

Comment, Werner, c'est vous ?
Par le ciel ! jamais hôte, et plus cher, et plus digne,
Du seuil de ma maison n'aura franchi la ligne.
Soyez le bienvenu, Werner, dans ma maison !...
Voyons ! que venez-vous chercher dans ce canton,
Mon ami ?

STAUFFACHER, lui donnant la main :

Les vieux temps et notre vieille Suisse.

WALTHER FÜRST.

Vous nous les amenez... Que je me réjouisse
De vous voir ! Votre aspect me fait du bien — Or çà,
Prenez place, Werner... Dites-moi, comment va
Gertrude, votre femme, aimable et bonne hôtesse,
Digne fille d'Iberg dont elle a la sagesse ?
J'entends beaucoup parler de l'hospitalité
Qu'offre votre maison ; l'éloge est mérité,
Et chaque voyageur qui, gagnant l'Italie,
Passe par Saint-Meinrad, avec soin le publie [1]...
Venez-vous de Fluelen, et n'avez-vous rien vu
Avant que jusqu'ici vous soyez parvenu ?

STAUFFACHER s'assied :

Si ; j'ai vu s'élever dans votre voisinage
Une construction de fort mauvais présage.

WALTHER FÜRST.

Pour vous apprendre tout, un regard a suffi,
Werner.

[1] La chapelle de Saint-Meinrad, au point le plus élevé de la route qui traverse la montagne de l'Etzel.

STAUFFACHER.

Une prison dans le canton d'Uri !
Vous n'en eûtes jamais, si loin qu'on se rappelle ;
Vous n'en connaissiez point que la tombe.

WALTHER FÜRST.

                                        C'est celle
De notre liberté que ce château maudit,
C'est sa tombe, Werner ! vous l'avez fort bien dit.

STAUFFACHER.

Un désir curieux, ou quelque cause vaine,
Près de vous, mon ami, n'est pas ce qui m'amène.
Je vais m'ouvrir à vous avec sincérité :
De bien cuisants soucis je me sens tourmenté.
J'ai laissé mon canton sous un joug qui l'accable ;
Je le retrouve ici, ce joug insupportable,
Car, ce que nous souffrons ne saurait s'endurer.
Et quel terme à nos maux pouvons-nous assurer ?
La liberté chez nous avec le sol est née ;
La Suisse avec douceur fut toujours gouvernée ;
Depuis que des bergers y gardent des troupeaux,
Le pays n'avait pas vu de semblables maux.

WALTHER FÜRST.

Oui, l'on use envers nous d'une rigueur extrême,
Et notre vieux baron d'Attinghausen, lui-même,
Qui vit les anciens temps et qui peut comparer,
Dit qu'elle ne saurait plus longtemps s'endurer.

STAUFFACHER.

Sur Unterwald aussi pèse la tyrannie ;
Mais déjà de la mort, là-bas, on l'a punie :
Ce matin, Wolfenschiess, l'un des baillis d'Albert,

Le même qui menait si grand train au Rossberg,
Voulait, dans les désirs d'une ardeur criminelle,
Forcer au déshonneur une femme d'Alzelle,
Celle de Baumgarten... Accouru sur le lieu,
Le mari l'a tué d'un coup de hache.

WALTHER FÜRST.

O Dieu,
Qu'elle est juste toujours ta justice céleste !...
Baumgarten, dites-vous? Cet homme doux, modeste?
Il s'est sauvé du moins? Il est en sûreté?

STAUFFACHER.

Votre gendre l'a fait passer de ce côté,
Et cet homme se trouve à Steinen à cette heure ;
Je l'ai reçu, je l'ai caché dans ma demeure...
Mais il m'a fait connaître un malheur plus affreux...
C'est à faire saigner tous les cœurs généreux...
Sarnen en fut témoin.

WALTHER FÜRST, attentif :

Qu'est-ce donc ? dites vite !

STAUFFACHER.

Dans le val de la Melch, auprès de Kerns, habite
Henri de Halden, homme honnête, respecté,
Dont l'avis au village est une autorité...

WALTHER FÜRST.

On le connaît... Eh bien ! ce malheur effroyable ?

STAUFFACHER.

D'un léger manquement son fils était coupable.
Landenberg, pour punir le jeune homme, voulut
Faire prendre ses bœufs, les deux plus beaux qu'il eût.

Du bailli le jeune homme a frappé l'émissaire,
Puis après, s'est sauvé.

WALTHER FÜRST, dans la plus vive anxiété ;

Mais le père ?... Le père ?

STAUFFACHER.

Le père ? Landenberg fait sommer ce vieillard
D'avoir à lui livrer son fils, et sans retard.
« De mon fils, » répond-il, «j'ignore la retraite,
« Je le jure ! » Et malgré ce serment, on l'arrête,
On mande les bourreaux...

WALTHER FÜRST s'élance vers lui et veut l'emmener de l'autre côté de la scène.

Werner ! n'achevez pas !

STAUFFACHER, élevant la voix :

« De ton fils qui m'échappe, au moins tu répondras,
« Toi ! » lui dit Landenberg... On le jette par terre,
Et dans ses yeux, soudain fermés à la lumière,
Une pointe d'acier...

WALTHER FÜRST.

Juste ciel !

MELCHTHAL, se précipitant sur la scène.

Dans les yeux ?

STAUFFACHER, étonné, à Walther Fürst :

Quel est donc ?...

MELCHTHAL, le saisissant convulsivement :

Dans les yeux ? dites !

WALTHER FÜRST.

Le malheureux !

ACTE I, SCÈNE IV.

STAUFFACHER.

Ce jeune homme est ?...
(Walther Fürst lui fait des signes.)
Grand Dieu ! le fils de la victime !

MELCHTHAL.

Et je n'étais pas là !... Dans les deux yeux ?... O crime !

WALTHER FÜRST.

Calmez-vous, supportez en homme ce malheur.

MELCHTHAL.

Et par ma faute !... Et pour un moment de fureur !...
Aveugle !... Il est aveugle !... Et pour toujours !... Mon père !

STAUFFACHER.

Il ne reverra plus le ciel et sa lumière,
Je vous l'ai dit : ses yeux sont éteints désormais.

WALTHER FÜRST.

Ménagez sa douleur.

MELCHTHAL.

Ne plus voir !... Plus jamais !

(Il met la main sur ses yeux et garde pendant quelques instants le silence, puis, se tournant, tantôt vers l'un, tantôt vers l'autre de ses deux interlocuteurs, il dit, d'une voix douce et étouffée par des sanglots :)

C'est un noble présent du ciel, que la lumière !
La lumière ! il la faut à la nature entière.
Tous les êtres heureux vivent de ses rayons.
La plante même en a besoin : nous la voyons,
Qui la cherche et se tourne avec amour vers elle.
Et lui ?... plongé vivant dans la nuit éternelle !...
Vivant !... Les prés, les fleurs, de ce pauvre vieillard

Ne pourront plus jamais récréer le regard !
Ces pics, que le soleil de sa pourpre colore,
Il faut donc qu'il renonce à les revoir encore ?
Mourir ne serait rien, mais vivre sans y voir !
C'est le plus grand malheur qu'on puisse concevoir...
Quelle est cette pitié que vos yeux font paraître ?
La pitié ! ce n'est pas pour moi qu'elle doit être :
J'ai mes deux yeux, je vois encore, et ne puis pas
Partager avec lui, qui ne voit plus, hélas !
Mes yeux sont inondés d'un torrent de lumière,
Et je n'en puis transmettre un rayon à mon père !

STAUFFACHER.

Hélas ! quand je voudrais pouvoir tarir vos pleurs,
Il me faut ajouter encore à vos douleurs !
Landenberg a plus loin étendu sa colère :
Dépouillé de ses biens, votre malheureux père,
Aveugle, presque nu, le bâton à la main,
Errant de porte en porte y mendira son pain.

MELCHTHAL.

A ce vieillard aveugle un bâton, la misère !
Ils l'ont privé de tout, même de la lumière,
Même de ce soleil auquel tout homme a droit,
Que le plus malheureux comme son bien reçoit !...
Ah ! ne me dites plus qu'il faut que je me cache,
Qu'il faut rester ici !... Non, non, je fus un lâche
De ne songer qu'à moi, mon père ; d'oublier
Qu'à ton salut, d'abord, ton fils devait veiller,
Et de laisser en gage une tête si chère,
Aux mains de ce bourreau !... Lâche prudence, arrière !
Maintenant je n'ai plus qu'une pensée au cœur :
Du sang !... Je vais trouver ce bailli... Ma fureur
Bravera tout obstacle... Il faudra qu'il m'entende :

Les deux yeux de mon père il faut qu'il me les rende !
Au milieu des soldats je vais l'aller chercher ;
À ses gardes mon bras saura bien l'arracher.
Pourvu que dans son sang ma fureur assouvie
Calme un peu mes douleurs, que m'importe la vie !

WALTHER FÜRST.

Restez ; ce serait faire un inutile effort :
Landenberg, à Saruen et dans son château-fort,
Brave votre courroux, votre vaine menace.

MELCHTHAL.

Fût-il sur le Schreckhorn, sur ce palais de glace ;
Fût-il sur la Jungfrau, dont le front argenté
Se cache dans les cieux de toute éternité,
Je saurai jusqu'à lui me frayer un passage.
Avec vingt jeunes gens brûlant de mon courage,
Je veux de son château faire crouler les tours ;
Et, si l'on refusait de me prêter secours,
Et si, vous tous, l'amour de vos biens vous arrête,
Sous le joug des tyrans si vous courbez la tête,
J'irai, dans la montagne assemblant nos pasteurs,
Sous la voûte du ciel, en des lieux où les cœurs
Ne sont pas corrompus, où la pensée est pure,
J'irai leur raconter cette horrible aventure !

STAUFFACHER, à Walther Fürst :

Nos maux sont à leur comble ; est-ce que vous pensez
Qu'il faille attendre plus ?

MELCHTHAL.

          N'est-ce donc pas assez ?
Que pourrait craindre encor la nation proscrite
Où l'œil n'est pas assez gardé dans son orbite ?

Sommes-nous sans défense? A quoi nous servirait
De manier la hache et de lancer le trait ?
Tout être qui voit mise en jeu son existence,
Sait, dans son désespoir, trouver une défense :
Le cerf, lorsque les chiens l'ont réduit aux abois,
S'arrête et leur fait voir son redoutable bois ;
Le chamois, du chasseur dont il est la victime
Se venge en l'entraînant avec lui dans l'abîme ;
Le bœuf même, le bœuf, si docile, si doux,
Qui comme un serviteur vit au milieu de nous,
Qui vient tendre la tête au joug qu'on lui présente,
Qu'on l'irrite, il bondit, et sa corne puissante,
Jusqu'au milieu des airs lance son ennemi !

WALTHER FÜRST.

Si comme nous pensaient Schwytz, Unterwald, Uri,
Peut-être alors...

STAUFFACHER.

D'Uri que la voix nous appelle,
Qu'Unterwald y réponde, et Schwytz sera fidèle
A ses anciens serments.

MELCHTHAL.

J'ai des amis nombreux
Au canton d'Unterwald, et je vous réponds d'eux.
Chacun avec bonheur exposera sa vie,
S'il sent qu'à ses côtés un autre ami l'appuie...
O mes maîtres! ô vous, les sages du pays !
Quand ainsi tous les trois nous sommes réunis,
Dans ce grave conseil mon inexpérience
Devrait, je le sens bien, me forcer au silence.
Si je n'ai pas vécu comme vous de longs jours,
Oh ! ne méprisez pas mes avis, mes discours !

Ce n'est pas que j'écoute une fougue imprudente :
Je cède à ma douleur, à ma douleur poignante,
Faite pour attendrir le plus barbare cœur.
Chacun de vous est père, et vise à ce bonheur
Que son vertueux fils l'honore, et que ce culte
Loin de ses cheveux blancs sache écarter l'insulte;
Eh bien ! quoiqu'au milieu de nos calamités,
Vos personnes, vos biens soient encor respectés ;
Quoique vos yeux encor reçoivent la lumière,
Oh ! ne restez pas froids en voyant ma misère !
On tient sur vous aussi le glaive suspendu ;
Car, si notre pays pour l'Autriche est perdu,
A son pouvoir c'est vous qui le sûtes soustraire.
C'est le seul crime aussi qu'elle fasse à mon père.
Coupables comme lui tous les deux, attendez
Le même châtiment.

STAUFFACHER, à Walther Fürst :

Mon ami, décidez !
Je suis prêt à vous suivre.

WALTHER FÜRST.

Allons avec prudence.
Consultons Sillinen [1], Attinghausen : je pense
Que de semblables noms nous vaudront des amis.

MELCHTHAL.

Est-il de meilleurs noms dans tout notre pays
Que les vôtres ? Sont-ils de valeur usurpée ?
Comme en une monnaie au meilleur coin frappée,
Le peuple s'y confie. Oui, ces noms sonnent bien !
Vous avez hérité de vos pères un bien

[1] Le seigneur de Sillinen, village du canton d'Uri.

Dont encore en vos mains s'augmente la richesse :
Leurs vertus. Qu'avons-nous besoin de la Noblesse ?
Agissons seuls ! réduits à nous-mêmes, je crois
Que nous suffirons bien à défendre nos droits.

STAUFFACHER.

Le mal que nous souffrons, la Noblesse l'ignore :
Le torrent aux sommets ne monte pas encore,
Ce sont les terrains bas que ravage son cours.
Les Nobles, croyez-moi, nous prêteraient secours,
S'ils voyaient le pays s'armer à juste titre.

WALTHER FÜRST.

Entre l'Autriche et nous s'il était un arbitre,
Tranquilles nous pourrions attendre son arrêt :
Le bon droit, la justice, au moins, déciderait.
Mais c'est notre empereur, notre juge suprême,
Qui nous opprime !... Il faut s'en remettre à soi-même.
Avec l'aide de Dieu.

(À Stauffacher :)

Sondez votre canton ;
J'agirai sur Uri... Mais qui chargera-t-on
D'aller dans Unterwald ?

MELCHTHAL.

C'est à moi de m'y rendre :
Il m'importe...

WALTHER FÜRST.

Melchthal, je dois vous le défendre :
Vous êtes sous le toit de l'hospitalité ;
J'ai le droit de veiller à votre sûreté.

MELCHTHAL.

Ah ! laissez-moi partir ! je connais les passages,

ACTE I, SCÈNE IV.

Les sentiers inconnus des lieux les plus sauvages.
J'ai des amis; chez eux ils me recueilleront;
Contre mes ennemis ils me protégeront.

STAUFFACHER.

Ne le retenez pas : Dieu lui sera propice.
Là-bas, je ne crains pas que quelqu'un nous trahisse.
On y porte le joug trop impatiemment
Pour que la tyrannie y trouve un instrument.
Là, Baumgarten aussi peut travailler dans l'ombre,
Et de nos partisans faire grossir le nombre.

MELCHTHAL.

Mais, sans donner l'éveil, comment donc entre nous
Pouvoir communiquer?

STAUFFACHER.

    Fixons des rendez-vous
Dans Brunnen ou dans Treib où les marchands descendent.

WALTHER FÜRST.

De semblables projets, mes bons amis, demandent
Plus de précautions. Écoutez mon avis :
Sur la gauche du lac, vers Brunnen, vis-à-vis
Des aiguilles de Schwytz, il est un pâturage,
Un pré que nos bergers nomment dans leur langage
Le Rüttli[1]. — Ce mot-là veut dire qu'autrefois

---

[1] Cet endroit se nomme aujourd'hui le *Grütli*. — Etterlin, dans sa chronique, l'appelle *Bettli* (Petit lit). — Schiller l'écrit *Rütli* et fait dériver ce mot du verbe *Reuten*, *extirper*, *déraciner*. Cette explication n'a plus de sens en français. Elle équivaut à ceci, par exemple :

 Un pré, que nos bergers nomment dans leur langage :
 L'*Arrachis*. Ce mot-là veut dire qu'autrefois
 On a de cette place *arraché* tout le bois.

On a de cette place extirpé tout le bois —
Au sein de la forêt il forme une clairière ;

(À Melchthal :)

D'Unterwald et d'Uri c'est là qu'est la frontière,

(À Stauffacher :)

Et de Schwytz un bateau promptement y conduit.
Par de secrets chemins on y viendrait, la nuit,
Et l'on tiendrait conseil sans craindre une surprise.
Que chacun de nous trois dans cet endroit conduise
Dix hommes éprouvés et pensant comme nous.
Nous délibérerons dans l'intérêt de tous.
Dieu nous inspirera dans ce moment suprême.

STAUFFACHER.

Soit ! — Votre main tous deux, braves amis ! — De même
Que tous les trois ici nous nous donnons la main,
Comme d'honnêtes gens, de même il est certain
Que contre les tyrans sous lesquels ils gémissent,
A la vie, à la mort les trois Cantons s'unissent.

WALTHER FÜRST et MELCHTHAL, ensemble.

A la vie, à la mort !

(Ils se tiennent encore la main en silence pendant quelque temps.)

MELCHTHAL.

O mon père ! ô vieillard !
A la clarté des cieux toi qui n'as plus de part !
Tu ne le verras point le jour qui va nous rendre
La sainte liberté, mais tu pourras l'entendre !
Alors que, des signaux par nos mains allumés,
Les Alpes montreront leurs sommets enflammés ;
Alors que des tyrans viendra la dernière heure,
Que leurs forts crouleront, alors, dans ta demeure
Le Suisse, libre enfin, va se précipiter !

Chacun s'empressera de venir t'apporter
Notre heureuse nouvelle, et dans ta nuit, mon père,
Tu verras un moment resplendir la lumière !
(Ils se séparent.)

ACTE DEUXIÈME.

SCÈNE PREMIÈRE.

(Le château du baron d'Attinghausen.)

Une salle gothique, décorée de blasons et de casques. LE BARON D'ATTINGHAUSEN, vieillard de quatre-vingt-cinq ans, d'une stature noble et élevée, appuyé sur un bâton orné d'une corne de chamois, vêtu d'un pourpoint de fourrure. KUONI et six autres serviteurs sont debout autour de lui. Ils portent des râteaux et des faux. ULRICH DE RUDENZ entre, vêtu en chevalier.

RUDENZ.

Mon oncle, me voici ; que voulez-vous de moi ?

LE BARON.

Ulrich, avant qu'ici je m'explique avec toi,
Je veux de ma maison suivre l'antique usage :
Avec mes serviteurs permets que je partage
Ce vin ; c'est notre coup du matin.
(Il boit dans une coupe qui, ensuite, passe à la ronde.)
                              Autrefois
Je les accompagnais sur mes prés, dans mes bois,

Je suivais leurs travaux ; de même, en temps de guerre,
Ils étaient aux combats guidés par ma bannière.
Je leur commande encor, mais sans suivre leurs pas,
Et lorsque jusqu'à moi le soleil ne vient pas,
Je ne peux plus l'aller chercher sur la montagne.
L'espace autour de moi se resserre ; je gagne,
Dans le cercle où je puis encore me mouvoir,
Je gagne lentement le point où je crois voir
Que le ciel a pour moi marqué l'instant suprême.
Je ne suis déjà plus que l'ombre de moi-même,
Pour n'être bientôt plus qu'un nom.

KUONI, à Rudenz, en lui offrant la coupe :

À vous aussi,
Jeune seigneur !
(Rudenz hésite à prendre la coupe.)

Allons, buvez ! il n'est ici
Qu'une coupe et qu'un cœur.

LE BARON.

Enfants ! à la journée !
Et lorsque du repos l'heure sera sonnée,
Ce soir, nous parlerons des choses du pays.
(Les serviteurs sortent.)

(À Rudenz :)

Je te vois équipé, paré de beaux habits,
Au château de Gessler, Ulrich, tu veux te rendre ?

RUDENZ.

Oui, mon oncle, il le faut : je ne puis plus attendre.

LE BARON s'assied :

Si juste à ta jeunesse on mesure le temps
Que ton vieil oncle à peine en ait quelques instants ?

RUDENZ.

Ma présence en ces lieux est fort peu nécessaire :
C'est comme un étranger que l'on m'y considère.

LE BARON, après avoir longtemps fixé les yeux sur lui :

Oui, malheureusement ! et tu le veux ainsi...
Tu t'es fait étranger pour ta patrie aussi.
En toi quel changement ! Faut-il que je te voie,
Mon Ulrich, parader dans des habits de soie ?
De cès plumes de paon surmonter ton chapeau ?
Te draper avec art dans un riche manteau ?
Tu méprises le peuple, et ton orgueil se blesse
Du salut amical qu'un paysan t'adresse.

RUDENZ.

J'ai pour eux les égards qui leur reviennent ; mais
Ils s'arrogent des droits que je leur méconnais.

LE BARON.

La colère du roi sévit sur la contrée ;
Tout homme généreux se sent l'âme navrée
A cette tyrannie, à tous ces attentats ;
Des communes douleurs toi seul ne t'émeus pas.
On te voit, désertant la cause de tes frères,
Servir leurs ennemis, rire de leurs misères.
Quand ton pays gémit sous le joug des tyrans,
Il te faut la présence et la faveur des grands,
Et dans de vains plaisirs tu passes ta jeunesse !

RUDENZ.

Ce joug dont vous parlez, d'où vient qu'il vous oppresse ?
Qui donc les a causés les malheurs du pays ?
Un mot, et de ce joug vous étiez affranchis,

Et pour vous l'empereur redevenait un père.
Malheur à qui ferma tes yeux à la lumière,
Peuple ! malheur à ceux qui t'ont fait rejeter
Ce que ton intérêt te disait d'accepter !
C'est le leur qui les pousse à ne pas reconnaître
Dans la Maison d'Autriche un légitime maître.
Comme ont fait les Cantons, beaucoup mieux inspirés,
Dont ceux d'Unterwald, Schwytz, Uri sont entourés.
Au banc de la Noblesse ils sont fiers de paraître;
Et c'est pour n'avoir point de véritable maître,
Qu'ils veulent, comme tel, n'avoir que l'Empereur.

LE BARON.

Est-ce toi que j'entends ? Est-ce du fond du cœur ?...

RUDENZ.

Vous m'avez provoqué, souffrez que je finisse :
Quel rôle jouez-vous, mon oncle, dans la Suisse ?
Dans votre ambition êtes-vous satisfait
D'être ici Landammann et seigneur banneret ?
Et ce faible pouvoir dont vous faites usage,
Un conseil de bergers avec vous le partage !...
Ne vaudrait-il pas mieux, mon oncle, dites-moi,
A votre souverain jurer hommage et foi,
Vivre à sa cour, en voir les grandeurs magnifiques,
Que de marcher de pair avec vos domestiques,
Et rendre la justice avec des paysans ?

LE BARON.

Oh ! je les reconnais les discours séduisants
Que t'a tenus l'Autriche !... Ulrich, sa voix perfide
A versé le poison dans ton âme candide !

RUDENZ.

Je ne m'en cache pas : jusques au fond du cœur

J'ai senti pénétrer le langage moqueur
De tous ces étrangers, qui disent que nous sommes
Des Nobles-Paysans. Quand tous ces gentilshommes,
Sous les drapeaux d'Habsbourg, à l'âge où je me voi,
Vont conquérir la gloire, eh bien! je souffre, moi,
D'être inutile, oisif sur le bien de mes pères,
Et d'user mon printemps à des travaux vulgaires.
Il est un autre monde au-delà de nos monts,
Où se font des exploits, où brillent de grands noms.
Nos casques sont couverts de rouille et de poussière;
Nous n'entendons jamais la trompette guerrière,
Et jamais des hérauts appelant aux tournois,
Dans ces obscurs vallons ne pénètre la voix.
La cloche des troupeaux et le Ranz monotone,
A mon oreille, ici, voilà ce qui résonne!

LE BARON.

O malheureux, qu'aveugle un vain éclat, poursuis!
Méprise, maintenant, méprise ton pays!
Ces mœurs de tes aïeux, ces coutumes antiques,
Qui demeurent pour nous de pieuses pratiques,
Elles te font rougir? Un jour tu pleureras,
Et des pleurs bien cruels, lorsque tu songeras
Aux montagnes où, tous, ont vécu tes ancêtres;
Et ces chants du pays, Ulrich, ces airs champêtres,
Qui n'obtiennent de toi que d'orgueilleux dédains,
Ils rempliront ton cœur, alors que leurs refrains
Arriveront à toi sur la terre étrangère,
De regrets, de désirs, d'une douleur amère.
Ah! c'est qu'à revenir aux lieux où l'on est né,
Par un charme puissant l'on se sent entraîné!...
Il n'est pas fait pour toi ce monde de mensonges,
Cette fausse patrie à laquelle tu songes.

Tu serais, au milieu d'une orgueilleuse cour,
Toujours un étranger comme le premier jour,
Car pour t'y façonner ton âme est bien trop pure.
Il y faut des vertus de tout autre nature
Que celles dont ici nous t'avons su nourrir...
Mais vends *ton âme libre*, insensé ! Va t'*offrir*
Comme un valet des cours ! En fief reçois les terres
Que franches, jusqu'à toi, surent garder tes pères !...
Ici, tu serais prince et maître de ces biens...
Oh ! ne pars point, Ulrich ! reste parmi les tiens !
Ne va pas dans Altdorf ! A ton pays fidèle,
Pour soutenir sa cause entends-le qui t'appelle !
De ma race aujourd'hui me voilà le dernier,
Et mon nom avec moi va mourir tout entier.
Mes armes, que tu vois à ces murs suspendues,
Dans ma tombe avec moi vont être descendues ;
Faudra-t-il que je croie, au moment de partir,
Que tu n'as attendu que mon dernier soupir,
Pour aller au-devant de ton propre esclavage,
Et, quand Dieu m'a donné libre cet héritage,
Dire que tu ne veux le tenir désormais
Que des mains de l'Autriche à qui tu te soumets ?

RUDENZ.

Mon oncle, croyez-moi, la résistance est vaine.
Le Roi n'a-t-il donc pas le monde pour domaine ?
Voulons-nous lutter seuls ? avec entêtement ?
Pouvons-nous espérer que vienne le moment
Où nous réussirions à briser l'alliance
Des pays qu'il a su soumettre à sa puissance ?
Est-ce qu'autour de nous tout n'est pas dans ses mains ?
La justice est à lui, les marchés, les chemins.
Sur le Saint-Gothard même on n'obtient point passage

Sans qu'aux fermiers du Roi l'on n'y solde un péage.
Enfin, par ses États autour de nous placés,
Comme dans un réseau nous sommes enlacés.
L'Empire pourrait-il prendre notre défense?
Car l'Autriche grandit, et contre sa puissance
A peine si lui-même il peut se préserver,
Et, si Dieu ne nous sauve, il ne peut nous sauver.
Et comment croirait-on sa parole sincère,
Si, quand il a besoin d'argent, d'hommes de guerre,
Il s'arroge le droit de vendre ou d'engager
Les villes que son Aigle aurait dû protéger?
Non, quand autour de nous tous les partis s'agitent,
Il est sage, prudent, que les Cantons s'abritent
Sous quelque chef puissant. L'Empire peut passer
D'une famille à l'autre : il ne faut point penser,
Qu'à l'Empire arrivant, une Maison nouvelle
Se souvienne qu'à l'autre un peuple fut fidèle;
Et je dis qu'on aura semé pour l'avenir,
Que le prince saura garder le souvenir
Des services rendus, si l'on veut, au contraire,
Prendre un maître puissant qui soit héréditaire.

LE BARON.

Mais es-tu donc si sage, et prétends-tu voir mieux
Qu'avant toi n'avaient vu tous tes nobles aïeux,
Qui risquèrent leurs biens, et leur sang, et leur vie,
Pour que la liberté ne leur fût point ravie?
La liberté, ce pur, ce précieux trésor?
Eh bien! passe le lac, va-t'en, à l'autre bord,
Demander à Lucerne, Ulrich, ce que lui semble
Du joug autrichien sous lequel elle tremble.
Ces maîtres que tu veux donner à nos Cantons,
Ils viendront y compter nos bœufs et nos moutons;

Sur nos Alpes, à nous, nous mesurer la place ;
Dans nos libres forêts nous défendre la chasse ;
Nos portes et nos ponts verront un péager
Nous contraindre à payer le droit de voyager.
C'est en nous épuisant qu'ils acquerront des terres ;
C'est avec notre sang qu'ils soutiendront leurs guerres.
Si jusqu'à le répandre ils veulent nous pousser,
Que pour la liberté nous sachions le verser !
Elle nous coûtera moins cher que l'esclavage.

RUDENZ.

Mais contre l'Empereur que peut le vain courage
D'un peuple de bergers ?

LE BARON.

                Jeune homme ! apprends d'abord
A connaître ce peuple : il est grand, il est fort.
Je le sais, moi qui l'ai conduit à la victoire ;
Qui fus à Faënza [1] le témoin de sa gloire.
Tu verras ce qu'il vaut si l'on ose tenter
De lui donner un joug qu'il ne veut point porter...
Mon Ulrich, souviens-toi de ton illustre race,
Et, pour un vain éclat, pour un brillant qui passe,
Oh ! ne rejette pas un bien plus précieux :
L'honneur, gardé si pur par tes nobles aïeux !
Il est un but plus beau, plus digne de toi-même :
C'est que d'un peuple libre et d'un peuple qui t'aime,
Qui tout à toi se donne, et qui, dans les combats,
Jusqu'à la mort fidèle, accompagne tes pas,
Que d'un peuple si noble, Ulrich, tu puisses dire :
« Il m'a choisi pour chef !... » Ah ! vers ce but aspire !

---

[1] Faënza, ville des États de l'Église. — En 1240, dans la guerre entre l'empereur Frédéric II contre la Ligue lombarde.

ACTE II, SCÈNE 1.

Songe, songe à ce peuple, et resserre aujourd'hui
Les liens naturels qui t'unissent à lui !
Il faut te rattacher de même à la patrie ;
Aimer de tout ton cœur cette terre chérie ;
C'est ici qu'est ta force ; ailleurs, songe-s-y bien,
Dans un monde étranger, tu serais sans soutien,
Comme un faible roseau que chaque vent agite,
Que la tempête brise. Oh ! reviens, reviens vite !
Rentre au milieu de nous que tu ne connais plus,
Car voici bien longtemps que tu ne nous a vus !
Passe un jour avec nous, un jour, pas davantage !
Tu partais pour Alidorf, renonce à ce voyage,
Veux-tu ? donne ce jour aux tiens, à tes amis !

(Il lui prend la main.)

RUDENZ.

Je ne puis pas rester... laissez-moi... j'ai promis.

LE BARON, abandonnant sa main et avec gravité :

J'ai promis !... Malheureux ! je sais ce qui te presse ;
Ce n'est pas que ta bouche ait fait une promesse :
Tu cèdes à ton cœur par l'amour enchaîné !

(Rudenz se détourne.)

Oh ! va ! détourne-toi ! je t'ai bien deviné :
De Bertha de Bruneck ton cœur subit l'empire,
Au château de Gessler c'est elle qui t'attire.
Au service d'Albert elle a su te lier.
Tu recherches Bertha, fille d'un chevalier,
Et, dans ton fol espoir d'obtenir cette femme,
Tu trahis ton pays et tu deviens infâme.
Mais ne t'y trompe pas : pour te séduire mieux,
Ces gens-là font briller cet hymen à tes yeux ;
Mais, cœur naïf, pour toi ne crois pas qu'il s'apprête.

RUDENZ.

Ah! c'est trop en entendre! Adieu!

(Il sort.)

LE BARON.

Jeune homme, arrête!...
Le malheureux! il part!... Quand je veux le sauver,
Ma voix jusqu'à son cœur ne peut arriver!...
De même Wolfenschiess a trahi la patrie,
Et par d'autres, de même, elle sera trahie.
Hélas! nos jeunes gens ne peuvent résister
Au charme que sur eux l'Étranger sait jeter.
Que maudit soit le jour où la horde étrangère,
Pour la première fois a touché notre terre,
Et, soufflant son poison sur ces paisibles lieux,
Corrompit l'innocence où vivaient nos aïeux!
Violemment chez nous la nouveauté pénètre;
Nos usages anciens, si purs, vont disparaître.
Avec des temps nouveaux des hommes sont venus
Qui, comme nous pensions, ne pensent déjà plus.
A quoi puis-je être bon au temps où nous en sommes?
La tombe maintenant renferme tous les hommes
Avec qui j'ai vécu, j'ai travaillé d'accord,
Et voilà qu'à présent, comme eux, mon siècle est mort.
Heureux l'homme, aujourd'hui, que son âge dispense
De se mêler à ceux du siècle qui commence.

(Il sort.)

SCÈNE DEUXIÈME.

(Une prairie entourée de forêts et de rochers escarpés.)

Sur les rochers, on aperçoit des sentiers bordés de rampes et des échelles par où, un peu après le lever du rideau, on voit les personnages descendre sur la scène. Dans le lointain, le lac, au-dessus duquel s'élève un arc-en-ciel lunaire. La perspective est terminée par de hautes montagnes, derrière lesquelles les glaciers, plus élevés encore. Il est complétement nuit; seulement, le lac et les glaciers brillent à la clarté de la lune.

MELCHTHAL, BAUMGARTEN, WINKELRIED, MEIER DE SARNEN, BURKHART-AM-BUHEL, ARNOLD DE SEWA, NICOLAS DE FLUE et quatre autres, tous armés.

MELCHTHAL, encore derrière la scène :

Le chemin s'élargit, suivez-moi hardiment!
Nous serons arrivés au but dans un moment.
Je reconnais la croix, le rocher; plus de doute,
Nous sommes au Rütli.

(Ils s'avancent, portant des torches.)

WINKELRIED.
Silence ! qu'on écoute !

SEWA.
Tout est désert.

MEIER.
Personne encore au rendez-vous !
Les premiers arrivés, gens d'Unterwald, c'est nous.

MELCHTHAL.
Mes amis, est-ce que la nuit est avancée ?

BAUMGARTEN.

Quand près de Sélisberg notre troupe est passée,
Le crieur annonçait deux heures.

(On entend sonner dans le lointain.)

MEIER.

Écoutons !

AM-BÜHEL.

C'est du canton de Schwytz que nous viennent ces sons :
A la Chapelle-aux-Bois, les matines qu'on sonne.

DE FLÜE.

L'air est si pur qu'au loin le moindre bruit résonne.

MELCHTHAL.

Que quelques-uns de vous allument un grand feu ;
Quand nos amis viendront, qu'il éclaire ce lieu.

(Deux hommes s'éloignent.)

SEWA.

La magnifique nuit ! Le lac est si tranquille
Qu'on dirait un miroir.

AM-BÜHEL.

Il leur sera facile
De le passer.

WINKELRIED, montant le lac.

Oh ! oh ! voyez de ce côté !
N'apercevez-vous rien ?

MEIER.

Quoi donc ?... En vérité !
Un arc-en-ciel !... De nuit ?

ACTE II, SCÈNE II.

MELCHTHAL.
C'est un effet de lune.

DE FLÜE.
Amis, ce météore est chose peu commune ;
Il faut y reconnaître un signe merveilleux,
Qu'ont vu bien peu de gens, et même des plus vieux.

SEWA.
L'arc est double, voyez : celui d'en haut étale
Les plus riches couleurs ; l'autre, plus bas, est pâle.

BAUMGARTEN.
Sous l'arc passe un bateau se dirigeant vers nous.

MELCHTHAL.
Ce sera Stauffacher qui vient au rendez-vous.
Le brave homme longtemps ne se fait pas attendre.
(Il s'approche du rivage avec Baumgarten.)

MEIER.
Les gens d'Uri seront les derniers à s'y rendre.

AM-BÜHEL.
Ils ont dans la montagne à faire un long circuit,
Pour tromper les soldats qui veillent jour et nuit.
(Dans l'intervalle, deux hommes ont allumé un feu au milieu de la scène.)

MELCHTHAL, sur le rivage :
Qui va là ?... Le mot d'ordre ?

STAUFFACHER, depuis le lac :
Amis de la patrie !

Ils vont tous au fond du théâtre, à la rencontre des arrivants. On voit sortir de la barque, STAUFFACHER, ITEL REDING, JEAN AUF-DER-MAUER, GEORGES IM-HOFE, CONRAD HUNN, ULRICH SCHMID, JOST DE WEILER et trois autres [1]. Ils sont tous armés.

CEUX D'UNTERWALD, A CEUX DE SCHWYTZ.

Soyez les bienvenus !

(Tandis que les autres personnages s'arrêtent au fond du théâtre et se saluent, Melchthal et Stauffacher s'avancent sur le devant de la scène.)

MELCHTHAL.

Cette tête chérie,
Ces yeux qu'ils ont éteints, qui ne me verront plus,
Ces yeux de leur victime, eh bien ! je les ai vus !...
J'ai posé cette main sur les yeux de mon père ;
Et dans le regard mort qu'essayait sa paupière,
J'ai puisé le désir ardent de me venger.

STAUFFACHER.

Melchthal, à la vengeance il ne faut pas songer :
A des maux consommés que voulez-vous qu'on fasse ?
Songeons à prévenir ceux dont on nous menace.
Voyons ! dans Unterwald vous a-t-on écouté ?
Pour la cause commune avez-vous recruté ?
Dites ce qu'on y pense, et faites-moi connaître
Comment vous avez pu, sans y trouver un traître,
Répandre nos projets.

---

[1] Schiller n'ajoute que trois personnages non nommés ; mais ils doivent être *quatre* pour se trouver *en tout trente-trois*, comme cela est indiqué à l'arrivée de ceux d'Uri, p. 565 ; et, en effet, il a été convenu entre les trois principaux conjurés, acte I, scène IV, p. 546, que chacun d'eux amènerait *dix* hommes au Rüttli.

ACTE II, SCÈNE II.

MELCHTHAL.

Par les âpres sentiers
Des monts de Surenen, à travers les glaciers
Où l'on n'entend de bruit que l'aigle aux cris sauvages,
Je me suis transporté jusqu'à ces pâturages
Où les pâtres d'Uri, surveillant leurs troupeaux,
Avec ceux d'Engelberg échangent leurs signaux.
Pour apaiser ma soif j'ai bu l'eau qui s'amasse
Dans le creux des sillons de nos plaines de glace.
Et, le soir, à défaut d'autre hospitalité,
Sous les chalets déserts je me suis abrité.
C'est le jour seulement où j'aperçus un frère,
Qu'enfin j'ai suspendu ma course solitaire.
Dans les sauvages lieux où j'étais parvenu,
Le barbare supplice était déjà connu.
J'ai répété partout mon récit lamentable,
Et partout l'on m'a fait un accueil favorable.
Du joug de nos tyrans et de leurs cruautés,
Tous ces hommes de cœur se montraient révoltés ;
Car, de même, pour eux, que, sous des lois constantes,
Leurs Alpes, tous les ans, donnent les mêmes plantes ;
Que leurs sources toujours coulent aux mêmes lieux ;
Que, suivant le même ordre et sous les mêmes cieux,
Se dirigent les vents et marchent les nuages,
De même ils ont gardé, depuis les anciens âges,
Ces coutumes, ces mœurs qu'observaient leurs aïeux,
Et, sans y rien changer, les observent comme eux.
Ils ne permettent pas qu'un novateur réforme
Le cours ainsi réglé de leur vie uniforme.
Eh bien ! ces braves gens à la mienne ont tendu
La main que rend calleuse un travail assidu ;
De la muraille ils ont détaché leur épée
Qui, depuis si longtemps, pendait inoccupée.

Leur œil s'est enflammé d'une joyeuse ardeur,
Lorsque j'ai prononcé ces noms tout pleins d'honneur,
Ces noms que l'habitant des montagnes vénère :
Stauffacher, Walther Fürst ! Ils ont juré de faire
Tout ce que vous croirez le bon droit, l'équité ;
Ils ont jusqu'à la mort promis fidélité.
Ainsi j'ai parcouru les fermes, les chaumières,
Sous la protection des lois hospitalières ;
Et, lorsque, ramenant enfin mes pas errants
Dans le vallon natal, vers mes nombreux parents,
J'ai retrouvé mon père aveugle, mon vieux père,
Par la pitié d'autrui nourri dans sa misère...

STAUFFACHER.

Miséricorde !

MELCHTHAL.

Eh bien ! je n'ai pas eu de pleurs !
Je me suis bien gardé d'affaiblir mes douleurs
En me laissant aller aux larmes impuissantes :
J'ai dû rester en proie à ces douleurs cuisantes ;
J'ai dû les renfermer en moi comme un trésor,
Et seulement me dire : il faut agir encor !
Puis, à travers les monts j'ai repris mon voyage ;
J'ai rampé sur le roc pour me faire un passage,
Dans des lieux où jamais nul n'avait pénétré.
Point de vallon caché que je n'aie exploré.
J'ai cherché, j'ai trouvé les huttes dispersées
Que l'homme habite au pied de nos cimes glacées,
Et j'ai vu que partout où je portais mes pas,
La haine des tyrans on ne la cachait pas ;
Car ces lieux perdus même, où l'homme à peine existe,
Où la terre engourdie à produire résiste,
Ne sont point à l'abri de la cupidité

D'avares gouverneurs. Mes discours ont jeté
Dans tous ces braves gens comme des traits de flamme ;
J'ai leur parole, ils sont à nous de cœur et d'âme.

STAUFFACHER.

Vous avez fait beaucoup et dans bien peu de temps !

MELCHTHAL.

J'ai fait bien plus encor : chez tous nos habitants,
Ces deux forts qu'a bâtis l'Autriche menaçante,
Sarnen et le Rossberg, ont jeté l'épouvante.
De ces remparts de roc, et par eux abrité,
L'ennemi peut sur nous peser en liberté...
J'ai visité le fort de Sarnen.

STAUFFACHER.

Téméraire !
Oser ainsi braver le tigre en son repaire !

MELCHTHAL.

J'avais d'un pèlerin pris l'humble vêtement,
Et me suis présenté sous ce déguisement.
Devant moi Landenberg, le bourreau de mon père,
A table s'est gorgé de vins, de bonne chère.
Jugez donc si mon cœur se contraint à demi,
Werner : sans le tuer j'ai vu mon ennemi !

STAUFFACHER.

En vérité, Melchthal, le ciel vous favorise.

(Dans l'intervalle, les autres personnages se sont avancés et s'approchent de
Melchthal et de Stauffacher.)

Maintenant, dites-moi qui, pour notre entreprise,
Vous amenez ; quels sont ces hommes généreux ?
Nommez-moi, car il faut que je sois connu d'eux.

Que nous nous rapprochions, et qu'avec confiance
Nos cœurs puissent s'ouvrir.

MEIER.

Pour nous, la connaissance
Est faite : les Cantons parlent de vous, Werner.
Moi, je suis de Sarnen, je m'appelle Meier,
Et voici Winkelried, mon neveu : ce jeune homme
Est le fils de ma sœur.

STAUFFACHER.

Le nom que l'on me nomme
Est honorablement connu dans le pays :
Aux marais de Weiler un Winkelried, jadis,
Terrassa le dragon ; d'un dévouement sublime
Cet homme généreux, je le sais, fut victime.

WINKELRIED.

Il était mon aïeul.

MELCHTHAL, présentant à Stauffacher deux autres personnages :

Ces deux hommes, Werner,
Sont tous les deux vassaux des moines d'Engelberg.
Cependant, s'ils ne sont que des gens de main-morte ;
S'ils n'ont pas, comme nous, des biens libres, qu'importe !
Ne les méprisez pas : ils aiment leur pays,
Ils ont un bon renom.

STAUFFACHER, à ces deux hommes :

Votre main, mes amis !
Bienheureux qui n'est pas soumis aux lois d'un maître !
Mais quel que soit l'état où Dieu nous a fait naître,
Il honore celui qui vit honnêtement.

CONRAD HUNN.

Voici maître Reding, notre ancien Landammann.

MEIER.

Oh ! je le connais bien, il est mon adversaire :
Nous sommes en procès pour une ancienne terre.
Devant le tribunal nous sommes ennemis,
Mais dans ce lieu, Reding, nous devenons amis.
(Il lui secoue la main.)

STAUFFACHER.

Très-bien dit !

WINKELRIED.

Écoutez ! d'Uri j'entends la trompe :
Ce sont eux.
(On voit, à droite et à gauche du théâtre, des hommes armés et portant des torches, descendre du haut des rochers sur la scène.)

AUF-DER-MAUER.

Voyez donc ! est-ce que je me trompe ?
N'est-ce pas des autels le ministre pieux,
Leur curé, que je vois arriver avec eux ?
Les dangers du chemin, la nuit, rien ne l'arrête,
Et, le troupeau marchant, le pasteur est en tête

BAUMGARTEN.

Voici le sacristain et Walther Fürst aussi.
Mais je n'aperçois pas Guillaume Tell ici ?

(WALTHER FURST, LE CURÉ RŒSSELMANN, LE SACRISTAIN PETERMANN, KUONI, RUODI, WERNI et cinq autres. — Tous, au nombre de trente-trois personnages [1], s'avancent et se rangent autour du feu.)

WALTHER FÜRST.

Il faut donc nous cacher ! il faut avec mystère,

[1] Voir la note de la page 560.

Sur le sol paternel, sur notre propre terre,
Comme des meurtriers dans l'ombre nous glisser,
Et, pour nous réunir, par ces chemins passer!
Jusqu'à présent, la nuit, à des complots coupables,
Aux malfaiteurs, prêtait ses voiles favorables ;
Nous sommes protégés par elle à notre tour,
Pour défendre des droits aussi clairs que le jour.

MELCHTHAL.

L'œuvre que dans la nuit l'on nous force à produire,
Au grand jour, avant peu, ne craindra pas de luire.

LE CURÉ.

Dieu lui-même m'inspire; écoutez, mes amis!
Au nom d'un peuple entier nous sommes réunis ;
Nous allons décider de la chose publique.
Il faut donc procéder d'après l'usage antique,
Et comme en temps de paix. Mais si dans ce moment
Tout ne se pouvait pas faire légalement,
Notre excuse serait dans les temps où nous sommes.
Dieu, d'ailleurs, est présent en tous lieux où des hommes
Luttent pour leur bon droit; nous sommes sous les cieux !

STAUFFACHER.

Délibérons ainsi que faisaient nos aïeux :
Notre droit est très-clair, bien qu'il fasse nuit sombre.

MELCHTHAL.

Quoique nous ne soyons venus qu'en petit nombre,
Le cœur de tout un peuple est avec nous: je vois
Les meilleurs d'entre lui défendre ici ses droits.

CONRAD HUNN.

Et si nous n'avons pas le livre où nos usages

ACTE II, SCÈNE II.

Nous ont été transmis depuis les anciens âges,
N'importe en ce moment ! Ils sont au cœur de tous.

LE CURÉ.

Sans doute... En cercle, amis ! et plantons devant nous
Les glaives, attribut de force et de puissance.

AUF-DER-MAUER.

Que notre Landammann dans le cercle s'avance ;
Deux assesseurs prendront place à côté de lui.

LE SACRISTAIN.

Nous sommes trois Cantons, voyons quel est celui
Où nous allons choisir un chef qui nous commande.

MEIER.

Que Schwytz à cet honneur ou bien Uri prétende ;
Unterwald y renonce.

MELCHTHAL.

Oui, nous le déclinons ;
Car c'est en suppliants qu'en ces lieux nous venons
Implorer le secours de nos généreux frères.

STAUFFACHER.

Qu'Uri prenne l'épée, Uri dont les bannières
Pour l'Empereur toujours ont marché devant nous.

WALTHER FÜRST.

L'honneur revient à Schwytz dont nous descendons tous.

LE CURÉ.

Dans ce noble débat souffrez que je décide :
Qu'Uri dans les combats, Schwytz aux conseils nous guide !

WALTHER FÜRST, tendant la main à Stauffacher :

Eh bien! prenez!

STAUFFACHER.

Non pas! l'honneur au plus ancien.

IM-HOFE.

A vous donc, Ulrich Schmid, vous êtes le doyen.

AUF-DER-MAUER.

C'est un brave homme, mais il est en vasselage :
N'est pas juge, chez nous, qui n'a franc-héritage.

STAUFFACHER.

N'avons-nous pas Reding? pouvons-nous choisir mieux?

WALTHER FÜRST.

Qu'il nous préside donc!.. La main haute, tous ceux
Qui sont de cet avis !

(Tous lèvent la main droite.)

REDING, s'avançant au milieu d'eux :

Il ne m'est pas possible,
Dans les lieux où je suis, de jurer sur la Bible;
Mais je prends à témoin de mes intentions
Ces astres éternels que là-haut nous voyons :
Je ne faillirai point aux lois de la justice.

(On plante les deux épées devant lui et le cercle l'entoure. Schwyts a le milieu, Uri la droite, Unterwald la gauche. Reding s'appuie sur son épée de bataille.)

Pourquoi les trois Cantons de notre vieille Suisse
Par des représentants s'assemblent-ils sans bruit,
Sur ce bord solitaire, au milieu de la nuit?
Et pourquoi forment-ils la nouvelle alliance
Qui, sous le ciel, ici, dans cet instant commence?

STAUFFACHER, *s'avançant dans le cercle :*

Ils ne s'unissent point par un nouveau lien ;
Ils veulent redonner sa force au pacte ancien
Qu'en des temps reculés avaient formé nos pères.
Car, vous le savez bien, confédérés, mes frères,
Si le lac, si les monts nous tiennent séparés,
Si nous ne sommes pas de même administrés,
Nous n'en sortons pas moins d'une souche commune,
Nous sommes même sang ; notre patrie est une.

WINKELRIED.

Ils disent donc bien vrai ces vieux chants si connus,
Que nous sommes de loin dans ce pays venus ?
Qu'est-ce que vous savez de l'antique alliance ?
Dites-le, pour donner encor plus de puissance
A celle d'à présent.

STAUFFACHER.

           Eh bien ! voici comment
Nos vieux pâtres disaient ce grand événement :
Un peuple, au nord, souffrait d'une horrible disette [1].
Dans l'espoir d'arrêter le fléau, l'on décrète
Que, le sort prononçant, un habitant sur dix
Devra se condamner à quitter le pays ;
Et l'on exécuta cette sentence affreuse.
Alors, en gémissant, une troupe nombreuse,
A travers l'Allemagne, et l'épée à la main,
Du côté du midi se frayant un chemin,
Arriva jusqu'aux lieux élevés où nous sommes.
La troupe, composée et de femmes et d'hommes,

[1] Les Suédois (Etterlin). — Les Suédois et les Frisons (Jean de Müller).

Avait marché toujours, quand elle s'arrêta
Dans le vallon sauvage où coule la Muotta.
A travers de beaux prés maintenant elle y passe,
Mais du travail de l'homme alors aucune trace ;
Un batelier, tout seul, sur ce rivage mort
Se tenait, pour passer les gens à l'autre bord ;
Il avait près du lac sa chétive cabane...
Mais le lac furieux retint la caravane.
Alors, examinant le pays de plus près,
Voyant ses belles eaux et ses riches forêts,
Dans leur chère patrie un moment ils se crurent.
A se fixer ici ces gens se résolurent.
Notre vieux bourg de Schwytz fut élevé par eux.
A de rudes travaux, longtemps, ces malheureux
Se virent condamnés, pour défricher des terres
Couvertes jusqu'alors de forêts séculaires.
Ce peuple s'étendit plus tard, quand vint le temps
Où le sol ne put plus suffire aux habitants ;
Il alla jusqu'au pied de ces montagnes sombres
Dont nous voyons d'ici les gigantesques ombres,
Des éternels remparts qui séparent de nous
Des peuples au climat, au langage plus doux.
Les nouveaux exilés près du Kernwald bâtirent
La bourgade de Stanz ; les murs d'Altdorf sortirent
Des gorges où la Reuss roule en flots écumeux.
Mais de leur origine ils conservent en eux
Un profond souvenir qui ne les trompe guères :
Ils savent, au milieu des races étrangères
Que la suite des temps confondit avec eux,
Distinguer aisément l'homme dont les aïeux
Ont fondé Schwytz. Ils voient le vieux sang reparaître :
Le seul instinct du cœur le leur fait reconnaître.

(Il donne la main à droite et à gauche.)

ACTE II, SCÈNE II.

AUF-DER-MAUER.

Nous sommes un seul peuple, un seul cœur, un seul sang!

TOUS, se donnant la main :

Et l'union rendra ce peuple bien puissant!

STAUFFACHER.

Soumises aux vainqueurs qui les ont abattues,
Les autres nations sous le joug se sont tues.
Même dans ce pays, combien d'infortunés
À servir l'Étranger se trouvent condamnés,
Laissant à leurs enfants cet héritage inique !
Mais nous, vrais descendants de la souche helvétique,
Nous avons conservé notre liberté, nous;
Un prince n'a jamais vu fléchir nos genoux,
Et la protection qu'étend sur nous l'Empire,
Nous l'avons de plein gré choisie.

LE CURÉ.

On peut le lire :
L'empereur Frédéric le dit bien clairement
Dans la Charte aux Cantons donnée [1].

STAUFFACHER.

Évidemment,
Quelque libre qu'il soit, l'homme n'est pas son maître :
Il faut un chef; on a besoin de reconnaître
Un juge souverain que l'on puisse invoquer,
Lorsque dans son bon droit on se voit attaquer.
Ces premiers-occupants d'une terre sauvage,
Nos pères, à l'Empire ils en ont fait hommage:
Ce fut pour s'assurer en lui leur protecteur.

[1] Frédéric II, en 1240.

Leur épée, en échange, était à l'Empereur,
Au maître tout-puissant qui, sous son sceptre, allie
L'Empire d'Allemagne à celui d'Italie.
Tous les gens de franc-fief, après eux, ont promis
Leur épée à l'Empire, auquel ils sont soumis :
L'Empire les défend, ils doivent le défendre.
Leur devoir envers lui plus loin ne peut s'étendre.

MELCHTHAL.

L'esclavage, au-delà, commencerait pour eux.

STAUFFACHER.

Lorsque l'arrière-ban se levait, nos aïeux
Combattaient pour l'Empire en suivant sa bannière.
Pour lui de l'Italie ils passaient la frontière,
Et l'Empereur devait à leurs vaillantes mains
D'être aussi couronné comme Roi des Romains.
Du reste, souverains dans leurs bourgs, leurs villages,
Ils n'avaient que leurs lois et leurs anciens usages.
Mais, la peine du sang, c'était à l'Empereur
A la prononcer seul : en son nom, un seigneur
Exerçait parmi nous cette haute justice.
Il ne résidait pas au sein de notre Suisse :
Quand il fallait frapper de mort un criminel,
Le juge était requis : sous la voûte du ciel,
Clairement, simplement, sans nulle crainte humaine.
Au nom de l'Empereur il prononçait la peine.
Qui donc pourrait de là conclure contre nous
Que nous reconnaissons un maître ? Parmi vous,
Si quelqu'un mieux que moi croit savoir notre histoire,
Qu'il parle !

IM-HOFE.

   Tout ainsi se passait, c'est notoire :
Nul joug par les Cantons ne fut jamais porté.

STAUFFACHER.

Et même à l'Empereur nous avons résisté,
Lorsque, contre tout droit, il voulait satisfaire
L'injuste ambition d'un puissant monastère,
Du couvent d'Einsiedeln, quand les religieux
Nous contestaient des biens venus de nos aïeux.
Leur abbé prétendait qu'aux termes d'un vieux titre,
Terres vagues, de droit, revenaient au Chapitre.
Ce titre, il est bien vrai, taisait nos droits acquis.
Nous dîmes aussitôt : « C'est un titre surpris ;
« Il n'est pas d'empereur qui puisse se permettre
« De disposer d'un bien, quand ce bien a son maître.
« A sa justice en vain s'il faut nous adresser,
« De lui dans nos Cantons l'on saura se passer. »
De nos pères voilà quel était le langage.
Est-ce que leurs enfants auront moins de courage ?
Sous un joug infamant voudront-ils se ranger ?
Souffriront-ils, enfin, d'un valet étranger
Ce que l'Empereur même, en sa toute-puissance,
N'osa point exiger de leur obéissance ?
C'est par bien du travail que nous avons conquis
Ces antiques forêts, cet inculte pays.
Alors, l'ours habitait la contrée où nous sommes,
Et nous en avons fait la demeure des hommes.
Nous avons étouffé la race du dragon
Qui du sein des marais nous lançait son poison.
Nous avons déchiré le rideau de nuages
Qui flottait, éternel, sur ces pays sauvages.
Au voyageur, le roc qu'avaient brisé nos mains,
Au-dessus de l'abîme offrit de sûrs chemins.
Depuis plus de mille ans ce sol est notre terre;
Et nous pourrions souffrir qu'une main étrangère
Vint nous forger des fers et voulût, tout à coup,

Imposer aux Cantons la honte de son joug?
Et tant d'oppression resterait impunie?...

(Ils sont tous dans une très-grande agitation.)

Il est une limite à toute tyrannie :
Quand il a vainement et partout réclamé,
Lorsque sous son fardeau succombe l'opprimé,
Il se tourne vers Dieu, son espoir, il l'appelle ;
Il invoque les droits de justice éternelle,
Ces droits écrits au ciel, immuables toujours,
Réglés comme le sont les astres dans leur cours.
Quand l'homme redevient l'ennemi de son frère,
Il retourne à l'état de nature première,
Et, pour des opprimés, alors qu'ils sont à bout,
C'est de saisir l'épée, elle décide tout.
Pour nos biens les plus chers, contre la tyrannie
Il faut combattre ; il faut défendre la patrie,
Nos femmes, nos enfants !

TOUS, frappant sur leur épée :

Oui ! tous nous le jurons:
Nos femmes, nos enfants, pour eux nous combattrons !

LE CURÉ, s'avançant dans le cercle :

Avant de commencer une terrible guerre,
Pesez bien, mes amis, ce que vous allez faire.
Vous avez un moyen de tout concilier :
Ces tyrans qui sous eux vous forcent de plier,
Vous les verrez bientôt vous flatter, au contraire,
Si vous dites un mot. Ne voulez-vous pas faire
Ce que depuis longtemps ils demandent de nous ?
Abandonnez l'Empire ; enfin, soumettez-vous
A la Maison d'Autriche.

ACTE II, SCÈNE II.

AUF-DER-MAUER.

Entendez-vous le prêtre ?
À la Maison d'Autriche il faudrait nous soumettre ?

AM-BÜHEL.

Ne l'écoutez donc pas !

WINKELRIED.

Un traître à son pays
Peut seul ainsi parler.

REDING.

Calmez-vous, mes amis.

SEWA.

Sous le joug de l'Autriche, alors qu'elle nous jette
Tant d'outrages, c'est nous qui courberions la tête ?

DE FLÜE.

Et nous accorderions aux moyens de rigueur
Ce que l'on n'obtint pas de nous par la douceur ?

MEIER.

Nous porterions des fers qui seraient notre ouvrage,
Et nous mériterions ce honteux esclavage.

AUF-DER-MAUER.

Que quiconque oserait reproduire l'avis
Qu'au joug autrichien les Cantons soient soumis,
Que dans l'instant cet homme, indigne d'être Suisse,
Soit privé de ses droits ! Landammann, c'est justice :
Cette loi d'abord !

MELCHTHAL.

Oui ! quiconque parlera

De céder à l'Autriche, au même instant perdra
Ses droits et ses honneurs. Que cet homme ne trouve
Au foyer d'aucun Suisse une place !

TOUS, *levant la main droite* :

J'approuve !

Que telle soit la loi pour nous !

REDING, *après un moment de silence* :

C'est arrêté.

LE CURÉ.

Maintenant vous voilà sûrs de la liberté !
Du jour de cette loi pour vous elle commence.
L'Autriche n'aura pas de vous par violence
Ce qu'aux moyens plus doux vous avez refusé.

JOST DE WEILER.

Passons à d'autres points.

REDING.

Avons-nous épuisé
Les moyens de douceur qui nous restaient encore ?
Peut-être que, nos maux, l'Empereur les ignore ;
Contre sa volonté, peut-être, nous souffrons.
A cette tentative encore recourons :
Que jusqu'à l'Empereur notre plainte s'élève,
Avant que du fourreau nous ne tirions le glaive.
Dans la plus juste cause ayons soin d'écarter
Les moyens violents, toujours à redouter.
Quand l'homme à son malheur ne sait plus de remède,
C'est alors seulement que Dieu lui vient en aide.

STAUFFACHER, *à Conrad Hunn* :

Faites votre rapport, Conrad, c'est le moment.

CONRAD HUNN.

Au château de Rheinfeld je fus dernièrement.
J'allais à l'Empereur exposer nos souffrances,
Et contre ses baillis porter nos doléances.
J'allais lui réclamer la Charte de nos droits,
Aux Cantons par l'Empire accordée autrefois,
Et que tout nouveau roi qu'au trône l'on appelle
Confirme, avec serment d'y demeurer fidèle.
Des villes de Souabe et des pays du Rhin
Les envoyés avaient reçu leur parchemin,
Et retournaient chez eux pleins d'une joie extrême.
Pour votre député ce ne fut pas de même.
Au Conseil de l'Empire on m'avait renvoyé,
Et je fus en ces mots par lui congédié :
« A vous l'on pensera, sachez encore attendre ;
« L'Empereur aujourd'hui ne peut pas vous entendre. »
Lorsque après cet accueil, triste, je m'en allais,
Je vis, en traversant les salles du palais,
Le duc Jean, qui pleurait auprès d'une fenêtre [1] ;
Deux seigneurs l'entouraient que je pus reconnaître :
Conrad de Tegerfeld et Rodolphe de Wart [2].
Tous les deux aussitôt me prenant à l'écart :
« Ne comptez que sur vous, » m'ont-ils dit, « que la Suisse
« De l'empereur Albert n'attende pas justice.
« Son neveu que voici, comment l'a-t-il traité ?
« De légitimes biens il l'a déshérité ;
« Il a fermé l'oreille à sa juste prière,
« Alors qu'il réclamait les terres de sa mère.
« De sa minorité se brisaient les liens ;
« Il voulait gouverner ses vassaux et ses biens.

[1] Jean, duc de Souabe, meurtrier de son oncle Albert Ier.
[2] Deux des complices de Jean le Parricide.

« Au duc qu'a répondu l'Empereur ? — La couronne
« Qui convient à ton âge, enfant, je te la donne:
« Les fleurs sont l'ornement de la jeunesse; tien !
« De ces fleurs, mon neveu, j'orne ta tête[1]. »

AUF-DER-MAUER.

Eh bien ?
Vous l'avez entendu ? « N'attendez pas justice !
« Qu'ils comptent sur eux seuls les Cantons de la Suisse ! »

REDING.

Il le faut bien. Que faire en cette extrémité,
Pour arriver au but en toute sûreté ?

WALTHER FÜRST, s'avançant dans le cercle :

Nous voulons secouer d'intolérables chaînes ;
Nous voulons conserver nos franchises anciennes,
Héritage sacré venu de nos aïeux.
Nous ne prétendons pas être plus libres qu'eux :
L'Empereur a des droits, il faut qu'il les conserve.
Qui reconnaît un maître, avec honneur le serve !...

MEIER.

De l'Autriche je suis tenancier.

WALTHER FÜRST.

Remplissez
Vos obligations tout comme aux temps passés.

JOST DE WEILER.

Moi, je paie aux seigneurs de Rapperswyl la dîme.

WALTHER FÜRST.

Payez-leur ce tribut puisqu'il est légitime.

[1] Historique.

ACTE II, SCÈNE II.

LE CURÉ.

A Zurich, Notre-Dame en hommage me tient.

WALTHER FÜRST.

Donnez à son convent tout ce qui lui revient.

STAUFFACHER.

C'est de l'Empire seul que je suis feudataire.

WALTHER FÜRST.

Sans aller au-delà, faites ce qu'il faut faire...
Enfin, tous, nous voulons des trois Cantons chasser
Gouverneurs et soldats ; leurs forts, les renverser.
Point de sang, s'il se peut. Il faut qu'il reconnaisse,
L'Empereur, que c'est bien notre seule détresse,
Que c'est lui qui nous force à manquer aujourd'hui
Au respect que toujours nous avions eu pour lui.
Si nous n'abusons pas du droit de résistance,
Son courroux cédera peut-être à la prudence ;
Car un peuple qui s'arme et sait se contenir,
Justement se fait craindre.

REDING.

     Et comment réussir ?
Voyez notre ennemi, les forces qu'il possède.
Sans avoir combattu croyez-vous bien qu'il cède ?

STAUFFACHER.

Oui, s'il nous voit armés ; et d'ailleurs, mes amis,
Par nous à l'improviste il faut qu'il soit surpris.

MEIER.

La réussite est loin de nous être assurée :
Deux gigantesques forts dominent la contrée,

Et l'ennemi s'y trouve à l'abri de nos coups.
Ils seraient grandement à redouter pour nous,
Si l'Empereur allait tout à coup apparaître.
De Sarnen, du Rossberg il faut nous rendre maître,
Avant qu'aucune épée au sein des trois Cantons
Ne sorte du fourreau.

STAUFFACHER.

Mais, si nous hésitons,
L'ennemi de nos plans peut avoir connaissance ;
Trop de gens, je le crois, sont dans la confidence.

MEIER.

Il n'est dans les Cantons nul traître à redouter.

LE CURÉ.

Par trop de zèle on peut se laisser emporter.

WALTHER FÛRST.

Retarder plus longtemps c'est vouloir qu'on achève
Le château menaçant qui sur Altdorf s'élève,
Que Gessler s'y retranche et qu'alors...

MEIER.

C'est à vous
Que vous pensez.

LE SACRISTAIN.

Et vous, êtes injustes.

MEIER, *s'animant* :

Nous ?
Vous osez, gens d'Uri, nous taxer d'injustice !

REDING.

Au nom de vos serments, que ce débat finisse !

MEIER.

Si Schwytz avec Uri veulent agir entre eux,
Unterwald n'aura plus qu'à se taire.

REDING.
                            Tous deux
Je vous blâme, et devant toute cette assemblée :
Par vos discussions notre paix est troublée.
Est-ce qu'au même but nous ne tendons pas tous ?

WINKELRIED.

Mais si nous attendions le jour où parmi nous
De la Nativité la fête est célébrée ?
C'est la coutume, alors, dans toute la contrée,
Que quiconque possède un bien dans les Cantons,
Aille chez le bailli lui porter quelques dons.
Qu'à Sarnen, ce jour-là, pour donner son offrande,
Une troupe de dix ou douze hommes se rende.
Comme au château personne en armes n'entrerait,
Chacun d'eux aura soin d'y porter en secret
Une pointe de fer, à dessein apprêtée
Pour être à son bâton promptement adaptée.
— Le reste dans le bois prendrait position —
Quand ils auraient la porte en leur possession,
Ils sonneraient la trompe, et l'embuscade entière
Attaquerait alors. C'est la sûre manière
De pouvoir aisément du château s'emparer.

MELCHTHAL.

Dans celui du Rossberg je me charge d'entrer :
J'y suis aimé d'amour d'une jeune suivante [1] ;

---

[1] Le poëte a suivi trop fidèlement sur ce point les historiens, et surtout Jean de Müller. Il est à regretter que le jeune Melchthal, si

Sans peine je pourrai décider mon amante,
Sous prétexte d'aller la visiter de nuit,
A me tendre une échelle; une fois introduit,
Je vous y fais monter après moi.

REDING.

L'entreprise,
Je vous consulte tous, sera-t-elle remise?

(La majorité lève la main.)

STAUFFACHER, comptant :

Vingt pour et douze contre.

WALTHER FÜRST.

Alors que les châteaux
Sous nos coups tomberont, il faut que des signaux
Soient allumés partout de montagne en montagne;
Il faut que la levée en masse entre en campagne;
Et quand nos gouverneurs en armes nous verront,
A s'attaquer à nous, certe, ils renonceront,
Heureux qu'un sauf-conduit protége leur retraite.

STAUFFACHER.

Pour l'exécution Gessler seul m'inquiète:
Il est trop bien gardé par ses nombreux soldats.
Sans répandre le sang il ne cédera pas:
Et même, à l'expulser mettons qu'on réussisse,

noble dans toute la pièce; ce fougueux ennemi de la tyrannie, qui va partout chercher des vengeurs; qui ne veut pas même épancher sa douleur de fils, parce qu'il craint d'être distrait un instant de sa haine, se montre ici, tout à coup, engagé dans une vulgaire intrigue d'amour avec une servante.

ACTE II, SCÈNE II.

Il sera redoutable encore pour la Suisse ;
Ses jours ne sont donc pas des jours à ménager.

BAUMGARTEN.

Qu'on me place partout où sera le danger !
Je dois la vie à Tell, et je la sacrifie,
Avec un vrai bonheur, pour ma chère patrie ;
J'ai sauvé mon honneur, mon cœur est satisfait !

REDING.

Le temps porte conseil ; attendons-en l'effet.
Il est bon, quand il faut agir, qu'on s'abandonne
Aux inspirations que le moment nous donne...
Mais regardez ! pendant qu'ici nous discutons,
L'aurore a coloré nos montagnes... Partons !
Si nous tardons encor, le jour sur nous va luire.

WALTHER FÛRST.

La nuit de nos vallons lentement se retire,
N'ayez donc nulle crainte.

(Tous, par un mouvement spontané, ôtent leurs chapeaux et, dans le recueillement, contemplent le lever de l'aurore.)

LE CURÉ.

   Il faut que nous jurions,
Par ces feux du matin dont les premiers rayons
Viennent à l'habitant des montagnes sourire,
Avant de se montrer à l'homme qui respire
La vapeur des cités ; il faut jurer, amis,
L'alliance nouvelle. Oh ! oui, restons unis !

Nous voulons ne former qu'un seul peuple de frères,
Que ne diviseront ni dangers, ni misères ;

(Tous répètent ces deux vers, en levant la main droite.)

Nous voulons vivre, ainsi qu'ont vécu nos aïeux :
Libres !... Plutôt la mort que des fers odieux !

(Même répétition.)

Nous voulons en Dieu seul mettre notre assurance,
Et ne pas avoir peur de l'humaine puissance !

(Ils répètent tous et s'embrassent.)

STAUFFACHER.

En silence à présent séparons-nous. Allez
Retrouver vos amis, à chacun d'eux parlez.
En soignant ses troupeaux rentrés de la montagne,
Pour la saison d'hiver, que le pâtre nous gagne
Des partisans. Il faut souffrir patiemment
Ce qu'il faudra souffrir jusqu'au dernier moment.
Permettez aux tyrans de combler la mesure,
Car bientôt ils paieront leur dette avec usure,
La dette de chacun et la dette de tous.
Votre colère est juste, eh bien ! contenez-vous.
Attendez pour venger votre propre infortune,
Que soit venu le jour de vengeance commune.
A l'intérêt de tous traître quiconque irait
Faire justice seul, pour son seul intérêt !

(Pendant qu'ils s'éloignent, dans un profond silence, de trois côtés différents, l'orchestre fait entendre une éclatante harmonie. La scène reste encore vide pendant quelques instants, et l'on voit sur les glaciers les rayons du soleil levant.)

ACTE TROISIÈME.

SCÈNE PREMIÈRE.

(Une cour devant la maison de Tell.)

TELL, une hache de charpentier à la main, travaille. EDWIGE est occupée à un ouvrage de femme. WALTHER et GUILLAUME, dans le fond du théâtre, jouent avec une arbalète.

WALTHER chante :

Le chasseur se met en campagne
Aux premiers rayons du matin.
Et la vallée, et la montagne,
Il les parcourt, son arc en main.

Il est le roi des hautes cimes ;
Ils sont à lui les lieux déserts,
Les rocs escarpés, les abîmes,
Comme sont au milan les airs.

Il lance ses traits dans l'espace
— Au chasseur l'espace appartient —
Et devant lui tout ce qui passe,
Poil ou plume, tout lui revient.

(Il arrive en sautant.)

Ma corde s'est rompue ; est-ce que tu veux, père,
Me la raccommoder ?

TELL.

Ce n'est pas mon affaire :
Un bon archer tout seul d'embarras doit sortir.

(Les enfants s'éloignent.)

EDWIGE.

Ces enfants! de bonne heure ils s'exercent au tir!

TELL.

Il faut s'y prendre à temps pour devenir habile.

EDWIGE.

Mon Dieu! puisse ce zèle être un jour inutile!

TELL.

Il faut tout leur apprendre, à tout les préparer;
Il faut, quand dans la vie on va s'aventurer,
Être prêt à l'attaque ainsi qu'à la défense.

EDWIGE.

Hélas! et du foyer la tranquille existence,
Ils la dédaigneront!

TELL.

Edwige, à cette paix,
Moi-même ai-je donc pu me façonner jamais?
Dieu ne m'a pas fait homme à vouloir que ma vie
De celle d'un berger eût la monotonie.
Vers quelque but nouveau, fugitif, spontané,
Chaque jour je me sens avec joie entraîné.
Je ne sais de la vie apprécier les charmes
Que lorsque je l'arrache au danger.

EDWIGE.

Et mes larmes?
Et ces moments cruels qui s'écoulent pour moi
Quand j'attends ton retour? tu n'y penses pas, toi!
Tes serviteurs m'ont dit vos courses périlleuses;
Ils m'ont laissée en proie à des terreurs affreuses.

Je frémis, chaque fois que je te vois partir ;
Il me semble que c'est pour ne plus revenir.
Je t'aperçois, Guillaume, égaré dans les glaces ;
Sautant de pic en pic, franchissant leurs crevasses ;
Le chamois poursuivi, prompt à se retourner,
Dans l'abîme avec lui parvient à t'entraîner.
L'avalanche bondit, elle tombe et te couvre.
La glace sous tes pieds soudain se rompt et t'ouvre
Le tombeau qui vivant t'engloutit. Oh ! malheur !
Dans nos Alpes, la mort suit l'imprudent chasseur ;
Elle a mille moyens de saisir sa victime.
Déplorable métier ! Sur le bord de l'abîme
Être mené sans cesse au péril de ses jours !

TELL.

Le chasseur de sang-froid, de soi maître toujours,
Qui tout autour de lui promène un œil tranquille,
Qui dans le ciel se fie et dans sa force agile,
Cet homme, du danger se tire avec bonheur,
Et, né dans la montagne, il n'en peut avoir peur.

(Il a fini son travail et dépose ses outils.)

Maintenant, pour longtemps voilà la porte en place :
De charpentier tu vois qu'aisément je me passe.

(Il prend son chapeau.)

EDWIGE.

Où vas-tu ?

TELL.

Dans Altdorf, chez ton père.

EDWIGE.

Dis-moi,
Tu ne médites rien de périlleux ?

TELL.

Pourquoi
A cette question arrives-tu, ma femme ?

EDWIGE.

Contre nos gouvernants quelque chose se trame.
Sur le Rütli je sais que l'on s'est rassemblé :
Tu conspires aussi.

TELL.

Je n'y suis point allé.
S'il arrive pourtant que le pays m'appelle,
J'entends bien qu'à sa voix il me trouve fidèle.

EDWIGE.

Mais ils te placeront où sera le danger.
De la plus lourde part on saura te charger;
Comme toujours.

TELL.

Chacun doit acquitter sa dette
Selon ses facultés.

EDWIGE.

Pendant une tempête
On t'a vu sur le lac, passant à l'autre bord
Un homme d'Unterwald, et si tu n'es pas mort,
C'est que le ciel pour toi daigna faire un prodige.
Oubliais-tu ta femme et tes enfants ?

TELL.

Edwige,
J'y pensais en rendant un père à ses enfants.

EDWIGE.

Aller s'aventurer sur des flots écumants !

En Dieu ce n'est pas là mettre sa confiance ;
C'est le tenter.

TELL.

Celui qui trop longtemps balance
Agit peu.

EDWIGE.

Je sais bien que ton bon cœur, toujours,
Te pousse vers quiconque a besoin de secours ;
Mais si jamais c'est toi que le danger regarde,
Personne ne viendra t'en tirer.

TELL.

Dieu me garde
D'avoir jamais besoin de secours !
(Il prend son arbalète et ses flèches.)

EDWIGE.

A quoi bon
Prendre ton arbalète ? Ici laisse-la.

TELL.

Non.
Cette arme, tu le sais, m'est aussi nécessaire
Que les bras. (Les enfants reviennent.)

WALTHER, à son père :

Où vas-tu ?

TELL.

Je vais chez ton grand-père.
Veux-tu m'accompagner, mon fils ?

WALTHER.

Certainement !

EDWIGE.

Mais, Gessler dans Altdorf se trouve en ce moment.
Reste !

TELL.

Il en part.

EDWIGE.

Attends qu'il n'y soit plus, Guillaume.
Ne fais pas que de nous se souvienne cet homme ;
Tu sais qu'il nous en veut.

TELL.

Que redouter de lui ?
Je vais mon droit chemin sans craindre d'ennemi.

EDWIGE.

Les braves gens surtout sont l'objet de sa haine.

TELL.

Pour les atteindre il sait que sa puissance est vaine.
Gessler me laissera tranquille, assurément.

EDWIGE.

Tu le crois ; tu n'en es pas sûr.

TELL.

Dernièrement,
Dans le val du Schœchen, dans un endroit sauvage,
Où rien d'un être humain n'annonçait le passage,
Je chassais. J'étais seul. Je suivais un sentier
Dont j'aurais vainement tenté de dévier,
Car, d'un côté, le roc à pic, inaccessible,
Et, de l'autre, le gouffre où le Schœchen terrible

ACTE III, SCÈNE 1.

Fait entendre le bruit de ses flots en fureur.

(Les deux enfants se rapprochent de lui, se placent l'un à sa droite, l'autre à sa
gauche, et le regardent avec la plus grande curiosité.)

Soudain, je vois venir à moi le gouverneur ;
Seul aussi... Près de nous était le précipice...
Quand il me reconnaît — tu sais quelle injustice
Pour une bagatelle il mit à me punir —
Mon arbalète en main quand il me voit venir,
Il pâlit, ses genoux fléchissent, il chancelle,
Il est près de tomber... De sa frayeur mortelle
J'eus pitié : Monseigneur, c'est moi, dis-je aussitôt
D'un air respectueux ; c'est moi... Lui, pas un mot !
Ses lèvres demeuraient muettes d'épouvante ;
Un signe seulement, fait d'une main tremblante,
Me dit de passer outre... En effet je passai,
Et j'envoyai sa suite où je l'avais laissé.

EDWIGE.

Eh bien ! malheur à toi ! Ne crois pas que cet homme,
De l'avoir vu trembler, te pardonne, Guillaume.

TELL.

Aussi l'éviterai-je, Edwige. Quant à lui,
Crois-tu qu'il me recherche ?

EDWIGE.

                Eh bien ! pour aujourd'hui,
Éloigne-toi d'Altdorf ; va plutôt à la chasse.

TELL.

Quelle idée as-tu donc ?

EDWIGE.

      Oh ! fuis Altdorf, de grâce !

TELL.

Comment sans nul motif peux-tu t'inquiéter ?

EDWIGE.

J'ai des pressentiments : Tell, consens à rester !

TELL.

J'ai promis; l'on m'attend, mon Edwige chérie.

EDWIGE.

Pars donc, mais laisse-moi cet enfant, je t'en prie.

WALTHER.

Non, je voudrais aller avec mon père.

EDWIGE.

      Ainsi,
Tu veux, mon cher enfant, m'abandonner aussi ?

WALTHER.

Je suis sûr que pour toi j'aurai de mon grand-père
Quelque joli cadeau.
    (Il sort avec son père.)

GUILLAUME.

Moi je reste, ma mère.

EDWIGE, l'embrassant :

Oui, mon enfant chéri, tu m'es fidèle, toi !

(Elle va à la porte de la cour et suit longtemps des yeux son mari et Walther.)

SCÈNE DEUXIÈME.

(Une contrée sauvage entourée de forêts; des cascades tombant des rochers.)

BERTHA, en habits de chasse, puis RUDENZ.

BERTHA.

Il me suit ; il faudra qu'il s'explique avec moi.

RUDENZ, *entrant précipitamment sur la scène :*

Je vous trouve enfin seule et l'endroit m'est propice,
Madame ; autour de nous partout le précipice.
Ici je ne craindrai nul œil inquisiteur ;
D'un silence trop long je soulage mon cœur.

BERTHA.

Vous êtes-vous au moins assuré que la chasse
Ne nous a pas suivis?

RUDENZ.

    Loin de nous elle passe...
Je dois mettre à profit ce temps si précieux,
Madame ; décidez de mon sort en ces lieux,
Dût l'arrêt que j'implore imposer à mon âme
Des adieux éternels... Ah ! de grâce, Madame,
A vos regards si doux, toujours pleins de bonté,
Oh ! non, ne donnez pas cette sévérité !...
Qui suis-je pour oser jusques à vous prétendre?
Mon nom... la gloire encor ne l'a point fait entendre.
Parmi ces chevaliers, moi, je ne compte pas
Qui se sont illustrés déjà dans les combats ;
Qui, brillants, empressés, autour de vous s'agitent
Pour obtenir de vous la main qu'ils sollicitent.

Un cœur rempli d'amour et de fidélité,
Voilà tout ce que j'ai, Madame.

BERTHA, *sévèrement* :

En vérité ?
Vous osez me parler d'amour, d'être fidèle,
Quand au premier devoir vous vous montrez rebelle ?
(Rudenz recule.)
Esclave de l'Autriche, à l'Étranger vendu,
Vous servez vos tyrans.

RUDENZ.

Grand Dieu ! qu'ai-je entendu !
Vous me le reprochez ? Je vous parais infâme ?
Dans leur parti qui donc ai-je cherché, Madame,
Si ce n'est vous ?

BERTHA.

Croyant que manquer à sa foi
Était un sûr moyen d'être digne de moi ?
Ah ! plutôt à Gessler, au tyran être unie
Qu'au fils dénaturé d'un pays qu'il renie,
Et de ses oppresseurs ose être l'instrument !

RUDENZ.

Pouvez-vous me parler aussi cruellement !

BERTHA.

Pour un homme d'honneur est-il donc, je vous prie,
Des intérêts plus chers que ceux de la patrie ?
De celui qu'on opprime être le protecteur,
Défendre l'innocent, voilà, d'un noble cœur,
Le premier, le plus beau des devoirs. Mon cœur saigne
Aux maux de votre peuple ; il faut que je le plaigne,
Que je souffre avec lui, que je l'aime : je vois

Qu'il est si bon, si simple et si fort à la fois.
Oui, mon cœur tout entier vers ce peuple m'attire ;
Toujours de plus en plus je l'honore et l'admire.
Et vous, que la nature à ce peuple a donné
Pour soutenir ses droits, — ici vous êtes né —
Vous, infidèle aux lois qu'un chevalier s'impose,
C'est vous qui de ce peuple abandonnez la cause !
Vous vous êtes rangé parmi ses ennemis !
C'est vous qui préparez des fers à ce pays !
Allez! vous m'offensez, vous m'affligez. Mon âme
Se contraint pour ne point vous haïr.

RUDENZ.

Mais, Madame,
De mon peuple toujours j'ai voulu le bonheur.
Il aurait dans l'Autriche un puissant protecteur,
Et, libre désormais de toute inquiétude...

BERTHA.

Vous voulez amener pour lui la servitude ;
Vous voulez des Cantons chasser la liberté,
De l'aile qui seul encor lui soit resté.
Ce peuple à son bonheur s'entend mieux qu'on ne pense.
Son jugement est sûr; jamais à l'apparence
Il ne se prend; mais vous, elle vous a trompé :
Dans leurs filets c'est vous qu'ils ont enveloppé.

RUDENZ.

Ah ! vous n'avez pour moi que mépris et que haine !

BERTHA.

Plût à Dieu que pour vous j'en eusse l'âme pleine!
Je ne souffrirais pas ce qu'il me faut souffrir
En voyant dans celui que je voudrais chérir,
Un homme méprisé, qui mérite de l'être !

RUDENZ.

Ah ! cruelle Bertha ! vous faites apparaître
A l'homme qui vous aime un ciel de voluptés,
Et puis, tout aussitôt, vous l'en précipitez !

BERTHA.

Non ! l'honneur n'est pas mort tout entier dans votre âme;
Il y sommeille ; à moi d'en raviver la flamme !
Vous avez dû sur vous agir violemment,
Pour vouloir l'étouffer ; mais, bien heureusement,
De cet honneur inné la puissance est si forte
Que, malgré vos efforts, sur vous elle l'emporte :
Vous êtes noble et bon malgré vous-même.

RUDENZ.

En moi,
Vous daignez donc, Bertha, vous daignez avoir foi ?
Ah ! fort de votre amour, je puis tout, je vous jure !

BERTHA.

Eh bien ! demeurez tel que vous fit la nature.
Remplissez le mandat qu'elle vous a donné !
Protégez un pays, un peuple infortuné !
Que, vos droits les plus saints, vous sachiez les défendre !

RUDENZ.

Hélas ! comment à vous puis-je jamais prétendre,
Comment vous obtenir, si, pour vous mériter,
A l'Empereur lui-même il me faut résister ?
Et puis, de vos parents l'injuste tyrannie,
Sans doute ne voudra jamais vous voir unie
Qu'à l'époux de leur choix.

ACTE III, SCÈNE II.

BERTHA.

Tous mes biens sont ici.
La Suisse libre, moi je serai libre aussi.

RUDENZ.

Quel espoir à mes yeux, Bertha, vous faites luire !

BERTHA.

Pour arriver au but où votre cœur aspire,
Sur l'Autriche, Rudenz, vous compteriez en vain :
Vers ma grande fortune ils étendent la main.
À l'un d'eux par l'hymen l'assurer en partage,
C'est encor de l'Autriche augmenter l'héritage.
La soif de posséder dont ils sont tourmentés,
Qui veut anéantir vos droits, vos libertés,
Menace aussi la mienne : un favori du maître
Sera par cet hymen récompensé peut-être...
O mon ami, l'on veut m'entraîner à la cour,
Où l'intrigue et la ruse ont fixé leur séjour.
C'est là qu'on me prépare un lien que j'abhorre.
L'amour seul... votre amour, peut me sauver encore.

RUDENZ.

Quoi, vous consentiriez à vivre parmi nous ?
A me donner ici le nom de votre époux ?...
Mes rêves m'emportaient bien loin de ma patrie;
C'est que je poursuivais votre image chérie.
Au chemin de la gloire où j'espérais marcher,
C'est vous seule, Bertha, vous que j'allais chercher.
C'est l'amour qui rendait mon âme ambitieuse.
Ah ! si dans ces vallons vous pouvez être heureuse ;
Si vous pouvez ici, Bertha, vous renfermer,
Loin du monde, avec moi, pour moi, pour nous aimer,

Au but de mes efforts, mon âme satisfaite
Touchera, comme au port après une tempête ;
Et le torrent du monde y viendrait expirer ;
Et mes désirs au loin n'iraient plus s'égarer.
Oh ! que puissent bientôt ces rocs inaccessibles,
Dont Dieu fit un rempart à ces vallons paisibles,
Ne plus s'ouvrir qu'au ciel, et, jusqu'à notre amour,
Ne laisser pénétrer que la clarté du jour !

BERTHA.

Maintenant tout entier tu viens de m'apparaître
Tel que dans ma pensée, Ulrich, tu devais être ;
Ma croyance dans toi n'était pas une erreur !

RUDENZ.

Arrière, illusion ! Adieu, rêve trompeur !
Je trouve le bonheur aux lieux de ma naissance,
Où s'est épanouie, heureuse, mon enfance !
Mille doux souvenirs y frappent mon esprit :
La source qui murmure et l'arbre qui fleurit,
Tout est pour moi vivant !... Et c'est dans ma patrie
Que tu veux être à moi ?... Je l'ai toujours chérie,
Et je sens bien, Bertha, que, loin d'elle, mon cœur
Ne pouvait arriver à trouver le bonheur.

BERTHA.

Où l'irait-on chercher le bonheur de la terre,
Sinon dans ce pays d'innocence première,
Sur ce sol de l'honneur, de la fidélité,
Où ne s'est pas glissée encor la fausseté ?
Ah ! ce n'est pas ici, mon Ulrich, que l'envie
Viendrait troubler le cours de notre heureuse vie ;
Et tous les jours que Dieu fera luire pour nous,
Nous les verrons passer bien tranquilles, bien doux !

Et déjà je te vois, redevenu toi-même,
Le premier au milieu de ces hommes que j'aime,
Tous libres, tous égaux ! Et l'on t'honorera ;
Et cet hommage pur, rien ne l'imposera...
Tu seras aussi grand qu'un roi dans son empire !

RUDENZ.

Et moi, dans ce bonheur que tu viens de décrire,
Reine des femmes ! moi, je te vois à mon tour
Livrée à mille soins charmants. Notre séjour
Devient pour nous le ciel. Semblable à la nature,
Qui répand au printemps ses fleurs et sa verdure,
Toi, tu pares mes jours, et ton charme enchanteur
Répand autour de nous la vie et le bonheur !

BERTHA.

Comprends-tu mon chagrin quand, ce bonheur suprême,
Je te voyais, ami, le détruire toi-même?
Ah ! s'il m'avait fallu dans son triste château
Suivre ce chevalier, cet orgueilleux bourreau,
Qui fait gémir sous lui votre Suisse asservie,
Ulrich ! qu'elle eût été malheureuse ma vie !
Ici, point de château, point de murs ennemis
Qui séparent Bertha d'un peuple, d'un pays
Qu'elle peut rendre heureux !

RUDENZ.

                    Que faut-il que je fasse ?
Comment puis-je sortir du réseau qui m'enlace ?
Moi-même je m'y suis jeté si follement !

BERTHA.

Ulrich ! il faut le rompre et bien résolûment.
Quoi qu'il puisse arriver, à ton peuple fidèle,

Reste avec lui ; c'est là ta place naturelle.
(Les cors retentissent dans le lointain.)
La chasse se rapproche ; il faut nous séparer.
Pars vite, et, ton pays, songe à le délivrer !
Ton pays, ton amour, défends-les tout ensemble !
Si devant le même homme il faut que chacun tremble,
La même liberté tous nous délivrera !
(Ils sortent.)

SCÈNE TROISIÈME.

(Une prairie près d'Altdorf.)

Sur le devant, des arbres ; dans le fond, un chapeau au haut d'une perche. L'horizon est borné par le Bannberg, au-dessus duquel s'élèvent des montagnes couvertes de neige.

FRIESSHARDT et LEUTHOLD, de faction.

FRIESSHARDT.

Nous attendons en vain, personne ne viendra
Pour faire à ce chapeau son humble révérence.
Tout à l'heure, pourtant, grande était l'affluence ;
Comme en un jour de foire elle couvrait le pré ;
Mais, cet épouvantail une fois arboré,
Tout a fui.

LEUTHOLD.

Si parfois la canaille qui passe
Ote, pour nous narguer, son bonnet plein de crasse,
Tous les honnêtes gens prennent un long détour,
Et vont par le chemin qui tourne autour du bourg,
Plutôt que de venir ici courber la tête.

FRIESSHARDT.

J'ai bien cru que tantôt commencerait la fête :

Tu sais bien qu'à midi, tous les jours, au moment
Où l'on sort du Conseil, il faut absolument
Que tous nos conseillers passent à cette place.
Je les voyais déjà tous tombés dans la nasse,
Car ils ne songeaient pas au chapeau. Le curé
Vint malheureusement à traverser le pré,
Et, juste, il revenait de voir quelque malade.
Ma foi, dans mes regards il lut, le camarade,
Et, le saint-sacrement en mains, mon Rœsselmann
Au-dessous du chapeau se mit subitement.
Alors le sacristain agitant sa sonnette,
Avec les assistants j'accomplis ma courbette;
Mais à l'ostensoir seul l'hommage fut rendu,
Et non pas au chapeau.

LEUTHOLD.

     Camarade, vois-tu,
C'est comme au pilori qu'ici tous deux nous sommes.
N'est-ce pas une honte, en effet, pour des hommes,
Des soldats comme nous, de se voir préposer
A garder un chapeau? L'on doit nous mépriser...
Qu'à ce chapeau chacun fasse la révérence?
Un tel ordre est sorti d'une tête en démence.

FRIESSHARDT.

Quoi! parce qu'il est vide? eh! tu la fais souvent
A des cerveaux qui sont tout aussi pleins de vent.

HILDEGARDE, MATHILDE et ÉLISABETH arrivent avec des
enfants et entourent le mât.

LEUTHOLD.

Et toi, coquin, tel est le zèle qui t'entraîne,
Que tu mettrais les gens volontiers dans la peine.

Passera qui voudra près du chapeau, je veux
Ne voir personne, moi ; je fermerai les yeux.

MATHILDE.

Voilà le gouverneur qui, là-haut, se balance.
Enfants ! songez-y bien : respect à sa puissance !

ÉLISABETH.

Plût à Dieu que bientôt nous n'eussions plus de lui
Que ce chapeau, l'objet des honneurs d'aujourd'hui !
Tout n'en irait que mieux.

FRIESSHARDT, les chassant :

Allons, femmes, arrière !
Que voulez-vous ? Ici vous n'avez rien à faire.
Dites à vos maris, s'ils entendent braver
L'ordre du gouverneur, de venir nous trouver.

(Les femmes s'en vont.)

GUILLAUME TELL, portant son arbalète, s'avance, tenant par la main son fils WALTHER. Ils passent tous deux devant le chapeau sans y faire attention.

WALTHER, montrant le Baunberg :

Voilà cette montagne où, comme l'on assure,
Les arbres, quand la hache y fait une blessure,
Saignent. Père, est-ce vrai ?

TELL.

D'où le sais-tu, mon fils ?

WALTHER.

J'ai du maître berger entendu les récits :
Un charme les retient au sol qui les vit naître,
Dit-il ; il ne faut pas qu'ils puissent disparaître ;

Et lorsque, méchamment, un homme leur fait tort,
Sur sa fosse sa main se dresse après sa mort.

TELL.

Dans ces arbres, mon fils, il est une magie,
C'est vrai : tu vois ces monts dont la cime blanchie
S'élève jusqu'aux cieux?

WALTHER.

Ces glaciers d'où, la nuit,
Nous entendons sortir un si terrible bruit;
D'où tombe l'avalanche?

TELL.

Oui ; tu vas donc comprendre
Quel service important ces arbres doivent rendre :
L'avalanche aurait pu, sans eux, depuis longtemps,
Ensevelir Altdorf et tous ses habitants.
Mais ces arbres, là-haut, lui sont une barrière.

WALTHER, après un moment de réflexion :

Trouve-t-on des pays sans montagnes, mon père?

TELL.

Quand du nôtre l'on part, et qu'on descend toujours,
En suivant nos torrents, nos fleuves dans leur cours,
A de vastes pays de plaines l'on arrive.
L'onde y coule paisible entre sa double rive;
Le flot n'y tombe plus bondissant, écumeux.
L'œil peut y mesurer l'immensité des cieux.
Là, sur de longs sillons, les blés en abondance,
Et la terre y paraît comme un jardin immense.

WALTHER.

Pourquoi n'allons-nous pas dans ces pays charmants,
Au lieu de vivre ici dans d'éternels tourments ?

TELL.

Ils sont beaux, ils sont bons comme le ciel lui-même;
Mais, leurs riches moissons, le peuple qui les sème
Ne les recueille pas.

WALTHER.

    Est-ce que, comme toi,
Chacun n'a pas son bien, n'est pas libre chez soi ?

TELL.

Non, la terre appartient au monarque, à l'Église.

WALTHER.

De chasser cependant, on a pleine franchise ?

TELL.

Au seigneur tout gibier, sur le sol et dans l'air.

WALTHER.

Mais la pêche du moins...

TELL.

    Tout : les fleuves, la mer,
Le sel, tout est au roi.

WALTHER.

    Celui qu'ainsi l'on nomme,
Celui qu'ils craignent tous, qui donc est-il ?

TELL.

      Un homme
Chargé de les nourrir et de les protéger.

ACTE III, SCÈNE III.

WALTHER.

Ils ne savent pas seuls écarter le danger?

TELL.

Comment le pourraient-ils ? Là, le voisin à peine
Se fie à son voisin.

WALTHER.

J'y serais à la gêne,
Père ; sous l'avalanche il vaut bien mieux rester.

TELL.

Bien moins que les méchants elle est à redouter.
(Ils veulent passer outre.)

WALTHER.

Ah ! vois donc ce chapeau perché là-haut, mon père !

TELL.

Viens, partons, ce chapeau ne nous importe guère.
(Au moment où il veut s'éloigner, Friesshardt se place devant lui avec sa pique.)

FRIESSHARDT.

Au nom de l'Empereur, arrêtez-vous ici !

TELL, saisissant la pique :

Que voulez-vous ? Pourquoi me retenir ainsi ?

FRIESSHARDT.

Suivez-nous ! vous avez violé l'ordonnance.

LEUTHOLD.

Vous deviez au chapeau faire la révérence.

TELL.

Laissez-moi, mes amis.

FRIESSHARDT.

En prison !... Suivez-nous !

WALTHER.

Lui ? mon père ?... Au secours ! au secours !
(Appelant au fond du théâtre :)
Venez tous,
Braves gens ! aidez-nous à nous tirer de peine !
Du secours ! vous voyez qu'en prison on l'emmène.

LE CURÉ RŒSSELMANN, LE SACRISTAIN PETERMANN
et trois autres arrivent sur la scène.

LE SACRISTAIN.

Que se passe-t-il donc ?

LE CURÉ.

D'où vient cette rigueur ?
Pourquoi porter la main sur lui ?

FRIESSHARDT.

De l'Empereur
Cet homme est ennemi. C'est un traître.

TELL, le saisissant vigoureusement :

Moi ? traître ?

LE CURÉ.

Tu te trompes, l'ami ; cet homme ne peut l'être.
C'est Tell, un honnête homme, un brave citoyen.

WALTHER, apercevant Walther Fürst et se précipitant vers lui :

Grand-père ! à nous ! à nous ! mon père arrêté ! vien !

FRIESSHARDT.

Vite en prison !

ACTE III, SCÈNE III.

WALTHER FÜRST, *accourant :*

Je suis caution de cet homme ;
Qu'on le laisse ! Pour Dieu ! qu'as-tu donc fait, Guillaume ?

MELCHTHAL et STAUFFACHER *arrivent.*

FRIESSHARDT.

L'ordre du gouverneur est par lui méprisé,
Son pouvoir.

STAUFFACHER.

Lui ?

MELCHTHAL.

Tu mens, drôle !

LEUTHOLD.

Il a refusé
De s'incliner devant ce chapeau.

WALTHER FÜRST.

C'est peu grave.
Faut-il donc pour ce fait l'emprisonner ? Mon brave,
Reçois ma caution, rends-lui la liberté.

FRIESSHARDT.

Garde ta caution ! — Cet homme est arrêté ;
C'était notre devoir. — Que tout ce train finisse !
En prison !

MELCHTHAL, *aux paysans :*

Allons-nous souffrir cette injustice ?
Le laisser emmener ?

LE SACRISTAIN.

Non, nous résisterons !
Nous sommes les plus forts et nous vous soutiendrons !

FRIESSHARDT.

Qui donc du gouverneur braverait l'ordonnance?

TROIS AUTRES PAYSANS, accourant :

Qu'est-ce donc ?... Nous venons vous prêter assistance...
Terrassez ces soldats !

HILDEGARDE, MATHILDE et ÉLISABETH reviennent.

TELL.

Merci de vos secours :
Si je voulais avoir à la force recours,
Croyez que je n'aurais pas peur de ces deux piques.

MELCHTHAL, à Friesshardt :

Viens donc nous l'enlever !

WALTHER FÜRST et STAUFFACHER.

Montrons-nous pacifiques.

FRIESSHARDT, criant :

Rébellion !

(On entend les cors de chasse.)

LES FEMMES.

Voici le gouverneur.

FRIESSHARDT, élevant la voix :

A moi !

Rébellion !

STAUFFACHER.

Coquin ! crie, égosille-toi !
En puisses-tu crever !

LE CURÉ et MELCHTHAL.

Allons ! veux-tu te taire ?

FRIESSHARDT, *criant toujours plus fort* :

Aux soutiens de la loi, secours !

WALTHER FÜRST.

Mon Dieu ! que faire ?
Voici le gouverneur ; malheur, malheur à nous !
Que va-t-il arriver ?

GESSLER, à cheval, un faucon sur le poing, RODOLPHE DE HARRAS, BERTHA, RUDENZ, suite nombreuse de valets armés, qui forment sur la scène un vaste cercle de piques.

RODOLPHE DE HARRAS.

Place au gouverneur, vous !

GESSLER.

Pourquoi donc cette foule ici s'assemble-t-elle ?
Dissipez-la !... Qui donc à son secours appelle ?

(Silence général.)

Qui ?... Je veux le savoir.

(A Friesshardt :)

Soldat, avance ici !
Quelle était ta querelle avec cet homme-ci ?

(Il donne son faucon à un homme de sa suite.)

FRIESSHARDT.

Je compte, monseigneur, parmi votre milice ;
Je suis, près de ce mât, commandé de service,
Et cet homme, malgré l'ordre de monseigneur,
Refuse à ce chapeau toute marque d'honneur.

J'ai voulu l'arrêter selon votre ordonnance,
Mais, envers moi le peuple use de violence.

GESSLER, après une pause, à Guillaume Tell :

Sommes-nous à ce point, ton Empereur et moi
Qui tiens sa place ici, méprisables pour toi,
Que lorsque, pour juger de votre obéissance,
Je veux que vous rendiez hommage à ma puissance,
Dans le signe qu'ici j'en ai fait arborer,
Tu ne consentes pas, Guillaume, à l'honorer?
De tes mauvais desseins tu fais bien peu mystère.

TELL.

Monseigneur, cette faute est tout involontaire ;
Grâce ! J'avais alors l'esprit je ne sais où...
Vous savez, monseigneur, qu'on m'appelle le Fou ¹...
Ah ! que pour cette fois monseigneur me pardonne !
Jamais, je n'ai jamais méprisé sa personne.

¹ Der knecht der des huotz verwartet, der verklagt Wilhelm Tellen vor sinem herren, Do der herr solichs vernam, fuor er zuo vnd beschickt den Tellen für jn, vnd fragt jn freuenlichen warumb er sinen gepotten nit gehorsam were, dem stecken vnd dem huot neigte als er gepotten het, Der Tell antwurt vnd sprach, Lieber herr, es ist angefärde beschechen, han ouch nit gewusst, das üwer gnad sölichs so hoch achten oder fassen solte, *were ich witzig, so hiesse ich anders dann der Tell*, Darumb gnediger herr, so söllen je mirs verzichen *vnd miner torheit zuo rechnen*.. . (Etterlin. Kronika von der loblichen Eidgnoschaft, etc.).

Le soldat qui était préposé à la garde du chapeau, accusa Guillaume Tell devant le gouverneur, qui s'avança et, faisant amener Tell devant lui, lui demanda d'un air de bonté pourquoi il avait méconnu son ordre en ne s'inclinant pas devant le chapeau. « Seigneur, répondit Tell, je ne l'ai point fait à mauvaise intention ; j'ignorais que je dusse rendre cet honneur à votre grâce. *Si j'avais de l'es-*

ACTE III, SCÈNE III.

GESSLER, après un moment de silence :

Tell, on te dit partout un habile tireur.
Tu ne crains nul rival ?

WALTHER.

Oh ! c'est vrai, monseigneur,
Car mon père à cent pas vous abat une pomme.

GESSLER.

C'est ton fils ?

TELL.

Oui, seigneur.

GESSLER.

Ton seul enfant, Guillaume ?

TELL.

J'ai deux fils.

prit, je ne porterais pas le nom de Tell. Aussi, monseigneur, je vous prie de me pardonner, en tenant compte de ma folie.

Voici ce que dit sur ce passage J. J. Sprengen, commentateur d'Etterlin :

Täll oder, wie einige Deutschen noch sagen, *Talle*, heisset nach dem Buchstaben ein *Einfältiger*; von *talen*, einfältig und kindisch tuhn. Es scheinet wol, dass dises kein eigner noch ererbter, sondern ein angenommener Name gewesen, und vermuhtlich hatten sich Wilhelms sämtliche Bundsgenossen darmit unterschieden, etc.

Täll, ou, comme d'autres Allemands disent, *Talle*, signifie homme simple d'esprit, du mot *talen*, agir avec simplicité, comme un enfant. Il paraît, en effet, que le nom de Tell n'était ni un nom propre, ni un nom de famille, mais bien un surnom, comme en avaient sans doute, pour se distinguer entre eux, les Suisses dans les trois Cantons.

GESSLER.

Lequel est le plus cher à ton cœur?

TELL.

Je les aime tous deux de même, monseigneur.

GESSLER.

Puisque tu sais abattre à cent pas une pomme,
Il faut me faire voir ce talent qu'on renomme.
Prends ton arme... C'est bien, tu l'as précisément.
Tiens-toi prêt. Laisse aller ton fils pour un moment :
Je veux faire placer la pomme sur sa tête.
Mais que du premier coup porte ton arbalète !
Entends-tu ? Vise bien, car c'en est fait de toi
Si tu manques.

(Tout le monde donne des signes d'effroi.)

TELL.

Seigneur, qu'exigez-vous de moi?
Sur sa tête?... Il faudrait?... Mon fils?... Mais, c'est horrible!...
M'en préserve le ciel ! Oh ! non... c'est impossible !...
Vous ne le pensez point... Ce n'est pas sérieux...
Vous n'ordonnerez pas qu'un père...

GESSLER.

Je le veux !...
Sur le front de ton fils la pomme sera mise,
Et tu l'abattras.

TELL.

Moi ? Vous voulez que je vise
Cette tête si chère?... Oh ! non. Plutôt mourir !

GESSLER.

Tu vas tirer, ou bien avec ton fils périr.

TELL.

Son meurtrier ?... C'est moi, son père, qui dois l'être ?...
Vous n'avez pas d'enfants; vous ne pouvez connaître
Ce que le cœur d'un père, en un pareil moment,
Monseigneur, doit subir de tortures.

GESSLER.

Comment !
Te voilà tout à coup bien timoré, Guillaume.
Eh ! l'on m'avait parlé de toi comme d'un homme
Quelque peu singulier, rêveur et n'aimant pas
A vivre comme on vit d'ordinaire ici-bas ;
Tu te plais, disait-on, à l'extraordinaire :
Si je t'ai proposé ce coup, c'est pour te plaire.
Un autre hésiterait ; toi, tu fermes les yeux,
Et tu prends ton parti.

BERTHA.

Mais, de ces malheureux
Vous vous jouez, seigneur, d'une façon cruelle.
Voyez donc leur terreur et leur pâleur mortelle.
Jusqu'ici vous avez, à des propos plaisants,
Habitué fort peu ces pauvres paysans.

GESSLER.

Qui vous dit que ce soit une plaisanterie ?...

(Il s'approche d'un arbre et y cueille une pomme.)

Voici la pomme; allons ! place dans la prairie !...
Qu'il prenne sa distance, et ne mesure pas,
Entre son fils et lui, moins de quatre-vingts pas !...
Il s'est même vanté d'atteindre à cent son homme...
Maintenant, ne va pas me manquer cette pomme !

RODOLPHE DE HARRAS.

O ciel! c'est sérieux!... Enfant! tombe à genoux;
Demande au gouverneur la vie.

WALTHER FÜRST, à part, à Melchthal, qui peut à peine maîtriser son impatience :

      Oh! calmez-vous,
Sachez vous contenir, Melchthal, je vous en prie!

BERTHA, à Gessler :

Finissez, monseigneur! c'est de la barbarie;
Et ne vous jouez pas aussi cruellement
Des angoisses d'un père. Admettons un moment
Qu'il méritât la mort pour sa faute légère;
Vous l'avez fait mourir dix fois, ce pauvre père.
Laissez-le donc en paix s'en retourner chez lui.
Cet homme, monseigneur, vous connaît aujourd'hui :
De cette heure cruelle il gardera mémoire,
Et tous ses descendants en rediront l'histoire.

GESSLER.

Qu'on sépare la foule!... Allons, dépêche-toi!
Tu mérites la mort, et, sur un mot de moi,
Tu peux la recevoir; cependant, ma clémence
En tes habiles mains remet ton existence.
Quand je te laisse ainsi l'arbitre de ton sort,
De ma rigueur pour toi tu te plaindrais à tort.
De ton coup d'œil si sûr tu te vantes sans cesse ;
Eh bien! voici l'instant de montrer ton adresse.
Je t'offre un but, un prix dignes de ton savoir.
Un autre, comme toi, peut mettre dans le noir;
Mais, être sûr de soi dans toute circonstance,
Avoir le regard prompt, le bras plein d'assurance,

Et n'y pas laisser voir l'émotion du cœur,
Voilà ce que j'appelle être un maître tireur.

WALTHER FÜRST, tombant à genoux devant lui :

Nous reconnaissons tous votre haute puissance ;
De grâce, préférez à justice clémence !
La moitié de mes biens... tous, prenez-les, seigneur;
Mais de ce sacrifice épargnez-lui l'horreur !

WALTHER TELL.

Non, devant ce méchant, pas à genoux, grand-père !...
Où faut-il me placer ?... Allez, je ne crains guère:
Mon père atteint l'oiseau dans la nue, et son trait
Vers le cœur de son fils de sa main dévierait ?

STAUFFACHER.

Seigneur, de cet enfant est-ce que l'innocence
D'émouvoir votre cœur n'aura pas la puissance?

LE CURÉ.

Songez qu'il est un Dieu là-haut ; que vous devrez
Lui rendre compte un jour de ce que vous ferez !

GESSLER, montrant l'enfant :

A ce tilleul allez l'attacher !

WALTHER TELL.

                Qu'on m'attache?
Non ! je ne veux pas être attaché ; qu'on le sache !
La brebis n'aurait pas plus d'immobilité
Que moi, si l'on me veut laisser ma liberté ;
J'irai même jusqu'à retenir mon haleine ;
Mais si de vos liens vous m'imposez la gêne,
Pour m'en débarrasser je ferai de mon mieux.

RODOLPHE DE HARRAS.

Souffre au moins, mon enfant, qu'on te bande les yeux.

WALTHER TELL.

Qu'on me bande les yeux ? ce n'est pas nécessaire.
Croyez-vous que je crains la flèche de mon père ?
Je vais résolûment la voir venir à moi,
Sans même sourciller... Allons ! prépare-toi,
Mon père : à ton adresse il ne croit pas, cet homme ;
Il veut nous perdre ; eh bien ! tire ! abats cette pomme !
Fais-lui ce grand chagrin, à ce cruel !

(Il va au tilleul ; on lui met la pomme sur la tête.)

MELCHTHAL, aux habitants :

Comment !
Nous laissons sous nos yeux !... Pourquoi notre serment ?

STAUFFACHER.

Sans armes vous voulez ?... Quelles seraient nos chances ?
Voyez autour de nous cette forêt de lances.

MELCHTHAL.

Que n'avons-nous agi lorsque je le voulais !
A tous ceux qui nous ont conseillé des délais,
De cet homme que Dieu pardonne un jour le crime !

GESSLER, à Guillaume Tell :

Voyons ! à l'œuvre enfin !... Souvent l'on est victime
Du danger de porter une arme. L'on a tort
De promener partout un instrument de mort ;
Le trait peut revenir sur celui qui le lance.
Sachez-le, paysans ! votre maître s'offense
De ce droit orgueilleux qu'on s'est ici formé.
A celui qui commande, à lui seul d'être armé !

ACTE III, SCÈNE III.

Vous aimez à tirer de l'arc ? soit ! que l'on tire !
Mais j'entends vous donner le but.

TELL bande son arbalète et y place une flèche :

　　　　　　　　　　Qu'on se retire !
Que la foule se range !

STAUFFACHER.

　　　　　　　Eh quoi ! Tell, vous voulez ?...
De grâce !... vos genoux fléchissent... vous tremblez...
Votre main n'aurait pas toute son assurance.

TELL, laissant tomber son arbalète :

Tout tourne autour de moi !

LES FEMMES.

　　　　　　　Céleste Providence !

TELL, au gouverneur :

N'exigez pas ce coup. Tenez ! voici mon cœur ;

(Il découvre sa poitrine.)

Appelez vos soldats ! Tuez-moi, monseigneur !

GESSLER.

Non pas ! je veux le coup ; je ne veux point ta vie.
Tu peux ce que tu veux, et fais à ton envie.
Il n'est pas d'entreprise à pouvoir t'effrayer,
Toi, le maître tireur, l'habile nautonnier.
Comment ! tu n'as point peur même de la tempête,
Du moment qu'il s'agit de sauver une tête.
Sauveur de tout le monde, à présent sois le tien.

(Tell est dans la plus violente agitation ; ses mains tremblent ; tantôt ses yeux tournent vers le gouverneur et tantôt se lèvent vers le ciel. Tout à coup, il prend dans son carquois une seconde flèche, qu'il cache dans son sein. Gessler remarque tous ses mouvements.

WALTHER TELL, *sous le tilleul*:

Mon père, tire donc ! je n'ai pas peur.

TELL.

        Eh bien !
Puisqu'il le faut...
(Il rassemble ses forces et met on joue.)

RUDENZ, qui pendant tout ce temps a montré la plus vive anxiété et qui s'est
maîtrisé avec peine, s'avance :

    Seigneur, c'est assez... je l'espère.
Vous n'irez pas plus loin ?... Vous avez voulu faire,
Sur cet homme, une épreuve ? Il faut que maintenant
Vous soyez satisfait ; la pousser plus avant,
Seigneur, serait contraire aux lois de la prudence :
Quand il est trop tendu, l'arc se brise.

GESSLER.

        Silence !
Attendez qu'on s'adresse à vous.

RUDENZ.

       Je parlerai !
Et je le dois : du roi l'honneur m'est trop sacré.
De son représentant la conduite inhumaine,
Au monarque ne peut attirer que la haine,
Et, je peux hautement le déclarer ici :
Sa volonté n'est point qu'on en agisse ainsi.
Rien ne vous autorise à cette barbarie ;
Vos pouvoirs ne vont pas jusqu'à la tyrannie.

GESSLER.

Téméraire !

RUDENZ.

    Depuis bien longtemps je me tais

ACTE III, SCÈNE III.

Sur tout ce que j'ai vu de détestables faits.
Je voulais ne point voir ; je faisais violence
A mon cœur indigné ; mais un trop long silence
Trahirait mon pays, trahirait l'Empereur.

BERTHA, se jetant entre lui et Gessler

Grand Dieu ! vous irritez encore sa fureur.

RUDENZ.

Seigneur, j'ai de mon peuple abandonné la cause,
Méconnu les devoirs que la nature impose ;
Sourd à la voix du sang, les liens les plus doux,
Je les ai tous brisés pour m'attacher à vous :
Vouer à l'Empereur toute mon existence,
Au sein de nos Cantons affermir sa puissance,
M'avait semblé le but le meilleur, le plus beau.
Mais, voilà de mes yeux que tombe le bandeau ;
Je me vois en tremblant conduit vers un abîme.
Vous m'avez égaré ; mon cœur était victime
De vos séductions. En rêvant le bonheur
De mon pays, j'allais consommer son malheur.

GESSLER.

Oses-tu bien parler de la sorte à ton maître ?

RUDENZ.

Vous ? Oh non ! l'Empereur a seul le droit de l'être.
Je suis né libre aussi ; je puis vous défier
A toutes les vertus qui font un chevalier ;
Et si de l'Empereur, à qui je rends hommage,
Même alors, comme vous, monseigneur, qu'on l'outrage,
Je ne devais en vous voir le représentant,
Je n'hésiterais pas à vous jeter mon gant,
Que vous ramasseriez, sous peine d'être indigne

Du nom de chevalier... A vos gens faites signe,
Cela m'importe peu : je ne suis pas ici,
Comme ces malheureux, sans armes, Dieu merci !
Vous voyez bien que j'ai mon épée, et je tue
Quiconque approchera.

STAUFFACHER, criant :

La pomme est abattue !

(Pendant que tout le monde était tourné du côté du gouverneur et de Rudenz, entre lesquels Bertha s'était jetée, Tell a lancé sa flèche.)

LE CURÉ.

L'enfant vit !

UN GRAND NOMBRE DE VOIX.

La pomme est à-bas !

(Walther Fürst chancelle et va tomber, Bertha le soutient.)

GESSLER, stupéfait :

Il a tiré ?...

Quel démon !

BERTHA, à Walther Fürst :

L'enfant vit, soyez donc rassuré,
Bon père.

WALTHER TELL, accourant avec la pomme :

La voici ! voici la pomme, père !
Je le savais bien, moi, que tu ne devais faire
Aucun mal à ton fils.

(Tell, lorsque la flèche est partie, est resté le corps penché en avant, comme s'il voulait la suivre ; puis, il a laissé tomber son arbalète. Quand il voit revenir son fils, il se précipite vers lui les bras ouverts et le presse avec ardeur sur son sein. Alors, la force l'abandonne ; il est près de s'évanouir. Tout le monde est dans l'attendrissement.)

BERTHA.

Quelle faveur du ciel !

WALTHER FÜRST, à Guillaume Tell et à son fils :

Mes enfants !... mes enfants !

STAUFFACHER.

Béni soit l'Éternel !
A sa grande bonté, mes amis, rendons grâce.

LEUTHOLD.

Comme c'était visé ! Ma foi, ce coup me passe.
Dans les temps à venir on en reparlera.

RODOLPHE DE HARRAS.

Le nom de l'archer Tell aussi longtemps vivra
Que brilleront ces monts à la cime glacée.

(Il présente la pomme au gouverneur.)

GESSLER.

Vraiment, au beau milieu la pomme est traversée !
La justice, par Dieu ! me force à déclarer
Que c'est un coup de maître.

LE CURÉ.

Oui, c'est là bien tirer ;
Mais, malheur à celui qui contraignit cet homme
A tenter ainsi Dieu !

STAUFFACHER.

Remettez-vous, Guillaume ;
Levez-vous ; vous voilà bravement racheté,
Et vous pouvez chez vous rentrer en liberté.

LE CURÉ.

Courons rendre ce fils à sa mère.

(Ils veulent l'emmener.)

35.

GESSLER.

Demeure, Tell !

TELL, revenant :

Que me voulez-vous, monseigneur ?

GESSLER.

Tout à l'heure,
J'ai vu que tu cachais une flèche en ton sein...
Oh ! ne va pas nier... Quel était ton dessein ?

TELL, avec embarras :

Monseigneur, c'est parmi les archers un usage.

GESSLER.

Je ne me laisse pas tromper à ce langage.
A cet acte un motif tout autre t'a porté.
Voyons, Tell, dis-moi bien toute la vérité.
Quel que soit ton aveu, je te promets la vie...
Pourquoi cette autre flèche ?

TELL.

A vous donc je me fie,
Monseigneur : sur mes jours vous m'avez rassuré.
Eh bien ! c'est franchement que je vous parlerai :
(Il tire la flèche de dessous sa veste et, fixant sur Gessler un regard terrible :)
Cette seconde flèche ? Elle était... pour vous-même ;
Oui, pour vous, si ma main, à cet enfant que j'aime,
Avait donné la mort ; et ce coup-là, seigneur,
Ce coup n'eût pas manqué son but, sur mon honneur !

GESSLER.

C'est bien, Tell ; j'ai promis : tes jours, je te les laisse ;
Je suis un chevalier et je tiens ma promesse.

Mais je vois la noirceur de tes intentions,
Et dois prendre à mon tour quelques précautions.
Aussi, dans un endroit où jamais ne pénètre
Ni lune ni soleil, je vais te faire mettre.
Tes flèches jusqu'à moi de là ne viendront pas...
Qu'on s'empare de lui, qu'on l'attache, soldats !
(On le lie.)

STAUFFACHER.

Monseigneur ! c'est porter une main sacrilége
Sur un homme que Dieu visiblement protége.

GESSLER.

Nous verrons si deux fois Dieu pourra le sauver.
Qu'on le porte au bateau ! J'irai vous retrouver :
Je veux jusqu'à Küssnacht moi-même le conduire.

LE CURÉ.

Vous ne le ferez pas, non ! le chef de l'Empire
N'oserait se porter à ces extrémités,
Qui blessent tous nos droits, toutes nos libertés !

GESSLER.

Montrez-moi dans quel titre elles sont exprimées.
Le nouvel Empereur les a-t-il confirmées ?
Non ; il faut mériter une telle faveur :
Soyez d'abord, soyez soumis à l'Empereur.
Mais, tous, à son pouvoir vous vous montrez rebelles ;
Vous ourdissez toujours des trames criminelles.
Je vous connais, je lis dans votre cœur à tous.
Je sévis, il est vrai, contre un seul d'entre vous,
Mais chacun, à mes yeux, de son crime est complice.
Qui veut être prudent se taise et m'obéisse !
(Il s'éloigne. Bertha, Rudenz, Rodolphe de Harras et les valets le suivent ; Friess-
hardt et Leuthold restent sur la scène.)

WALTHER FÜRST, avec la plus vive douleur :

Je n'en puis plus douter : il veut me perdre, moi
Et toute ma maison !

STAUFFACHER.

O Guillaume ! pourquoi
Avez-vous de ce monstre excité la colère ?

TELL.

Qui, souffrant ma douleur, aurait donc pu se taire ?

STAUFFACHER.

Maintenant c'en est fait de nous et du pays :
Nous sommes avec vous enchaînés, asservis.

DES PAYSANS, qui entourent Guillaume Tell :

Tout espoir avec vous, hélas ! nous abandonne.

LEUTHOLD, s'approchant de lui :

Vous me faites pitié, mais mon devoir m'ordonne...

TELL.

Adieu, tous !

WALTHER TELL, s'attachant à lui et dans la plus vive douleur :

O mon père !... O mon bon père !

TELL, montrant le ciel :

Il faut,
Mon enfant, t'adresser à celui de là-haut.

STAUFFACHER.

A votre femme, Tell, je dirai ?..

TELL, *pressant avec ardeur son fils dans ses bras* :

Qu'elle espère :
Dieu qui sauva l'enfant sauvera bien le père.

(Il s'arrache des bras de son fils et suit les soldats.)

ACTE QUATRIÈME.

SCÈNE PREMIÈRE.

(La rive orientale du lac des Quatre-Cantons.)

Des rochers escarpés et d'une forme étrange bornent la vue à l'ouest. Le lac est agité. Les vagues mugissent. Par intervalle, les éclairs et le tonnerre.

KUNZ DE GERSAU, RUODI, JENNI.

KUNZ.

Je l'ai vu de mes yeux ; croyez-en mon récit ;
Tout s'est exactement passé comme j'ai dit.

RUODI.

Tell conduit à Küssnacht ! Dans cette forteresse !
Tell ! l'homme le meilleur que le pays connaisse,
Et le bras sur lequel on a le plus compté,
S'il faut combattre un jour pour notre liberté !

KUNZ.

Ils remontent le lac. Jusqu'à la citadelle,

Dans sa barque Gessler le conduit. — Ma nacelle
Démarrait de Flûelen lorsque l'on commençait
A s'embarquer. — Pourtant, l'orage menaçait ;
Il m'a forcé moi-même à gagner le rivage,
Et pourrait bien avoir retardé leur voyage.

RUODI.

Tell dans les fers! Aux mains du gouverneur! O Dieu!
Il va l'ensevelir, le bourreau, dans un lieu
Où le soleil pour lui n'aura plus de lumière :
Car il doit redouter l'homme libre, le père
Qu'il vient de provoquer aussi cruellement.

KUNZ.

Et, de plus, le baron, notre ancien Landammann,
Touche au dernier moment de sa noble existence.

RUODI.

Le pays perd en lui sa dernière espérance :
Le noble Attinghausen, pour soutenir nos droits,
Osait, lui seul encor, faire entendre sa voix.

KUNZ.

Adieu; l'orage augmente, il faut que je l'évite.
Je veux dans le village aller chercher un gîte;
Je ne puis plus songer à partir en bateau.

(Il sort.)

RUODI.

Ainsi, Tell en prison ! le baron au tombeau !...
Tyrannie ! à présent tu peux lever la tête,
Et mettre de côté toute honte. Muette
Est la voix qui disait encor la vérité ;
Éteint, l'œil qui veillait à notre sûreté ;

ACTE IV, SCÈNE I.

Et le bras qui devait vaincre dans notre lutte,
Enchaîné !

JENNI.

Hâtez-vous de rentrer dans la hutte,
Mon père ; vous voyez qu'il grêle abondamment.
Sous le ciel il ne fait pas bon dans ce moment.

RUODI.

Que les vents en fureur bouleversent la terre !
Que le nuage en feu nous lance le tonnerre !
Que les eaux, en torrents tombant des cieux ouverts,
D'un déluge nouveau couvrent tout l'univers !
Les générations qui sont en germe encore,
Puissent-elles périr même avant que d'éclore !
Aux éléments sans frein à régner ! Ours et loups,
Sortez de vos déserts, car ce monde est à vous :
L'homme n'y voudra pas vivre dans l'esclavage !

JENNI.

Dans ces gouffres quel bruit ! la tempête y fait rage.
Jamais elle ne fut si forte en ce pays.

RUODI.

Lui désigner pour but la tête de son fils !
A cet ordre barbare on a soumis un père !
Et l'on s'étonnerait que la nature entière
Voulût se soulever dans toute sa fureur ?...
Après un attentat aussi rempli d'horreur,
Je verrais ces rochers incliner vers la terre
Et cacher dans le lac leur tête séculaire ;
Je verrais de ces monts, dont la glace est toujours,
Celle dont Dieu les a couverts aux premiers jours,
Se fondre tout à coup les gigantesques cimes,

Ces pics mis en morceaux, nivelés ces abîmes,
Et du monde habité flotter tous les débris;
Je verrais tout cela sans en être surpris.

(On entend une cloche.)

JENNI.

Père! sur la montagne entendez-vous la cloche?
D'une barque en péril on signale l'approche,
Sans doute, et l'on voudrait des prières.

(Il monte sur une hauteur.)

RUODI.

         Malheur
A la barque livrée à ces flots en fureur!
Rien ne lui servira, pilote plein d'adresse,
Solide gouvernail : la tempête est maîtresse.
Contre vagues et vents l'on fait de vains efforts.
L'homme ne peut trouver d'asile sur ces bords,
Qui semblent devant lui s'élever et s'étendre.
Ces rocs au malheureux n'ont pas de main à tendre.
Ils refusent l'abri qu'il y cherche des yeux,
Et n'ont à lui montrer que leurs flancs raboteux.

JENNI, indiquant la gauche du théâtre :

Une barque!... Elle vient de Fluelen... Voyez, père!

RUODI.

Pauvres gens! qu'en pitié Dieu prenne leur misère!
Au milieu des rochers de ce bras resserré
Quand l'ouragan se trouve une fois engouffré,
Il rugit comme fait une bête sauvage,
Captive et secouant les barreaux de sa cage;
Il hurle, il veut sortir, et n'en vient pas à bout;

ACTE IV, SCÈNE I.

Il trouve le passage environné partout
De rocs dont jusqu'aux cieux la masse s'amoncelle.
(Il rejoint son fils sur la hauteur.)

JENNI.

Je reconnais la barque au pavillon ! C'est celle
Du gouverneur d'Uri : voilà bien, au milieu,
La tente d'écarlate.

RUODI.

O justice de Dieu !
Oui, c'est bien lui qui lutte au-dessus de l'abîme ;
C'est Gessler conduisant lui-même sa victime.
La vengeance du ciel arrive promptement :
Il faut qu'il reconnaisse un maître en ce moment
Sa voix est impuissante à calmer la tempête,
Et devant son chapeau ne courbent pas la tête
Ces rocs que bat la vague... Enfant ! il ne faut pas
Prier pour lui : de Dieu n'arrête point le bras !

JENNI.

Ce n'est pas pour Gessler que je fais ma prière ;
C'est pour Tell : sur la barque il est aussi, mon père.

RUODI.

O tempête ! faut-il, dans ton aveuglement,
Pour frapper un coupable, un homme seulement,
Que tu fasses périr la barque et le pilote !

JENNI.

Voyez ! du Buggisgrat ils dépassaient la côte,
Lorsque sur l'Axenberg l'ouragan furieux,
Qui du Couvent-du-Diable[1] a rebondi vers eux,
Les a lancés... Je ne les vois plus.

[1] Le Buggisgrat, le grand Axenberg et le petit Axenberg, de même

RUODI.
                    Ce passage
Est cité pour avoir déjà vu maint naufrage.
Mainte barque y périt. Il faudra que la leur,
Pour ne pas, à son tour, éprouver ce malheur,
Manœuvre habilement; sinon, elle se brise
Sur la pointe de roc à cette place assise,
Et que l'eau cache. Ils ont un bon pilote à bord :
Si quelqu'un peut encor les sauver de la mort,
C'est Tell; mais le voilà dans les fers !

GUILLAUME TELL, *portant son arbalète, entre à pas précipités, regarde autour de lui avec surprise, et semble violemment agité. Quand il est au milieu de la scène, il se jette à genoux, tantôt posant les mains à terre, tantôt les élevant vers le ciel.*

JENNI, qui l'aperçoit :
                    Voyez, père,
Là, cet homme à genoux !

RUODI.
            Il se cramponne à terre,
Et paraît hors de lui.

JENNI, qui s'avance :
        Qu'ai-je vu ?... Dieu du ciel !
Mon père, venez donc !

RUODI, s'approchant :
        Quel est cet homme ?... Tell !...

que le Teufelsmünster (Couvent-du-Diable), sont des montagnes situées, les trois premières, entre Fluelen et Brunnen, sur la rive orientale du lac des Quatre-Cantons, et la dernière, en face, sur la rive occidentale.

Bonté divine ! Vous ?... Comment à cette place
Êtes-vous arrivé ?... Parlez vite, de grâce !

JENNI.

Dites, n'étiez-vous pas tout à l'heure enchaîné
Dans la barque ?

RUODI.

A Küssnacht tout près d'être mené ?

TELL, se levant :

Je suis libre !

RUODI et JENNI.

Vous ? libre ?... Oh ! Dieu se manifeste !

JENNI.

Vous venez ?...

TELL.

De la barque.

RUODI.

Oh ! dites-nous le reste !

JENNI, en même temps :

Que fait le gouverneur ?

TELL.

Il est à la merci
Des flots.

RUODI.

Il se pourrait ?... Mais vous ? comment ici ?
Comment, à vos liens, comment, à la tourmente
Avez-vous échappé ?

TELL.
Par la grâce éclatante
De Dieu... Vous allez voir :

RUODI et JENNI.
Oh ! parlez !

TELL.
Vous savez
L'événement d'Altdorf ?

RUODI.
Je le sais ; achevez !

TELL.
Je venais de tirer ; le gouverneur ordonne
Qu'on m'arrête : à Küssnacht il voulait en personne
Me mener dans sa barque...

RUODI.
A Fluelen avec vous
Il s'était embarqué, je le sais... Dites-nous
Ce que vous avez fait pour votre délivrance.

TELL.
Fortement attaché, sans moyens de défense,
Assis sur le devant du bateau, sans espoir,
Je songeais que jamais je ne devais revoir
Ni le jour, ni mes fils, ni ma femme, et ma vue
Du lac bien tristement mesurait l'étendue.

RUODI.
Malheureux !

TELL.
Nous étions : le gouverneur, Harras,

ACTE IV, SCÈNE I.

Et moi sur qui veillaient les regards des soldats.
Auprès du gouverneur je voyais, sur l'arrière,
Mon arc et mon carquois qu'on avait mis par terre.
Au petit Axenberg nous allions arriver,
Lorsque du Saint-Gothard commence à s'élever
— Grâce à Dieu soit rendue — une horrible tempête.
Nos bateliers ont peur; ils perdent tous la tête ;
Ils pensent qu'à la mort nous n'échapperons pas.
Alors, du gouverneur s'approche un des soldats :
« Vous voyez, monseigneur, quel danger vous menace,
« Et nous-mêmes, » dit-il — j'entendais de ma place —
« Nous allons tous périr : effrayés, nos rameurs
« Ne savent plus que faire, et ces gens-là, d'ailleurs,
« Inexpérimentés, n'ont qu'un zèle inutile.
« Mais, là, vous avez Tell, homme robuste, habile
« A conduire un bateau ; ne voudriez-vous pas,
« Dans ce péril pressant, recourir à son bras ? »
Alors le gouverneur : « Tell ! malgré cet orage,
« Crois-tu que tu pourrais nous conduire au rivage ?
« Parle !... je te ferai sur-le-champ délier. »
— Avec l'aide de Dieu j'oserai l'essayer,
Monseigneur, ai-je dit, et j'aurai, je l'espère,
Le bonheur, grâce à lui, de nous tirer d'affaire. —
On m'ôte mes liens, je me mets au travail.
Me voilà bravement assis au gouvernail.
J'avais soin, cependant, de détourner la tête,
Veillant sur mon carquois et sur mon arbalète,
Et cherchant sur la rive un point où m'élancer.
Je vois un rocher plat dans le lac avancer;
Alors..

RUODI.

Je le connais; il forme un promontoire

Sous le grand Axenberg; mais je n'aurais pu croire
Qu'en sautant d'une barque on pût l'atteindre.

TELL.

Alors,
Je crie aux bateliers de redoubler d'efforts :
Il faut joindre ce roc, c'est le plus difficile,
Leur dis-je, il suffira d'une manœuvre habile.
A force de travail nous sommes au moment
D'arriver au rocher; alors, mentalement,
J'invoque le secours du ciel, et puis, j'approche
De toute ma vigueur l'arrière de la roche;
Je saisis mon carquois, mon arc, et, du bateau,
D'un bond désespéré sautant sur le plateau,
Je repousse du pied la barque du rivage,
Et la renvoie aux vents, aux vagues, à l'orage.
Qu'elle flotte à présent à la garde de Dieu !...
Voilà comment je suis arrivé dans ce lieu.
Voilà comment aussi j'ai dérobé ma tête
Au pouvoir des méchants, pires que la tempête.

RUODI.

On peut le dire, Tell, voilà par le Seigneur
Un miracle éclatant fait en votre faveur.
A mes sens c'est à peine encor si je me fie...
Où voulez-vous aller maintenant ? Votre vie,
Si du gouffre où par vous il s'est vu rejeté
Gessler revient vivant, n'est pas en sûreté.

TELL.

Tout à l'heure à Brunnen il parlait de descendre,
Et par le bourg de Schwytz, ensuite, il devait prendre
La route de Küssnacht pour rentrer au château.
Il l'a dit quand j'étais lié dans son bateau.

RUODI.

Il retourne à Küssnacht par la route de terre ?

TELL.

C'est ainsi que du moins il a dit vouloir faire.

RUODI.

Alors, sans plus tarder, cachez-vous : de sa main
Dieu voudrait-il deux fois vous tirer ?

TELL.

      Quel chemin
Pour Arth et pour Küssnacht, dites-moi, dois-je prendre ?
Le plus court ?

RUODI.

   Par Steinen vous pourriez bien descendre,
Mais un chemin moins long, plus sûr, vous mènera
En passant par Lowertz... Mon fils vous conduira.

TELL, *lui donnant la main :*

Que de cette action le ciel vous récompense !
Adieu ! (Il s'éloigne et revient :)

  N'avez-vous pas juré notre alliance ?
Vous étiez au Rütlli ? Je crois qu'on m'a cité
Votre nom parmi ceux...

RUODI.

   Et c'est la vérité.

TELL.

Eh bien ! j'attends de vous un service : sur l'heure
Rendez-vous à Bürglen ; ma femme sur moi pleure ;

Qu'elle apprenne par vous que je suis délivré,
Qu'en un asile sûr je me suis retiré...

RUODI.

Le lieu?

TELL.

Vous trouverez chez elle mon beau-père ;
Des amis qu'au Rüttli vous avez vus naguère ;
Dites-leur qu'au succès ils ne renoncent pas,
Que Tell est libre et peut se servir de son bras,
Et que de moi bientôt ils sauront quelque chose.

RUODI.

Quel projet est-ce que votre esprit se propose ?
Parlez-moi franchement.

TELL.

Quand il s'accomplira,
Vous le saurez aussi, car on en parlera.

(Il sort.)

RUODI.

Montre-lui le chemin, Jenni... Dieu le bénisse!
Et, quel que soit son but, fasse qu'il réussisse !

(Il sort.)

SCÈNE DEUXIÈME.

(Le château d'Attinghausen.)

LE BARON, dans un fauteuil et mourant, WALTHER FURST, STAUFFACHER, MELCHTHAL et BAUMGARTEN, empressés autour de lui, WALTHER TELL, à genoux devant lui.

WALTHER FÜRST.

Il n'est plus!

ACTE IV, SCÈNE II.

STAUFFACHER.

Ce n'est point l'aspect d'un homme mort :
Voyez ! son souffle agite encore la plume. Il dort,
Et sur ses traits toujours on voit un doux sourire.
(Baumgarten va parler à une personne qui est à la porte.)

WALTHER FÜRST, à Baumgarten :

Qui vient là ?

BAUMGARTEN, revenant :

Votre fille Edwige ; elle désire
Vous parler, voir son fils.
(Walther Tell se relève.)

WALTHER FÜRST.

Qu'espère-t-elle ? hélas !
Des consolations ? De moi qui n'en ai pas ?
Quand toutes les douleurs s'amassent sur ma tête ?

EDWIGE, entrant précipitamment :

Mon fils ?... Oh ! laissez-moi !... Qu'une mère inquiète...

STAUFFACHER.

Songez qu'ici la mort sera dans un moment ;
Calmez-vous.

EDWIGE, se précipitant vers son fils :

Mon Walther !... Tu vis !

WALTHER, dans ses bras :

Pauvre maman !

EDWIGE.

Est-il vrai ? tu n'es pas blessé ?
(Elle le regarde avec la plus inquiète sollicitude.)

C'est donc possible

Qu'il ait tiré sur toi ?... Son cœur est insensible...
Il a tiré sur toi !... Comment l'a-t-il osé ?...
Au front de son enfant le barbare a visé !

WALTHER FÜRST.

Mais contraint, plein d'angoisse et l'âme déchirée :
Sa vie à ce prix seul devait être assurée.

EDWIGE.

Un homme vraiment père, en ce moment cruel,
Eût plutôt mille fois reçu le coup mortel !

STAUFFACHER.

A la bonté de Dieu rendez donc grâce, Edwige :
Il a guidé son bras.

EDWIGE.

Est-ce que l'on exige
Qu'une mère n'ait pas toujours devant les yeux
Le malheur qui pouvait arriver ? Justes cieux !
Quand je devrais rester quatre-vingts ans sur terre,
Je verrais cet enfant debout, lié, son père
Prêt à tirer sur lui ! Toujours je sentirai
Cette flèche passer dans mon cœur déchiré !

MELCHTHAL.

Femme ! si vous saviez à quel point sa colère
Se trouvait excitée ! A Gessler...

EDWIGE.

Cœurs de pierre !
Lorsque dans leur orgueil les hommes sont blessés,
Rien ne reste sacré pour eux, les insensés !
Elle pourrait jouer, cette aveugle colère,
La tête d'un enfant et le cœur d'une mère !

BAUMGARTEN.

Au malheur d'un époux qui gémit dans les fers,
Pouvez-vous ajouter ces reproches amers?
Êtes-vous donc pour lui sans pitié, sans alarmes?

EDWIGE, le regardant fixement :

Et toi? pour ton ami tu n'as donc que des larmes?
Où donc étiez-vous tous quand ils l'ont arrêté?
Dites-moi quel secours par vous lui fut porté,
A cet homme toujours si bon, si secourable?
Vous avez vu, souffert l'attentat exécrable !
C'est au milieu de vous que vous avez permis
Qu'on vint l'arrêter, lui, Tell, un de vos amis !
Fit-il pour vous de même, et sa pitié fut-elle
Tout ce qu'il te donna quand — je te le rappelle —
Derrière toi couraient les gens du gouverneur,
Devant toi s'élevaient les vagues en fureur?
Non, sa compassion n'est pas restée oisive :
Dans un frêle bateau s'élançant de la rive,
Oubliant femme, enfants, il t'a sauvé !

WALTHER FÜRST.
                            Comment
L'aurions-nous délivré dans cet affreux moment?
Nous étions peu nombreux, sans armes.

EDWIGE, se jetant sur son sein :
                            O mon père !
Il est perdu pour vous, pour la patrie entière !
Il nous manque !... Mais nous, ne lui manquons-nous pas?
Que Dieu du désespoir sauve son âme !... Hélas !
Pas un ami, jamais, pour adoucir sa peine,
Ne pourra pénétrer sa prison souterraine !...

S'il devenait malade?... Il perdra la santé
Dans ce cachot obscur, dans cette humidité !
A l'air d'un marécage alors qu'on la condamne,
De nos Alpes la rose et languit et se fane ;
Lui, de même : il lui faut son ciel accoutumé ;
Il lui faut son soleil, son air libre, embaumé.
Plus de liberté ! lui qui ne respirait qu'elle !
La vapeur du cachot lui deviendra mortelle !

STAUFFACHER.

A l'en faire sortir nous travaillerons tous ;
Rassurez vos esprits.

EDWIGE.

    Sans lui, que pouvez-vous ?
Lui libre, vous aviez encore l'espérance.
Du moins de l'innocent, lui, prenait la défense.
L'opprimé savait bien qu'il était son appui,
Et tous, au besoin, seul, il vous eût sauvés, lui ;
Tandis que réunis tous pour sa délivrance,
Vous ne pourriez pas, vous, briser ses fers.

(Le baron s'éveille.)

BAUMGARTEN.

        Silence !
Il vient de remuer.

LE BARON, se relevant :

Est-il là ?

STAUFFACHER.

   Qui ?

LE BARON.

      Comment !
Il m'abandonne, même à mon dernier moment ?

STAUFFACHER.

Il pense à son neveu. L'a-t-on mandé?

WALTHER FÜRST.
Sans doute.
Le chevalier déjà doit s'être mis en route.
(Au baron:)
Son cœur s'est retrouvé, soyez tout consolé :
Il est à nous.

LE BARON.
A-t-il pour son pays parlé?

STAUFFACHER.

Très-courageusement ; en vrai fils de la Suisse.

LE BARON.

Pourquoi n'est-il pas là pour que je le bénisse?
Je sens ma fin venir promptement.

STAUFFACHER.
Non, seigneur :
Ce sommeil vous aura rendu quelque vigueur,
Votre œil s'est éclairci.

LE BARON.
C'est souffrir que de vivre ;
C'est donc de mes douleurs que la mort me délivre ;
Mon espoir et mes maux ensemble vont finir.
(Il aperçoit Walther Tell.)
Quel est donc cet enfant ?

WALTHER FÜRST.
Oh ! daignez le bénir !
Mon petit-fils, seigneur, et qui n'a plus de père.
(Edwige et son fils tombent à genoux devant le mourant.)

LE BARON.

J'étais le vôtre à tous !... A mon heure dernière
Être forcé de voir encore mon pays
Dans son abaissement !... A des maîtres soumis !...
Avoir compté parmi les longues existences,
Pour mourir tout entier avec mes espérances !

STAUFFACHER, à Walther Fürst :

Souffrirons-nous qu'il meure en proie à ce chagrin ?
Nous pouvons rendre encor son dernier jour serein :
Disons-lui notre espoir !... Seigneur, prenez courage ;
Nous sortirons bientôt peut-être d'esclavage.
Des moyens de salut au pays sont restés.

LE BARON.

Qui vous délivrera ?

WALTHER FÜRST.

Nous-mêmes ; écoutez :
Les trois Cantons entre eux se sont fait la promesse
De chasser les tyrans dont le joug les oppresse.
L'alliance est formée ; un serment solennel
Nous unit ; l'on verra, seigneur, qu'avant Noël,
Cette œuvre de salut, nous saurons l'entreprendre.
Sur un sol affranchi dormira votre cendre.

LE BARON.

L'alliance est formée ?... Oh ! dites, dites tout !

MELCHTHAL.

Le même jour verra les trois Cantons debout.
Tout est prêt. Jusqu'ici le secret est dans l'ombre,
Quoique des conjurés, seigneur, grand soit le nombre.
Sous les pas des tyrans le sol tremble déjà ;

ACTE IV, SCÈNE II.

Et leurs jours sont comptés, et leur règne s'en va.
Bientôt de leur passage on cherchera les traces.

LE BARON.

Mais, tous leurs châteaux-forts ?

MELCHTHAL.

      Le même jour, ces masses
Crouleront sous nos coups, toutes !

LE BARON.

       Avez-vous mis
La Noblesse avec vous contre nos ennemis ?

STAUFFACHER.

Nous lui demanderons, s'il le faut, assistance,
Mais les paysans seuls ont juré l'alliance.

LE BARON, *se levant lentement de toute sa hauteur et témoignant une extrême surprise :*

Les paysans !... Eh ! quoi ! sans secours étranger,
D'une telle entreprise ils osent se charger ?
Ils n'ont pas demandé que les Nobles l'appuient ?
Et dans leur propre force à ce point ils se fient ?
A se passer de nous si les peuples sont prêts,
Nous pouvons au tombeau descendre sans regrets :
La dignité de l'homme à présent est sauvée,
Et par d'autres que nous veut être conservée.

   (Il place sa main sur la tête de l'enfant, qui est à genoux devant lui :)

Du jour où l'on plaça la pomme sur ce front,
Pour vous les temps nouveaux et meilleurs compteront.
Vous allez voir fleurir la liberté nouvelle
Sur les prochains débris d'un passé qui chancelle.

STAUFFACHER, à Walther Fürst:

Quel éclat dans ses yeux brille subitement !
Voyez ! ce n'est plus l'homme à son dernier moment,
C'est déjà le rayon d'une nouvelle vie.

LE BARON.

Pour prêter aux Cités serment de bourgeoisie,
De ses anciens châteaux la Noblesse descend.
Elle l'a déjà fait dans le Thurgau, l'Uechtland...
Berne, de l'Helvétie est la noble maîtresse...
Fribourg, pour l'homme libre est une forteresse...
Zurich, qui se ranime, en de vaillants guerriers
A transformé soudain tous ses corps de métiers ;
La puissance des rois tombe sous ses murailles !

(Il prononce ce qui suit d'un ton prophétique ; ses paroles arrivent jusqu'à l'exaltation :)

Les voilà ! je les vois armés pour les batailles !
Ils se sont réunis, les princes, les seigneurs :
Ils viennent attaquer un peuple de pasteurs.
C'est un combat à mort... D'héroïques courages
Vont immortaliser nos défilés sauvages.
Un homme, un paysan [1], s'immolant au pays,
Se jette, le sein nu, sur les rangs ennemis ;
Il rassemble, il retient ces lances redoutables
Qui les avaient pour nous rendus impénétrables.
La fleur de la Noblesse a trouvé son tombeau,
Et la Liberté sainte arbore son drapeau !

(Prenant la main de Walther Fürst et de Stauffacher :)

Mais, sachez être unis, bien franchement, sans cesse.
D'un pays pour lequel la liberté se dresse,

---

[1] Allusion au dévouement d'Arnold de Winkelried, à la bataille de Sempach, 1386.

ACTE IV, SCÈNE II.

Qu'aucun endroit ne reste aux autres étranger.
Préparez sur vos monts des signaux de danger,
Qui disent à la fois à l'alliance entière
Que le secours de tous lui devient nécessaire.
Soyez unis... toujours... restez unis... unis !...

(Il retombe sur son fauteuil. Ses mains inanimées tiennent encore celles de Walther Fürst et de Stauffacher, qui le regardent pendant quelque temps en silence et se livrent à leur douleur. Pendant ce temps, les serviteurs du baron sont entrés sans bruit, et s'approchent en donnant les signes d'une douleur plus ou moins expansive. Quelques-uns se mettent à genoux devant lui et répandent des larmes sur sa main. Pendant cette scène muette, la cloche du château se fait entendre.)

RUDENZ, se précipitant dans la salle :

Vit-il? peut-il encor m'entendre, mes amis?

WALTHER FÜRST, lui montrant le corps du baron et détournant le visage :

Vous êtes maintenant seigneur de ce domaine,
Et notre protecteur.

RUDENZ, regardant le corps et saisi d'une violente douleur :

Tu sais ce qui m'amène,
Mon Dieu ! mon repentir arrive-t-il trop tard ?
Quelques instants encore, et le noble vieillard
Aurait lu dans mon âme, aurait vu dissipée
La déplorable erreur dont elle était frappée !...
J'avais fermé l'oreille à sa fidèle voix,
Aux conseils qu'elle m'a prodigués tant de fois !
Maintenant qu'il est mort, qu'à jamais il nous quitte,
De quelle lourde dette il faut que je m'acquitte !...
Oh ! parlez ! est-il mort contre moi courroucé ?

STAUFFACHER.

Non ; il avait appris tout ce qui s'est passé,
Ce que vous avez fait, et de votre langage
Il a loué, béni le généreux courage.

RUDENZ, s'agenouillant devant le mort :

Oh ! oui, restes sacrés d'un homme que j'aimai,
Je le jure devant ce corps inanimé,
Sur ces mains dont la mort vient de glacer les veines.
Rudenz de l'étranger brise à jamais les chaînes !
Me voici revenu vers mon peuple ; je suis,
Je veux de tout mon cœur être de mon pays.

(Se relevant :)

Pleurez sur votre ami, pleurez sur votre père ;
Mais que, dans sa douleur, chacun de vous espère :
Sa fortune n'est pas tout ce qu'il m'a laissé ;
Je sens qu'en moi son cœur, son esprit a passé.
Tout ce que vous promit encore sa vieillesse
Sera réalisé par ma verte jeunesse...
Vénérable Walther, votre main !... Vous aussi,
Werner !... Et vous, Melchthal !... N'hésitez pas ainsi,
Ne vous détournez pas de moi, je vous en prie ;
Recevez mes serments, mes vœux pour la patrie.

WALTHER FÜRST.

Oui, donnons-lui la main : son cœur revient à nous ;
Il faut s'y confier.

MELCHTHAL.

Mais, qu'attendre de vous ?
Vous avez méprisé le paysan.

RUDENZ.

De grâce,
Que d'un moment d'erreur le souvenir s'efface !

STAUFFACHER.

Melchthal ! les derniers mots de notre père mort
Furent pour nous prier d'être toujours d'accord.

ACTE IV, SCÈNE II.

MELCHTHAL.

Voici ma main !... Seigneur, ça vaut une promesse,
La main d'un paysan. Que serait la Noblesse
Si nous n'étions pas là ? Nous sommes son soutien,
Et notre Ordre existait longtemps avant le sien.

RUDENZ.

Je l'honore votre Ordre, et mon bras saura faire...

MELCHTHAL.

Seigneur baron ! le bras qui déchire la terre
Et force un sol ingrat à la fécondité,
Ce bras saura suffire à notre sûreté.

RUDENZ.

Eh bien ! vous défendrez ma vie, et moi la vôtre.
Nous saurons, mes amis, être forts l'un par l'autre...
Mais pourquoi ces discours, alors que le pays
Aux tyrans étrangers est encore soumis ?
Purgeons le sol d'abord ! vienne sa délivrance,
Nous nous entendrons bien.
(Après un moment de silence :)
                Vous gardez le silence ?
Pas un mot à me dire ?... Est-ce qu'en vérité,
A vos yeux je n'ai pas encore mérité
Qu'en tout ce que je dis vous ayez confiance ?
Eh bien donc ! malgré vous j'entre dans l'alliance.
Au Rütli, je le sais, vous avez conspiré ;
Je sais que là-haut vous avez tous juré.
Bien que de vos projets vous m'ayez fait mystère,
Ils m'étaient un dépôt sacré, j'ai su les taire.
Non, non, je ne suis pas un traître à mon pays !
Contre vous je n'aurais jamais rien entrepris...

Différer fut un tort ; il fallait — le temps presse —
Dans l'exécution la plus grande vitesse.
Il vous en a coûté la liberté de Tell.

STAUFFACHER.

Nous avons fait serment de n'agir qu'à Noël.

RUDENZ.

Moi, je n'étais point là ; nul serment ne me lie.
Vous attendez ; j'agis !

MELCHTHAL.

      Quoi ! vous auriez envie ?...

RUDENZ.

Au nombre de vos chefs j'ai droit de me ranger,
Et mon premier devoir est de vous protéger.

WALTHER FÜRST.

Votre premier devoir, c'est de rendre à la terre,
Seigneur, cette dépouille et si noble et si chère.

RUDENZ.

Délivrons le pays, et puis, sur ce tombeau,
La Victoire viendra déposer son rameau !...
O mes amis, ma cause à la vôtre est unie ;
Je me défends aussi contre la tyrannie :
Bertha, ma bien-aimée, il faut la retrouver !
Ils l'ont secrètement osé faire enlever !
Vous savez qu'elle était toute à nous.

STAUFFACHER.

                    Quelle audace !
Quoi ! Gessler traite ainsi quelqu'un de noble race ?
Une personne libre ?

RUDENZ.

Eh bien ! mes chers amis,
Ce secours que tantôt je vous avais promis,
Il faut que maintenant moi de vous je l'implore
Contre le ravisseur de celle que j'adore.
Qui sait où la retient ce monstre furieux ?
Pour lui faire accepter un hymen odieux,
Qui sait à quels moyens cet infâme se livre ?...
Ne m'abandonnez pas ! il faut qu'on la délivre.
Aidez-moi ! Venez tous ! Elle vous aime, amis !
Elle a bien mérité que dans notre pays
Chacun arme à l'instant son bras pour la défendre.

WALTHER FÜRST.

Votre plan ? Dites-nous ce qu'il faut entreprendre.

RUDENZ.

Ah ! le sais-je ? Au milieu de tant d'obscurité
Qui règne sur son sort ; dans mon anxiété,
Je ne sais, mes amis, que penser et que faire.
Une chose à mes yeux seulement est bien claire,
C'est que, pour retrouver celle que je chéris,
Il faudra pénétrer jusque sous les débris
Du pouvoir des tyrans. Que nos mains vengeresses
Fassent crouler d'un coup toutes leurs forteresses ;
A son cachot peut-être alors nous parviendrons !

MELCHTHAL.

Eh bien ! conduisez-nous, venez ; nous vous suivrons !
Ce que dans ce jour même, à l'instant, on peut faire,
Pourquoi jusqu'à demain vouloir qu'on le diffère ?
Guillaume n'était pas encore enseveli
Au fond d'une prison, lorsque, sur le Rûttli,

Nous avons fait serment de nouvelle alliance;
Nos tyrans, quel que fût l'excès de leur démence,
A de tels attentats ne s'étaient point portés.
Le temps nous a créé d'autres nécessités.
Quel lâche cœur voudrait, au point où nous en sommes,
Retarder plus longtemps?

RUDENZ, à Stauffacher et à Walther Fürst :

Eh bien ! armez vos hommes ;
A la grande entreprise allez les préparer.
Ces feux dont tous nos monts vont bientôt s'éclairer,
Attendez-les : plus prompts que le léger navire
Qui porte une nouvelle, ils vont partout vous dire
Que la victoire est sûre. Et, quand ils brilleront
Ces feux bénis ; pour vous quand ils s'élèveront :
A l'ennemi ! sur lui fondez comme la foudre !
Écrasez-le ! mettez ses bataillons en poudre !
Renversez ses châteaux, et que sous leurs débris
Nos tyrans à jamais restent ensevelis !

(Ils sortent.)

SCÈNE TROISIÈME.

(Le chemin creux près de Küssnacht.)

On y descend entre des rochers, et avant que les voyageurs arrivent sur la scène, on les voit sur la hauteur. — Des rochers de tous côtés ; l'un d'eux forme une saillie couverte d'un bouquet de bois.

TELL, portant son arbalète :

Dans cet étroit chemin il faudra qu'il s'engage;
Nul autre vers Küssnacht ne lui donne passage.
Ici tout me seconde ; ici s'accomplira

Ma vengeance... A ses yeux ce bois me cachera ;
C'est de là que je vais tirer sur lui ; sans craindre
Que dans ce défilé ses gens puissent m'atteindre.
Rends tes comptes à Dieu. Gessler ! il en est temps.
Tu vas mourir ; ton heure a sonné... Je t'attends.

Je vivais dans la paix de mon heureux ménage ;
Mon arc ne menaçait que la bête sauvage.
Jamais le cœur de Tell au meurtre eût-il songé ?
Mais tu troublas ma paix, mais par toi fut changé
En un cœur plein de fiel ce cœur plein d'innocence ;
Mais du crime tu m'as découvert la science.
De l'homme qui tira sur son enfant, la main
Du cœur d'un ennemi trouvera le chemin.

Il faut bien que j'arrache à ta rage cruelle
Mes deux pauvres enfants, mon épouse fidèle.
Quand je tendis mon arc, quand mon bras frémissant,
Pour obéir, démon ! à ton ordre de sang,
Dut menacer les jours d'une tête bien chère,
Quand ma douleur en vain conjurait ta colère,
Alors en moi j'ai fait un terrible serment
Que Dieu seul entendit : dans cet affreux moment,
J'ai juré que ton cœur de ma première flèche
Serait le premier but... Maintenant rien n'empêche :
Ce serment que j'ai fait quand tu m'as torturé,
Est une dette sainte et je l'acquitterai.

L'Empereur a bien pu te faire notre maitre,
Mais lui-même jamais n'eût osé se permettre
Ce que tu te permets. Ici tu fus placé
Pour nous juger au nom d'un maître courroucé,
Mais non pour qu'à ton gré l'on te vit satisfaire,

Capricieux bourreau ! ta rage sanguinaire.
Il est un Dieu vengeur qui punit les forfaits.

Involontaire auteur des maux que l'on m'a faits,
Maintenant mon trésor, ma fortune dernière,
Ma chère flèche ! il est un cœur que la prière
Ne put jamais ouvrir, mais toi, tu l'ouvriras ;
A ta pointe ce but ne résistera pas.
Et toi, qui me servis si bien aux jours de fête,
Toi, dont j'armai le bois de ma vieille arbalète,
Corde fidèle, ici sois-moi fidèle encor !
Donne plus que jamais un vigoureux essor
Au trait qui si souvent de toi reçut des ailes ;
J'ai bien besoin de toi dans mes peines cruelles :
Si ma flèche devait partir trop mollement,
Je n'en aurais plus d'autre à lancer.

(Des voyageurs traversent la scène.)

Un moment
Je veux ici m'asseoir : le voyageur qui passe
Trouve ce banc de pierre, un instant s'y délasse,
Et poursuit son chemin. Dans ces sauvages lieux,
Nulle habitation ne vient frapper les yeux ;
On croise en étranger le passant qu'on rencontre ;
Sans demander s'il souffre... En ce chemin se montre
Le soucieux marchand, le léger pèlerin,
Le moine, le brigand, le joyeux baladin,
Le colporteur, venu de loin ; qu'au bout du monde
Mène par tous chemins sa marche vagabonde.
Chacun poursuit sa route à son dessein livré.
Moi je poursuis aussi mon dessein : je tuerai !

(Il s'assied.)

Autrefois, mes enfants, lorsque votre heureux père
Rentrait, après sa course, au toit de sa chaumière,

Votre innocente joie aussitôt l'accueillait ;
Vous saviez que jamais il ne vous oubliait :
Un oiseau, quelque fleur, un de ces coquillages
Que recouvrent nos monts, tout plaisait à votre âge.
Une bien autre proie excite mon ardeur :
J'attends, avec la mort qui conspire en mon cœur,
J'attends un ennemi dont il me faut la vie.
Pourtant ne croyez pas qu'ici je vous oublie :
Pour vous je tends mon arc ; pour vous la main de Tell,
Ici même, au tyran prépare un coup mortel.
Il le faut bien, sinon jusque sur votre enfance
Il voudrait assouvir son atroce vengeance.

(Il se lève.)

Oh ! oui, je suis ici pour un gibier de choix,
Bien digne qu'on l'attende ! Un malheureux chamois,
Pendant tout un long jour, sur la neige et la glace,
Oblige le chasseur à poursuivre sa trace ;
Sans regret le chasseur escalade les monts,
De rocher en rocher précipite ses bonds,
Laissant à leurs parois son empreinte sanglante.
Beaucoup plus précieux est le but qui me tente,
Quand au bout de mon arc je vais bientôt sentir
Le cœur d'un ennemi qui crut m'anéantir !

(On entend sur la montagne une musique joyeuse qui s'approche.)

Je sais manier l'arc, et, depuis mon jeune âge,
Les plus adroits tireurs m'en ont appris l'usage.
Souvent aux jeux du tir j'ai vaincu mes rivaux.
Mon adresse, des prix m'assurait les plus beaux...
Je la veux tout entière ici faire paraître ;
Le prix que j'en attends vaut bien un coup de maître.

Une noce passe sur la scène en montant le chemin creux. Tell la regarde, appuyé sur son arbalète. STUSSI, le messier, s'approche de lui.

STÜSSI.

Du couvent de Mœrlis [1] c'est le riche fermier
Qui conduit ce cortége : il va se marier.
Cet homme a dix troupeaux au moins... Dans Imisée
Nous allons de ce pas chercher la fiancée.
A Küssnacht grand gala cette nuit... Suivez-nous :
Tous les honnêtes gens y sont invités, tous !

TELL.

Je suis pour une noce un bien triste convive.

STÜSSI.

Pas de chagrin ! prenez le temps comme il arrive !
Les temps sont durs; aussi, lorsque vient le plaisir,
Avec empressement l'homme doit le saisir.
Joie ici ; là, douleur. Un jour, un mariage,
Un enterrement, l'autre.

TELL.

    Et souvent le passage
De l'un à l'autre est prompt.

STÜSSI.

     Le monde est fait ainsi.
Les maux n'y manquent pas. Voilà, tout près d'ici,
A Glaris, la moitié du Glærnisch éboulée.

---

[1] Mœrlisachen, village sur la route de Küssnacht à Lucerne. Je n'ai pris que la première partie de ce nom qu'il était impossible de faire entrer en entier dans le vers.

TELL.

Comment ! même des monts la base est ébranlée ?
On ne trouve donc rien de ferme sous les cieux !

STÜSSI.

Ailleurs se sont passés des faits prodigieux.
J'ai récemment appris une étrange aventure
Par un homme arrivé de Baden ; il assure
Que tout ce qu'il m'a dit est très-digne de foi :
Un chevalier, parti pour aller voir le roi,
Rencontre de frélons un essaim formidable
Qui s'attache au cheval, le déchire, l'accable
Et le fait tomber mort. Son maître, préservé,
Au château du monarque à pied est arrivé.

TELL.

Au faible aussi Dieu donne une arme.

HERMENGARDE arrive avec plusieurs enfants et se place à l'entrée du chemin creux.

STÜSSI.

L'aventure,
Pour le pays, dit-on, est de mauvais augure ;
On craint de grands malheurs, des crimes inouïs,
Contre nature.

TELL.

Ils sont communs dans le pays ;
Nul signe merveilleux pourtant ne les présage.

STÜSSI.

Heureux qui, cultivant en paix son héritage,
Vit au milieu des siens sans être inquiété !

TELL.

Mais l'homme le plus doux peut être tourmenté
Par un méchant voisin que son bonheur irrite.
(Tell jette de fréquents regards d'impatience vers la partie supérieure du chemin.)

STÜSSI.

Vous attendez quelqu'un ?

TELL.

En effet.

STÜSSI.

Je vous quitte...
Un bon retour chez vous !... Je ne fais pas erreur ?
Vous êtes du canton d'Uri ?... Le gouverneur
En ce moment s'y trouve, et l'on attend Sa Grâce,
Dans la journée encore.

UN VOYAGEUR, qui survient :

Impossible qu'il passe :
Partout les grandes eaux ; tous les ponts sont rompus.
Il ne faut pas l'attendre.
(Tell se lève.)

HERMENGARDE, s'avançant :

Il n'arrivera plus ?

STÜSSI.

Avez-vous quelque chose à lui dire ?

HERMENGARDE.

Sans doute.

STÜSSI.

Mais dans ce chemin creux, pourquoi ?...

HERMENGARDE.

                                    Pour qu'il m'écoute :
Ici, le gouverneur ne m'évitera pas.

FRIESSHARDT, *descendant rapidement le chemin :*

Place ! le gouverneur à cheval suit mes pas.

                        (Tell se retire.)

HERMENGARDE, *vivement :*

Il arrive !

Elle vient, avec ses enfants, sur le devant de la scène. GESSLER *et* RODOLPHE DE HARRAS, *tous deux à cheval, paraissent sur la hauteur.*

STÜSSI, *à Friesshardt :*

                     Comment avez-vous donc pu faire,
Quand les ponts sont rompus, pour passer la rivière ?

FRIESSHARDT.

Lorsque l'on a lutté contre un lac en fureur,
Des eaux de la montagne, ami, l'on n'a plus peur.

STÜSSI.

Tout à l'heure, pendant l'épouvantable orage,
Vous étiez sur le lac ?

FRIESSHARDT.

                    J'avais cet avantage,
Et je m'en souviendrai le reste de mes jours.

STÜSSI.

Racontez-nous comment...

FRIESSHARDT.

Impossible ; je cours
Annoncer au château le gouverneur.
(Il s'éloigne.)

STÜSSI.

Chargée
De braves gens, la barque eût été submergée,
Mais cette race-là ne risque jamais rien :
A l'épreuve de l'eau comme du feu !
(Il regarde autour de lui.)

Tiens ! tien !

Où donc est mon chasseur ?
(Il s'éloigne.)

GESSLER et RODOLPHE DE HARRAS, à cheval.

GESSLER.

Vous en parlez à l'aise.
Agent de l'Empereur, je fais que je lui plaise :
Voulut-il, quand il m'a dans ces lieux envoyé,
Que ce peuple par moi fût flatté, fût choyé ?
Il veut le voir soumis, il veut enfin connaître,
De ce peuple ou de lui, lequel sera le maître.

HERMENGARDE.

Le moment est propice, approchons-nous de lui.
(Elle s'avance avec crainte.)

GESSLER.

Ce chapeau, que j'ai fait arborer aujourd'hui
Sur la place d'Altdorf, avez-vous cru peut-être,
Que ce fût raillerie, ou désir de connaître
Ce qu'au fond de leurs cœurs pensent les habitants ?

Non, ils me sont connus, et depuis bien longtemps.
Ces gens portent la tête avec trop d'arrogance.
J'ai voulu leur montrer que devant ma puissance
Ils ont à la courber ; aussi, j'ai fait placer,
Sur un point où chacun est forcé de passer,
Cet importun chapeau, qui leur rappelle un maître
Que trop facilement ils oublieraient peut-être.

RODOLPHE DE HARRAS.

Mais ce peuple a des droits...

GESSLER.

Inutile examen !
De graves changements se préparent sous main :
La maison de Habsbourg veut agrandir sa sphère.
Ce qu'avec tant d'éclat a commencé le père,
Le fils l'achèvera. Ce petit peuple encor
De nos vastes projets paralyse l'essor.
D'une façon ou d'autre il faut qu'il cède.

(Ils veulent passer outre, Hermengarde se jette à genoux devant le gouverneur.)

HERMENGARDE.

Grâce !
Grâce ! seigneur ; pitié !

GESSLER.

Quelle est donc cette audace ?
Vous mettre en mon chemin !... Et pour quelle raison ?
Arrière !

HERMENGARDE.

Mon mari qu'on a mis en prison,
Et mes enfants sans pain !... Oh ! soyez moins sévère,
Et prenez en pitié notre grande misère !

RODOLPHE DE HARRAS.

Qu'est-il votre mari ?

HERMENGARDE.

Hélas ! mon bon seigneur,
Il demeure au Rigi ; c'est un pauvre faucheur
Qui s'en va récolter au-dessus des abîmes
Les herbes qui n'ont pas de maîtres légitimes ;
Sur des rocs escarpés où même le bétail
N'ose s'aventurer.

RODOLPHE DE HARRAS, à Gessler :

Juste ciel ! quel travail !
Qu'une pareille vie est misérable et dure !
Élargissez cet homme, oh ! je vous en conjure.
Quelle que soit sa faute, un semblable métier,
Monseigneur, la lui fait grandement expier...

(A Hermengarde :)

Bonne femme, croyez qu'on vous rendra justice,
Mais, venez au château, ce lieu n'est pas propice...

HERMENGARDE.

Je ne le quitte pas que je n'aie obtenu
Mon mari, depuis plus de cinq mois détenu,
Et qui d'un juge en vain attend une sentence.

GESSLER.

Envers moi voulez-vous user de violence,
Femme ? Retirez-vous !

HERMENGARDE.

Justice, gouverneur !
Tu la dois au pays au nom de l'Empereur,

ACTE IV, SCÈNE III.

Au nom de Dieu lui-même. A toi donc de la rendre,
Comme toi-même un jour de Dieu tu peux l'attendre.

GESSLER.

De ce peuple insolent, allons, délivrez-moi !

HERMENGARDE, saisissant la bride de son cheval :

Non ! je puis tout risquer au point où je me vois ;
Tu ne partiras pas sans me rendre justice,
Entends-tu, gouverneur ?... Oh ! que ton front se plisse !
Roule les yeux ! Tel est l'excès de nos malheurs
Que l'on n'a même plus souci de tes fureurs.

GESSLER.

Mon cheval sur ton corps, si tu ne me fais place,
Va passer, femme.

HERMENGARDE.

Eh bien ! pousse-le, qu'il y passe !
Tiens !
(Elle se jette par terre avec ses enfants et lui barre le chemin.)
Me voilà par terre et mes enfants aussi.
Ces pauvres orphelins, écrase-les ! Ceci,
De tes crimes si grands ne sera pas le pire.

RODOLPHE DE HARRAS.

Perdez-vous la raison ?

HERMENGARDE, avec plus de force :

La terre de l'Empire
Gémit depuis longtemps sous ton poids odieux.
Je ne suis qu'une femme : homme, je ferais mieux
Que d'être ici, le front courbé dans la poussière !

(La même musique, mais affaiblie par l'éloignement, se fait entendre de nouveau
sur la hauteur.)

GESSLER.

Où sont mes gens ? allons ! loin cette femme ! arrière !
Ou j'aurais le regret de m'oublier.

RODOLPHE DE HARRAS.

Seigneur,
Vos gens sont retenus encor sur la hauteur :
Un cortége de noce y ferme le passage.

GESSLER.

Je suis encor trop doux pour ces gens ; leur langage
Ne connaît pas de frein. Je vois que ce pays,
Comme il faut qu'il le soit, n'est pas encor soumis.
Mais, je le promets bien, tout changera de face.
De leur entêtement je briserai l'audace.
Je veux faire plier l'esprit de liberté,
Qui chez ces paysans est jusqu'ici resté.
Je veux que ce pays sous d'autres lois fléchisse.
Je veux...

(Une flèche vient le frapper ; il porte la main à son cœur et chancelle ; puis, d'une voix étouffée :)

Miséricorde !... O Dieu, sois-moi propice !

RODOLPHE DE HARRAS.

Monseigneur !... Qu'est-ce donc ?... Ce trait, qui l'a lancé ?

HERMENGARDE, se relevant :

Ciel ! un meurtre !... Il chancelle... il tombe... il est blessé !

RODOLPHE DE HARRAS, sautant à bas de cheval :

O quel événement !... Divine Providence !...
Chevalier, du Seigneur invoquez la clémence,
Car c'en est fait de vous.

GESSLER.

C'est la flèche de Tell.

(Il tombe de son cheval dans les bras de Rodolphe de Harras, qui le dépose sur le banc de pierre.)

TELL, qui se montre sur le haut du rocher :

Oui, c'est ma main qui t'a porté le coup mortel ;
N'impute qu'à moi seul cet acte de vengeance.
Aujourd'hui l'innocent ne craint plus ta présence.
De ton joug désormais nous sommes affranchis,
Et tu ne feras plus le malheur du pays.

(Il disparaît ; le peuple accourt.)

STÜSSI, en tête :

Qu'est-ce ?

HERMENGARDE.

Le gouverneur est percé d'une flèche.

LE PEUPLE, se précipitant sur la scène :

Qui ?

(Pendant qu'une partie de la noce s'avance sur la scène, le reste en est encore sur la hauteur et la musique continue.)

RODOLPHE DE HARRAS.

Tout son sang s'épuise, allez ! qu'on se dépêche
De lui chercher secours !... Poursuivez l'assassin !...
Le malheureux ! avoir une aussi triste fin !
Et tous mes bons avis qu'il n'a pas voulu suivre !

STÜSSI.

Ah ! mon Dieu ! qu'il est pâle !... il a cessé de vivre !

VOIX NOMBREUSES.

Quel est le meurtrier ?

RODOLPHE DE HARRAS.

Ces hommes sont donc fous ?
Cette musique auprès de ce mort ?... Taisez-vous !...

(La musique cesse tout à coup ; la foule augmente.)

Monseigneur, parlez-moi si vous pouvez le faire ;
N'exprimerez-vous pas de volonté dernière ?

(Gessler fait de la main quelques signes, qu'il répète avec vivacité quand il s'aperçoit qu'ils ne sont pas compris.)

A Küssnacht, dites-vous ?.. Je ne vous comprends pas...
Oh ! point d'impatience !... Aux choses d'ici-bas
Il ne faut plus penser, mais au souverain maître :
Songez que devant lui vous allez comparaître.

(Toute la noce entoure le mourant avec un sentiment d'horreur, mais sans témoigner aucune pitié.)

STÜSSI.

Voyez comme il pâlit !... La mort gagne... Elle atteint
Le cœur... Voilà son œil complétement éteint.

HERMENGARDE, élevant dans ses bras un de ses enfants :

Enfants ! voyez comment meurt un scélérat !

RODOLPHE DE HARRAS.

Femmes !
Tout sentiment est-il desséché dans vos âmes ?
Avez-vous donc perdu la raison, que vos yeux
Se repaissent ainsi de ce spectacle affreux ?
Prêtez-moi donc secours... Pas une âme assez bonne
Pour m'aider à sortir cette flèche ?... Personne ?

LES FEMMES, reculant :

Nous ! toucher à celui que Dieu frappe ?

ACTE IV, SCÈNE III.

RODOLPHE DE HARRAS.

Eh bien ! tous,
Soyez maudits ! soyez damnés !...
(Il tire son épée.)

STÜSSI, lui arrêtant le bras :

Contenez-vous ;
Avec le tyran mort tombe votre puissance.
Nous ne souffrirons plus aucune violence :
Nous voilà désormais hommes libres, seigneur.

TOUS, en tumulte :

La Suisse est libre !

RODOLPHE DE HARRAS.

Eh ! quoi, c'est à ce point ? La peur,
L'obéissance peut si vite disparaître ?...
(Aux hommes d'armes qui arrivent :)
Vous voyez le forfait qui vient de se commettre.
Tout secours désormais est inutile. En vain
L'on voudrait maintenant poursuivre l'assassin.
Un soin plus important à Küssnacht nous rappelle :
Il faut de l'Empereur sauver la citadelle.
Les liens du devoir, de l'ordre, sont rompus,
Et la fidélité, l'on ne la connaît plus.

Il se retire avec ses soldats ; on voit paraître SIX FRÈRES DE
LA MISÉRICORDE.

HERMENGARDE.

Place aux religieux qui près du mort se rendent !

STÜSSI.

Les corbeaux ont flairé le cadavre et descendent.

LES FRÈRES DE LA MISÉRICORDE.

(Ils ont formé un demi-cercle autour du mort et chantent à voix basse :)

La mort sur l'homme étend sa main
Sans avertir et sans attendre.
Elle le frappe en son chemin,
Quand vers un avenir lointain
Sa vie encor semblait s'étendre.
Qu'au voyage il se tienne prêt,
Ou ne songe pas à le faire,
N'importe, il quitte cette terre,
Et devant son juge paraît.

(Pendant qu'on répète les quatre derniers vers, la toile tombe.)

ACTE CINQUIÈME.

SCÈNE PREMIÈRE.

(Une place publique près d'Altdorf.)

Dans le fond, à droite, la forteresse d'Uri, encore entourée d'une partie de ses échafaudages, comme dans la troisième scène du premier acte. A gauche, la vue de plusieurs montagnes, sur lesquelles brillent les feux de signaux. Le jour commence. Dans le lointain, les cloches sonnent de différents côtés.

RUODI, KUONI, WERNI, LE MAITRE TAILLEUR DE PIERRES, beaucoup d'autres habitants, des femmes, des enfants.

RUODI.

Voyez-vous ces signaux briller ?

LE MAITRE TAILLEUR DE PIERRES.

Entendez-vous
Ces cloches dont les sons arrivent jusqu'à nous,
A travers la forêt ?

RUODI.

Ce sont bonnes nouvelles :
Les ennemis chassés !

LE MAITRE TAILLEUR DE PIERRES.

Prises leurs citadelles !

RUODI.

Et nous, sur notre sol laisserons-nous debout
Ce fort que nos tyrans appelaient notre Joug ?
Et le dernier canton qui libre se proclame,
Sera-ce le canton d'Uri ?

LE MAITRE TAILLEUR DE PIERRES.

Ce Joug infâme,
Ce château menaçant ne disparaîtrait pas ?
Allons ! qu'on le renverse !

TOUS.

A bas ! à bas ! à bas !

RUODI.

Trompe d'Uri !

LE SONNEUR DE TROMPE.

Présent ; que faut-il que je fasse ?

RUODI.

Montez sur la hauteur et lancez dans l'espace
Des sons retentissants qui s'en aillent chercher

Jusqu'au dernier écho caché dans le rocher,
L'éveillent, et donnant notre signal d'alarmes,
Appellent l'habitant de la montagne aux armes.

Le sonneur de trompe sort. WALTHER FÜRST survient.

WALTHER FÜRST.

Mes amis, arrêtez ! nous n'avons pas avis
De ce qu'ont fait les gens d'Unterwald et de Schwytz ;
Attendons un message.

RUODI.

      Attendre ! et pourquoi faire ?
Quand de la liberté le soleil nous éclaire ?
Quand le tyran est mort ?

LE MAITRE TAILLEUR DE PIERRES.

       Est-ce que tous ces feux
Ne sont pas un avis suffisant à vos yeux ?

RUODI.

Hommes, femmes, venez ! mettez-vous à l'ouvrage !
Allons ! pour commencer, brisez l'échafaudage !
Voûtes, murailles, tours, que l'on abatte tout,
Et qu'il n'en reste pas une pierre debout !

LE MAITRE TAILLEUR DE PIERRES.

Compagnons ! nous avons élevé l'édifice,
Nous saurons le détruire.

TOUS.

      Oui, qu'on le démolisse !
(Ils se précipitent de tous côtés vers la forteresse.)

WALTHER FÜRST.

Voilà l'élan donné ; maintenant j'aurais beau
Vouloir les arrêter.

MELCHTHAL et BAUMGARTEN arrivent.

MELCHTHAL.

Encore ce château ?
Quand Rossberg est détruit, quand Sarnen est en cendre ?

WALTHER FÜRST.

Est-ce vous, cher Melchthal ? Qu'allez-vous nous apprendre ?
Est-ce la liberté que vous nous annoncez ?
Des Cantons nos tyrans sont-ils enfin chassés ?

MELCHTHAL, l'embrassant :

Oui, tous, noble vieillard ! tous ! qu'on se réjouisse !
Il n'est plus un tyran sur le sol de la Suisse,
Au moment où je parle.

WALTHER FÜRST.

Oh ! dites, dites tout !
Comment des forts vos gens sont-ils venus à bout ?

MELCHTHAL.

De celui de Sarnen, Rudenz s'est rendu maître.
Quel courage héroïque il nous a fait connaître !...
Moi, la veille, au Rossberg j'étais entré de nuit...
Mais écoutez comment ce seigneur s'est conduit :
Nos ennemis avaient vidé la forteresse ;
Nous avions, au milieu de transports d'allégresse,
Allumé l'incendie, et déjà nous voyions
La flamme jusqu'aux cieux monter en tourbillons,
Quand Diethelm, un valet de Gessler, vient nous dire
Que Bertha de Bruneck dans les flammes expire.

WALTHER FÜRST.

Juste ciel !

(On entend s'écrouler les échafaudages.)

MELCHTHAL.

A Sarnen, Gessler secrètement
L'avait fait enfermer... De rage, en ce moment,
Rudenz bondit, s'élance... Or, déjà les solives
Allaient croulant partout, et les portes massives.
A travers la fumée, et malgré tous ces bruits,
De la pauvre Bertha l'on distinguait les cris.

WALTHER FÜRST.

Et vous l'avez sauvée ?

MELCHTHAL.

Il fallait, je vous jure,
Courage et promptitude en cette conjoncture.
Si nous n'avions en lui vu que notre seigneur,
Nous aurions un peu plus tenu la vie à cœur :
Mais il avait été reçu dans l'alliance ;
Bertha toujours du peuple a compris la souffrance ;
Dès lors chacun de nous a mis sa vie en jeu
Et s'est précipité bravement dans le feu.

WALTHER FÜRST.

Mais l'avez-vous sauvée ?

MELCHTHAL.

Oui, nous l'avons sauvée ;
Nous l'avons du milieu des flammes enlevée,
Ulrich et moi, tandis que, derrière nos pas,
Les poutres s'écroulant tombaient avec fracas...
Et quand elle connut enfin sa délivrance,
Qu'elle rouvrit les yeux, le baron, en silence,
Dans mes bras s'est jeté : tacitement tous deux
Nous nous sommes unis d'indissolubles nœuds ;

ACTE V, SCÈNE I.

Ce pacte, consacré par le feu, ne redoute
Aucun des coups du sort.

WALTHER FÜRST.

Et sait-on quelle route
A prise Landenberg?

MELCHTHAL.

Landenberg avait fui
A travers le Brunig... Si cet homme, aujourd'hui,
Voit encore le jour dont il priva mon père,
C'est qu'une main puissante enchaîna ma colère :
Je l'avais poursuivi, je l'avais ramené,
Je l'avais jusqu'aux pieds de mon père traîné,
Le fer était déjà suspendu sur sa tête...
Mais cette main, Walther, devinez qui l'arrête?
C'est le vieillard aveugle !... Il l'avait imploré,
Il en reçoit la vie !... Oui, mais il a juré :
Il s'exile, il n'aura nul projet de vengeance.
Ce serment solennel il le tiendra, je pense,
Car il sait maintenant ce que peuvent nos bras.

WALTHER FÜRST.

Et vous avez bien fait, Melchthal, de n'avoir pas,
En répandant le sang, souillé notre conquête.

DES ENFANTS, traversant rapidement la scène avec des débris d'échafaudages :

Liberté ! liberté !

(On entend retentir avec force la trompe d'Uri.)

WALTHER FÜRST.

Voyez donc quelle fête !
Jusque dans leurs vieux ans nos fils d'un jour si beau
Se souviendront encor.

(Des jeunes filles apportent le chapeau au bout d'une perche. Toute la scène se remplit de peuple.)

RUODI.

Le voilà ce chapeau
Devant lequel Uri devait courber la tête !

BAUMGARTEN.

Allons ! de ce chapeau que justice soit faite.
Walther Fürst, ordonnez !

WALTHER FÜRST.

Sous ce chapeau, grand Dieu !
Il avait fait placer mon petit-fils !

PLUSIEURS VOIX.

Au feu !
Au feu ce souvenir d'un trop long esclavage !

WALTHER FÜRST.

Non, non, conservez-le ! Si l'on en fit usage
Contre nos libertés, qu'il reste un monument
Qui consacre à jamais notre affranchissement.

(Les paysans, hommes, femmes, enfants, sont assis ou debout sur les débris des échafaudages et y forment, en demi-cercle, des groupes pittoresques.)

MELCHTHAL.

Voilà donc les débris de cette forteresse
Et de la tyrannie ! Et nous, pleins d'allégresse,
Mes chers confédérés, nous voyons accompli
Ce que nous nous étions juré sur le Rüttli.

WALTHER FÜRST.

Notre œuvre est commencée, elle n'est pas finie.
Il nous faut du courage et beaucoup d'harmonie :
Soyez sûrs que bientôt l'Empereur vengera

La mort de son Gessler ; que de force il voudra
Ramener Landenberg proscrit par vous.

MELCHTHAL.

        La guerre?
Eh bien! que l'Empereur vienne donc nous la faire!
Nous avons du dedans chassé les ennemis :
Contre ceux du dehors nous sommes affermis.

RUODI.

Si quelques défilés leur ouvrent la contrée,
Nos corps, comme un rempart, en défendront l'entrée.

BAUMGARTEN.

Par des nœuds éternels nous nous sentons liés,
Et des soldats du Roi nous serions effrayés?

LE CURÉ et STAUFFACHER surviennent.

LE CURÉ, en entrant :

Elle est terrible, oh! oui, la justice céleste!
Par de semblables coups elle se manifeste.

LES PAYSANS.

Qu'est-ce donc!

LE CURÉ.

   Dans quels temps nous vivons!

WALTHER FÜRST.

          Dites-nous
Ce qui vient d'arriver... Ah! Stauffacher, c'est vous?
Quelle nouvelle?

LES PAYSANS.

  Eh bien?

LE CURÉ.

Horrible, surprenante.

STAUFFACHER.

Nous voilà délivrés d'une grande épouvante.

LE CURÉ.

Albert assassiné.

WALTHER FÜRST.

Dieu juste!

(Les paysans se lèvent tous à la fois et entourent Stauffacher.)

TOUS.

Assassiné?
L'Empereur?... Écoutez!... Lui?

MELCHTHAL.

Qui vous a donné
Cet avis? Le fait est impossible.

STAUFFACHER.

Nul doute :
L'assassin l'a frappé près de Bruck, sur la route.
Jean de Müller[1], à qui l'on peut s'en rapporter,
Arrive de Schaffhouse et vient de tout conter.

WALTHER FÜRST.

Et qui donc s'est souillé de ce crime effroyable?

---

[1] Jean de Müller, le célèbre historien de la Suisse, né à Schaffhouse en 1752, mort en 1809, assistait à la première représentation de Guillaume Tell. — L'hommage que lui rendait Schiller dans ces deux vers, saisi aussitôt par les spectateurs du théâtre de Weimar, provoqua leurs unanimes applaudissements.

STAUFFACHER.

Il l'est bien plus encor par le nom du coupable :
Le meurtrier d'Albert est son propre neveu;
C'est Jean d'Autriche, duc de Souabe.

MELCHTHAL.

      Eh ! mon Dieu,
Quel motif a poussé le duc au parricide?

STAUFFACHER.

D'agrandir ses États Albert toujours avide,
Contre toute justice en ses mains retenait
Tout ce qui de sa mère au prince revenait.
Jean réclamait ses biens avec impatience;
Albert de l'en frustrer conservait l'espérance :
Quelque bon Évêché, pensait-il, suffirait
A le dédommager des terres qu'il perdrait...
Des mécontents, du prince entouraient la personne;
A leurs mauvais conseils l'imprudent s'abandonne :
Eschenbach, Tœgerfeld, et de Palm, et de Wart [1],
Ourdissent un complot auquel le duc prend part;
Il va jusqu'à vouloir que de sa main périsse
L'oncle qui se refuse à lui rendre justice.

WALTHER FÜRST.

Dites-nous les détails de cette affreuse mort.

STAUFFACHER.

L'Empereur s'en allait de Stein, son château-fort,
Par Baden à Rheinfeld, lieu que la cour habite.

[1] Les quatre conjurés complices du duc Jean. Les historiens assignent à chacun d'eux, avec quelques variantes, une part dans l'assassinat.

Avec lui se trouvait une nombreuse suite :
Les princes Léopold [1] et Jean à ses côtés;
Derrière, les seigneurs que j'ai déjà cités.
Sur les bords de la Reuss lorsque la troupe arrive,
— Vous savez qu'en un bac on passe à l'autre rive —
Jean et ses quatre amis s'y jettent les premiers,
Séparant l'Empereur des autres cavaliers.
Ils débarquent... Albert chevauchait bien tranquille
A l'endroit qui, dit-on, couvre une grande ville
Par les païens bâtie ; il avait devant lui
Le château des Habsbourg si puissants aujourd'hui.
Tout à coup le duc Jean sur son oncle s'élance,
Lui plonge dans la gorge un poignard... De sa lance
Palm lui perce le corps, et d'un coup vigoureux
La hache d'Eschenbach lui fend la tête en deux.
Il tombe, par les siens égorgé, sur les terres
Qui sont de sa maison les fiefs héréditaires.
Séparé de ses gens restés à l'autre bord,
Et, sans pouvoir l'aider, assistant à sa mort,
Il était allé choir près d'une pauvre femme,
Et c'est sur son giron qu'il a rendu son âme.

MELCHTHAL.

Dans la tombe avant l'heure il s'est précipité.
Voilà quel est le fruit de son avidité.

STAUFFACHER.

La terreur a gagné la Suisse tout entière :
Chaque État fait garder ses gorges, sa frontière;
L'antique Zurich même a fermé maintenant
Ses murs, depuis trente ans ouverts à tout venant.
On craint les meurtriers, qui, pour sauver leur tête,

---

[1] Léopold, le troisième fils d'Albert Iᵉʳ.

Pourraient venir chez nous chercher une retraite.
On craint encore, et c'est notre plus grande peur,
Ceux qui voudront venger la mort de l'Empereur.
Déjà sa fille Agnès, cette reine dont l'âme
N'a rien de la douceur ordinaire à la femme,
L'anathème à la bouche, arrive en ce moment,
Pour punir, pour frapper impitoyablement.
C'est peu des assassins : leurs familles entières,
Leurs petits-fils mourront. Sur les dernières pierres
De leur dernier manoir elle veut se venger.
Sur le tombeau d'un père elle veut égorger
Des générations, et, pour être apaisée,
Se baigner dans leur sang comme en une rosée [2].

MELCHTHAL.

Sait-on par quelle route ont fui les assassins ?

STAUFFACHER.

Albert mort, ils ont pris cinq différents chemins,
Pour ne plus se revoir. Et le duc, on l'assure,
Serait dans la montagne errant à l'aventure.

WALTHER FÜRST.

Ce crime restera sans aucun fruit pour eux.
La vengeance jamais n'en a porté d'heureux.
En elle est le terrible aliment de sa vie;
Le meurtre fait sa joie; elle n'est assouvie
Que dans les cruautés.

[1] Mariée en 1296 à André III, roi de Hongrie, veuve en 1302, morte en 1364. Elle fonda l'abbaye de Kœnigsfelden, à l'endroit même où son père avait été assassiné. Elle est célèbre par la vengeance qu'elle tira des meurtriers.

[2] Ce propos de la fille d'Albert est historique.

STAUFFACHER.

Mais, si cet attentat
Doit pour les assassins rester sans résultat,
Pour nous c'est autre chose, et c'est d'une main pure
Que nous récolterons les fruits qu'il nous assure.
Car, de nous quels périls n'a-t-il pas écartés !
L'homme qui menaçait le plus nos libertés,
Le voilà mort : au trône une nouvelle race
De celle des Habsbourg, dit-on, prendra la place ;
L'Empire maintiendra son droit d'élection.

WALTHER FÜRST et PLUSIEURS AUTRES.

Vous le savez ?... Dit-on quelle est l'intention
Des princes électeurs ?

STAUFFACHER.

Presque tous les suffrages
Seront pour Luxembourg[1].

WALTHER FÜRST.

Les Cantons furent sages
De tenir pour l'Empire : il nous sera permis
D'en attendre justice.

STAUFFACHER.

Il lui faut des amis ;
Et si de nous l'Autriche entend tirer vengeance,
L'Empereur sera là.

(Les paysans s'embrassent.)

[1] Henri VII, qui était comte de Luxembourg, succéda à Albert 1er. Il fut élu le 29 novembre 1308.

LE SACRISTAIN, à un messager d'Empire, dont il est accompagné :

Vous êtes en présence
Des chefs de ce pays.

LE CURÉ et PLUSIEURS AUTRES.

Sacristain, qui vient là ?

LE SACRISTAIN.

Un messager d'Empire.

TOUS, à Walther Fürst :

Une lettre ?.. Ouvrez-la !

WALTHER FÜRST, lisant :

« Aux bons habitants d'Uri, de Schwytz et d'Unter-
« wald, la reine Élisabeth, salut et prospérité. »

VOIX NOMBREUSES.

La reine !... Mais son règne est passé... Que veut-elle ?

WALTHER FÜRST, continuant de lire :

« Au milieu de sa profonde douleur, dans le veuvage
« où la plonge la mort sanglante de son époux, la reine
« pense encore à la vieille fidélité et à l'amour des Can-
« tons suisses... »

MELCHTHAL.

Heureuse, sa mémoire était bien moins fidèle.

LE CURÉ.

Silence !

WALTHER FÜRST, achevant de lire :

« et elle attend de ce peuple fidèle,
« qu'il éprouvera un juste sentiment d'horreur pour les

« exécrables auteurs de ce crime. Elle compte, en con-
« séquence, que les trois Cantons ne donneront point
« assistance aux meurtriers, mais, qu'au contraire, ils
« s'emploieront consciencieusement à les remettre entre
« les mains de ceux qui ont à venger la mort de l'Em-
« pereur; se souvenant de l'amour et de la faveur que la
« maison de Rodolphe leur a toujours accordés. »

(Les paysans manifestent leur mécontentement.)

BEAUCOUP DE VOIX.

Amour ?... Faveur ?

STAUFFACHER.

Nous les eûmes jadis
Du père, mais quel bien nous a donc fait le fils ?
Comme ses devanciers, l'avait-il confirmée
La Charte de nos droits ? L'innocence opprimée,
L'a-t-il donc soutenue ? Est-ce qu'il a rendu
Bonne justice ? A-t-il seulement entendu
Nos envoyés, lorsque l'excès de nos souffrances
Nous fit jusqu'à ses pieds porter nos doléances ?
Non, de tout cela, rien ! A la pitié son cœur
Jamais ne s'est ouvert, malgré notre malheur.
Pour conquérir nos droits, pour sortir d'esclavage,
Il a fallu nos bras et tout notre courage.
De la reconnaissance ! est-ce là, mes amis,
Est-ce là ce qu'il a semé dans le pays ?
Le ciel l'avait placé dans une haute sphère ;
De ses peuples Albert pouvait être le père ;
Il n'a voulu songer qu'aux intérêts des siens :
Qu'il soit pleuré de ceux qu'il a comblés de biens !

WALTHER FÜRST.

Sa mort ne nous doit pas être un sujet de joie.

Le mal qu'il nous a fait dans le passé se noie.
Mais, sans en avoir eu le plus léger bienfait,
Le venger? et, des gens qui ne nous ont rien fait,
Les poursuivre? de nous c'est en vain qu'on l'espère.
Non, non, l'affection doit être volontaire.
De devoirs imposés sa mort doit délier :
Il ne nous reste plus de dette à lui payer.

MELCHTHAL.

Si la reine est en pleurs, et si, dans sa colère,
Elle accuse le ciel de sa douleur amère,
Considérez aussi qu'un peuple tout entier
S'adresse au même ciel pour le remercier :
Ce peuple est libre enfin de cruelles alarmes.
Il faut semer l'amour pour recueillir des larmes.
(Le messager d'Empire sort.)

STAUFFACHER, au peuple :

Mais Tell, le fondateur de notre liberté,
Doit-il seul nous manquer? Où donc est-il resté ?
Il eut la grande part de notre œuvre immortelle.
Aucun de nous n'aura souffert autant pour elle.
Allons dans sa maison le trouver, mes amis ;
Allons-y saluer le sauveur du pays !
(Ils sortent tous.)

SCÈNE DEUXIÈME.

(Le vestibule de la maison de Tell.)

Le feu brille dans le foyer ; la porte d'entrée est ouverte sur la campagne.

EDWIGE, WALTHER et GUILLAUME, ses enfants.

EDWIGE.

Aujourd'hui, chers enfants, il revient votre père !

Il est libre, et nous tous, et la contrée entière !
Et c'est lui, votre père, enfants, qui nous sauva !

WALTHER.

Et moi, ma mère, et moi, n'étais-je donc pas là ?
Mon nom aussi sera prononcé, je l'espère.
J'ai vu venir sans peur la flèche de mon père.

EDWIGE, l'embrassant :

Oui, mon fils, de nouveau le ciel te donne à moi.
C'est comme si j'avais deux fois souffert pour toi
Les douleurs de la femme au moment d'être mère.
Maintenant je vous ai tous deux, et votre père,
Nous pourrons aujourd'hui le presser dans nos bras !

UN MOINE paraît à la porte.

GUILLAUME.

Regarde, mère : un moine à la porte là-bas.
Assurément il vient demander une aumône.

EDWIGE.

Eh bien ! introduis-le, mon fils ; que je lui donne.
Il faut qu'à notre accueil il sente que chez nous
Tous les cœurs sont heureux.
(Elle entre dans une chambre et, bientôt après, revient avec un gobelet.)

GUILLAUME, au moine :

Brave homme, approchez-vous ;
Prenez ce que pour vous vient d'apporter ma mère.

WALTHER.

Et vous repartirez bien reposé, mon père.

LE MOINE, regardant autour de lui avec crainte et les traits tout décomposés :

Ce pays... quel est-il ?

WALTHER.

Êtes-vous égaré,
Mon père, que son nom soit de vous ignoré ?
C'est le canton d'Uri ; vous êtes au village
De Bürglen ; la vallée où ce chemin s'engage
Est celle du Schæchen.

LE MOINE, à Edwige, qui revient :

Êtes-vous seule ici ?
Votre époux ?...

EDWIGE.

Je l'attends... Pourquoi trembler ainsi ?
Vous me semblez avoir mauvaise conscience ;
Mais, qui que vous soyez, il vous faut assistance :
Prenez !
(Elle lui tend le gobelet.)

LE MOINE.

Quoique je sois bien altéré, bien las,
A ce que vous m'offrez je ne toucherai pas
Que vous n'ayez promis...

EDWIGE.

Ne me touchez pas, l'homme !
S'il faut vous écouter, avant tout je vous somme
De rester loin de moi.

LE MOINE.

Par le feu du foyer
Qui réchauffe pour moi ce toit hospitalier,
Par vos enfants si chers que dans mes bras je presse...
(Il prend les enfants dans ses bras.)

EDWIGE.

Allons ! à mes enfants, l'homme, pas de caresse !...
Vous n'êtes pas un moine, oh ! non, assurément.
D'ordinaire la paix est sous ce vêtement,
Et je ne la vois pas dans vos traits.

LE MOINE.

      Sur la terre
Il n'est pas de misère égale à ma misère.

EDWIGE.

On se sent attendrir à la voix du malheur ;
Pourquoi donc vos regards me glacent-ils le cœur ?

WALTHER, *se levant précipitamment* :

Mère, voici mon père !
    (Il sort en courant.)

EDWIGE.

    O mon Dieu !
(Elle veut sortir, se met à trembler et est obligée de se soutenir.)

GUILLAUME, *s'élançant dehors après Walther* :

    Lui !

WALTHER, *dehors* :

      Mon père !
Te voilà !

GUILLAUME, *dehors* :

Cher père !

TELL, *dehors* :

    Oui, j'arrive... Et votre mère ?
   (Ils entrent.)

WALTHER.

Elle s'est arrêtée au seuil où tu la vois,
Tremblante de terreur et de joie à la fois.

TELL.

Mère de mes enfants ! Edwige ! chère Edwige !
Maintenant, il n'est plus de tyran qui m'oblige
A vivre loin de toi. Dieu nous a secourus.

EDWIGE, à son cou :

Que j'ai souffert pour toi, cher Tell !

(Le moine devient attentif.)

TELL.

N'y pense plus ;
Ne vis que pour la joie... Enfin, Dieu me ramène !
Je suis dans ma maison !... Je suis sur mon domaine !

GUILLAUME.

Qu'as-tu fait de ton arc ? mes yeux cherchent en vain...

TELL.

De ton père cet arc n'armera plus la main :
En un lieu consacré, mon fils, on le conserve.
Désormais, à chasser il ne faut plus qu'il serve.

EDWIGE.

Tell !

(Elle recule et abandonne sa main.)

TELL.

Pourquoi cette crainte et cet air abattu,
Chère Edwige ?

EDWIGE.

Comment, mon ami, reviens-tu ?
Cette main... puis-je bien ?... O ciel !... puis-je la prendre ?

TELL, d'un ton tendre mais résolu :

Elle a sauvé la Suisse, elle a su vous défendre,
Et je la puis lever hardiment vers les cieux,
Cette main.
(Le moine fait un brusque mouvement ; Tell l'aperçoit.)
Qu'est-ce donc que ce religieux ?

EDWIGE.

Je l'avais oublié. Tiens, parle-lui, Guillaume ;
J'éprouve du malaise à l'aspect de cet homme.

LE MOINE, s'avançant :

Est-ce que vous seriez ce Tell de qui le bras
A tué Gessler ?

TELL.

Oui, je ne m'en cache pas.

LE MOINE.

C'est vous !... Vous êtes Tell !... Ah ! je bénis cette heure !
C'est Dieu qui m'a conduit jusqu'en votre demeure.

TELL, le mesurant du regard :

Comment ! vous n'êtes pas un moine ? Nommez-vous !

LE MOINE.

Votre ennemi Gessler est tombé sous vos coups...
Un homme refusa de me rendre justice ;
Je l'ai tué... C'était l'ennemi de la Suisse.
Comme le mien... J'en ai délivré le pays.

ACTE V, SCÈNE II.

TELL, *reculant*:

Vous êtes?... Quelle horreur!... Mes enfants, au logis!
Et toi, femme, va-t'en!... Rentre vite, te dis-je!...
Malheureux! quoi, c'est vous?...

EDWIGE.

Quel est cet homme?

TELL.

Edwige,
Va-t'en! que nos enfants n'entendent pas ce nom.
Ne le demande pas et sors de la maison :
Tu ne peux sous ce toit rester avec cet homme.
Va-t'en bien loin!

EDWIGE.

O ciel!... Venez!

(Elle sort avec les deux enfants.)

TELL, *au moine*:

C'est vous qu'on nomme
Jean d'Autriche?... C'est vous... vous qui de l'Empereur
Êtes le meurtrier?... de votre oncle et seigneur?

JEAN LE PARRICIDE.

Mais, il m'avait ravi tous mes biens.

TELL.

Eh! qu'importe?
Votre oncle! l'Empereur!... Et la terre vous porte!
Le soleil vous éclaire encore!

JEAN.

Écoutez-moi,
Tell.

TELL.

Et dans ma maison tu te présentes, toi !
Tout dégouttant du sang d'un empereur, d'un père ?
Parricide ! ton pas a souillé ma chaumière.
Tu viens d'un honnête homme affronter le regard ?
A son pain, à son feu tu viens demander part ?

JEAN.

C'est qu'en votre pitié j'ai mis mon espérance :
D'un ennemi vous-même avez tiré vengeance.

TELL.

Malheureux ! est-ce bien ta sanglante action,
Le crime qu'a produit ta seule ambition,
Que tu peux comparer à la juste défense
D'un père que l'on a contraint à la vengeance ?
Avais-tu de tes fils à défendre les jours ?
Ton foyer ? tous les tiens ? à leur porter secours,
Quand s'apprêtaient pour eux la mort ou les tortures ?
Je lève au ciel mes mains : elles sont toujours pures.
Je maudis l'assassin et son crime à la fois.
De la nature, au moins, j'ai vengé les saints droits ;
Tu les a profanés. Un intervalle immense
Sépare ton forfait et ma juste vengeance.
Tu n'es qu'un assassin quand, moi, j'ai défendu
Ce que j'ai de plus cher au monde, et je l'ai dû.

JEAN.

Vous me chassez ? sans même un mot qui me console,
Qui me rende l'espoir ?

TELL.

T'adresser la parole
Me donne le frisson... Sors d'ici ! va courir

Le terrible chemin que tu viens de t'ouvrir !
Ne souille plus des lieux où règne l'innocence !

JEAN, se retournant pour sortir :

Je ne puis ni ne veux supporter l'existence.

TELL.

Et pourtant j'ai pitié de toi... Dieu tout-puissant !
A cet âge ! sorti d'un si glorieux sang !...
Le petit-fils d'Habsbourg, au seuil de ma chaumière,
Meurtrier, fugitif, pleure et se désespère !
(Il se cache le visage.)

JEAN.

Ah ! si vos yeux encor peuvent avoir des pleurs,
Laissez-vous attendrir à mes affreux malheurs !
Je suis prince... mais non, je l'étais... et ma vie
Sans doute eût été belle, heureuse, si l'envie
Ne m'eût rongé le cœur ; si j'avais comprimé
Cette ardeur de jouir dont j'étais animé.
Mon cousin Léopold — nous étions du même âge —
Était comblé d'honneurs, avait son apanage,
Quand, moi, je me voyais en esclave traité,
Sous le prétexte vain de ma minorité.

TELL.

Il te connaissait bien, alors qu'à tes prières
Ton oncle refusait tes fiefs héréditaires.
Par ton crime insensé, par ton emportement,
Tu l'as justifié, vite et cruellement...
Où sont-ils ceux qui t'ont prêté leur assistance ?

JEAN.

Où les auront conduits les esprits de vengeance.
Je ne les ai plus vus depuis le jour fatal.

TELL.

Sais-tu que l'on t'a mis au ban impérial ?
Défense à tes amis de te donner retraite ;
Et l'on veut que chacun en ennemi te traite.

JEAN.

Aussi, des grands chemins j'ai soin de m'écarter ;
Aux portes des maisons je n'ose pas heurter.
Cherchant les lieux déserts, errant dans la montagne,
La terreur de moi-même en tous lieux m'accompagne,
Et je me fais horreur alors que j'aperçois
Mon image, que l'eau me reflète parfois.
Ah ! de quelque pitié si vous êtes capable...

(Il se jette à ses pieds.)

TELL, se détournant.

Levez-vous !

JEAN.

Pas avant qu'une main secourable
Ne vienne...

TELL.

Est-ce un mortel qui peut vous assister ?...
Cependant, à mes pieds vous ne pouvez rester.
Quel que soit le forfait dont vous êtes coupable,
Vous êtes homme, en vous je dois voir mon semblable.
Il ne faut pas d'ici que sorte un malheureux,
Sans être consolé... Faisons ce que je peux.

JEAN, se levant et lui saisissant la main avec force :

Mon cœur, du désespoir sauvé par ce langage...

TELL.

C'est bien... laissez ma main... partez... dans ce village

ACTE V, SCÈNE II.

Vous seriez découvert, et sur moi vainement
Vous compteriez alors... Voyons ! dans ce moment,
Où voulez-vous aller ? Est-il quelque retraite
Où vous pensiez pouvoir abriter votre tête ?

JEAN.

Hélas ! puis-je savoir dans quels lieux...

TELL.

Écoutez
Ce que Dieu même vient de m'inspirer : partez,
Passez les monts, gagnez la ville de saint Pierre,
Et là, prosternez-vous aux genoux du Saint-Père,
Confessez le forfait : votre âme est à sauver.

JEAN.

S'il allait me livrer ?

TELL.

Quoi que puisse arriver,
L'épreuve, songez-y, sera de Dieu venue.

JEAN.

Mais, comment aborder cette terre inconnue ?
J'en ignore la route, et jamais n'oserai
Me joindre aux voyageurs.

TELL.

Je vous l'indiquerai.
Écoutez : vous aurez à remonter la rive
De la Reuss, qui, du haut des montagnes, arrive
En flots impétueux..,

JEAN, avec terreur :

Mais, sur ses bords ma main...
Oserai-je revoir ?...

TELL.

    Vous suivrez le chemin
Coupé dans la montagne au-dessus des abîmes.
Des croix vous y diront le nombre des victimes
Que laissa l'avalanche en ces terribles lieux.

JEAN.

Ah ! je n'aurais pas peur, dans ces chemins affreux,
De toutes les horreurs qu'y montre la nature,
Si seulement mon cœur, aux tourments qu'il endure,
Pouvait enfin trouver remède.

TELL.

    Arrêtez-vous
A chacune des croix, et, tombant à genoux,
En expiation répandez sur leur pierre
Les pleurs que fait couler un repentir sincère.
Et si vous parvenez à faire jusqu'au bout
Ce chemin sur lequel le danger est partout,
Sur vous, à votre tour, si, de leurs cimes blanches
Les glaciers n'ont pas fait tomber leurs avalanches,
Vous serez à ce pont que couvre incessamment
D'un nuage poudreux le torrent écumant.
S'il porte sans crouler le poids de votre crime,
Si vous gagnez enfin l'autre bord de l'abîme,
Vous verrez devant vous, dans le rocher ouvert,
Un sombre souterrain où le chemin se perd,
Et dont le jour, depuis la naissance du monde,
N'a jamais pénétré l'obscurité profonde.
Vous vous engagerez sous cette obscurité.
Le plus charmant pays est de l'autre côté ;
C'est un riant vallon où le bonheur habite.

Mais, dans ces lieux de paix vous passerez bien vite :
Vous n'avez pas encor mérité le repos.

JEAN.

O mon royal aïeul! ô Rodolphe ! ô héros !
A voir ton petit-fils, là-haut que dois-tu dire ?
Comment traverse-t-il le sol de ton Empire ?

TELL.

C'est ainsi que, toujours gravissant le chemin,
Au haut du Saint-Gothard vous parviendrez enfin.
Là, vous verrez des lacs anciens comme le monde ;
Les seules eaux du ciel entretiennent leur onde.
Là, vous ne serez plus sur le sol allemand,
Et, d'un torrent plus doux, qui descend lentement,
En Italie, alors, que le cours vous conduise :
Voyez dans ce pays votre terre promise...

(On entend un concert de trompes des Alpes, sonnant le Rans-des-vaches.)

On vient, partez !

EDWIGE, entrant précipitamment :

Tell ! Tell ! où donc es-tu ? voici
Mon père et tes amis qui se rendent ici.

JEAN, se cachant le visage :

Hélas ! Ils sont heureux; il faut que je les quitte :
Je ne dois pas rester où le bonheur habite !

TELL.

Femme, à cet homme-là donne à boire, à manger,
Et de provisions prends soin de le charger ;
Il fera longue route, et sans trouver de gîte...
Ils approchent, va donc, ma chère, et reviens vite.

EDWIGE.

Mais, quel est cet homme?

TELL.

Oh! ne le demande pas!
Et pour ne point voir même où porteront ses pas,
Quand, tout à l'heure, il va reprendre son voyage,
Il faut, Edwige, il faut détourner ton visage.

(Jean fait un mouvement subit pour aller vers Tell ; celui-ci lui adresse un signe de la main et sort. Quand ils ont tous deux quitté la scène par des côtés différents, le théâtre change.)

SCÈNE DERNIÈRE.

Le fond de la vallée devant la maison de Tell. À côté, des hauteurs qui en forment le premier plan et qui sont couvertes de paysans, groupés de manière à former tableau. D'autres descendent un chemin rapide qui conduit dans la vallée du Schæchen. WALTHER FURST s'avance avec WALTHER et GUILLAUME, ses deux petits-fils. MELCHTHAL et STAUFFACHER arrivent, suivis de quelques autres. Au moment où GUILLAUME TELL paraît, tout le monde l'entoure avec des démonstrations de joie.

TOUS.

Vive Tell! l'archer Tell, qui nous a délivrés!

Pendant que ceux qui sont sur le devant de la scène entourent Tell et l'embrassent, surviennent RUDENZ et BERTHA ; le premier embrasse les paysans, la seconde, Edwige. La musique de la montagne accompagne cette scène muette. Un moment après, la musique cesse et Bertha s'avance au milieu du peuple.

BERTHA.

Habitants du pays, amis, confédérés!

Celle qui, la première, a dû sa délivrance
A votre liberté, moi, dans votre alliance,
Veuillez la recevoir : mes jours, je vous les dois ;
Entre vos fortes mains je dépose mes droits.
Voulez-vous accepter, défendre cette femme
Comme concitoyenne ?

LES PAYSANS.

Oui, de toute notre âme !
Notre vie et nos biens désormais sont à vous.

BERTHA.

Eh bien ! dans ce pays je choisis mon époux :
C'est Rudenz ; il est Suisse, homme libre, je l'aime ;
Je suis vôtre, je suis libre à présent moi-même ;
A lui je puis m'unir !

RUDENZ.

Et moi, de ce moment,
J'accorde à mes vassaux leur affranchissement.

(La musique recommence ; la toile tombe.)

FIN DE GUILLAUME TELL.

ERRATA.

DON CARLOS.

Page 53. Comme tu le fais voir, lisez : te fais voir.

Page 287. Oui, qu'importe à quel prix j'ai pu le sauver, lui !
Lisez : Oui, n'importe à quel prix ! j'ai pu le sauver, lui ;

JEANNE D'ARC.

Page 316. Qu'est-ce qu'un laboureur de casque ferait ?
Lisez : Qu'est-ce qu'un laboureur de ce casque ferait ?

Page 375. Votre noble courage en peut-il s'amollir.
Lisez : Votre noble courage en peut-il s'amollir ?

Page 382. A l'esprit, lisez : A l'Esprit.

GUILLAUME TELL.

Page 554, note. contre, lisez : et

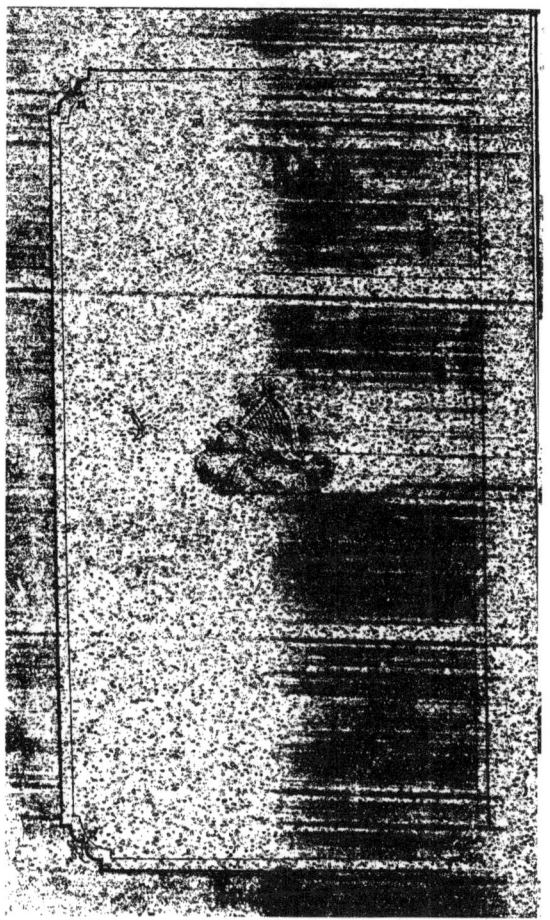

www.ingramcontent.com/pod-product-compliance
Lightning Source LLC
Chambersburg PA
CBHW061956300426
44117CB00010B/1367